Gilles Kepel
Allah im Westen

Gilles Kepel

Allah im Westen

Die Demokratie und die islamische Herausforderung

Übersetzt aus dem Französischen
von Inge Leipold

Piper
München Zürich

Die Originalausgabe erschien 1994 bei Editions du Seuil, Paris, unter dem Titel *À l'Ouest d'Allah*.

ISBN 3-492-03790-9

Gesetzt aus der Times-Antiqua
Umschlag: Büro Hamburg / Kathrin Steigerwald
Umschlagabbildung: Pandis Media
Satz: FotoSatz Pfeifer GmbH, Gräfelfing
Druck und Bindung: Mohndruck, Gütersloh
Printed in Germany

für Blanche

...quae nunc abibis in loca
pallidula, frigida, nudula...

INHALT

EINFÜHRUNG

Als im November 1989 die Berliner Mauer fiel, bedeutete dies zugleich das Ende einer bestimmten Betrachtungsweise der Welt. Die Konfrontation zwischen Ost und West, aber auch die Konflikte zwischen sozialen Klassen, die im Gegensatzpaar rechts-links ihren Ausdruck gefunden hatten, waren mit einem Mal überholt – in einem Maße, daß man in den Vereinigten Staaten »das Ende der Geschichte« und das Heraufziehen einer versöhnten Welt unter den glückverheißenden Auspizien eines mit der Demokratie verbündeten Kapitalismus voraussagte.

Dennoch trug das Jahr 1989 mit dem Ende der alten, durch die Mauer symbolisierten Ordnung bereits den Keim der Ereignisse in sich, die auf andere Spaltungen hinwiesen, an denen sich wiederum bestimmte Widersprüche der künftigen Welt ablesen ließen. Von Teheran aus veurteilte Ayatollah Khomeini Salman Rushdie zum Tode, und in den Armenvierteln der englischen Städte warfen pakistanische Proletarier die *Satanischen Verse* ins Feuer. Frankreich, das sich bei den Zweihundertjahrfeiern aus Anlaß der Revolution von 1789 und ihrer Werte als eine große Gemeinschaft hätte fühlen sollen, spaltete sich wie noch nie seit der Dreyfus-Affäre aus scheinbar nichtigem Anstoß in zwei Lager: Würde man es hinnehmen, daß drei muslimische Schülerinnen in einem – ebenfalls unterprivilegierten – Vorort mit dem islamischen Kopftuch die öffentliche Schule besuchten? Das genügte, um den Islam in seiner militanten Ausprägung als das neue »Reich des Bösen« auszumachen; er übernahm damit die Rolle der dahinsiechenden Sowjetunion und verkörperte nun jenes verteufelte, barbarische Andere, dem gegenüber jede Zivilisation ihre eigene Identität zu klären sucht.

Jenseits derartiger Klischees will dieses Buch die Bekundungen islamischer Identität im heutigen Westen – deren spektakulärster und umstrittenster Ausdruck die Rushdie-Affäre, die Kopftuch-Affäre und die Islamisierung der Schwarzengettos Amerikas unter der Führung der Black Muslims sind – interpretieren und beurteilen. Hinter diesen Phänomenen, denen die Presse besondere Aufmerksamkeit schenkte, bildeten sich unter Berufung auf den inmitten der postindustriellen Moderne wirkenden Islam neue gesellschaftliche, kulturelle, politische und religiöse Kraftlinien heraus. Sie sind Träger vielfacher Bedeutungen. Bei den Veränderungen des zeitgenössischen Islam im allgemeinen spielen sie selbstverständlich eine entscheidende Rolle: Indem sie außerhalb des traditionellen Geltungsbereichs dieser Religion Fuß fassen, sich der universellen Sprachen des Abendlandes, in erster Linie des Englischen, bedienen, leichten Zugang zu den audiovisuellen Medien haben und sich innerhalb eines demokratischen politischen Systems entwickeln, bilden die Reislamisierungsbewegungen Europas und Amerikas die Vorhut der Ausbreitung dieses Glaubens über die ganze Welt.

Dieses Phänomen kann aber auch – auf unerwartete Weise – den westlichen Gesellschaften, in deren Schoß es sich herausbildete, neue Sinngehalte und Einsichten erschließen. Am Gemeinschaftsanspruch, der in einem islamischen Vokabular seinen Ausdruck findet, kann man gleichsam wie durch ein Prisma beobachten, wie anhand welcher Identitätsversicherungen sich unsere postindustriellen Gesellschaften über die islamische Frage als solche hinaus strukturieren. Im letzten Jahrzehnt des 20. Jahrhunderts ist die im Niedergang begriffene Arbeiter- und Gewerkschaftsbewegung nicht mehr in der Lage, die Forderungen und das soziale Los jenes neuen Proletariats von schwarzen, weißen und arabischen Jugendlichen, die am Rand des Arbeitsmarkts in den heruntergekommenen Vierteln der französischen Trabantenstädte oder in den angelsächsischen *inner cities* leben, zu ihrer Sache zu machen. Mit ihrer Berufung auf den Islam – den sie mit höchst unterschiedlichen Bedeutungsinhalten befrachten – vollziehen einige junge Schwarze in den Vereinigten Staaten, Indopakistani in England und Maghrebiner in Frankreich auf der Basis einer gemeinschaftlichen Identität bewußt einen kulturellen Bruch mit den herrschenden Werten der Länder, deren rechtmäßige Bürger sie zwar größtenteils sind, die sie aber ihrer Ansicht nach in Wirklichkeit ausgrenzen.

Diese Aufkündigung der gesellschaftlichen Zugehörigkeit ist ebensosehr eine Art der Verteidigung gegen ein entmenschlichtes oder feindseliges soziales Umfeld wie auch eine Methode, »Brüder« zu mobilisieren und gemeinsam, in ihrem Namen, mit den Behörden zu verhandeln. Sie bekämpfen Drogensucht, Gewalt und jegliche Form von »Zwang«, während sie gleichzeitig mit speziellen Unterweisungen, Verhaltensweisen und Einstellungen, die die Andersartigkeit, die Verschiedenheit überbetonen – wobei die strenge Beachtung aller religiösen Verbote und Gebote eine grundlegende Rolle spielt –, eine alternative Identität entwerfen.

Heute, 1994, sind derartige Bewegungen, Organisationen und geistige Strömungen weit davon entfernt, einen übermächtigen Einfluß auf das soziale Verhalten oder auch nur das Glaubensbekenntnis der Mehrheit der im Westen lebenden Muslime auszuüben. Es gibt tausend Möglichkeiten, ganz konkret und im alltäglichen Leben Muslim zu sein, so wie man Christ, Jude, Buddhist oder Atheist sein kann, aber eine erschöpfende soziographische Untersuchung der Muslime in Europa und den Vereinigten Staaten ist nicht Anliegen dieses Buches. Indem ich jene Gruppen, die – selbst wenn sie (noch?) eine Minderheit sind – bis an die Grenze zu gehen trachten, beobachte und indem ich die sozialen Widersprüche aufdecke, die sie auf gelegentlich extreme, in den Augen der Öffentlichkeit sogar schockierende Weise überbetonen, versuche ich zu verstehen, was ihre Auffassung uns über die Strukturen der neuen Ordnung – oder Unordnung – der postindustriellen Gesellschaften, so wie ihre Anhänger sie leben, offenbart. Diese in Anlehnung an die Soziologie Max Webers entwickelte analytische Methode konzentriert sich vor allem darauf, Idealtypen herauszuarbeiten, die für die Gesellschaft als Ganze nicht unbedingt *repräsentativ* sind, jedoch Kraftlinien freilegen, um die Veränderungen eben dieser Gesellschaft zu interpretieren, zumal da es uns schwerfällt, sie spontan wahrzunehmen, einfach weil wir in ihr leben und aktiv an ihren Interessenkonflikten teilhaben. Diese Bewegungen ernst zu nehmen schließt die Möglichkeit, die gleichen sozialen Veränderungen anders, von unterschiedlichen Gesichtspunkten her zu sehen, nicht aus: Erst die Gegenüberstellung der verschiedenen Interpretationen erlaubt es, mehr darüber zu erfahren.

Dem Buch liegt die Absicht zugrunde, eine Reihe Paradoxa zu erhellen; daher habe ich mich für die Darstellung der jeweiligen Situation in Amerika, in Großbritannien und in Frankreich entschieden. In erster Linie wollte ich das Phänomen des kommunitaristischen oder Gemeinschaftsanspruchs unter Berufung auf den Islam in Gesellschaften untersuchen, die sich – nach dem Verschwinden der großen Spaltungen in rechts und links, »Ausbeuter« und »Ausgebeutete«, »Bourgeoisie« und »Proletariat« und so weiter – anscheinend ganz im Gegenteil in Richtung einer zunehmenden Undifferenziertheit der ererbten kulturellen Identitäten, ihrer Auflösung in der universellen Konsumtion der gleichen »standardisierten« Produkte und der Suche nach einer für alle akzeptablen Einigung auf Werte entwickeln. Wer sind seine Anhänger oder seine aktiven Befürworter? Was fordern sie? In welchen gesellschaftlichen Bereichen wollen sie mitreden? Warum entscheiden sie sich in offenen Gesellschaften, in denen jeder weit freier seine Bindungen wählen kann als in den »traditionellen« Gesellschaften der islamischen Welt, in denen die Prägung durch die ererbte Kultur bestimmend bleibt, für den Islam?

Unter diesem Gesichtspunkt ist das Unternehmen der Black Muslims in den Vereinigten Staaten aufschlußreich. Ihre Identifikation mit dem Islam hat in der Tat nichts mit einer ererbten Kultur zu tun, sondern beruht auf einer freien Entscheidung, auf der Erfindung einer Genealogie, die ihnen jenseits von Ausbeutung und Versklavung eine Geschichte und damit Würde verleiht; sie stellt die Wertehierarchie des amerikanischen Rassismus bis hin zu einer Verteufelung der Weißen auf den Kopf und treibt die kommunitaristische Forderung auf die Spitze: zum Separatismus.

Die von Elijah Muhammad begründete, dann nacheinander von Malcolm X und Louis Farrakhan vertretene Bewegung, die zunächst völlig anderen Normen als denen des Islam im Nahen Osten verpflichtet war, verwischte allmählich ihre »Abweichungen«, indem sie sich mit Saudi-Arabien einigte. Vor allem aber erfand sie Methoden des sozialen Wirkens und der Mobilisierung, wie man sie in den neunziger Jahren bei etlichen islamischen Gruppen in Westeuropa wiederfindet: Kampf gegen die Dealer und das Rauschgift, »Rehabilitierung« von Gangs durch die Bekehrung ihrer Mitglieder, Bruch mit den herrschenden Normen, um eine starke gemeinschaftliche Identität zu definieren, Übernahme der Verantwortung für das Schicksal jener, die in den Gettos ausweglos an den Rand des Arbeitsmarkts gedrängt werden und die nichts als Elend und Ausgeschlossensein zu erwarten haben.

Die Integration in das »weiße Amerika« prangerten sie als tödliche Falle an und wurden nicht müde, ihr alles Unheil anzulasten; als Nachkommen der unterdrückten und versklavten Schwarzen beanspruchten sie für sich den Status als Opfer *par excellence* und gerieten heftig mit den Angehörigen der jüdischen Gemeinschaft aneinander, deren Ansicht nach diese Stellung aufgrund des Genozids der Nazis in erster Linie ihnen zukomme. Über die Übertreibungen dieser Polemik hinaus – die »den Juden« ein gerüttelt Maß von Mitverantwortung an der Unterdrückung der Schwarzen zuschrieb – lassen sich die – hier auf die Spitze getriebenen – Spannungen aufgrund der zunehmenden Aufspaltung der zeitgenössischen amerikanischen Gesellschaft in verbindungslos nebeneinanderher existierende Gemeinschaften beobachten. In diesem Sinne ist die Entwicklung der Black Muslims ebensosehr ein Symptom für die Desintegration des amerikanischen Gesellschaftssystems in der postindustriellen Ära wie ein, wenngleich in Glaubensfragen abweichender, wichtiger Beitrag zur weltweiten Ausbreitung des Islam am Ende des 20.

Jahrhunderts. Dies um so mehr, als die »Muslims« sich bestimmter, für eine Massenkultur typischer Ausdrucksweisen, etwa des Rap oder des Films, bedienten, die in den »Scherben«vierteln europäischer und Städte der Dritten Welt aus der Gruppe Public Enemy und der Person des Malcolm X universelle, muslimische Helden machten, die etwas in Bewegung setzten.

Auch die Rushdie-Affäre wurde durch die über das Fernsehen in alle vier Himmelsrichtungen übertragenen eindringlichen Bilder von der Verbrennung der *Satanischen Verse* auf dem Hauptplatz von Bradford zu einem weltweiten Phänomen. Ehe sie jedoch von Ayatollah Khomeini für seine eigenen Zwecke in Beschlag genommen wurde, hatte sie ihrerseits die Widersprüche des kraft der gesellschaftlichen und politischen Organisation Großbritanniens zu einem System verfestigten Kommunitarismus auf die Spitze getrieben. Verfolgt man die Affäre bis zu ihren Anfängen zurück, stößt man zum ersten Mal in der Geschichte auf eine Konstellation, in der sich der Islam einer in zweifacher Hinsicht schwierigen Situation stellen mußte – der einer Minderheit, die zudem ihre Macht eingebüßt hat: im Indien des Britischen Empire. Hier wurden angesichts dieser neuartigen Herausforderung islamische Formen des Widerstands gegen die Gefahren einer von außen herangetragenen Moderne entwickelt, die Jahrzehnte später nahezu identisch in die islamischen Viertel der englischen Industriestädte übertragen werden sollten. Das Modell des aus Angst vor einer Verfälschung der religiösen Identität einer offenen Gesellschaft ausgelösten Rückzugs auf ein Denken und Leben in Begriffen der Gemeinschaft verstand es, sich sowohl der Doktrin der konservativen Regierungen von Mrs. Thatcher, die den Staat soweit wie möglich von der Lösung sozialer Probleme entlasten wollten, als auch der Wahltaktik der Labour Party, deren Abgeordnete zum Teil in den Imamen der Moscheen einflußreiche Stimmenlieferanten sahen, anzupassen. Dieses Neben- und Miteinander von islamischen Gemeinschaften und postindustrieller Gesellschaft versagte jedoch nach der Veröffentlichung von Rushdies Roman, den zahlreich Muslime als Beleidigung ihrer Glaubensvorstellungen empfanden. In einer sich gegenseitig überbietenden Verdammung erblickten die religiösen Führer die Gelegenheit, ihre Herde zu mobilisieren und, jeder unter seinem Hirtenstab, die islamische Gemeinschaft in Hinblick auf eine Radikalisierung zu einen. Die äußerste Konsequenz dessen war die symbolische Proklamation eines »muslimischen Parlaments« als Gegenpart zu dem von Westminster. Diese nicht eben repräsentative Initiative war bewußt als Provokation gedacht, trieb jedoch lediglich die einem dem Nebeneinander von Gemeinschaftsgefühl und individueller Integration förderlichen politschen System innewohnenden Widersprüche *ad absurdum*.

Frankreich, das sich aufgrund radikal entgegengesetzter Prinzipien der Herausbildung von Gemeinschaften widersetzt und ihr Aufgehen in einer laizistischen Staatsbürgerschaft begünstigt, wurde ausgerechnet in dem Jahr, als sich die Revolution zum zweihundertsten Mal jährte, mit dem Phänomen einer ihrem Wesen nach an der Gemeinschaft orientierten islamischen Identitätsversicherung konfrontiert. Diese von muslimischen Schülerinnen, die in der Grund- und Hauptschule oder auf dem Gymnasium das Kopftuch tragen wollten, symbolisierte Forderung wurde in genau dem Augenblick laut, als die verschiedenen islamischen Vereinigungen der siebziger und achtziger Jahre sich mit einem Teil der in Frankreich geborenen und erzogenen muslimischen Jugendlichen zusammentaten, die von der antirassistischen Mobilisierung und der Bewegung der *Beurs*, der in Frankreich geborenen Araber, im Verlauf des letzten Jahrzehnts entäuscht waren. Parallel dazu brachten, nachdem der FLN in Algerien seine Macht eingebüßt hatte, die beträchtlichen Erfolge der 1989 gegründeten Islamischen Heilsfront (FIS) in unmittelbarer Nähe Frankreichs eine islamistische Massenpartei hervor, die, am Rand der Macht aufgestiegen, von einer heftigen ideologischen Opposition gegen alle Werte, für die Frankreich stand, getragen wurde. Diese waren nichts als eine, wie Ali Benhadj, der Volkstribun der FIS, es ausdrückte, »giftige Milch«, die die »Söhne Frankreichs« gierig schlürften. Diese bedeutsame Veränderung der inneren und äußeren Bedingungen des Islam in Frankreich zu Beginn der neunziger Jahre verleitete die sozialistische Regierung dazu, eine zentralisierte Verwaltung dieser Religion im eigenen Land zu fördern, um sie dem algerischen Einfluß zu entziehen – eine »jakobinische« Initiative, die in den anderen westlichen Ländern keine Entsprechung hatte und erfolglos blieb. Dafür begannen, etwa in den USA und in England, in den heruntergekommenen Stadtvierteln Reislamisierungsbewegungen die Versäumnisse der staatlichen Behörden (Kampf gegen Dealer und Drogen, schulische Begleitmaßnahmen und so weiter) notdürftig auszugleichen, und versuchten, den Kandidaten bei den Kommunalwahlen im Gegenzug für die Erfüllung ihrer Forderung nach Anerkennung als Gemeinschaft ihre Unterstützung anzubieten. Doch werden die politische Tradition des französischen Staates – der im Gegensatz zu den beiden Ländern jenseits des Kanals und jenseits des Atlantiks dem Kommunitarismus feindlich gegenübersteht – und die auf der kurzfristigen Entwicklung Algeriens lastenden Hypotheken (in Frankreich leben mehr als eine Million algerische Staatsangehörige oder aus Algerien Gebürtige) den Niederschlag einer konfessionellen Identität bei Wahlen vermutlich erschweren. Diese institutionellen Hindernisse dürfen jedoch weder in Frankreich noch in den anderen westlichen Ländern die ganz neuen Formen des Auseinanderbrechens der Gesellschaft verdecken, die mit dieser kommunitaristischen Forderung zutage treten.

Laut Hegel zieht der Weltgeist gen Westen. Da die Ausbreitung des Islam in der postindustriellen Ära dieser Bahn folgt, trifft er auf eine zweifache Herausforderung. Außerhalb des intellektuellen Schutzraums, den ihm die Grenzen der traditionellen muslimischen Gesellschaften bieten, muß er sich auf gleicher Ebene mit diesem Weltgeist messen, und zwar im Zentrum der westlichen Hochburgen seiner weltweiten Macht, des Entstehungsorts seiner Werte, seiner Selbstdarstellung, seiner Flut von Bildern und Reichtümern. Zwischen Verkrampfung einerseits und Kompromissen andererseits zeichnen sich hier die Umrisse des Islam im kommenden

Jahrhundert ab. Gleichzeitig nimmt jedoch über die kommunitaristische Forderung, die bestimmte seiner im Westen ansässigen Anhänger zum Ausdruck bringen, und jenseits der islamischen Besonderheit im eigentlichen Sinne eine bestimmte Anzahl von Kraftlinien, Achsen und Spaltungen allmählich Gestalt an, um die herum die Welt von morgen sich neu strukturiert.

»… IN DER WILDNIS AMERIKAS«

In dem Aufruhr und der Wirrnis nach den Unruhen in Los Angeles im Mai 1992 blieb ein Ereignis von der breiten Öffentlichkeit praktisch unbemerkt. Die Anführer der beiden großen miteinander rivalisierenden Gangs, der Crips und der Bloods, die die Straßen des Gettos in ein Schlachtfeld verwandelt hatten, versammelten sich in einer Moschee. Ihr Imam war »Bruder Aziz«, der kalifornische Vertreter des Führers des Islamischen Volkes, Louis Farrakhan. Hier unterzeichneten Leute, die sich noch wenige Tage zuvor gegenseitig töten wollten (in einigen steckten noch die Kugeln ihrer Gegner), einen Waffenstillstand und ließen sich damit zum ersten Mal auf einen Prozeß ein, der im Prinzip den Frieden in den Elendsvierteln wiederherstellen sollte. Dieser Waffenstillstand zeitigte nicht mehr und nicht weniger Wirkung als die zur gleichen Zeit im ehemaligen Jugoslawien von den miteinander verfeindeten Milizen getroffenen Vereinbarungen; aber inmitten des Chaos, in dem eine zwischen Wut und Elend hin und her gerissene schwarze Jugend zu versinken drohte, zeigte er, daß »der einzige nationale Führer, den die Crips und die Bloods ernst zu nehmen scheinen, Louis Farrakhan ist.«[1]

Als die Anführer der Gangs in einer anderen Moschee in Los Angeles zum Zweck einer Rundfunkübertragung erneut zusammentrafen, erklären sie, sie seien in diese Kultstätte, »zu den Muslimen [gekommen], weil die im Grunde genommen an das glauben, woran wir glauben, an das, was wir wollen und wofür wir kämpfen. Sie unterstützen uns und geben uns Ratschläge«. Und zum Abschluß der Sendung erklärten sie:»Die Muslime sprechen mit dir wie mit einem Menschen. Sie nehmen dich, wie du bist. Sie verachten dich nicht, ob du nun zu den Roten oder den Blauen gehörst[2], ob du ein Crip bist oder ein Blood. Sie beleidigen dich nicht, sie behandeln dich nicht wie einen Mörder, sie respektieren dich als Menschen. Und genau das wollen wir: respektiert werden. Daß man uns genauso behandelt wie die anderen.«[3]

In Chicago, noch einer Stadt, in der die räumliche Trennung der Rassen und sozialen Klassen die schwarze Jugend in die »Supergettos« gepfercht hat, in denen Mord und Drogenhandel das tägliche Los und die einzigen wirklich einträglichen Beschäftigungen darstellen[4], äußert zur gleichen Zeit eine der einflußreichsten schwarzen Stadtverordneten, die *alderwoman* D. Tillman, »die Jungen hören nicht nur auf Farrakhan; er ist auch in der Lage, sie zu ändern, aus Kriminellen, die ihr eigenes Viertel verwüsten, fleißige Arbeiter zu machen, die jeder eine Trumpfkarte für diese Viertel darstellen...«[5]

Dennoch ist der charismatische Führer des Islamischen Volkes, *Minister* (= Pastor) Louis Farrakhan, wie er sich nennen läßt, eine der umstrittensten Persönlichkeiten der Vereinigten Staaten in diesem letzten Jahrzehnt des 20. Jahrhunderts. Die nach der Anti-Defamation League (ADL = Liga gegen Diffamierung) wichtigsten jüdischen Verbände bezichtigen ihn des Antisemitismus[6] – wogegen der Beschuldigte sich verwahrt – und fordern die schwarzen Politiker mit allem Nachdruck auf, ihn bei jedem seiner öffentlichen Auftritte in ganz Amerika zu verurteilen. Letzere halten allerdings, selbst wenn sie nicht mit den Ansichten Farrakhans übereinstimmen, im allgemeinen nicht allzuviel von derartigen Beschwörungen. Im Gegenteil, bei einem bestimmten Teil der schwarzen Öffentlichkeit, für den der Führer des Islamischen Volkes in dem Maße, wie er außenstehenden Interessengruppen als Zielscheibe dient, an Beliebtheit gewinnt, haben sie eher den entgegengesetzten Effekt. So kommt es, daß Farrakhan in allen Städten, in die er von Studenten, Stadtverordneten oder Berufsverbänden eingeladen wird, »seine Rede hält, sein Publikum polarisiert und Punkte sammelt«, wie ein liberaler jüdischer Autor bemerkt.[7]

An der Person Farrakhans wurden die Gegensätze zwischen den Gemeinschaften »Juden« und »Schwarze« deutlich – vor allem bei jenen unter letzteren, die sich (auf ihre Weise) zur Verehrung Allahs bekennen. Als 1991 das Islamische Volk ein Werk mit dem Titel *The Secret Relationship between Blacks and Jews* (»Die geheime Beziehung zwischen Schwarzen und Juden«)[8] veröffentlichte, in dem die Verstrickung der Juden in und ihre Verantwortung für den Sklavenhandel beschrieben wird – der von den Verfassern als *der* Genozid schlechthin, der größte Holocaust in der Geschichte der Menschheit, hingestellt wird –, flammte die Polemik erneut auf.

Dennoch konnten die Verteufelung Farrakhans durch seine Gegner und die nach wie vor massive Kritik eines Großteils der amerikanischen Presse seinem sozialen und kulturellen Einfluß in zahlreichen schwarzen Elendsvierteln – und im übrigen »nichtweißen« Amerika – keinen Abbruch tun. Beim Konvent der Demokraten vor der Kampagne zu den Präsidentschaftswahlen von 1984 standen sich bei den Vorwahlen drei Kandidaten gegenüber: Walter Mondale (der schließlich nominiert wurde), Gary Hart und Jesse Jackson, Prediger und »afroamerikanischer« Politiker, der sich an die Spitze einer »Regenbogenkoalition« gestellt hatte. Zu ihrer Ansicht über Farrakhan befragt, erklärten 47 Prozent der schwarzen Delegierten, sie hätten eine gute Meinung von ihm; 76 Prozent der nichtschwarzen Delegierten äußerten sich jedoch negativ.[9] Bei der gleichen Umfrage meinten 65 Prozent der Parteigänger Jacksons, sie hielten viel oder sogar sehr viel vom Führer des Islamischen Volkes – gegenüber fünf Prozent und drei Prozent bei den Parteigängern Mondales beziehungsweise Harts. Entsprechend unterschieden sich die Einstellungen der Anhänger der drei Kandidaten, als es um eine beträchtliche Anhebung der Budgets für das öffentliche Gesundheitswesen (63 gegen 38 beziehungsweise 31 Prozent) und um die Einschätzung der wirtschaftlichen Lage als schlecht ging (59 gegen 45 beziehungsweise 35 Prozent).[10] Bezeichnend war die soziokulturelle Diskrepanz zwischen der Einschätzung der allgemeinen Lage durch die Parteigänger Jacksons und der der beiden weißen Kandidaten. Auf der einen Seite ein zorniges, mit seiner Situation unzufriedenes Amerika: Für zahlreiche seiner Jünger beinhalten die Äußerungen Farrakhans, trotz aller Übertreibungen, einen Sinn. Auf der anderen Seite eine Einstellung, die das politische System von innen heraus reformieren will, die jegliche Identifikation mit einem als antisemitisch abgestempelten, aus den Gettos und Sekten des »anderen Amerikas« hervorgegangenen Führer ablehnt.

Louis Farrakhan ist ein Geschöpf dieses Amerikas, mit dem wir uns auf den folgenden Seiten beschäftigen wollen. Oder vielmehr mit der *wilderness of North America*, der »Wildnis Amerikas«, die das Islamische Volk hervorgebracht hat – eine Bewegung, die seit den dreißiger Jahren für die wirtschaftliche Unabhängigkeit der Schwarzen, für den Bruch mit der weißen Gesellschaft und für die kommunitaristische Resozialisierung kämpft: die erste Etappe auf dem Weg zur Gründung eines eigenen Schwarzenstaats, dessen Ideologie ein Islam ganz eigener Art wäre, der von seinem Messias, W. D. Fard, und seinem Propheten und ersten Propagandisten, Elijah Muhammad (gestorben 1975), für die besonderen Erfordernisse der Sache weitgehend neu erfunden wurde. Eine Bewegung, deren erfolgreichster und berühmtester Prediger – ehe er aus der Gemeinschaft ausgeschlossen und dann ermordet wurde – Malcolm X war, deren Geschicke ab 1977 Farrakhan in die Hand nahm und deren Weltsicht sich in der Aufsplitterung in einzelne Gemeinschaften in der postmodernen Ära widerspiegelt. Diese von berühmten Rap-Gruppen und -Sängern wie Public Enemy, Ice-T, Ice Cube, Sister Souljah und vielen anderen auf den Nenner gebrachte Weltsicht ist seitdem in der universellen Subkultur der *walkmen* und der Diskotheken wie auch der *ghetto-blasters* zu Hause. Gleichzeitig bringt der aufwendige Film von Spike Lee, *Malcolm X,* der 1992 in den Kinos anlief, der jungen Schwarzengeneration die Persönlichkeit und das Milieu, dem sie entstammt, nahe und trägt so dazu bei, Malcolms islamische Dimension, die in seiner Legende hinter seiner Rolle als Gegner des Systems verblaßt war, wieder in den Vordergrund zu rücken. Der Kultfilm, in den ganze Klassen schwarzer Schulkinder gehen und der militante Wunschvorstellungen der Vereinigungen junger Muslime auf der ganzen Welt, vor allem aber in Frankreich und Großbritannien, thematisiert, dieser Film von Spike Lee wird allerdings in vieler Hinsicht »vereinnahmt«. Die Welt Hollywoods bemächtigt sich des Lebens eines Revolutionärs, um es mit einer ganzen Palette von Sekundärprodukten mit dem Markenzeichen X, vom T-Shirt bis zur Baseballmütze, in eine Ware umzuwandeln. Für die Tageszeitung der Geschäftswelt, das *Wall Street Journal*, wird Malcolm sogar zu einem »konservativen Helden«[11], der, sieht man von dem zersetzenden Aspekt seiner Militanz ab, eine Disziplin predigt, die die jungen Schwarzen vor der Zügellosigkeit des Gettolebens bewahrt und sie, wenn sie sich erst einmal die Hörner abgestoßen haben, auf die Lohnarbeiterethik einstimmt. Unverkennbar erfreute sich das Islamische Volk von Anfang einer gewissen Sympathie verschiedener extremistischer weißer Kreise – darunter des Ku-Klux-Klan –, die für die Rassentrennung eintreten und im Plan eines eigenen Schwarzenstaats einen konkreten und komplementären Weg sehen, ihren Wunsch nach einem ethnisch »gesäuberten«, von den Schwarzen geräumten Staat der Weißen zu verwirklichen.[12] Trotz der heftigen Angriffe liberaler Intellektueller und verschiedener jüdisch-amerikanischer Organisationen muß man anerkennen, daß die Bewegung Verbindungen zu vielen Bereichen der amerikanischen Gesellschaft zu knüpfen vermochte, die tragfähiger sind, als gewisse sprachliche Entgleisungen der Sprecher der Black Muslims vermuten lassen.

Schließlich appellieren heute verschiedene amerikanische Stadtverwaltungen und Institutionen, die selber nicht in der Lage sind, der sozialen Probleme in den Gettos Herr zu werden, die Kriminalität und den Drogenhandel einzudämmen, an die paramilitärische Miliz des Islamischen Volkes, Fruit of Islam (FOI = Frucht des Islam), auf der Straße und in den Siedlungen des sozialen Wohnungsbaus *(housing projects)* für

Ruhe und Ordnung zu sorgen. So schließt im Juli 1992 in dem von den Unruhen und der Gewalt geschockten Los Angeles das Wohnungsamt, eine staatliche Behörde, einen Vertrag mit der aus der FOI hervorgegangenen Wachgesellschaft, in einer von Kriminalität und Drogenhandel verseuchten Wohnblocksiedlung Streifen durchzuführen.[13] Im darauffolgenden Monat sorgt die FOI auf einem Strand im New Yorker Stadtteil Queens bei einem traditionellen Studentenfest, das in den vorangegangenen Jahren Anlaß zu gewaltsamen Ausschreitungen und Mordanschlägen gegeben hatte, für Ruhe und Ordnung. Im Bericht des *Final Call* (»Der letzte Aufruf«), der zweimal monatlich erscheinenden Zeitschrift der Bewegung, heißt es: »Unter dem Kommando des Bruders Captain Dennis Muhammad stürmte die Frucht des Islam von der Muhammad-Moschee Nr. 7 (in Harlem), in die Uniform der Festordner gekleidet (weißes, untadelig gebügeltes Hemd, leuchtendrote Fliege, dunkle Hose, Sonnenbrille, Strohhut und Schnürstiefel), den Strand, um für Sicherheit zu sorgen. Nach einigen Stunden hatte sich der Strand mit Schwarzen bevölkert, und das Fest verlief ohne jegliche Zwischenfälle. Die städtische, die Staats- und die für Parks und Gartenanlagen zuständige Polizei waren von der Stärke und Disziplin der Muslims derart beeindruckt, daß sie der FOI Platz machten und abseits des Strandes Stellung bezogen. Es kam zu keiner einzigen Gewalttat.«[14] In Washington weist das gleiche Presseorgan darauf hin, der Wohnungsbauminister erwäge, trotz des Drucks jüdischer Organisationen, »mit den Dopebusters (›Drogenknackern‹), der Antidrogenstreife der FOI, einen Vertrag zu schließen«[15], während der Polizeichef der Bundeshauptstadt und der »Stabschef« des Islamischen Volkes in einer gemeinsamen Erklärung ihre Zusammenarbeit in der heruntergekommenen Trabantenstadt Clifton Terrace feiern, deren Ziel es ist, die Dealer von dort zu vertreiben und Ordnung und sozialen Frieden wiederherzustellen.[16]

Jenseits aller Polemiken muß man das Auftreten und die Strukturierung der Bewegung Farrakhans als ein amerikanisches Symptom zu begreifen suchen und sich fragen, was sie über die US-amerikanische Gesellschaft von heute aussagt, inwiefern sie – bis hin zu ihren offenkundigen Übertreibungen – auf bestimmte soziale, politische und kulturelle Herausforderungen reagiert. Darüber hinaus gilt es zu verstehen, wie die Berufung auf den Islam in der amerikanischen Gesellschaft in einem Maße wirksam wurde, daß die USA, wie Arabien oder der Iran, als eines der traditionellen Zentren, die man normalerweise mit dieser Welt in Verbindung bringt, erscheinen können. Und das bis hin zu und einschließlich der Frage, nach welchen Mustern der sehr spezielle Islam der Black Muslims, gewissermaßen als umgekehrter Mythos, als »Negativ« des *American way of life*, entwickelt wurde.

Die von Farrakhan seit der zweiten Hälfte der siebziger Jahre unseres Jahrhunderts ins Leben gerufene Bewegung steht in der Kontinuität einer zu Beginn der dreißiger Jahre in Detroit gegründeten Organisation. Allerdings gelang es dem Islamischen Volk, trotz der Beibehaltung des Namens und eines Teils seiner Institutionen, seine Absichten und Vorgehensweisen den beträchtlichen Veränderungen der amerikanischen Gesellschaft im Verlauf des 20. Jahrhunderts anzupassen. Als Nachfolgeorganisation militanter und separatistischer schwarzer Gruppen entstanden, die im ersten Drittel des Jahrhunderts aufkamen und während der Weltwirschaftskrise einen bemerkenswerten Aufschwung erlebten, präsentiert sich das Islamische Volk seit 1929 janusköpfig, wobei Farrakhan und seine Freunde die wesentlichen Grundzüge beibehielten.

Einerseits die extremistische Absicht, radikal mit dem gesellschaftlichen Umfeld zu brechen, eine Absicht, die sich in dem Ziel eines eigenen Schwarzenstaates konkretisiert, die Überlegenheit des Schwarzen feiert und den Weißen, den »Teufel mit den blauen Augen« *(blue-eyed devil)*, dämonisiert. Um diesen Bruch vollziehen zu können, wurden eine seltsame Kosmogonie und Mythologie konstruiert, in die ausdrücklich Elemente des Islam, aber auch des Messianismus der Heerschar von schwarzamerikanischen Kirchen und Sekten und der Zeugen Jehovas aufgenommen wurden. Man trifft hier, wie beim fotografischen Negativ, auf die Umkehrung eines die amerikanische Gesellschaft durchdringenden

Rassismus. Die Wahl der Worte, die Art der Argumentation dienen jetzt der Verunglimpfung des Weißen, um ihn genauso herabzuwürdigen, wie man die Schwarzen herabwürdigte, indem man sie zunächst in der Versklavung entmenschlichte und ihnen dann, auf gesetzlicher Ebene, in der ersten Verfassung der Gründerväter der amerikanischen Demokratie nur drei Fünftel des Wertes ihrer weißen Mitbürger zugestand.[17]

Andererseits erfüllt das Islamische Volk eine Funktion der Resozialisierung von Anhängern, Bekehrten, im Schoß einer neuen, »tugendhaften« Gemeinschaft, die sich Punkt für Punkt als Gegenwelt der Gettostraßen versteht, die als Ort der von dem niederträchtigen weißen Mann, »dem Teufel mit den blauen Augen«, absichtlich herbeigeführten Verkommenheit und Verelendung der Schwarzen schlechthin gebrandmarkt werden. Alkoholismus, Prostitution, Kriminalität, Rauschgiftsucht: das ist das Bild der Gettos, wie es die Black Muslims in Umkehrung der üblichen »antirassistischen« Rhetorik zeichnen, ohne es je zu beschönigen. Die Worte und Bilder, derer sie sich bedienen, erinnern an die feindseligsten Klischees über Schwarze, die man im rassistischen Schrifttum findet. Aber da, wo letzteres eine rassisch ererbte Minderwertigkeit für die Lage der Schwarzen verantwortlich macht, sieht das Islamische Volk die einzige Ursache in der Teufelei des Weißen, der die aus Afrika gekommenen Menschen ihrer Würde beraubte. Die Lösung heißt, eine tugendhafte Gemeinschaft schwarzer Muslime zu schaffen, die Keimzelle einer idealisierten autarken Organisation, die durch strenge Selbstdisziplin und soziale Beziehungen verwirklicht werden kann; dies ist der einzige Weg aus der Gesetzlosigkeit, dem Dschungel der Straßen heraus. Dieser Aspekt der Bewegung bewog einige Autoren, sie nach dem Beispiel des Puritanismus als einer zivilisatorischen Ethik verpflichtet zu beschreiben in dem Sinne, wie Weber die protestantische Ethik als den Schmelztiegel des Geistes des Kapitalismus darstellt.[18]

1 Die Geburt einer amerikanischen Religion

Der Messias aus Detroit

Die Anfänge des Islamischen Volkes liegen im »Tal des Paradieses«; so wurde das Schwarzengetto von Detroit auf dem Höhepunkt der Weltwirtschaftskrise, 1930, genannt. Die Schwarzen in diesem Elendsviertel, die in den vorangegangenen Jahrzehnten aus den Südstaaten eingewandert waren, um sich in der Großindustrie als billige Arbeitskräfte zu verdingen, litten aufgrund der Arbeitslosigkeit noch viel größere Not als auf den Plantagen und Baumwollfeldern des Südens, der sie mit ihrem Weggang entronnen zu sein glaubten. In diesem Umfeld tritt, laut der traditionellen Geschichtsschreibung des Islamischen Volkes[1], eine geheimnisumwitterte Persönlichkeit auf, die Seidenstoffe verhökert und den Schwarzen erklärt, die Stoffe, die er ihnen verkaufe, seien die ihnen angestammten Gewänder, die die Angehörigen ihrer »Rasse« in Afrika getragen hätten, ehe sie von den Sklavenhändlern nach Amerika verschleppt wurden. Mit seiner Redegewandtheit verschafft er sich Zugang zu den Behausungen seiner Kunden und erzählt ihnen von jenem Afrika, das zu kennen er vorgibt. Er lehrt sie, wie man die physischen und psychischen Übel heilt, unter denen sie in den Städten im Norden der USA während der eiskalten Winter leiden, gegen die sie sich nicht zu schützen wissen und deren Auswirkungen das Elend der Weltwirtschaftskrise noch verstärkt. Zu jener Zeit ist der Hausierer oder Straßenhändler in den amerikanischen Städten normalerweise syrisch-libanesischer Herkunft; dieser Mann erzählt also seinen Zuhörern, er komme aus dem Orient und sein Name sei Fard (oder Farrad oder auch Ford), sein Vorname »Wallace« oder, auf arabisch, »Wali«.[2]

Um seine Leiden zu heilen, muß der Schwarze sich zuallererst der »vergifteten Lebensmittel« enthalten, die der Weiße ihn zu essen nötigt, und darf sich nur entsprechend den Ratschlägen Fards ernähren; er weiß, welche Nahrungsmittel »zu Hause« gegessen werden und die Schwarzen in Afrika zu »den gesündesten Menschen der Welt« machen. In der Tat ist die herkömmliche Nahrung der schwarzen Armen, das *soul food*, wie meistens das Essen armer Leute, reich an Fett und »Appetitdämpfern« und nicht eben gesund; im Verein mit dem unregelmäßigen Lebensrhythmus verschlechtert es den allgemeinen Gesundheitszustand der Gettobewohner.

Von einem der ersten Schüler stammt folgender Bericht über das Auftreten Fards: »Er hat uns gesagt, daß die Seidenstoffe, die er verkauft, von der gleichen Art sind wie die, die unser Volk zu Hause verwendet hat, und daß er von dorther, aus unserem Land, zu uns gekommen ist. Wir baten ihn dann, uns davon zu erzählen. Wenn wir ihn zum Essen einluden, hat er von allem etwas gegessen und nach der Mahlzeit gesagt: ›Eßt diese Nahrungsmittel nicht mehr. Sie vergiften euch. Die Leute in unserem Land essen derlei nicht.‹ [...] Dann wollten wir, daß er uns mehr über uns und unser Land erzählt und auch, wie wir unser Rheuma, unsere Krankheiten und Leiden heilen können.«[3]

Das Verbot bestimmter Nahrungsmittel scheint das erste Anzeichen für den Bruch mit den Sitten und Gebräuchen der anomischen und regellosen Gesellschaft zu sein, der erste Schritt auf dem Weg zu einer Gemeinschaft und zur Treuepflicht gegenüber Fard. Sein Charisma zieht so viele Schüler an, daß sie das Essen ausfallen lassen, um seinen Reden zu lauschen. Zwischen dem 4. Juli 1930, dem Tag seines Auftretens, und dem 30. Juni 1934, als er verschwindet, übernimmt Fard die Funktion eines Propheten und schart etwa 8 000 Schwarze aus Detroit in einer Seelengemeinschaft um sich.

Die vordringlichste Aufgabe des neuen Kults ist es, jenen ihre wahre Identität wiederzugeben, denen die Weißen, die »kaukasischen Versklaver«, sie geraubt haben. Das geschieht zunächst durch die Änderung der Bezeichnung: Seine Anhänger sollen keine *negroes*, keine »Neger«, mehr sein, wie ihre Herren sie nannten, sie verstehen sich als Nachfahren der ersten, ursprünglichen Menschen, der Schwarzen vom Stamm der Shabazz. Ihre wahre Religion ist der Islam und ihre wahre Sprache das Arabische. In den Vereinigten Staaten vertreten sie *the Lost Found Nation of Islam in the Wilderness of North America*, »das in der Wildnis Amerikas verlorengegangene und wiedergefundene Islamische Volk«. Wiedergefunden von Fard, dem Messias, der Inkarnation Allahs, der den Angehörigen dieses Vokes ihre lange verschüttete Identität wiedergibt. Als erstes befreit er sie von ihrem »Sklavennamen« und gibt ihnen ihren »wahren« (muslimischen) Namen zurück: aus John wird Karim, aus Richard Muhammad und so weiter. Wer seinen »richtigen« Namen bekommen will, muß eigenhändig einen Bittbrief schreiben und zehn Dollar an Fard zahlen, zu jener Zeit eine beträchtliche Summe. Für diese mittellosen, ungebildeten Leute stellt schon allein die Tatsache, einen Brief zu schreiben, eine große Herausforderung dar, die es erst einmal zu bewältigen gilt; es ist ein Beweis für ihren Eifer und ein Grund, stolz zu sein.[4] Dank des Geldes kann Fard in einem Hotel der Stadt auf großem Fuß leben und die Geschäftsführung und Verwaltung des Kults Assistenten überlassen.

Mit den Spenden seiner Schüler wird in einem gemieteten Gebäude ein Tempel des Islam eingerichtet, und die Kinder der Anhänger werden einer »Universität des Islam« anvertraut – deren Niveau in Wirklichkeit dem einer Grundschule entspricht –, in der »das uns eigene Wissen« im Gegensatz zur »Kultur der kaukasischen Teufel« gelehrt wird. Auch in diesem Fall weist die Gemeinschaft der Reinen jeden Allgemeingültigkeitsanspruch zurück, der nicht aus ihr selber entspringt und auf ihren eigenen Kriterien gründet; desgleichen wird die amerikanische Nationalität geleugnet, und die Bewegung entwirft eine eigene Fahne: weißer Halbmond und weißer Stern auf rotem Grund, umrahmt von den Worten: *Gleichheit, Gerechtigkeit, Freiheit, Islam*. Die strenge Disziplin der Anhänger trägt dazu bei, sie aus der Verkommenheit des Gettos herauszuholen und tüchtige, verläßliche Arbeiter aus ihnen zu machen, deren Lohn in die Kasse der Organisation fließt. Alles, was den inneren Frieden der Gemeinschaft bedrohen könnte, ist verboten, und gerade weil im Getto allgemeine Sittenlosigkeit herrscht, wird die eheliche Treue strengstens überwacht. Allerdings unterliegt, wie dies oft bei Sekten der Fall ist, der charismatische Führer selber nicht diesen Einschränkungen und darf so viele Frauen haben, wie er will.

Die Aktivitäten des Islamischen Volkes zogen rasch die Aufmerksamkeit der staatlichen Stellen auf sich, vor allem weil die Anhänger ihre Kinder aus den städtischen Schulen nahmen, damit sie in der »Universität des Islam« eine sehr eigentümliche Ausbildung erhielten. Die Situation spitzte sich zu, als im November 1932 ein Mitglied der Bewegung, das eine Prophezeiung Fards, nach der jeder Angehörige des Islamischen Volkes vier »kaukasische Teufel« als Opfer darbringen müsse, um »zu ihm nach Mekka heimkehren« zu können, wörtlich genommen und in einem vom Voodoo-Kult inspirierten Ritual seinen Mitbewohner erstochen hatte.[5] Nun setzte eine polizeiliche »Verfolgung« ein, die zahlreiche Abspaltungen und schließlich das Verschwinden Fards (der, nach dem Glauben seiner Schüler, »nach Mekka zurückkehrte«) und die Machtübernahme durch einen seiner einflußreichsten Assistenten, Elijah Muhammad, nach sich zog.

Für jeden, der verstehen will, warum das damals entworfene Modell jetzt, sechzig Jahre später, in den Supergettos unseres ausgehenden Jahrhunderts, in der Zeit des Rap, des Crack und des allgemein um sich greifenden Kommunitarismus in der postindustriellen Ära nach wie vor funktioniert, spielen die vier Gründerjahre des Islamischen Volkes eine Schlüsselrolle. Das Christentum verdankt, wie man weiß, alles dem heiligen Paulus: Ohne ihn hätte die Botschaft Christi genauso untergehen können wie die anderen Heilslehren und Prophetien der unzähligen Wundertäter, die unter Tiberius durch Palästina zogen – all das, was die Kirche in der Folgezeit als *Simonie* brandmarkte, um sich das Monopol auf das Göttliche zu sichern. Auf die gleiche Weise verliehen die von Elijah Muhammad geschaffene *legenda aurea* Fards und die Systematisierung einer Lehre, die letzterer nur in ihren Grundzügen gekannt zu haben scheint[6], einer Bewegung Dauer, die wie Hunderte zur gleichen Zeit florierender *Negro cults*, »Negerkulte«, ohne weiteres wieder hätte untergehen können. Und dies um so mehr, als man seit den sechziger Jahren Zugang zu ziemlich präzisen ehrenrührigen biographischen Tatsachen über Fard hatte, die seine Schüler damals als Fehlinformationen der Polizei abtaten.

Laut den Archiven des FBI[7], die gemäß dem Gesetz der Informationsfreiheit der Öffentlichkeit zugänglich sind, wurde Fard, der in Wirklichkeit Wallace Ford hieß, am 25. Februar 1891 auf Hawaii geboren. Sein Vater war ein aus Neuseeland eingewanderter Engländer (also ein Angehöriger der weißen Rasse), und seine Mutter stammte von den eingeborenen Maori ab. Er ließ sich in Kalifornien nieder, wo er von der Polizei wegen verschiedener Vergehen, zunächst wegen Schwarzbrennerei während der Zeit der Prohibition, dann wegen Heroinhandels verhaftet wurde und drei Jahre im Gefängnis Saint Quentin einsaß. Nach seiner Entlassung ging er nach Chicago und anschließend nach Detroit, wo er sich, unter dem Namen Fard, bei den Schwarzen im Getto als Messias und personifizierter Allah ausgab. Die Ergebnisse der hauptsächlich in den Jahren 1957/1958 durchgeführten Untersuchungen des FBI wurden von J. Edgar Hoover, dem Chef der Behörde, verschiedenen »freundlich gesonnenen« Zeitungen zugespielt, die sie 1959 und erneut 1963 veröffentlichten, um das Islamische Volk mit diesen Enthüllungen lächerlich zu machen: Ausgerechnet jene Bewegung, die die Weißen als »kaukasische Teufel mit blauen Augen« verunglimpfte, habe einen Vorbestraften vergöttlicht, dessen Vater der weißen Rasse angehörte. In der Tat zeigen die von Fard bei seinen Festnahmen gemachten Fotos ein Gesicht, das nichts Afrikanisches an sich hat.[8]

Elijah Muhammads Reaktion bestand darin zu leugnen, der Ford des FBI und Fard seien ein und dieselbe Person[9] – obwohl in dem Glauben des Islamischen Volkes, Fard sei »halb schwarz, halb weiß« gewesen, um seine messianische Mission besser erfüllen zu können, ein Echo seiner gemischten Abstammung nachhallt und das Zusammenfallen von Fords Geburtsdatum mit dem *Saviour's Day*, dem »Tag des Retters«, an dem das Islamische Volk den Jahrestag Fards feiert, auf den 26. April immerhin bemerkenswert ist. Wie dem auch sei, es ändert nichts daran, daß die Persönlichkeit über eine erstaunliche Fähigkeit verfügte, ein religiöses Produkt zusammenzubasteln, das den Erwartungen der angesprochenen Bevölkerungsgruppe entgegenkam: Vor allem gelang es dem »Messias«, ein vorgegebenes pietistisches Material aufzubereiten und daraus eine funktionelle und operative Synthese herzustellen. Will man verstehen, wie die Bewegung des Islamischen Volkes, so verwunderlich ihre Praktiken und ihre Ideologie auch erscheinen mögen, sich binnen einiger Jahre durchsetzte und Anhänger rekrutierte, die sich von ihr verführen ließen, muß man zunächst den Kontext rekonstruieren, in dem diese Lehre entstand, und die Wechselwirkung zwischen dem Ausschluß der Schwarzen aus dem politischen Leben Amerikas zu jener Zeit und der politischen Ersatzfunktion betrachten, die die schwarzen Kirchen, die Sekten und die anderen religiösen Bewegungen übernahmen, die sich an diese Bevölkerungsgruppe wandten.

Auflehnung gegen das Ausgeschlossensein

1866, nach dem Ende des Sezessionskrieges, waren den amerikanischen Schwarzen, wie ihren weißen Landsleuten, durch den *Civil Rights Act* die Bürgerrechte zuerkannt worden. Im Verlauf von zehn Jahren, in der Hochzeit der *Reconstruction*, des »Wiederaufbaus«, trugen sich Tausende von ihnen in die Wählerlisten ein und wählten unter anderem farbige Kongreßabgeordnete und Senatoren.[10] 1877 beorderte jedoch der neugewählte Präsident der Vereinigten Staaten, Rutherford B. Hayes, die Bundestruppen zurück, die in den besiegten Südstaaten die Anwendung des Gesetzes überwachen sollten. Mit dieser Geste wollte er sich die ehemals herrschenden Klassen im Süden und vor allem das Wählerpotential der weißen Unterschicht, deren Angehörige als Arbeitskräfte und Nutznießer der Sozialleistungen mit den Schwarzen konkurrierten, gewogen machen. Von da an wurden die neuen Bürger durch vielfache Schikanen, juristische Hindernisse[11], das

Gesetz zur Rassentrennung in der Öffentlichkeit und die in den meisten Südstaaten an Tausenden Schwarzen verübte Lynchjustiz an der konkreten Ausübung ihrer Staatsbürgerschaft gehindert, und zwar bis 1965, als das Wahlgesetz (*Voting Rights Act*) in die Praxis umgesetzt wurde. »Der Sklave wurde befreit; für eine kleine Weile hatte er einen Platz an der Sonne; dann kehrte er in die Sklaverei zurück«, schrieb der große schwarze Denker W. E. B. Du Bois, der für die Abschaffung der Sklaverei eintrat, und zog damit die Bilanz der Wiederaufbauzeit. In dieser Situation boten die Kirchen der schwarzen Methodisten, noch mehr jedoch »die Tausende von unabhängigen baptistischen Gemeinden den Schwarzen, die politische Führer werden wollten, ein weites Betätigungsfeld, auf dem sie sich ihrer Eigenart bewußt werden konnten«[12]. Aus diesem religiösen Geflecht gingen die Wortführer und Eliten hervor, an die später die Welt der Weißen appellierte, als es galt, die soziale Unruhe zu dämpfen; gleichzeitig aber brachten sie das Aufbegehren, die Frustration und die Forderungen der Schwarzen zum Ausdruck. Die Verbannung der Schwarzen aus dem Bereich der Politik ermöglichte es dem religiösen Sektor, zahlreiche politische Funktionen zu übernehmen: Häufig ging der soziale Aufstieg Hand in Hand mit dem Amt als Prediger, für die Begabtesten sogar als Bischof oder Präsident dieser oder jener Gemeinde.[13] Aus diesem Grund bediente man sich mit Vorliebe der Sprache der Religion, um soziale Konflikte zum Ausdruck zu bringen, und die erbarmungswürdige Situation, in der die Schwarzen zu leben gezwungen waren, tat sich oft in einer millenaristischen (chiliastischen) Theologie kund: Da man vom Leben hienieden nichts zu erwarten hatte, lebte man in der Erwartung eines Messias, eines Erlösers, der eine vom Bösen auf den Kopf gestellte Welt wieder in Ordnung brächte. In dieser angespannten Situation und aufgrund der Aufsplitterung der Religiosität in eine Vielzahl von Sekten, deren Prediger die Heilige Schrift ganz nach ihrem Belieben auslegten, war Platz für unendlich viele Heilsphantasmagorien, und durch die Schwärmerei eines solchen mit der Gabe der Prophetie gesegneten Predigers eingeführte Neuerungen waren an der Tagesordnung.

Gleichzeitig begann sich in den Jahrzehnten vor der Weltwirtschaftskrise eine Elite schwarzer Geschäftsleute, Kaufleute und Journalisten herauszubilden, die sich, von der Teilnahme an der Welt der Weißen ausgeschlossen, »eine Philosophie der gegenseitigen Unterstützung und der rassischen Solidarität zu eigen machte« und ihre Aufgabe darin sah, eine autarke »schwarze Metropole«, ein institutionalisiertes Getto, zu errichten.[14]

Charakteristisch für die ersten Jahrzehnte unseres Jahrhunderts war zudem die »große Wanderung« zahlreicher Schwarzer aus dem Süden. Viele von ihnen, die sich als Halb- oder Teilpächter in den ausgedehnten landwirtschaftlichen Regionen angesiedelt hatten, lebten in absolutem Elend. Bei Ausbruch des Ersten Weltkriegs suchten die Fabriken im Norden Arbeiter für einfache Handlangerdienste, und ihre Anwerber brachten viele Schwarze dazu, in den von Chicago und Detroit bis nach New York und Pennsylvania sich erstreckenden Industriegürtel der USA zu ziehen. Der Exodus aus den ländlichen Gebieten und die neuen Lebensbedingungen begünstigten das Aufkommen von religiösen Ausdrucksformen, die sich in noch höherem Maße von der Tradition der »etablierten« *(mainstream)* protestantischen Kirchen lösten, auch wenn sie einen Großteil ihres Vokabulars übernahmen. In diesem komplexen Zusammenhang, in dem sich der Verlust der gewohnten raum-zeitlichen Bezugspunkte, ein übersteigerter Pietismus und eine vage Sehnsucht nach Selbständigkeit vermischten, lassen sich bei den schwarzen Amerikanern die ersten auffälligen Verweisungen auf den Islam feststellen.

Nach heutigen Schätzungen waren etwa 20 Prozent der in Afrika (normalerweise von muslimischen Sklavenhändlern) verkauften Sklaven, die auf die amerikanischen Plantagen gebracht wurden, selber Muslime, sofern sie aus den islamisierten Gegenden an der Westküste Afrikas stammten.[15] Man verfügt jedoch über keinerlei Daten, die die Annahme rechtfertigen, diese Spielart des Islam habe die Zerstörung der afrikanischen Kulturen während der Jahrhunderte der Sklaverei überdauert.[16]

Vielmehr entstand der Islam der Schwarzen im ersten Viertel des 20. Jahrhunderts auf genuin amerikanische Weise und war, zumindest in seinen Anfängen, weit von den verschiedenen gültigen Glaubensrichtungen entfernt, die in der traditionellen islamischen Welt an die Stelle der sunnitischen Strenggläubigkeit getreten waren. 1913 gründet in Newark, New Jersey, ein aus South Carolina eingewanderter Schwarzer, Timothy Drew, einen Moorish Holy Science Temple (einen Heiligen maurischen Tempel der Wissenschaft), dessen Name sowohl an die szientistische Kirche Christi wie an den Orient erinnert. Bei Drews Tod im Jahre 1927 zählten die »Maurischen« etwa 30 000 aktive Mitglieder und hatten in den Schwarzengettos der Großstädte im Osten und Norden überall Tempel errichtet. Drews Synkretismus verbindet ein islamisches Vokabular mit einer von den Baptistensekten des Südens übernommenen chiliastischen Lehre und geht Hand in Hand mit der Auflösung der Strukturen, dem Verlust von Bezugspunkten bei den durch die Wanderungsbewegung von Süden nach Norden entwurzelten Schwarzen einher. Er fügt der ihnen vertrauten Denkweise und pietistischen Einstellung eine völlig neue Grundidee hinzu, die ihrem Verlangen nach einer veränderten Identität entgegenkommt, das um so stärker, dringlicher und unersättlicher wird, je schmerzhafter die Eingewöhnung im Norden und je größer die soziale Frustration sind. Dieses neue Element ist die Berufung auf den Islam: Drew, dessen Bildungsstand ziemlich niedrig war, hatte sich unter nicht ganz geklärten Umständen eine gewisse Kenntnis der islamischen Lehre angeeignet[17], und ihm fiel sofort auf, daß sie formell keinen Unterschied zwischen den Rassen machte.[18] Für ihn sind die schwarzen Amerikaner in Wirklichkeit »Mauren« oder »Maurische«. Sie müssen nach marokkanischer Sitte den roten Fes sowie einen Bart tragen, und die Anhänger erhalten, als Beweis für die Umwandlung ihrer Identität, einen neuen Ausweis, den Drew ausstellt – der sich selber in »der Erhabene Drew Ali, der Prophet«, umbenannt hat. Auf der mit dem Stern und dem Halbmond des Islam sowie der magischen Zahl Sieben geschmückten Karte steht, ihr Besitzer verehre alle Propheten (Jesus, Muhammad, Buddha und Konfuzius), und sie weist ihn als »einen

Muslim« aus, »der sich den göttlichen Gesetzen des Korans von Mekka unterwirft: Liebe, Wahrheit, Freiheit und Gerechtigkeit«; erst dann folgt die Erklärung: »Ich bin Bürger der Vereinigten Staaten«.

Diese erstaunliche Mischung beschwört auf Anhieb alles, was seinen Jüngern im täglichen Leben verwehrt ist: Die amerikanische Staatsbürgerschaft wird um so nachdrücklicher betont, als sie in Wirklichkeit im ersten Dezennium des 20. Jahrhunderts für die meisten Schwarzen eine Leerformel bleibt – genauso wie Freiheit und Gerechtigkeit. Die Berufung auf Liebe, die Anklänge an Magie und das erstaunliche Sammelsurium von Propheten sind wahrscheinlich auf das Aufwallen eines baptistischen Pietismus zurückzuführen. Diesem Synkretismus ist jedoch der Islam übergeordnet; die »Maurischen« verstehen sich als Muslime und bekennen, dem »Koran von Mekka« zu gehorchen; allerdings weiß man nicht, ob sie überhaupt Zugang dazu hatten.[19] *Islam* ist der Name, dem sie ihrem Bruch mit der alten Identität wie auch der neuen Glaubensgemeinschaft, dem wiederhergestellten Selbstwertgefühl, der Verwurzelung im geheiligten Boden Mekkas, eines Ortes, über den der Weiße keine Kontrolle hat, verleihen.

Dieses Selbstwertgefühl, dieser Stolz verleitet sie zu der eschatologischen Gewißheit der bevorstehenden Vernichtung der Weißen und ihres eigenen Triumphes. Alles paßt zu den prächiliastischen Glaubensvorstellungen, zu der Erwartung eines Messias, der die ursprüngliche Ordnung der Welt wiederherstellen wird, indem er die Hierarchie der Rassen, Klassen und Farben umkehrt. Einige »Maurische« nehmen allerdings das Ende der Zeiten vorweg: In Chicago rempeln sie mit Absicht auf der Straße Weiße an. Ihren »Ausweis« wie einen Talisman schwingend, zwingen sie sie vom Trottoir herunter auf die Fahrbahn – und kehren damit das traditionelle Verhalten der Weißen gegenüber den Schwarzen um, die in der Gesellschaft der Rassentrennung den Weg freimachen mußten.[20]

Die Geschichte des Erhabenen Drew Ali endet auf obskure Weise 1927 – drei Jahre vor dem »Erscheinen« Fards.

Die Führer der Sekte hatten mit der Auflage an ihre Schüler, »reine« Arznei- und Nahrungsmittel sowie bestimmte Talismane zu kaufen, offenbar diverse lukrative Geschäfte betrieben. Die aus der Kontrolle über dieses Geschäft erwachsenen Konflikte scheinen zur Begleichung von Rechnungen geführt zu haben, wobei es zur Ermordung des Propheten kam – wenn er nicht an den Folgen einer Schlägerei auf einem Polizeirevier gestorben ist.

Vor diesem sozialen und kulturellen Hintergrund tritt in den ersten Jahrzehnten unseres Jahrhunderts in den heruntergekommenen Schwarzenvierteln allmählich der Islam in Erscheinung. Er dient als Symbol des Bruchs mit dem gesellschaftlichen Umfeld, das als eine Welt der Unterdrückung und Ungerechtigkeit empfunden wird, die die Weißen im Namen eines Christus mit blauen Augen, den sie für ihre Zwecke vereinnahmt haben, rechtfertigen. Neben dem Islam existieren noch andere bedeutende Bewegungen, die das Schicksal der Schwarzen von dem der Vereinigten Staaten trennen wollen; die berühmteste war die von dem Jamaikaner Marcus Garvey 1914 gegründete Universal Negro Improvement Association (Allgemeine Vereinigung zur Verbesserung der Lage der Neger). Ihr Ziel war es, unter der Parole *Back to Africa* die Schwarzen nach Afrika zurückzubringen. Garvey, von zahlreichen armen Schwarzen, denen er ein Gefühl für ihre Würde zurückgab, mit großer Begeisterung aufgenommen, wurde 1925 wegen verschiedener Veruntreuungen eingesperrt und zwei Jahre später für immer aus den USA abgeschoben. Zu seinen treuesten Schülern gehörte ein schwarzer Zuwanderer aus Georgia, der sich mit seiner Familie in Detroit niedergelassen hatt: Elijah Poole, der, unter dem Namen Elijah Muhammad, der wichtigste Organisator des Islamischen Volkes werden sollte.[21]

Er wurde 1897 als eines von 13 Kindern eines Teilpächters in Georgia geboren, der in seiner Gemeinde das Amt eines Baptistenpredigers ausübte. 1923 war er vor dem Rassismus – als Kind war er Zeuge eines Lynchmordes geworden – und der Not im Süden geflohen und nach Detroit ausgewandert, um sich dort eine Arbeit zu suchen. In der Weltwirtschaftskrise 1929 verlor er seine Stelle und überlebte dank der Sozialhilfe unter elenden Bedingungen. 1931 – er hatte jegliche Hoffnung aufgegeben und war aufgrund seiner Arbeitslosigkeit der Verzweiflung nahe[22] – machte er die Bekanntschaft Fards, der seiner Frau Seidenstoffe verkaufte. Durch ihn wurde er neu geboren: »Ich erkannte, er war Gott in Person – und das sagte er mir auch, verbot mir aber, irgend jemandem etwas davon zu erzählen. Ich kannte die Bibel. Und in ihm erkannte ich die Person, von der es in der Bibel heißt, sie werde zweitausend Jahre nach dem Tod von Jesus erscheinen.« Nachdem er seinen »Sklavennamen« Poole abgelegt und sich in Karim, dann Muhammad umbenannt hatte, stieg er schnell zum wichtigsten Helfer Fards auf. Dieser verlieh ihm den Titel *Minister* (= Pastor, Hirte) des Islamischen Volkes und überließ die organisatorische Arbeit weitgehend ihm. Im Juni 1934 verschwand Fard, der unablässig von der Polizei überwacht wurde, auf geheimnisvolle Weise, und Elijah Muhammad übernahm die Kontrolle über die Bewegung. Allerdings zwangen die Konflikte mit anderen Schülern, die für sich ebenfalls in Anspruch nahmen, Bewahrer des Charismas Fards zu sein, sowie interne Probleme der Gruppe, die die amerikanische Kommunistische Partei und anschließend eine mit den Geheimdiensten Nippons in Verbindung stehende japanische Sekte zu infiltrieren versuchte, den neuen Führer, quer durch die Vereinigten Staaten zu fliehen. Die Zahl der Mitglieder des Islamischen Volkes, die zum Zeitpunkt von Fards Verschwinden noch bei 8 000 Mitgliedern gelegen hatte, nahm ab. Im Mai 1942 wurde Elijah Muhammad, der den Kriegsdienst verweigerte, verhaftet und blieb bis 1946 inhaftiert. Der lange Aufenthalt im Gefängnis, in dem zahlreiche Schwarze einsaßen, bot ihm die Gelegenheit, seine Anschauungen unter den Strafgefangenen zu propagieren; das ganze 20. Jahrhundert hindurch waren Gefängnisse de facto eines der wichtigsten Betätigungsfelder für den Bekehrungseifer der Black Muslims.

Zwischen 1934 und 1952 war der Einfluß des Islamischen Volkes eher gering. In dieser Zeit schuf Elijah Muhammad jedoch den theoretischen Rahmen für jenes soziale Verhalten, zu dem Fard den Grundstein gelegt hatte: eine Bewegung, die einen radikalen Bruch mit der Gesellschaft und gleichzeitig eine exklusive Resozialisierung auf kommunitaristischer, also gemeinschaftbezogener Basis anstrebt. Zu diesem Zweck galt es eine Lehre auszuarbeiten, die der ursprünglichen, separatischen Bestrebung sakralen Charakter verlieh.

Variationen über die Genesis

Elijah Muhammad – den der *Reader's Digest* als den »mächtigsten Schwarzen Amerikas« bezeichnete – hat die Lehre Fards in einem Buch systematisch zusammengefaßt, das in den Tempeln des Islamischen Volkes noch heute jedem, der sich für die Bewegung interessiert, in die Hand gedrückt wird. Es trägt den Titel *Message to the Blackman in America* (»Botschaft an den Schwarzen in Amerika«) und ähnelt in der Aufmachung der pietistischen Literatur diverser protestantischer Sekten in Amerika. Es besteht aus einer Aneinanderreihung kleiner Texte mit hymnischen, apokalyptischen oder auch ganz handfesten Titeln: »Unterwerft euch Allah (Gott) und fürchtet euch nicht!«, »Der Plan zur Zerstörung unserer Rasse«, »Amerika bricht zusammen; es ist dem sicheren Untergang geweiht«, »Das Gebet im Islam«, »Programm, wie wir uns selber weiterentwickeln können« ... Der Form nach erinnern sie an Artikel in einer militanten Zeitschrift oder Predigten und haben für denjenigen, der mit der islamischen Rhetorik des 20. Jahrhunderts vertraut ist, etwas Befremdliches an sich; hingegen fallen einem auf Anhieb die stilistischen und thematischen Ähnlichkeiten mit dem protestantischen Predigtwesen in Nordamerika auf. In den Hauptkapiteln des Buches werden religiöse Themen (»Allah ist Gott«, »Der erste Mensch«, »Der Islam«, »Die Bibel und der Koran« und so weiter), aber auch soziale und wirtschaftliche Aktionsprogramme, der Plan der Errichtung eines separaten Schwarzenstaates ebenso wie einige eschatologische Gedanken zum Jüngsten Gericht abgehandelt.

Im Stil äußerst nüchtern, beinah dürr, erinnern die rhetorischen Figuren wiederum an die der traditionellen Predigten der Schwarzenkirchen; Elijah Muhammad war nicht über die Grundschule hinausgekommen, und seine Schüler betonten gerne, seine Texte, die er »bis spät in die Nacht hinein seinen jungen, begabten Sekretärinnen diktierte«[23], enthielten nur Worte, deren jedes einzelne »mit liebevoller Sorgfalt und dem obersten Gebot der Wahrhaftigkeit folgend formuliert worden ist. Was er schreibt, ist in der Sprache der kleinen Leute ausgedrückt, um jede Unsicherheit, jeden Irrtum hinsichtlich des Gegenstands und jegliche Unklarheit des Sinns auszuschließen.«[24] Die Eindeutigkeit des Textes und sein sakraler Charakter werden durch die Tatsache, das Elijah Muhammad ein »Abgesandter Allahs« ist, noch unterstrichen. In seiner Überschrift fordert das Buch dazu auf, »die Weisheit Allahs, des Allmächtigen und des Führers, in der Person Meister Fard Muhammads (Er sei gepriesen in Ewigkeit) zu suchen. Der Leser wird durch dieses Buch erleuchtet werden.«[25]

In dem Kapitel mit der Überschrift »Der erste Mensch« erklärt Muhammad, die Schwarzen seien die Nachfahren des »Stammes der Shabbaz, der vor 66 000 Milliarden Jahren auf der Erde blieb, nachdem eine gewaltige Explosion unseren Planeten in zwei Teile: auf der einen Seite die Erde, auf der anderen der Mond, geteilt hatte.« Der Autor fährt fort: »Wir, der Stamm der Shabbaz, waren die ersten, die den besten Teil unseres Planeten, das fruchtbare Niltal in Ägypten, und den wahren Sitz der heiligen Stadt Mekka in Arabien entdeckten.«[26]

Alles stand zum besten für diese ersten Menschen schwarzer Hautfarbe bis »zur Geburt eines anderen Gottes, dessen Name Yakub (Jakob) war«. Er war äußerst klug, Preisträger »aller Universitäten seines Volkes« und darauf bedacht, Böses zu tun; er entdeckte, »indem er den Keim des schwarzen Menschen unter dem Mikroskop untersuchte, daß zwei Personen in ihm waren: die eine schwarz, die andere braun. Er sagte sich, wenn er die beiden tatsächlich voneinander trennen könnte, wäre er in der Lage, den braunen Keimling bis zu seiner endgültigen Mutation, nämlich zur Weißheit, hochzuzüchten. Dank seiner Intelligenz gelang es ihm, den weißen Menschen [...] zum Herrscher über das Volk der Schwarzen zu machen, und zwar für eine bestimmte Zeit.«[27]

Der Erzählung Elijah Muhammads zufolge fand Yakub Schüler unter den »30 Prozent Unzufriedenen«, die Mekka in jener Epoche zählte. Aber schließlich wurde er verjagt und mußte mit seinen Anhängern auf die Insel Patmos ins Exil gehen. Dort widmete er sich der »Veredelung« mehrerer aufeinanderfolgender Generationen, um die schwarze Rasse auszurotten, indem er die Hellhäutigsten miteinander kreuzte, während die dunkelsten Babys systematisch von einer Krankenschwester getötet wurden, die ihnen bei der Geburt eine Nadel ins Gehirn stach. So verschwanden innerhalb von zwei Jahrhunderten alle Schwarzen von Patmos; es gab nur mehr »Braune«. Diese wurden dann mit der gleichen Methode der genetischen Selektion im Verlauf von zwei weiteren Jahrhunderten zu »Roten« und »Gelben«. Nochmals zweihundert Jahre später, am Ende des Veredelungsprozesses, war man schließlich bei den Weißen angelangt: »Die von Yakub geschaffenen Teufel waren wahrhaftig von einem sehr hellen Weiß und hatten strahlend blaue Augen – für uns die häßlichste aller Farben, die ein menschliches Auge haben kann. Man bezeichnete sie als Kaukasier, das heißt laut einigen arabischen Weisen soviel wie: ›Jemand, dessen Bösartigkeit sich nicht nur gegen ihn selbst, sondern auch gegen andere richtet.‹«

Die weißen Teufel verließen Patmos und kehrten zum Volk der Schwarzen, nach Mekka, zurück. Dort zettelten sie Bürgerkriege in einem Volk an, das vorher im Frieden mit sich selber gelebt hatte. Der König von Mekka ließ sie vertreiben und sagte zu seinen Leuten: »Ergreift alle weißen Teufel und zieht sie aus. Legt ihnen einen Schurz an, um ihre Scham zu bedecken, nehmt ihnen alle Bücher und schickt sie in die Wüste. Eine Gruppe mit Gewehren bewaffneter Männern soll sicherstellen, daß sie gen Westen ziehen. Laßt nicht zu, daß sie zurückkehren: Wenn es ihnen gelingt, die Arabische Wüste zu durchqueren, sollen sie sich in die Hügel Westasiens davonmachen« – jene Gegend, die man heute Europa nennt, erklärt Elijah Muhammad.

Zweitausend Jahre lang lebten die Weißen in Europa in Höhlen; sie gingen auf allen vieren und kletterten auf die Bäume. Nach vielfältigen Wechselfällen eigneten sie sich »das Wissen und die Macht« an, »sich jedes Lebewesen zu unterwerfen«. Das war ihre Hauptbeschäftigung im Verlauf der letzten 4 000 Jahre, in denen sie die Welt beherrschten: Der Sklavenhandel markiert eine Phase ihrer größten Schandtaten[28], die ihren Höhepunkt auf den amerikanischen Plantagen erreichte, wo die weißen Herren nach dem Beispiel von Yakub auf Patmos erneut versuchten, die Rasse der ersten, ursprünglichen Menschen, der Schwarzen, die Abkömmlinge der Shabazz, verschwinden zu lassen: Durch Hurerei mit ihren Sklavinnen brachten sie eine Rasse von Mischlingen hervor, die sie als *Negroes*, als »Neger« bezeichneten. Doch trotz dieser teuflischen Pläne ist, so Elijah Muhammad, im 20. Jahrhundert »das Volk der Schwarzen einschließlich der drei anderen Farben, Braun, Rot und Gelb, elfmal zahlreicher auf dieser Erde vertreten als die kaukasische Rasse«.

Schließlich wurden im Jahre 1930 die ursprünglichen Menschen, »die in der Wildnis Amerikas verlorengegangen waren« von Gott, der in der Person Fards Gestalt annahm, wiedergefunden und von diesem als »Islamisches Volk« erkannt. Er verkündete, die 400jährige Verfolgung in den Vereinigten Staaten werde 1955 ein Ende haben, und die Vernichtung Amerikas sowie damit einhergehend der Untergang der weißen Rasse und das Ende ihrer Herrschaft über die Welt stehen bevor.

Ab jetzt verläuft der Weg zur Befreiung über eine radikale Absonderung von den »veredelten Teufeln« in allen Bereichen des täglichen Lebens und muß in der Errichtung eines unabhängigen Schwarzenstaates als Vorspiel zum weltweiten Triumph Allahs Gestalt annehmen. Dieser wird »die letzte große Endschlacht gegen die weiße Rasse für sein Volk (das schwarze Volk) und vor allem für die sogenannten amerikanischen Neger im Himmel« führen.[29]

Dieser Bericht von der Erschaffung der Welt und dem Schicksal der Menschheit arbeitet mit Begriffen, Situationen und Persönlichkeiten, die aus drei sich auf Abraham berufenden Traditionen stammen, ohne daß sich eine in ihrer Gesamtheit wiedererkennen ließe. Die Hauptquelle der Inspiration stellt das biblische Repertoir in seinen apokalyptischen Interpretationen dar. In diesem Sinn macht der »Gründermythos« des Islamischen Volkes Anleihen bei den Chiliasmen, die im Protestantismus der amerikanischen Südstaaten bei den weißen Fundamentalisten ebenso wie in den schwarzen Kirchen sehr virulent sind. Diese Glaubensströmungen, für die die Erwartung des Tausendjährigen Reiches Christi auf Erden nach seiner Wiederkunft charakteristisch ist, in dessen Verlauf der Messias die große Schlacht gegen die Gottlosen führen und die Gerechten an den ihnen zukommenden Platz stellen wird, lassen sich in zwei Hauptrichtungen unterteilen. Die »Prächiliasten« halten jedwede Aktion, um die Ordnung der Dinge zu ändern, für sinnlos (denn einzig der Erlöser kann dafür sorgen): Es genügt, eine Gemeinschaft der Erwählten zu gründen. Die »Postchiliasten« hingegen sind der Ansicht, Engagement und politische Aktion an sich seien möglich und trügen dazu bei, die Ankunft des Erlösers und die letzte Schlacht gegen die Gottlosen vorzubereiten. Die erste Einstellung trifft man häufig bei den völlig an den Rand gedrängten Gruppen, für die politische Aktivität unweigerlich im Mißerfolg endet; die zweite findet sich oft in Bewegungen, die hoffen, ihre Fähigkeit zur religiösen Mobilisierung bei Wahlen in Stimmen umsetzen zu können. Der Evangelismus der weißen Amerikaner entwickelte sich in den siebziger Jahren von der einen Einstellung zur anderen hin[30], und das Islamische Volk entschied sich, nachdem es zuerst eine prächiliastische Haltung eingenommen hatte, allmählich für ein Eingreifen im politischen Bereich, ohne die ihm eigene Schöpfungslehre und die Erwartung der endgültigen Vernichtung der weißen Teufel in der großen Armaggedon-Schlacht aufzugeben.

Der Schöpfungsbericht Elijah Muhammads, den wir hier chronologisch wiedergegeben haben[31], wird im Text der *Message to the Blackman in America* immer wieder von allgemeinen Überlegungen unterbrochen, die für ein ständiges Hin und Her zwischen der Alltagserfahrung des Elends der Schwarzen im Getto, den den Weißen zugeschriebenen Gewohnheiten und Einstellungen und dem Teil des Berichts, der sich möglicherweise darauf bezieht oder einen Erklärungsgrund dafür liefert, sorgen. So wird der Lendenschurz, mit dem die »weißen Teufel« bei ihrer Vertreibung aus Mekka ihre Blöße bedecken, als Ursprung des Schurzes dargestellt, den die Freimaurer bei ihren Feiern tragen. Diese verkörpern für die Black Muslims die weißen Geheimgesellschaften, die auf die Vernichtung des »ursprünglichen Menschen« hinarbeiten.[32] Die Weißen, die auf allen vieren kriechen und auf die Bäume klettern – zu jener Zeit, als der »Stamm der Shabazz« die Blüte seiner Zivilisation erlebt –, sind die genaue Umkehrung des rassistischen Klischees, demzufolge die Schwarzen Kokospalmen erklimmen und nahe Verwandte des Affen seien (Elijah Muhammad präzisiert in diesem Punkt, die Affen stammten in Wirklichkeit vom Weißen ab, dessen Versuch, in den Höhlen Europas die Abfolge der »Veredelungen« umzukehren und dadurch seine ursprüngliche Farbe wiederzuerlangen, zu dem Ergebnis führte, daß er sich in einen...Gorilla verwandelte[33]). Ähnlich stellen die den Weißen zugeschriebene Schamlosigkeit und ihre angeblich zügellose Leidenschaft für die Hurerei das Negativ der in den Vereinigten Staaten gängigen Vorstellungen über die sexuelle Promiskuität der Schwarzen dar. Man kann die gesamte Kosmogonie Fards und Elijah Muhammads Punkt für Punkt als Umkehrung des verachtenswerten Bildes ihrer selbst, das die herrschende amerikanische Kultur den Schwarzen vermittelt, lesen.

Besonders eindringlich kommt die panische Angst vor der Verfälschung der reinen schwarzen Rasse zum Ausdruck. In seiner Autobiographie greift Malcolm X dieses Thema mit allem Nachdruck auf: »Innerhalb einer Generation hatten die weißen Sklavenhalter so viele schwarze Sklavinnen in Amerika vergewaltigt, daß eine einheimische, einer Gehirnwäsche unterzogene Rasse entstand, die nicht mehr ihre wahre Hautfarbe besaß und die nicht einmal mehr ihren wahren Familiennamen kannte. Die Sklavenhalter zwangen dieser durch Vergewaltigung vermischten Rasse ihre eigenen Familiennamen auf und fingen an, sie ›Neger‹ zu nennen.«[34] Die Vergewaltigung, die eine neue Rasse begründet, rührt an die eigentliche Wurzel der Identität und stellt in der Sprache des Islamischen Volkes den Inbegriff jeglicher »Integration« dar. Diejenigen unter den »sogenannten Negern«, die sich um eine Integration bemühen, mit den Weißen Umgang pflegen oder sich schließlich sogar mit ihnen verheiraten, sind das schlagendste Symbol für die Entfremdung, die Gehirnwäsche. Sie haben sich ihren Wertvorstellungen angepaßt und sind ihre Agenten, Verräter ihrer Rassenbrüder. Da der Weiße buchstäblich »verteufelt« wird, können die Schwarzen nur auf eine Zukunft setzen: die völlige Abkehr von ihm.

In diesem Sinne liefert der aus der Feder Elijah Muhammads stammende Bericht über die Erschaffung der Welt und ihre Weiterentwicklung eine ontologische Rechtfertigung für das Ziel des Separatismus und die Gründung einer Gemeinschaft, die »in der Wildnis Amerikas« den einst glücklichen und in der heiligen Stadt Mekka sich der höchsten Zivilisation erfreuenden ursprünglichen Stamm der Shabazz wiedererstehen läßt. Die Kosmogonie der Black Muslims ist eine Sakralisierung des Kommunitarismus und des Separatismus. Die erste, prägnanteste Gestalt ist Moses, der im Exodus die Hebräer aus »der Wildnis Ägyptens« führt, um sie ins Gelobte Land zu bringen. Zu diesem Punkt schreibt Elijah Muhammad: »Die Absonderung der sogenannten Neger von den Kindern der Sklavenhalter ist eine Notwendigkeit. Es ist die einzige Lösung für unser Problem. Es war laut der Bibel die einzige Lösung für Israel und Ägypten, und es wird sich zeigen, daß es die einzige Lösung für Amerika und seine Sklaven ist, die es ihnen zum Hohn als seine Bürger bezeichnet, ohne ihnen die Staatsbürgerschaft zuzugestehen.«[35] Malcolm X wird dieses Bild auf die Spitze treiben und 1955 in Harlem predigen, Eisenhower sei nichts anderes als ein amerikanischer Pharao, der, wie der ägyptische Pharao die Hebräer, die Schwarzen in der Sklaverei hält; Elijah Muhammad sei der Moses, der die Schwarzen aus der Knechtschaft führen und in ein Gelobtes Land in Form eines unabhängigen Staates führen werde.[36] Das Bild des Exodus wird häufig von religiösen Bewegungen aufgegriffen, die die soziale Ordnung in Frage stellen; in den USA gipfelte die Lehre der Mormonen in einem ganz konkreten Exodus, der die verfolgten Schüler Brigham Youngs nach Utah, an die Ufer des Großen Salzsees brachte, der angeblich an das Tote Meer in Palästina erinnert. Dort lebten die Mormonen nach Verhaltensnormen, die von den geltenden amerikanischen Gesetzen abwichen; vor allem praktizierten sie die Polygamie. In diesem Sinne verwirklichten sie eine Art Separatismus, arrangierten sich jedoch in der Folgezeit mit dem Staat, für den sie kaum eine Bedrohung darstellten.

Hingegen erlaubt die Berufung auf den Islam im Denken Fards und Elijah Muhammads, diesen grundlegenden Bruch zu programmieren, auszuweiten und unumkehrbar zu machen. Islam ist die Bezeichnung, die für die »sogenannten Neger« die vollkommene Andersartigkeit ihrer Identität annimmt, die sie aufgrund der langen historischen Tradition des Gegensatzes zwischen dieser Welt und jener der Christenheit anstreben. Auf dieser Ebene vollzieht sich der Übergang vom biblischen Repertoire zur Vorbildlichkeit des Islam. In der Tat war das biblische Vokabular das einzige, das in den Augen der amerikanischen Schwarzen mit ihrer protestantischen Tradition einen Sinn ergeben konnte: Hätte man ihnen übergangslos den Koran gepredigt, wäre man auf Unverständnis gestoßen. Nachdem man sich jedoch für die Geschichte des Martyriums der Schwarzen und die Verteufelung der Weißen dieser Sprache und Bilderwelt bedient hat, erlaubt der Rückgriff auf den Islam den Black Muslims, den Bruch mit der weißen Gesellschaft zu dramatisieren, indem sie unvermittelt auf einen ihrer Kultur fremden Bereich Bezug nehmen. Seine unabänderliche religiöse Ausprägung findet dieser Separatismus in Weiterführung des mosaischen Exodus in jenem Bruch, der zur Begründung des Islam führte: der Hedschra. Dieser Initialakt, das Jahr null im islamischen Kalender, war der Bruch des Propheten Muhammad und seiner Gefährten mit dem götzenverehrenden Mekka, aus dem sie, da ihr Leben in Gefahr war, nach Medina fliehen mußten, wo sie schließlich ihren Staat gründeten.

Anfangs brauchten Fard und nach ihm Elijah Muhammad nichts weiter zu tun, als die Übereinstimmung ihrer Lehre mit dem »orthodoxen« Dogma[37] dieser Religion zu behaupten, denn gelehrte Experten gab es auf diesem Gebiet im Amerika der dreißiger Jahre praktisch keine. Es existierten keine Ulema in Detroit, die den Glauben der Black Muslims von seinen »Irrlehren« hätten reinigen können. Für den Islam war im Verlauf seiner Geschichte ohnehin eine große innere Vielfalt charakteristisch, in ihm konnten unendlich unterschiedlichere Strömungen nebeneinander bestehen, als die katholische Kirche in ihrem Schoß zuließ.

Trotz der Dehnbarkeit der islamischen Theorie und Praxis gibt es äußere Grenzen für den inneren Zusammenhalt der islamischen Lehre; werden diese einmal durchbrochen, bezichtigt man diejenigen, die gegen diesen Konsens verstoßen, der Gottlosigkeit oder »Heuchelei«. Einer dieser Grundsätze lautet, der Prophet Muhammad sei »das Siegel der Propheten«. Mit anderen Worten: Nach ihm kann es keinen Propheten mehr geben. Dennoch hatten in der konkreten Geschichte der islamischen Gesellschaften die Imame des Schiismus, die Marabuts und Scheichs der Muslimbruderschaften, selbst wenn sie nie mit dem Propheten Muhammad gleichgesetzt oder als ihm überlegen bezeichnet wurden, eine Stellung inne, mit der viele Attribute eines Propheten in Verbindung gebracht wurden. In diesem Sinne läßt sich das Prophetentum Elijah Muhammads, so »heterodox« es auch scheinen mag, notfalls in das Gefüge islamischer Praktiken eingliedern. Und das um so mehr, als der Islam der Schwarzen Afrikas zahlreiche Sekten umfaßt, deren jeweiliger Gründer sich eines Status erfreut, der dem der Vergöttlichung nahekommt; dies gilt beispielsweise für Ahmadu Bamba, den Begründer der muridischen Bruderschaft, der vom Senegal aus Niederlassungen in der ganzen Welt gründete, und zwar über ein Netz fliegender Händler, die die Strände und Gehsteige Europas und Amerikas bevölkerten[38], so wie Fard 1930 die Straßen der Gettos von Detroit abklapperte.

Unendlich viel schwieriger war es für einen »traditionellen« Muslim, die Wiederverkörperung Allahs in der Person Fards zu akzeptieren. Die Vertreter von Bewegungen, die sich auf den Islam beriefen und gleichzeitig den Messianismus derart auf die Spitze trieben, stießen auf besonders heftige Ablehnung und wurden, wenn sie in islamische Länder kamen, verfolgt. Von allen Bewegungen in der Geschichte des modernen Islam hat die Ahmadiyya-Sekte am teuersten für diese Anmaßung bezahlen müssen. Ihre Anhänger wurden im unabhängigen Pakistan nach 1947 auf Betreiben der militanten Islamisten der Jama'at-i-islami des A. A. Mawdudi[39] verfolgt und mußten das Zentrum ihrer Aktivitäten nach Großbritannien verlegen.

Wie man richtig ißt, um richtig zu leben

Der von Fard und Elijah Muhammad als Neuanfang gedachte Bruch konkretisierte sich in einer radikalen Abgrenzung von der gottlosen Umwelt durch Anwendung der Verbote und Gebote des Islam, die dabei beträchtlich ausgeweitet und gelegentlich abgeändert wurden.

Als erstes ergingen die Speiseverbote: Von Anbeginn der Predigertätigkeit Fards in Detroit werden Schweinefleisch und Alkohol radikal abgelehnt. In einem seiner ersten Pamphlete, *The Supreme Wisdom* (»Die vollkommene Weisheit«) schreibt Elijah Muhammad: »[...] In Amerika ißt man zum großen Mißfallen Allahs Schweinefleisch, das unrein und ekelerregend ist, und zwingt die sogenannten Neger praktisch, es ebenfalls zu essen. In Amerika wird mehr Alkohol getrunken – den Allah verbietet – als sonst irgendwo [...] Man bringt dort den sogenannten Negern bei, Maisbrot und Schweinefleisch zu essen, die im Süden dieses Landes mein Volk langsam vergiften.«[40]

Zwar stellen Schweinefleisch und Alkohol die bevorzugten Mittel der weißen Teufel dar, um die Schwarzen in Abhängigkeit und Knechtschaft zu halten, aber sie beschränken sich nicht darauf. In Wirklichkeit fällt nahezu die gesamte traditionelle Ernährungsweise der Schwarzen, wie sie sich in den Tagen der Sklaverei in den Südstaaten einbürgerte, unter das Verdikt des Islamischen Volkes.

Die von Elijah Muhammad in seinem Werk *How to eat to live* (»Wie man richtig ißt, um richtig zu leben«) ausgearbeiteten Verbote kommen in einer Rubrik der zweimal monatlich erscheinenden Zeitschrift Louis Farrakhans und seiner Jünger, *The Final Call*, wieder zu Ehren und werden kommentiert. Eine Illustration[41] zeigt eine um einen Tisch gescharte schwarze Familie bei einem Festessen, das aus Schweinefleisch besteht (Innereien, Füße, Rüssel, Koteletts und so weiter). Das Schwein, dargestellt als Kreuzung aus Katze, Ratte und Hund, überträgt seine Mängel auf denjenigen, der es verzehrt – wie das Aussehen der Familienmitglieder beweist. Der Titel »Lest, was Allah über das vergiftete Schwein schreibt!« behauptet, man sei das, was man ißt: »Schlechte Nahrung zu essen prägt eure Gesichtszüge und euren Charakter.« Neben dem Verweis auf die Verbote in der Bibel und im Koran bedient sich die Argumentation medizinischer Begriffe über die verheerenden Auswirkungen der Trichinen oder »Schweinewürmer«; vor allem beruft sie sich jedoch auf die Schöpfungsberichte, wie sie das Islamische Volk kennt. Danach wurde das Schwein von Gott geschaffen, um die Krankheiten und Krankheitserreger aufzunehmen, deren potentielle Träger die Weißen sind und die sie auf die Schwarzen übertragen wollen mit dem Ziel, sie zu vergiften, um ihre Rasse kraftlos und hinfällig zu machen.

Unter dem Titel »Die Ernährung, die der Teufel den Gerechten vorschreibt«, zeigt eine andere Zeichnung einen mit fast allen traditionellen Gerichten des für den Süden charakteristischen *soul food* bestellten Tisch (Katzenwels, Erbsen, Maiskuchen, Nüsse und Pecannüsse, Krabben, Garnelen, Kohl...), aber auch ein gerupftes Huhn und ein Rinderkotelett.[42] Nichts an diesen Verboten ist tatsächlich »islamischen« Ursprungs; das Verbot dieser Nahrungsmittel verfolgt vordringlich das Ziel, einen neuen Schwarzen zu schaffen, der sich seiner Zugehörigkeit zum Islamischen Volk bewußt ist und in seinem tagtäglichen Leben mit dem traditionellen »sogenannten Neger« des Südens, wie er an seiner Ernährung erkennbar ist, bricht. Zahlreiche Rubriken des *Final Call* sind – ganz in diesem Sinne, der Bekämpfung der minderwertigen Nahrung gewidmet, die die Jungen in den Gettos bevorzugen – des *junk food*, das die Nachfolge des fetten, sättigenden Essens aus der Zeit der Plantagen angetreten hat.

Seit den ersten Jahren des Islamischen Volkes bekämpfte man vehement die Fettleibigkeit, und die Anhänger mit Übergewicht mußten eine Geldstrafe zahlen, bis sie das richtige Gewicht hatten. In dieser Tradition begann Farrakhan im Sommer 1991 einen »Feldzug gegen die Fettleibigkeit«, Ursache degenerativer Erkrankungen, mit denen viele arme Schwarze in Amerika schwer geschlagen sind; stets stellte er die Disziplin in den Reihen der Funktionäre seiner Bewegung wieder her: »Ich werde nicht hinnehmen, daß ein fetter Aktivist vor einem fetten Volk die Lehren des Ehrenwerten Elijah Muhammad vertritt! Jeder hat ein halbes Jahr Zeit, um diesen Zustand zu ändern. Läßt sich danach kein bedeutsamer Fortschritt feststellen, können Sie sich woanders eine Arbeit suchen.«[43] Darüber hinaus betont Farrakhan, die Fettleibigkeit der Frauen habe ihren Grund darin, daß die meisten Ehen von Schwarzen scheitern: »Unsere Frauen sind derart frustriert von ihrem Leben und ihren Beziehungen zum anderen Geschlecht, daß sie oft ihre Zeit damit verbringen, vor dem Fernseher zu sitzen und sich mit Dreckszeug (*junk food*) vollzustopfen. Ergebnis: sie werden zusehends fetter und sterben jung.«

Der Plan der weißen Teufel ist es in der Tat, die Schwarzen jung sterben zu lassen. Das Geheimnis der Gesundheit und der Langlebigkeit liegt letztendlich darin, Vegetarier zu werden (»das beste Essen für unsere Gesundheit«[44]) und nur eine Mahlzeit pro Tag zu sich zu nehmen. Die Anhänger sind zur Einhaltung dieser Disziplin verpflichtet. Man kann in dieser Richtung sogar noch weiter gehen: »Ein Mann im Alter von 200 oder 300 Jahren ist nicht alt, wenn er sich richtig ernährt und nicht mehr als alle zwei oder drei Tage eine Mahlzeit zu sich genommen hat. Ein Mensch kann tausend Jahre leben, wenn er nur zweimal pro Woche ißt... allerdings muß es das Richtige sein.«[45]

Über dieses heroische und kaum praktikable Maß hinaus kommt der Kodifizierung der Ernährungsweise der Black Muslims eine dreifache Bedeutung zu. Erstens handelt es sich um die Diagnose eines allgemeinen gesundheitlichen Problems, das eine beträchtliche Zahl amerikanischer Schwarzer, vor allem in den Gettos, betrifft. Allerdings läßt diese Diagnose, obwohl sie zweifelsohne richtige Feststellungen enthält, keinerlei Abstufungen oder Ausnahmen zu – und greift auf diese Weise erneut die schlimmsten rassistischen Vorurteile auf. Die erste Illustration, die eine schwarze Familie bei ihrer »Schweineorgie« zeigt, fügt sich nahtlos in diese Betrachtungsweise ein. Die Botschaft ist klar: Außerhalb des Islamischen Volkes, in der Welt der weißen Teufel, wird das Schicksal der »sogenannten Neger« Amerikas mit dem schändlichsten Niedergang gleichgesetzt – und die falsche Ernährung und ihre Folgen sind ihr Motor.

Zweitens stellt die Art der Nahrungsverbote und der von der Bewegung ihren Anhängern vorgeschriebenen Ernährungsweise einen Bruch mit der weißen Gesellschaft und gleichzeitig mit der traditionellen Gruppenidentität dar: Das ist der Sinn der Verbote aller »südlichen« Speisen, die auf der zweiten Illustration abgebildet sind. Das Islamische Volk beschränkt sich nicht darauf, die Schwarzen als rassische, durch die Hautfarbe definierte Gruppe abzugrenzen, sondern will eine gesonderte Gemeinschaft von Menschen gründen, deren Identität sich durch das Bekenntnis zur Lehre Elijah Muhammads neu strukturiert.

Drittens stärkt die Ernährungsweise, die eine asketische Lebensgestaltung bewirkt, den Zusammenhalt innerhalb der Gruppe der Erwählten und macht es schwierig, irgendeine Form individueller Freiheit zu leben: Die strikte Überwachung der Körperfülle der Anhänger ist nur ein besonders auffälliges Beispiel dafür.

Diese spezielle Diät läßt besondere Bedürfnisse entstehen, zu deren Erfüllung das Islamische Volk Geschäfte, Restaurants, eine Kette von Supermärkten eröffnete und eine ganze Palette von Produkten auf den Markt warf – vor allem Merlan in Dosen, »aus den reinen Gewässern Perus importiert«, unter dem Namen »Muhammad's Fish«; es gründete sogar eine eigene Bank, die Guaranty Bank and Trust Company, in deren Werbung es heißt: *Unter der Führung des Ehrenwerten Elijah Muhammad setzen wir auf das wirtschaftliche Wachstum und die Produktivität des Islamischen Volkes.* Dabei geht es gleichzeitig darum, sich darauf vorzubereiten, die eigene Entwicklung selbst in die Hand zu nehmen, die ersten Grundlagen für einen zukünftigen Staat des Islamischen Volkes zu schaffen, aber auch darum, die Anhänger vom Konkurrenzmarkt der amerikanischen Gesellschaft abzuziehen und sie zu Gefangenen eines spezifischen Marktes zu machen, der schließlich, als Elijah Muhammad 1975 starb, ein »Wirtschaftsimperium« im Wert von schätzungweise 46 Millionen Dollar darstellte. Auch hier läßt sich ein grundlegendes Element einer Neustrukturierung der Gemeinschaft beobachten, die eine Kontrolle der Individuen durch die Gruppe vorsieht, indem sie diese dazu anreizt oder zwingt, ausschließlich »reine«, von der Bewegung überwachte Produkte zu konsumieren – so wie die Bewegungen zur Reislamisierung oder Rejudaisierung großes Aufhebens von *halal* beziehungsweise *koscher* machen, um daran den Gehorsam ihrer Anhänger zu messen.[46]

Die Festung im Inneren

Die Neudefinition einer Gemeinschaft von Reinen durch den Erlaß strengster Speiseverbote bezieht ihren Sinn aus dem sozialen Zusammenhang, in dem die äußerste Not die Schwarzen, die ihre Opfer waren, ihrer Bezugspunkte und ihrer Würde beraubt hatte. In der Tat rekrutierte das Islamische Volk seit den ersten Predigten Fards im Jahre 1930 bis zum Tod Elijah Muhammads 1975 seine Anhänger vor allem unter den »schwarzen Massen« des Gettos, zum Nachteil der »schwarzen Bourgeoisie«, die sich eine Blöße gab und sich lächerlich machte, wenn sie sich an die übertriebenen Verbote hielt.

Die ersten Schüler waren Leute, die, wie Elijah Muhammad selbst, erst vor kurzer Zeit aus den Südstaaten eingewandert waren und von den Auswirkungen der Krise 1929 aufgerieben wurden, schwarze Proletarier, die in absolutem Elend lebten. Das Islamische Volk bot ihnen einen starken, genau abgegrenzten Identifikationsraum an. Nach Ansicht der meisten, die die Bewegung seit ihren Anfängen beobachtet haben, gelang vielen Anhängern ein beträchtlicher sozialer Aufstieg; vor allem fanden sie ab 1937 einen sicheren Arbeitsplatz in der Automobilindustrie.[47] In der Folgezeit warb die Bewegung vor allem im Gefängnismilieu viele Anhänger an; Elijah Muhammad war während des Zweiten Weltkriegs zwei Jahre lang inhaftiert gewesen – und Malcolm X wurde bezeichnenderweise im Gefängnis bekehrt. In Anbetracht des täglichen Lebens eines schwarzen Strafgefangenen in einem amerikanischen Gefängnis hatte die Weltsicht des Islamischen Volkes zweifelsohne nichts Übertriebenes an sich. In einem Brief, den Elijah Muhammad Malcolm X ins Gefängnis schrieb, erklärte er, »der schwarze Strafgefangene sei ein Symbol für die Verbrechen der weißen Gesellschaft an den Schwarzen. Die Schwarzen würden unterdrückt, würden bedürftig und unwissend gehalten und somit unfähig gemacht, anständige Arbeit zu erhalten. Das treibe sie in die Kriminalität.«[48]

Bis zum heutigen Tag hat eine gewisse Anzahl Kader eine Karriere in einer Gang oder auf der Straße hinter sich; sie kannten die Welt der Drogen und des Drogenhandels, die Zuhälterei, das Gefängnis und fühlten sich dann von den Predigten des Islamischen Volkes angesprochen. Die äußerst strengen Vorschriften der Bewegung, die Überwachung des einzelnen, das Tragen einer Art Uniform stellen eine Reaktion auf den Sittenverfall im Getto dar. Und die verbale Gewalt, die Zurschaustellung von Stärke dienen der Läuterung von der physischen Gewalt und der Brutalität des Milieus. Der Weg von Malcolm X symbolisiert diesen Prozeß mustergültig – er machte aus dem kleinen Volk Elijah Muhammads, einer Sekte von begrenztem Einfluß, eine Massenbewegung. Er ermöglichte die Anwerbung Hunderttausender neuer Anhänger, die sich von seinem Charisma mitreißen ließen und sich mit ihm identifizierten.

2 Die drei Leben des Malcolm X

Im letzten Jahrzehnt des 20. Jahrhunderts wurde Malcolm X zur Legende und zum Helden. Zahlreiche Epigonen und eine ganze Reihe von Händlern im Tempel des Herrn machen sich sein geistiges Erbe streitig. Die Aura, die ihn umgibt, läßt für die breite Öffentlichkeit, die sich seiner einzig als des revolutionären schwarzen Volkstribuns erinnert, oft die Organisation, die ihn aus der Gosse holte, ehe sie ihn zum Tod verurteilte: das Islamische Volk, in den Hintergrund treten. Die vierzig Jahre des kurzen Lebens des Malcolm X lassen sich in drei große Abschnitte unterteilen – »böser Junge«, prominenter Prediger der Bewegung Elijah Muhammads, dann »orthodoxer« Muslim und Agitator für die Dritte Welt –, ehe er im Kugelhagel seiner Mörder starb.

Im Mai 1925 als Malcolm Little geboren, war er – wie Elijah Muhammad – Sohn eines Baptistenpredigers, der der Bewegung von Marcus Garvey nahestand. Das Haus der Familie wurde von einem rassistischen Kommando niedergebrannt, und als Malcolm sechs Jahre alt war, starb sein Vater unter ungeklärten Umständen. Seine Mutter, »die wie eine weiße Frau aussah«, stammte aus der Verbindung eines Weißen mit einer Schwarzen und war auf Grenada zur Welt gekommen – von ihr hatte Malcolm die sehr helle Haut und die fast roten Haare, die ihm im Milieu den Beinamen *Red*, »der Rote«, einbrachten; über seinen unbekannten weißen Großvater äußerte er, er habe gelernt, »jeden Tropfen Blutes dieses weißen Vergewaltigers in mir zu hassen«.[1] Obwohl er trotz der sehr ungünstigen familiären und sozialen Situation ein begabter Schüler war, mußte er sich von seinem Lehrer, dem er seinen Wunsch, Rechtsanwalt zu werden, anvertraute, sagen lassen, es sei besser für ihn, eine Tischlerlehre anzutreten, einen Beruf, den dieser Pädagoge als für einen Neger passender erachtete. Im Rückblick betrachtet Malcolm diesen Rat seines Lehrers als Zeichen des unergründlichen Willens Allahs; denn hätte der ihm nicht von dieser Laufbahn abgeraten, wäre er »vermutlich Teil der akademischen Bourgeoisie« geworden, »würde Cocktails schlürfen und mich selbst als Persönlichkeit des öffentlichen Lebens und Führer der leidenden schwarzen Massen ausgeben. Mein Hauptinteresse läge aber darin, noch ein paar Krümel mehr vom überladenen Tisch der heuchlerischen Weißen zu ergattern, bei denen Schwarze um ›Integration‹ betteln.«[2]

Im Gegensatz zu Martin Luther King, der wohlbehütet in einer gebildeten Familie der schwarzen Mittelschicht aufwächst, absolviert Malcolm Little die Schule des Lebens auf der Straße.[3] Er wird zu einer Verwandten nach Boston geschickt, wo ihn die Sitten und Gebräuche des Schwarzengettos Roxbury faszinieren; bald wird er »ein böser Junge« und läßt seine schwarze Freundin sitzen, um sich eine weiße Geliebte zu nehmen: »Zu dieser Zeit war es in Roxbury wie in jedem anderen schwarzen Getto in Amerika für den durchschnittlichen schwarzen Mann ein Statussymbol ersten Ranges, wenn er eine weiße Frau hatte, die keine stadtbekannte Hure war.«[4] Seine Entfremdung, die »Bleichung« seines Gehirns, hat einen Abstieg in die untersten Schichten zur Folge; er läßt sich auf Zuhälterei, Erpressung und Drogenhandel ein, bis er schließlich 1946, im Alter von zwanzig Jahren, wegen Diebstahls und Hehlerei zu einer Gefängnisstrafe verurteilt wird, von der er sechs Jahre verbüßt. Damit geht sein erster Lebensabschnitt zu Ende: »Ich [war] auf die unterste Stufe der Gesellschaft des amerikanischen weißen Mannes gesunken, bis ich dann – bald schon, im Gefängnis – Allah und die islamische Religion gefunden habe, wodurch mein gesamtes Leben völlig verändert wurde.«[5]

Die Gefängnishaft, in der die Regeln des sozialen Verhaltens auf Unterdrückung reduziert sind, stellte im 20. Jahrhundert für mehrere bedeutende Führer von Reislamisierungsbewegungen eine Grunderfahrung der Ungerechtigkeit der Gesellschaft dar. In den ägyptischen Internierungslagern gewöhnt Sayyid Qutb, wichtigster Anreger der militanten Islamisten von heute, es sich an, die Gesellschaft, die er zerstören will, um sie durch einen islamischen Staat zu ersetzen, als *jahiliyya*, als Vor-Islam, zu bezeichnen.[6] Und im Gefängnis wird sich Malcolm Little seiner Verkommenheit bewußt; er macht die weiße christliche Gesellschaft dafür verantwortlich und entdeckt im Islamischen Volk den Weg zu seinem persönlichen Heil und zur Erlösung seiner Rassenbrüder.

Von dem Augenblick an, als Malcolm – über die Bekehrung durch einen seiner Brüder – von der Existenz Elijah Muhammads hört, nimmt sein Leben eine andere Richtung. Das erste offenkundige Zeichen für den Bruch mit seinem vorherigen Leben ist seine Weigerung, in der Gefängniskantine Schweinefleisch zu essen; darauf folgt ein regelrechter autodidaktischer Heißhunger nach allem Geschriebenen. Das Auswendiglernen des Wörterbuchs, das Verschlingen aller möglichen Lehrbücher bereitet ihn darauf vor, mit der Inbrunst und der unerschütterlichen Sicherheit des Konvertiten zu entdecken, daß die Geschichte der Menschheit »weiß gefärbt«, zu einer ungeheuren Lüge zurechtgebogen wurde, um die Überlegenheit der Schwarzen und der islamischen Religion, so wie Mr. Muhammad sie predigt, zu verschleiern.

1952 aufgrund guter Führung entlassen, wird er schnell zum Vertrauten des Gesandten Gottes. Er schickt ihm den Brief, den die neuen Anhänger schreiben, um die Entbindung von ihrem »Sklavennamen« zu erbitten, und erhält ein »X« anstelle des »Little«, bis man ihn als würdig erachten wird, einen muslimischen Namen zu tragen.[7] Dieses X, das in der amerikanischen Aussprache *Ex*-(Sklave) bedeutet und gleichzeitig die Anonymität der von der weißen Gesellschaft ausgebeuteten Schwarzen anprangert, macht er zu einem universellen Symbol. Er eignet es sich an und verkörpert, indem er das X mit seiner Person gleichsetzt, den anonymen Schwarzen des Gettos, verleiht ihm seine Stimme, sein Gesicht, artikuliert seinen Zorn und seine Sehnsüchte. Für Malcolm X beginnt nun eine glänzende Karriere als Wanderprediger, in deren Dienst er seine außergewöhnliche, teuflische Überredungskunst stellt, die ihn sein überspanntes früheres Leben gelehrt hat. Seine rednerische Begabung, sein Charisma, sein Organisationstalent verschaffen dem Islamischen

Volk großen Zulauf; dadurch erlangt die Bewegung, die bis dahin nur kleinen Zirkeln des schwarzen Milieus geläufig war, einen Bekanntheitsgrad, der ihr Zugang zu den Massenmedien verschafft. Die Presse und mehr noch das Fernsehen sehen in Malcolm X, der sich der Integration verweigert, sich zum Fürsprecher des Separatismus macht und eine Religion predigt, die der breiten amerikanischen Öffentlichkeit bizarr erscheint, jene Person, die im Kino die Faszination des »Schurken« ausstrahlt, ohne den ein guter Film nicht auskommt. Für die Schwarzen auf der Straße wird er, der sich im Gegensatz zum »Hausneger«, den Onkel Tom verkörpert, als »Feldneger« beschreibt, zum Wortführer schlechthin: Er versteht es, den Ausschluß, das Elend und den Rassismus anzuprangern, und verkörpert die Möglichkeit, Erfolg zu haben, der gleichwohl durch die Treue zu der in sich geschlossenen Gemeinschaft des Islamischen Volkes bedingt ist. Für diese Organisation schließlich stellt er ein außergewöhnliches finanzielles Geschenk des Himmels dar: Der Zustrom neuer Mitglieder und Sympathisanten – bestimmt zwischen 100 000 und 250 000[8] –, die bei den Kollekten großzügig zu spenden aufgefordert werden, ebenso wie zum Kauf der Produkte in den Läden und den Firmen, die Elijah Muhammad und die Mitglieder seiner »königlichen Familie« (wie sie sich gerne nennen) leiten, gestattet es dem Gesandten Gottes und seinem Gefolge in der Tat, in Chicago wie die Könige zu leben – im Unterschied zu Malcolm X, der ein asketisches, ganz dem Dienst an der Sache geweihtes Leben führt.

Besonders großen Wert legt er auf Disziplin, und die Anhänger, die ihr Kontingent des Organs des Islamischen Volkes, *Mr Muhammad Speaks* (»Mr. Muhammad spricht«), nicht verkaufen, werden verprügelt – Methoden, die an die Sitten im Milieu oder im Gefängnis erinnern.[9] Die Organisation von Versammlungen oder den großen Zusammenkünften, die alljährlich am 26. Februar, »dem Tag des Retters«, anläßlich von Fards Geburtstag stattfinden, spiegeln auch die beachtliche Entwicklung des Muslim Girls Training (Schulung junger Musliminnen), dessen aktive Teilnehmerinnen, schlank und in weiße Schleier gehüllt[10], gesondert Aufstellung nehmen, sowie der paramilitätischen Gruppe, der Frucht des Islam, wider, die den Ordnungsdienst stellt.

Im April 1957 bot ein polizeilicher Übergriff, dessen Opfer Hinton Johnson, ein Anhänger des Islamischen Volkes war, Malcolm X die Gelegenheit, seine Fähigkeit, die Bewegung straff zu führen und für Disziplin zu sorgen, aber auch die Gemeinschaft gegen Angriffe von außen zu schützen, unter Beweis zu stellen. Mit einem Schädelbruch, den ihm Polizisten in Harlem beigebracht hatten, wurde Johnson bewußtlos aufs Revier gebracht, statt von einem Arzt versorgt zu werden. Von einer Menge Schwarzer herausgefordert, in deren Augen die Black Muslims zwar das große Wort führen, zu einer wirkungsvollen Aktion jedoch nicht imstande sind, läßt Malcolm das Polizeirevier und dann das Krankenhaus belagern, bis sein »Bruder« freigelassen und medizinisch versorgt wird; dabei beeindruckt (und beunruhigt) er die Polizei durch die militärische Disziplin, mit der er seine Truppen dirigiert.[11] Als fünf Jahre später, am 27. April 1962, die Polizei von Los Angeles bei einer Schlägerei einen anderen Aktivisten des Islamischen Volkes tötet, gibt Malcolm X in einer rachsüchtigen Rede seiner Freude über den Absturz einer Maschine der Air France »voller Weißer« Ausdruck, die gerade zum Abflug in die Vereinigten Staaten abgehoben hatte; es hatte keinen einzigen Überlebenden gegeben. Malcolm sieht darin die Rache Allahs.[12]

Die Heftigkeit dieser Aussage, in der »der vom Haß erzeugte Haß«[13], zum Ausdruck kommt, der für das Bild des Islamischen Volkes, wie die Predigten von Malcolm X es im Bewußtsein der Öffentlichkeit prägten, charakteristisch ist, hat eine Ventil- und Kompensationsfunktion in bezug auf die konkreten Aktionen, die damals die Bürgerrechtsbewegung unter Martin Luther King durchführt. Diese zwingt durch Demonstrationszüge, Sit-ins, Streiks und gezielte Verstöße gegen bestimmte Vorschriften Schulen, öffentliche Verkehrsmittel und Geschäfte, die Aufhebung der Rassentrennung konkret umzusetzen. Diese Mobilisierung folgt einer Logik, die den Zielen des Islamischen Volkes genau entgegenläuft:

Sie beruft sich auf universalistische Ideen, während Elijah Muhammad und seine Anhänger den Separatismus und Kommunitarismus auf die Spitze treiben. Und trotz des Charismas von Malcolm X hält die Mehrzahl der Beobachter in den sechziger Jahren die Bürgerrechtsbewegung für den Zukunftsträger der amerikanischen Gesellschaft: Belanglosigkeit des Rassenunterschieds und Betonung der Gleichheit aller Individuen.[14] Im Gegensatz dazu erscheint ihnen die vom Islamischen Volk verkörpert Denkrichtung marginal. Fünfzehn Jahre später müssen die gleichen Leute feststellen, daß – Ironie der Geschichte – die amerikanische Gesellschaft, weit davon entfernt, dem Unterschied in der Hautfarbe keine Bedeutung mehr beizumessen, also farbenblind (*color-blind*) zu werden, farbbewußter (*color-conscious*) denn je ist. Das geht soweit, daß heute das Gesetz Kriterien der positiven Unterscheidung festlegt, nach denen die Bürger aufgrund ihrer erklärten Zugehörigkeit zu einer (ethnischen, rassischen, sexuellen und so weiter) Gemeinschaft unterschieden werden. Das Neben- oder sogar Gegeneinander von Gemeinschaften, das dazu tendiert, den der Gesamtgesellschaft gemeinsamen Werten weniger Gewicht zuzumessen und statt dessen die Besonderheiten und den Unterschied hervorzuheben, lehnt sich an eine Philosophie an, in die die mehrere Jahrzehnte zuvor erhobene wichtigste Forderung der Black Muslims bereits Eingang fand.

In einem im Mai 1963 vom Rundfunk übertragenen Gespräch[15] unterscheidet Malcolm X zwischen der »den Unterdrückten von den Unterdrückern aufgezwungenen Rassentrennung« und der »zwischen Gleichen freiwillig vorgenommenen Trennung«. Als Beispiel zitiert er die *Chinatowns* in den amerikanischen Städten, deren Bewohner ihre eigenen Banken, ihre eigenen Schulen und ihr eigenes Wirtschaftsleben haben, im Gegensatz zu den schwarzen Gettos, »in denen die Weißen alles, bis hin zu den Gedanken, die die Schwarzen im Kopf haben, kontrollieren«. Entsprechend diesem Ideal einer in sich geschlossenen Gemeinschaft innerhalb der Gesellschaft schließt sich eine Bevölkerungsgruppe zunächst auf der Grundlage eines gemeinsamen Erbes zusammen und strebt dann danach, ihre Identität neu aufzubauen, um ihrer Treuepflicht gegenüber selbsternannten Führern eine Grundlage zu geben. Dadurch soll die Aufsplitterung und Teilung der Gesellschaft institutionalisiert werden. Im Fall des Islamischen Volkes traf dieses Bestreben Anfang der sechziger Jahre auf gewisse Probleme bei seiner Umsetzung – die eher an gemeinschaftsbezogenem Denken orientierte Situation der achtziger und neunziger Jahre machte es einem Louis Farrakhan leichter, diese Schwierigkeiten zu überwinden, als Elijah Muhammad.

In der Tat vermittelte die Bürgerrechtsbewegung und die Aufhebung der Rassentrennung 1964 das Gefühl, als gerieten sowohl die Mentalität als auch die amerikanische Gesetzgebung in der Rassenfrage langsam, aber gründlich in Bewegung. Und die Black Muslims, die Gefahr liefen, weitgehend an den Rand gedrängt zu werden oder sogar vollständig zu verschwinden, sahen sich gezwungen, ihre Existenz unter Beweis zu stellen und gegenüber dieser dynamischen Grundströmung Stellung zu beziehen. Malcolm X setzte auf ein Scheitern der Bewegung Martin Luther Kings und verhöhnte das Prinzip der Gewaltlosigkeit, wobei er namentlich die integrationistischen Führer, die er »Waschlappen« und »Onkel Toms« schalt, angriff und in seinen öffentlichen Äußerungen um so stärker der Gewalt das Wort redete. Sein Ziel war es, die Integration als eine Forderung lediglich der schwarzen Mittelschicht hinzustellen, die ihr in erster Linie Zugang zu besserer Ausbildung und auf der Grundlage des kulturellen Kapitals, das ihre Ausbildung und ihre Diplome ihr zu bilden erlaubten, zu Arbeitsplätzen als leitende Angestelle oder entscheidungsbefugte Verwaltungsbeamte eröffnen sollte. Umgekehrt machte Malcolm, der »Feldneger«, sich zum Wortführer derjenigen, die sich verbittert über ihr Recht lustig machten, einen nicht der Rassentrennung unterliegenden Hamburger zu verspeisen, zumal sie nicht einmal einen einzigen Cent besaßen, um sich einen zu kaufen.

Diese extreme Rhetorik gipfelte in seinem Kommentar zur Ermordung von Präsident John F. Kennedy. Trotz der Weisung Elijah Muhammads, sich zu mäßigen, erklärte Malcolm

X am Tag nach dem Attentat, der Präsident habe lediglich die Gewalt geerntet, die er gesät habe; ihn persönlich erfülle das keineswegs mit Trauer. Infolge dieser Äußerungen, die einen Skandal auslösten, erteilte Elijah Muhammad Malcolm X Redeverbot. Diese zunächst nur vorübergehend verhängte Maßnahme galt schließlich unbegrenzt. Malcolm X selber setzte dem ein Ende, indem er dem Islamischen Volk den Rücken kehrte und eine eigene Organisation gründete, Muslim Mosque Inc. (Muslimische Moschee GmbH); damit endete sein zweites Leben, das ihn zum Protégé Elijah Muhammads gemacht hatte.

Radikalisierung oder kommunitaristische Verwaltung?

Der Ausschluß von Malcolm X betont die Verschärfung der inneren Widersprüche einer kommunitaristischen Bewegung, die mit einer über die Verteidigung der bloßen Interessen ihrer Anhänger hinausgehenden sozialen Dynamik konfrontiert ist. Angesichts des grundlegenden Wandels in den Einstellungen und der gesetzgeberischen Reformen, die die Bürgerrechtsbewegung seit den sechziger Jahren in Angriff genommen hatte, war das Islamische Volk de facto nicht mehr in der Lage, die beiden divergierenden, jeder kommunitaristischen Bewegung, die ihre Anhänger vor allem in den unteren Schichten rekrutiert, innewohnenden Kräfte miteinander in Einklang zu bringen: einerseits eine militante Mobilisierung gegen die bestehende Ordnung, eine Taktik des Bruchs und der Resozialisierung, deren radikale Ziele und Aktionsweisen all jene überzeugen, die meinen, sie hätten mit der Zerstörung des gesellschaftlichen Systems nichts zu verlieren; andererseits die konkreten Vorteile, die den Führern, aber auch zahlreichen Aktivisten die Zugehörigkeit zu einer organisierten und disziplinierten Bewegung, die eine stabile Lebensweise begünstigt, die Aneignung von Wissen ermöglicht, ein Geflecht von Beziehungen und Möglichkeiten der gegenseitigen Hilfe schafft und die Neigung zum Sparen stärkt – kurz, die den sozialen Aufstieg und eine Art Verbürgerlichung fördert –, im Alltag einträgt.

Im Fall der Black Muslims vertiefte sich der Graben zwischen dem Establishment der Bewegung, das die Früchte der Predigten von Malcolm X erntete, indem es den daraus resultierenden Kapitalfluß verwaltete, und letzterem zunehmend, der in seinem Sendungsbewußtsein und seiner Lebensweise den schwarzen Massen in den Gettos verbunden blieb. Ein Jahrzehnt lang hatte die Arbeitsteilung zwischen Elijah Muhammad und Malcolm es ersterem ermöglicht, sich rar (und teuer) zu machen, während der andere umherstreifte und ständig den Namen des Gesandten Allahs im Munde führte. Die dieser Situation innewohnenden Spannungen waren von Elijah Muhammads engstem Kreis geschürt worden, der befürchtete, Malcolm strebe die Nachfolge eines Mannes von nicht gerade stabiler Gesundheit an und werde sie, die Elijah Muhammad aufgrund von Blutsbanden nahestanden und großen Vorteil aus ihrer Zugehörigkeit zur »königlichen Familie« zogen, aus ihren Pfründen vertreiben. Zudem machte die Tatsache, daß Malcolm X eine solch ausschließliche Berühmtheit genoß, die ihnen selber kaum mehr Raum ließ, die Prediger anderer Moscheen mißtrauisch. Seit 1959 fürchteten einige altgediente Kader des Islamischen Volkes, seine militanten Äußerungen könnten die Polizei dazu veranlassen, radikale Maßnahmen gegen die Bewegung zu ergreifen – und ihren Fortbestand gefährden. In Wirklichkeit wurde das Islamische Volk vom FBI zwar stets genauestens überwacht, aufgrund seiner Eigenschaft als religiöse Vereinigung, die als solche durch die Verfassung geschützt war, jedoch nie als subversive Organisation eingestuft.[16]

1963 verschärfen sich die Spannungen zwischen Malcolm X und der Familie Elijah Muhammads aus Anlaß der Jahresfeier zum Geburtstag Fards in Chicago, an der der Gesandte Gottes, der wegen eines Asthmaanfalls in seiner Residenz in Arizona bleiben mußte, nicht teilnahm. Der prominente Prediger ließ die Angehörigen der »königlichen Familie« nicht zu Wort kommen, während diese ihrerseits im Organ des Islamischen Volkes, *Mr Muhammad Speaks*, Malcolm X mit keiner Silbe erwähnten, und das zu einer Zeit, als er in den großen Tageszeitungen regelmäßig das Thema Nummer eins war.

Schließlich nimmt der Konflikt eine entscheidende Wendung, als Malcolm entdeckt und enthüllt, daß der Gesandte Gottes, der seinen Anhängern Keuschheit und strikte eheliche Treue predigte, sich nicht darauf beschränkte, seinen »jungen, begabten Sekretärinnen« die Post zu diktieren, wenn er bis spät in die Nacht hinein bei ihnen blieb. Neun von ihnen hatte er geschwängert; anschließend waren sie vom Islamischen Volk wegen Ehebruchs davongejagt und unter Drohungen zum Schweigen gezwungen worden. Malcolm ermutigte zwei von ihnen, eine Vaterschaftsklage um Alimente anzustrengen – trotz eines »klärenden Gesprächs« zwischen den beiden Männern, in dessen Verlauf Elijah Muhammad sein Verhalten unter Berufung auf biblische Vorgänger, darunter König David, verteidigt hatte.

Mit dem Ausschluß von Malcolm X büßt das Islamische Volk einen Großteil der Radikalität seines Vokabulars ein; es erfüllt weiterhin seine Aufgabe der Resozialisierung von »der Wildnis Amerikas« entrissenen Anhängern, um auf eine »reislamisierte« (im Sinn seiner sehr speziellen Lesart des Islam) Enklave und eine besondere Identität der Black Muslims hinzuarbeiten, die an der »Universität des Islam« ausgebildet werden, sich von dem von Muhammad's Fish verkauften Merlan ernähren und ihr Geld in der von Elijah Muhammad kontrollierten Bank anlegen. Für die Führer der Bewegung hat die durch die Frucht des Islam mit aller Strenge ausgeübte Kontrolle der Gemeinschaft über ihre Aktivisten mittlerweile absoluten Vorrang: Sie sind auf dem besten Wege, im Alltag ihre kleine »Nation im Schoß einer Nation« – so die Formulierung Elijah Muhammads – zu schaffen, und verbieten aus Angst vor einer Verwässerung der Identität der Black Muslims, die ihre Position als Führer der Gemeinschaft gefährden könnte, jegliches Engagement ihrer Mitglieder an der Seite anderer sozialer, ethnischer oder konfessioneller Gruppen. Die Logik des Kommunitarismus, die in der Forderung nach einer autonomen Enklave gipfelt, kommt dem politischen Konservativismus entgegen und widersetzt sich jeglichem revolutionären, »progressiven« oder auch nur Reformprozeß der Gesamtgesellschaft.

Nach seiner Abkehr vom Islamischen Volk begann Malcolm X ein drittes Leben, das kaum länger als ein Jahr währte und am 21. Februar 1965 mit seiner Ermordung endete. Er reiste viel durch Afrika und den Nahen Osten, unternahm die Pilgerfahrt nach Mekka und brach auf diese Weise radikal mit der »Irrlehre« Elijah Muhammads. Er gab die Lehren eines auf die Rassenzugehörigkeit gegründeten Separatismus auf, nachdem er in den Zelten Arabiens mit Muslimen der weißen Rasse Brot und Salz geteilt hatte: Die »orthodoxe« islamische Identität, derer er sich seitdem rühmte, indem er seinem »muslimischen Namen« – Malik al Shabazz – die Bezeichnung »Hadj«, den Ehrentitel des Pilgerfahrers, voranstellte, trat an die Stelle seiner früheren Identität als Black Muslim. In der für die sechziger Jahre typischen Begeisterung für die Dritte Welt zollt Malcolm X, der sich anscheinend kaum für die Streitpunkte im »arabischen kalten Krieg« interessierte, der damals zu einer heftigen Konfrontation zwischen dem Ägypten Nassers und Saudi-Arabien führte, dem Raïs von Kairo ebenso bedingungslos Bewunderung wie dessen Feind, dem saudischen König. Im Verlauf seiner Aufenthalte in den afrikanischen Hauptstädten jener den Rausch der ersten Jahre der Unabhängigkeit auskostenden Länder macht er sich mit der »antiimperialistischen« Thematik vertraut, zu deren Herold er nach seiner Rückkehr in die Vereinigten Staaten wird. Während er von den Leuten Elijah Muhammads geschmäht und verfolgt wird, loben ihn nun die Trotzkisten der Sozialistischen Arbeiterpartei, die später seine letzten Reden herausgeben werden; er vertritt jetzt eine neue Sicht der sozialen Konflikte, die ihn die Situation in Harlem mit der in der Kasbah von Algier während des Algerienkriegs vergleichen, das Loblied der kubanischen Revolution Fidel Castros singen läßt und so weiter. In diesem seinem letzten Lebensjahr hält er zahlreiche Reden, in denen er ausdrücklich die kommunitaristische Logik Elijah Muhammads und seiner Schüler verwirft, deren willfährige und konservative Aspekte er kritisiert: Die amerikanischen Führer, so erklärt er, »hoffen, daß Elijah Muhammad ihnen so lange wie möglich erhalten bleibt, da keine der Organisationen, die er kontrolliert, je etwas zu jenem Kampf beitragen wird, den der Schwarze in diesem Land zu führen gezwungen ist [...] Würden alle diese Brüder plötzlich klarsehen, so würde man Zeuge eines allgemeinen Zulaufs zu den Bürgerrechtsbewegungen: Unsere alten Führer vom Schlag eines Onkel Tom wären dann gezwungen, etwas zu unternehmen [...] anstatt sich im Kreis zu drehen und auf gewaltlos zu machen.«[17] Er ruft die Schwarzen auf, sich jeder persönlich – notfalls mit der Waffe in der Hand – gegen den Rassismus und gegen die Gewalt zu verteidigen, aber es gelingt ihm letztendlich nicht, viele Aktivisten um sich zu scharen; zudem sind seine Behauptungen zu offen für verschiedene Interpretationen, als daß man ihn nachträglich zum Ideologen der Black Power oder einem revolutionären Denker, der kurz davor steht, Sozialist zu werden, hätte machen können.[18] Mitten in einer Versammlung, im Tanzsaal des Audubon in Harlem, wird er getötet. Der einzige der Attentäter, der dabei gefaßt wird, gesteht, dem Islamischen Volk anzugehören – das Malcolm seit seinem Abfall pausenlos verfolgt und dessen Opfer zu werden er gefürchtet hatte, ging er doch davon aus, daß ihn die Führer der Bewegung zum Tode verurteilt hatten. Elijah Muhammad aber streitet jede Mitschuld an dem Mord ab, dessen wahre Hintermänner man bis heute nicht mit Sicherheit identifiziert hat: Zahlreiche Autoren beschuldigen direkt oder indirekt die amerikanischen Geheimdienste, bei der Ermordung zumindest die Hand im Spiel gehabt zu haben.

Nach Malcolm

Die Ermordung von Malcolm X fand nur wenige Monate vor dem paradoxen Ende der Bürgerrechts- und Integrationsbewegung statt: Im August 1965 unterzeichnet Präsident Johnson die *Voting Rights Bill*, um die Einbeziehung der Schwarzen in das politische Leben zu fördern und die lange, 1877 – als der Fehlschlag des Wiederaufbaus die staatsbürgerliche Gleichstellung der ehemaligen Sklaven bedeutungslos gemacht hatte – geöffnete Parenthese zu schließen. Einige Tage später kommt es jedoch zu den Tumulten in Watts, Los Angeles. Die Bilanz sind 34 Tote, etwa 4 000 Verhaftungen, die Verwüstung des Viertels durch Brandstiftung, dessen noch schwelende Ruinen die Nationalgarde durchkämmt – eine Vorwegnahme der Unruhen von 1992. Junge Schwarze laufen durch die Straßen und brüllen »Es lebe Malcolm X«, während Martin Luther King, der an den Schauplatz geeilt ist, verhöhnt wird. Nun sollte das Black Power Movement die Bestrebungen in die Tat umsetzen, die Malcolm X vor seinem Tod formuliert hatte: daß sich die schwarze Jugend erneut für eine revolutionäre Infragestellung der amerikanischen Gesellschaftsordnung engagiert und dabei den Stolz auf ihre schwarze Identität und Besonderheit herauskehrt. Das Verschwinden des Begriffs *Negro* aus dem gängigen amerikanischen Sprachgebrauch und seine Ersetzung durch *Black* als Bezeichnung für die Schwarzen stammt aus jener Zeit und stellt einen Hinweis darauf dar, daß der Wortschatz Elijah Muhammads mittlerweile nicht mehr auf die Sekte beschränkt ist, sondern von der Gesamtheit übernommen wurde, wie Jesse Jackson 1975 anläßlich dessen Tod bestätigt: »Er war der Vater des *schwarzen* Bewußtseins. Zu der Zeit, als wir Neger (*negroes*) oder Farbige (*colored*) waren, war er ›schwarz‹ (*black*).«[19] In diesem Sinne ist die Schwarzenbewegung der sechziger Jahre das Ergebnis sowohl des Willens der militanten Bürgerrechtler, ihren Kampf in die eigentliche amerikanische politische Szene zu tragen, als auch des identitätsbezogenen Separatismus des Islamischen Volkes, wie er von Malcolm X neu formuliert wurde. Es geht nun nicht mehr darum, auf lange Sicht einen separaten Schwarzenstaat zu schaffen, sondern darum, diese Forderung nach der eigenen Identität in das Zentrum der Kämpfe in den Städten, in die heruntergekommenen Innenstädte zu tragen. Wo früher die Frucht des Islam auf ihrer paramilitärischen Disziplin beruhende Demonstrationen ihrer Macht veranstaltet hatte, teilen sich jetzt die Aktivisten der Black Power, insbesondere ihre radikalen Variante, die Schwarzen Panther, in bewaffnete Kommandos auf, um ihre »Gemeinschaft« gegen die Gewalt der Polizei zu schützen, deren Machenschaften zu überwachen und so weiter. Sie übernehmen das vom Sozialismus der schwarzen Revolte beeinflußte Vokabular der verschiedenen Formen des Engagements für die Dritte Welt, die ihr Erscheinungsbild wesentlich mitprägen – von der nach oben gereckten Faust der schwarzen Sportler bei den Olympischen Spielen in Mexiko 1968 bis zur Person von Angela Davis. Mit vergleichbaren Symbolen fügt diese Revolte sich in die allgemeine Protestbewegung der Jugend Ende der sechziger Jahre ein, deren Hauptpole die amerikanische Gegenkultur und der Mai '68 bilden. Während aber die Schwarzenbewegung sich auf Kategorien des Denkens und der Militanz beschränkt, die denen allgemeingültig erscheinen, die in Europa in ihrer Studentenbude ein Foto der Black Panthers an die Wand pinnen, setzt die kommunitaristische Bewegung mit ihrer Betonung des Unterschieds, die auf die Ideologie des Islamischen Volkes zurückgeht, ihren Weg fort. Und das um so mehr, als die konkreten Probleme des Rassismus und der Arbeitslosigkeit mit dem Übergang zur postindustriellen Gesellschaft ab Mitte der siebziger Jahre noch zunehmen und einen Teil der schwarzen Jugend in den »Supergettos«, in denen sich Pariadasein, Drogensucht und Kriminalität konzentrieren, »abstürzen« lassen.

Das Erbe von Malcolm X, des Aktivisten wie des politischen Denkers, trägt all diese Zweideutigkeiten in sich – die vielfältige Identifikationen mit seiner Botschaft oder verschiedene Möglichkeiten, sein Schicksal zu vereinnahmen, zulassen. Seine Autobiographie wurde insoweit mit der Benjamin Franklins verglichen, als beide die Grundwerte der auf der Begeisterung für den *self-made man* und den Erfolg gründenden amerikanischen Ideologie veranschaulichen.[20] So gesehen besitzt sie eine gewisse Allgemeingültigkeit, die die bloße Erfahrung der Schwarzen transzendiert und sie in das menschliche Schicksal im Kampf gegen soziales Unglück insgesamt integriert. Sie wirkt aber auch auf verschiedenen Ebenen innerhalb der schwarzen politischen Kultur an sich: Der größte Teil der Predigten und Reden von Malcolm X wertete die besondere Identität der zu einer autonomen, an den Werten des Islamischen Volkes orientierten Gemeinschaft zusammengeschlossenen Schwarzen auf – während er in seinem letzten Lebensjahr einen revolutionären Universalismus predigte, in dem das Engagement für die Dritte Welt sich ohne weiteres mit der muslimischen Umma verband, der Gemeinschaft der Gläubigen, in der Nasser ebenso wie das saudische Königreich seinen Platz hat. Wie zweideutig dieses geistige und militante Vermächtnis jedoch auch sein mag, der Weg von Malcolm X steht beispielhaft für die Herausbildung eines in den Vereinigten Staaten eigenständigen Islam.

3 Farrakhan im Spiegel Amerikas

Die Nachfolge des »Gesandten Allahs«

In der Zeit zwischen dem Abfall von Malcolm X und dem Tod Elijah Muhammads am 25. Februar 1975 (dem Gedenktag Fards und Vorabend des Tages des Retters) verliert die auflagenstarke Tagespresse das Interesse am IslamischenVolk. Das jedoch arbeitet weiterhin mit den Erträgen aus verschiedenen von der Gemeinschaft gegründeten Unternehmungen, kauft 15 000 Morgen Ackerland, Bauernhöfe, Wohnungen, ein Flugzeug und anderes mehr. Als die Gesundheit des Gesandten Allahs sich zunehmend verschlechtert, stellen sich zwei Personen darauf ein, eine wichtige Rolle bei seiner Nachfolge zu spielen. Der eine, Wallace D. Muhammad, ist der siebte Sohn Elijahs und wurde in der Ära Wallace D. Fards gezeugt, zu dessen Ehren er seinen Vornamen erhielt. Fard selber soll prophezeit haben, das Kind, das am 30. Oktober 1933 in Detroit geboren wurde, werde ein Knabe sein und zur Ausbreitung des Islam beitragen. Allerdings verschlechtern sich ab er ersten Hälfte der sechziger Jahre die Beziehungen zwischen Vater und Sohn: Letzterer stellt, beeinflußt von seinem Bruder Akbar, der in Kairo an der islamischen Al-Azhar-Universität studiert, die Vergöttlichung Fards in Frage; er wird von Ende 1964 bis 1970 aus der Bewegung ausgeschlossen und muß seinen Lebensunterhalt als Teppichreiniger, später als Schweißer verdienen.[1] Nach seiner Wiederaufnahme in die Gemeinschaft predigt Wallace weiterhin eine Form des Islam, die die Bedeutung Fards relativiert; allerdings nimmt sein Vater, davon in Kenntnis gesetzt, in den letzten Jahren seines Lebens kaum Anstoß daran; er hat selber aufgehört, in *Mr Muhammad Speaks* die Weißen zu verteufeln, und scheint vor allem darum bemüht, nach den ungeklärten Umständen des Mordes an Malcolm X jeden größeren Zusammenstoß mit den amerikanischen Behörden zu vermeiden und sein Finanzimperium zu verwalten. Dies um so mehr, als ein ehemaliger Aktivist, der eine Kampagne gegen den Gesandten Allahs angezettelt hatte, ermordet und in verschiedenen Artikeln die Frucht des Islam als auf Geldforderungen spezialisierte Erpresserbande beschrieben wird; zudem ist die Lebensfähigkeit vieler Handelsunternehmungen des Islamischen Volkes auf Dauer ungewiß. Enthüllungen der Presse, wonach das Libyen des Oberst Gaddhafi ihm ein unverzinsliches Darlehen in Höhe von mehreren Millionen Dollar gewährt und verschiedene erdölfördernde arabische Staaten beträchtliche Schenkungen getätigt haben (was mehrere Zeitungen mit antiisraelischen Stellungnahmen der Bewegung in Verbindung bringen), schaden ebenfalls dem Image der Bewegung.[2]

Die zweite einflußreiche Persönlichkeit innerhalb des Islamischen Volkes ist ab Mitte der sechziger Jahre kein anderer als Louis Farrakhan. Der Sohn einer von den Antillen stammenden Mestizin (wie Malcolm X), von der er eine sehr helle Haut erbte, wurde (wie Wallace) 1933 geboren und erhielt den Taufnamen Louis Wolcott.[3] Sein Bildungsniveau überstieg bei weitem das des Durchschnitts der Führer der Bewegung. In den besten Gymnasien Bostons war er ein glänzender Schüler, brach dann aber, nach drei College-Jahren an einem Lehrerseminar in Winston-Salem, North Carolina, sein Studium ab, um sich der Musik zu widmen. Als namhafter Pianist und Geiger, Calypso- und Country-music-Sänger tritt er in Bostoner Clubs auf, bis er 1955 Malcolm X trifft, der ihn bekehrt. Nun stellt er seine Talente in den Dienst der Bewegung und schreibt ein Chanson, das zur offiziellen Hymne werden sollte: *A White Man's Heaven is a Black Man's Hell* (»Das Paradies des Weißen ist die Hölle des Schwarzen«) sowie ein Theaterstück, *Orgena* (Anagramm für *A Negro*). Darin tritt ein Weißer auf, der aller Sünden der Welt für schuldig befunden und von den allesamt schwarzen Geschworenen zum Tode verurteilt wird.[4] Das Schauspiel machte in den sechziger Jahren großen Eindruck und stellte die aus der Zeit der Lynchmorde um die Jahrhundertwende stammenden Klischees auf den Kopf. Louis X – der später den »muslimischen

Namen« Abdul Haleem Farrakhan erhält, dessen letzten Teil er nur verwendet – entwickelt sich im Schatten Malcolms und wird schließlich Imam des Bostoner Tempels des Islamischen Volkes. Ihm, den er als einen Verwandten betrachtet, offenbart Malcolm 1964 anläßlich der Affäre der vom Gesandten Allahs geschwängerten und dann von der Bewegung verjagten Sekretärinnen seine Zweifel hinsichtlich der Moral Elijah Muhammads. Farrakhan distanziert sich jedoch vehement von Malcolm und arbeitet mit daran, ihn anzuklagen. Am Tag des Retters im Jahre 1993 erklärt Farrakhan, von dem Augenblick an, da Malcolm X denjenigen angezweifelt habe, »der den Black Muslims das Leben schenkte«, und das in allen von Weißen produzierten Talk-Shows, »spürten wir, Malcolm ist zum Verräter an diesem Mann geworden. Aufgrund dieser Machenschaften hat er aus jedem von uns einen potentiellen Mörder gemacht. [...] Ich bin kein Mörder, aber ich könnte einer werden, wenn man Elijah Muhammad mit Schmutz bewirft, denn dieser Mann hat mir das Leben geschenkt. [...] Wer weiterleben will, soll diesen Mann in Ruhe lassen. Sobald Malcolm diese Grenze überschreitet, wird sein Tod unvermeidlich.«[5] Nach Malcolms Ausschluß übernimmt Farrakhan zahlreiche seiner Funktionen als Imam von Harlem und nationaler Vertreter Elijah Muhammads. Er rangiert gleich nach dem Gesandten Gottes, vor allem in der Zeit zwischen 1964 und 1970, als dessen Sohn Wallace ausgeschlossen ist. 1974 veröffentlicht er eine Sammlung von sieben eigenen Abhandlungen – eine Ehre, die keinem anderen Prediger des Islamischen Volkes zuteil wurde.[6]

Ungeachtet dessen wird nach dem Tod seines Vaters Wallace als *Supreme Minister* des Islamischen Volkes zu seinem Nachfolger gewählt. Trotz seiner Meinungsverschiedenheiten mit dem Gesandten Gottes ist Wallace in den Augen seiner Brüder und Schwestern und anderer Mitglieder der »königlichen Familie« der einzige, der nach dem Ableben des charismatischen Führers die Organisation zusammenhalten kann. Er arrangiert die Begräbnisfeierlichkeiten für seinen Vater und nimmt bei dieser Gelegenheit den Treueschwur der Prediger der Bewegung entgegen; auch singen etliche Persönlichkeiten das Lob Elijah Muhammads, darunter Jesse Jackson, einer der künftigen Kandidaten der Demokratischen Partei für die Präsidentschaftswahl. »Ich saß zu Füßen des Gesandten Gottes und wurde von ihm unterwiesen«, erklärt er, um seine Beziehung zu einem Mann zu schildern, den er zum »Vater des schwarzen Bewußtseins« macht.[7] In seinem ersten Interview mit dem Presseorgan der Bewegung, *Mr Muhammad Speaks*, erwähnt Wallace Fard zwar, läßt jedoch alle möglichen Begriffe und Schlüsselworte einfließen, die in Wirklichkeit dem orthodoxen Islam eigen sind und mit der üblichen Terminologie brechen: So nimmt er keinerlei Bezug auf die Kosmogonie des Yakub-Mythos und schwächt die »Politik der Rassentrennung« der Gruppe ab.[8]

Bereits am 18. Juni 1975, nur wenige Monate nach dem Tod Elijah Muhammads, verkündet Wallace, es gebe weder schwarze noch weiße Muslime, sondern nur »Muslime«, ungeachtet ihrer Hautfarbe.[9] Dann folgen, im Lauf des Jahres 1976, in immer kürzeren Abständen beträchtliche Umwälzungen in den Bereichen der Lehre wie auch der Organisation.[10] Sie alle weisen in die Richtung einer Einfügung der Bewegung in die islamische Rechtgläubigkeit und eines intensiven Gebrauchs der arabischen Sprache beim Gottesdienst. So hatte das Islamische Volk das Ramadan-Fasten bislang in den Dezember verlegt, um auf diese Weise seine Identität gegenüber der christlichen Umwelt in genau dem Augenblick zu betonen, da diese sich darauf vorbereitet, Weihnachten zu feiern; ab 1976 richtet Wallace sich nach dem Ramadan anderer Muslime in der ganzen Welt, der auf dem Mondkalender basiert und jedes Jahr zu einem anderen Datum stattfindet. Er ändert sogar den Namen der Bewegung: Aus dem Islamischen Volk wird die »Weltgemeinschaft des Islam im Westen« und schließlich die »Islamische Mission in Amerika«. Die Tempel des Islam werden nun in althergebrachter Weise als Moscheen bezeichnet, in denen Imame an die Stelle der Prediger treten, während Wallace – der seinen Namen nun vollkommen arabisiert und sich Warith Deen Muhammad nennt[11] – den arabischen Titel *mudschtahid* für sich beansprucht, was, zumindest innerhalb der streng definierten

Tradition, »Erneuerer« des Glaubens bedeutet. 1978 wendet er sich gegen die Person Fards; er beschreibt ihn als Mystiker, der die Naivität der Schwarzen im Getto von Detroit ausgenutzt habe, dem aber immerhin das Verdienst zukomme, auf seine Weise die zukünftige Verbreitung des Islam auf dem amerikanischen Kontinent vorbereitet zu haben.[12]

Im organisatorischen Bereich setzt der *mudschtahid* sich sehr bald für die Abschaffung der paramilitärischen Miliz, der Frucht des Islam, wie auch des Muslim Girls Training (MTG) ein, von deren straff strukturierten Gruppen Widerstand gegen seine Reformen ausgehen könnte. Mit überaus harschen Worten geißelt er die Frucht des Islam als eine Bande brutaler Rohlinge, die Aktivisten der Basis körperlich mißhandeln, wenn sie ihr Kontingent von dreihundert Exemplaren der Wochenschrift *Mr Muhammad Speaks* nicht verkauft oder sonst auf irgendeine Art Mißfallen erregt haben. Schließlich liquidiert er das 1975 auf 46 Millionen Dollar geschätzte Finanzimperium, gründet jedoch eine ganze Reihe von Unternehmen, die sich in jener Zeit der grassierenden Inflation nicht halten können.[13] Sein Ziel ist es, die religiöse Botschaft von den Geschäften, die er für schädlich hält, zu trennen. Damit unterhöhlt er die wirtschaftlichen Grundlagen der Enklave, die sein Vater gegründet hatte, und gibt folgerichtig auch den Anspruch auf, eine unabhängige schwarze Nation schaffen zu wollen. Bei den Versammlungen der Bewegung, die zu einem Zusammenschluß von über die Vereinigten Staaten verteilten Moscheen wird, tritt die amerikanische Fahne an die Stelle von Halbmond und Stern.

Obwohl sie als muslimische Anstaltsgeistliche in den Gefängnissen regelmäßig schwarze Strafgefangene zum Islam bekehrten, lösten sich die Schüler W. D. Muhammads seit Ende der siebziger Jahre bis heute immer mehr von der Welt des Gettos, in der das ursprüngliche Islamische Volk seine Wurzeln hatte. Viele von ihnen schafften den gesellschaftlichen Aufstieg nicht zuletzt dank der von der Bewegung geforderten Disziplin und asketischen Lebensweise und gehören nun einem Kleinbürgertum an, dem die extremen Formen des Gemeinschaftslebens und die übertriebene Abgrenzung widerstreben.

In gewisser Weise folgte W. D. Muhammad dem von Malcolm X vorgezeichneten Weg, indem er die Bewegung von all ihren »Irrlehren« gemessen am sunnitischen Islam des Nahen Osten reinigte; im Gegensatz zu Malcolm hütete er sich jedoch vor jeglichem revolutionären Engagement. Er knüpfte Verbindungen zu gesellschaftlich äußerst konservativen Formen des weltweiten Islam an, wie sie die saudischen Führer verkörpern. Im Verlauf des Golfkriegs, 1990 bis 1991, mußte er die Koalition gegen den Irak billigen und schließlich 1992 als erster Muslim das Dankgebet zur Sitzungseröffnung des amerikanischen Senats sprechen.

Die Übernahme und Zerschlagung des Islamischen Volkes durch W. D. Muhammad stiftete unter zahlreichen Anhängern große Verwirrung. Sein wichtigster Rivale in der Hierarchie der Organisation, Louis Farrakhan, versucht zunächst, Abstand zu gewinnen, und bereist Afrika, wo er neben anderen den ugandischen Führer Idi Amin Dada besucht, zu dem er besonders enge Beziehungen unterhält.[14] Darauf hüllt er sich zwei Jahre lang in Schweigen, um seine Mißbilligung der von W. D. Muhammad 1977 eingeschlagenen Richtung zu bekunden. In diesem Jahr trennen sich etliche Prediger von der Bewegung und gründen eigene Gruppen, die von sich behaupten, den ursprünglichen Lehren Fards treu geblieben zu sein. Aber einzig die Farrakhans sollte Erfolg haben.

Die Wiedererstehung

Am 21. und 22. Februar 1981 wird anläßlich der Feier zum Tag des Retters in Chicago die Wiedererstehung des Islamischen Volkes unter der Führung Farrakhans öffentlich bekanntgegeben. Vor mehreren tausend Anhängern, die die traditionellen, von W. D. Muhammad abgeschafften Uniformen tragen – die »Schwestern« im weißen Tschador, die Mitglieder der Frucht des Islam mit geschorenem Haar und in schwarzem, tailliertem Anzug mit Fliege –, hält Farrakhan eine Marathonrede.[15] Seiner Meinung nach war der Tod Elijah Muhammads in Wirklichkeit ein Mord, Ergebnis eines Komplotts, in das die amerikanische Regierung, die Christen, die Juden, aber auch die Araber verwickelt waren, die als Rassisten und Heuchler hingestellt werden – sie hätten dem Gesandten Gottes vergeblich Millionen Dollar geboten, damit er sich ihrer Interpretation des Islam anschließe. In Wahrheit ist der Gesandte Gottes jedoch nicht tot, sein Grab ist, wie das Christi, leer, und seine Stimme schenkt dem Islamischen Volk durch Farrakhan neuerliches Leben.

Als Farrakhan diese Rede hält, ist die Bewegung erst im Werden begriffen und ihr Führer sehr darauf bedacht, seine Trennung von der von W. D. Muhammad angeführten Gruppierung zu rechtfertigen; dies erklärt die Heftigkeit seiner Angriffe gegen die Araber. Im übrigen verlangt er von seinen Schülern, auf ihre muslimischen Namen zu verzichten, die sie sich nach dem Tod Elijahs spontan zugelegt haben, und derweil auf das X zurückzugreifen, bis er selber ihnen ihren islamischen Namen gibt.[16] Entsprechend vollzieht sich die Rückkehr zu den äußerst strengen Vorschriften des Islamischen Volkes über das Wiederaufgreifen der Forderung nach einem separaten Staat für die Schwarzen.

Dennoch bedeutet die Verwendung des alten Vokabulars nicht, daß die Bewegung die Veränderungen der amerikanischen Gesellschaft nicht wahrgenommen hätte. Farrakhan paßt im Gegenteil die Strategie seiner Organisation den neuen gesellschaftlichen Gegebenheiten im Amerika der achtziger und neunziger Jahre an und spielt seine dogmatische Unnachgiebigkeit aus, um sich deutlich als Feind jeglichen Kompromisses mit der bestehenden gesellschaftlichen Ordnung zu profilieren. In diesem Sinne nähert er sich in seinem Vorgehen den Reislamisierungs-, Rejudaisierungs- und Rechristianisierungsbewegungen an, die seit Ende der siebziger Jahre die heiligen Texte buchstabengetreu auslegen, um einen grundlegenden Bruch mit den Sitten und Gebräuchen der Gesellschaft, in der sie leben, herbeizuführen.[17]

Am greifbarsten wird diese Vorstellung vom Bruch in der

radikalen Opposition gegen die Integration. In dieser Hinsicht nimmt Farrakhan erneut den Kampf auf, den Malcolm X mit enormer verbaler Gewalt gegen die Bürgerrechtsbewegung und ihre Galionsfigur Martin Luther King geführt hatte. Seit den sechziger Jahren hatte sich jedoch die Struktur der amerikanischen Gesellschaft verändert: Seither eröffnete die gesetzlich vorgeschriebene Aufhebung der Rassentrennung einer gebildeten schwarzen Elite den Zugang zu zahlreichen verantwortungsvollen Positionen – in wichtigen Behörden und Unternehmen sowie, in geringerem Maße, an den Universitäten – und zu Ämtern, in die man gewählt wird: Von den achtziger bis in die neunziger Jahre hinein amtieren in vielen amerikanischen Großstädten schwarze Bürgermeister. Dennoch ist die Erfolgsbilanz des zwanzig Jahre zuvor begonnenen Kampfes um Integration unendlich widersprüchlicher, als der Vorzeigeeffekt der zahlreichen individuellen Erfolgskarrieren glauben macht. De facto werfen zwei verschiedene Phänomene einen Schatten auf das Modell: Der Erfolg der Eliten übte keinerlei motivierenden Einfluß auf die verelendete, in neue Armut gestürzte Masse aus, und das Phänomen des multikulturellen Nebeneinanders verschärfte die ethnisch-rassische Konkurrenz zwischen Gemeinschaften um den Zugang zu Geldmitteln und Posten; dies begünstigte einer erneute Überbetonung der eigenen Identität zum Nachteil der Integration. Die Rhetorik und Militanz des wiedererstandenen Islamischen Volkes werden sich auf sehr effiziente Weise mit den negativen Folgen dieser beiden Phänomäne auseinandersetzen.

Vom Bandenkrieg zur Armee Allahs

Ab Mitte der siebziger Jahre bilden sich in den Vereinigten Staaten als erstes neue Formen des Ausschlusses heraus, durch die eine ständig wachsende Zahl armer Schwarzer ohne jegliche Perspektive in »Supergettos« verbannt wird, in denen die von einigen amerikanischen Soziologen sogenannte *underclass* (Unterschicht) lebt, eine Ansammlung unterprivilegierter Individuen, die im Vergleich zum Durchschnittsamerikaner zunehmend an den Rand gedrängt werden. Dieses komplexe Phänomen, dessen Beschreibung gelegentlich sogar als Vorwand zur Stigmatisierung jener, die seine Opfer sind, dient, ist zunächst eine Folge der Veränderungen in der Einstellung zur Arbeit in der postindustriellen Ära, deren Auswirkungen ab Mitte der siebziger Jahre spürbar werden. Es handelt sich um den Übergang von einer Industriewirtschaft, die ungelernten Arbeitern zahlreiche Arbeitsplätze bietet und die Tür zu wirksamen Systemen der sozialen Sicherung, der gewerkschaftlichen Organisation und so weiter öffnet, zu einer Dienstleistungsgesellschaft. Diese hat einen Großteil der Arbeitsplätze durch die Automatisierung oder den Einsatz von Robotern wegrationalisiert, und sie setzt bei jedem, der auf eine angemessen bezahlte und sozial abgesicherte Stellung aus ist, ein weit höheres – den aus den miserablen Gettoschulen kommenden Jugendlichen nicht erreichbares – Ausbildungsniveau voraus. Für diese Jugendlichen beschränkt sich die Auswahl in den meisten Fällen auf Gelegenheitsjobs – in den USA in Anlehnung an die Fast-food-Kette McDonald's als *McJobs* bezeichnet – oder die verschiedenen Formen von Arbeitslosen- oder Sozialhilfe. Aufgrund der räumlichen Konzentration in den heruntergekommenen Innenstädten, aus denen alle, die es sich leisten konnten, weggezogen sind, empfindet diese arbeitslose und deklassierte Jugend ihren Ausschluß aus dem Wirtschaftskreislauf noch härter; im Gegensatz dazu hatten die infolge der Rassentrennung entstandenen schwarzen »Gettos« bis in die fünfziger Jahre hinein eine sozial differenzierte Gegengesellschaft geschaffen, in der eine Vermischung stattfand und Institutionen wie Schule und Kirchen weiterbestanden. Hinzu kommt, daß sich in der postindustriellen Ära die Arbeitsplätze zunehmend in die weit von den Stadtzentren entfernt immer weiter ausdehnenden Vororte verlagern, die, wie in den Vereinigten Staaten üblich, nur mit dem Auto zu erreichen sind – für dessen Kauf den Unterprivilegierten die Mittel fehlen. Aus diesen Gründen und um den strukturellen Unterschied gegenüber den Gettos von einst hervorzuheben, bezeichnet man diese isolierten Bereiche des völligen Ausgeschlossenseins, aus denen jegliche institutionelle Betreuung verschwunden ist, als »Supergettos«. Die Schulen dort sind ein Hort der Gewalt, wo man im Grunde nichts lernt, das einem eine Chance auf dem Arbeitsmarkt eröffnete; die in eine Vielzahl von Sekten aufgesplitterten und in kleinen Läden untergebrachten Kirchen haben jegliche Funktion echter Betreuung eingebüßt; es gibt kaum mehr einen familiären Zusammenhalt, da in vielen Fällen keine Väter da sind. Diese Bezirke sind ein fruchtbarer Boden für vielfältige, in erster Linie auf die verzweifelte Suche nach Mitteln zum Überleben ausgerichtete Formen abweichenden Verhaltens und der Kriminalität; am einträglichsten sind Drogenhandel und Prostitution. Die Gangs genießen das Vorrecht, den Drogenhandel und die Schutzgelderpressung zu kontrollieren, sorgen aber gleichzeitig für ein Minimum an Ordnung in einer Art von Gemeinschaft, für die zuerst die Verteidigung der Bewohner dieses oder jenes Straßenabschnitts oder bestimmter Häuserblocks (*turf*) gegen Übergriffe und Gewalttätigkeiten der Nachbargang bezeichnend ist.[18] Zweifelsohne muß man sich davor hüten, die pathologischen Züge der Supergettos zu übertreiben, sie für die Verteufelung der schwarzen oder Latino-Jugend und für die Erstellung unzähliger »Milieustudien« auszuschlachten, in denen die Bewohner dieser Gegenden der Verrohung geziehen werden. Dennoch stellen sie einen symbolischen Ort dar, an dem sich die von Präsident Johnson unter dem Schlagwort »Krieg der Armut« eingeleiteten Politik der sozialen Umschichtung als Fehlschlag erweist, für die Regierung Reagan ein willkommener Vorwand, die Sozialausgaben zu kürzen, die angeblich die Nutznießer dieser Einrichtung von der Suche nach einer Beschäftigung abhalten. Auch für das Islamische Volk sind sie ein symbolischer Ort, wie die lange Rede veranschaulicht, die Louis Farrakhan am 25. Juni 1989 vor Tausenden von Jugendlichen aus den Supergettos aller im Zentrum der USA gelegenen Großstädte hielt, die sich in der Moschee Maryam in Chicago, dem Hauptquartier der Organisation, versammelt hatten.

Unter dem Titel: »Das Komplott: Jugendbanden, Gewalt

und Drogen«[19] liefert die Rede eine dramatische Beschreibung der Situation in den Gettos, analysiert die treibenden Kräfte, macht für die Ursachen ein Komplott des Feindes – der Regierung – verantwortlich und bietet Lösungen an: Macht Schluß mit den internen Kriegen und vereinigt die Macht der Gangs in einer »Armee Allahs«.

Vor Farrakhans Auftritt treten drei seiner Stellverteter ans Mikrofon und »heizen« den Saal auf mit der Rezitation der *schahada*, des muslimischen Glaubensbekenntnisses, auf: »Es gibt keinen Gott außer Allah, und Muhammad ist der Gesandte Gottes« – ohne dabei auf Fard oder Elijah Muhammad anzuspielen. Farrakhan, dessen Namen zu skandieren die Redner die Menge anfeuern, wird als »wunderbarer Vater« vorgestellt: »Junge Schwarze, heute, da ihr keine Väter noch Mütter mehr habt, da das Erziehungswesen und die Regierung euch den Rücken kehren, an wen werdet ihr euch wenden?« Und die Menge: »Farrakhan, Farrakhan, Farrakhan!«

Unter donnerndem Applaus ergreift dieser das Wort und rezitiert seinerseits die *schahada*, dann heißt er alle mit einem *as salam aleikum* willkommen: »Heute will ich mich an die Führer der Jugend wenden, die eure Feinde als Bandenchefs bezeichnen. Dieses Wort beschreibt euch nicht so, wie es sich gehört. Ich, ich werde euch die Führer der Jugend nennen, und ich werde euch sagen, warum der Feind euch als Bandenchefs bezeichnet [...] Unsere Gemeinschaft steht kurz davor, Opfer eines Komplotts der amerikanischen Regierung zu werden, mit dem sie die Jugend vernichten will.« Drei Wochen zuvor, berichtet Farrakhan, habe er im Fernsehen das Ende des Pekinger Frühlings gesehen, die Niederwalzung der Jugend durch die Panzer Deng Xiaopings; zur gleichen Zeit habe er den Tod des Imams Khomeini beweint. Darin habe er ein Vorzeichen für das gesehen, was in den Vereinigten Staaten zu geschehen drohe: der Einsatz der Armee, um die Jugendlichen der Gettos niederzumetzeln und Farrakhan zu ermorden. Um ihres Machterhalts willen entwickle die durch die demographische Zunahme der Schwarzen beunruhigte weiße amerikanische Regierung in der Tat immer mehr

Pläne, sie auszurotten, so wie Pharao die hebräischen Kinder abschlachten ließ. Und er zitiert die hohe Kindersterblichkeit in den Schwarzenvierteln, die Sterilisierung, der sich schwarze Frauen gegen ihren Willen unterziehen müssen und so weiter. Doch es gibt ein Heilmittel gegen diese schicksalhafte Verschwörung, eine Lösung, zu der die Gangs beitragen können.

Vor allem jedoch: Wie kommt es, daß man Mitglied einer Gang wird? In der Sprache der Sozialpsychologie legt Farrakhan seinen Zuhörern dar, es sei vollkommen normal, daß ein Jugendlicher, den »der Koran als soziales Wesen bezeichnet«, von seinen Kameraden anerkannt werden, sein Viertel verteidigen, kämpfen will; dies sei ein »Übergangsritus zur Reife«. Auf die gleiche Weise tauchen Führer auf, die sich durch ihre Kühnheit, ihren Willen zu siegen und zu überleben, auszeichnen. Bei den Weißen und den Reichen im allgemeinen werde dieser Trieb durch den Mannschaftssport befriedigt. Im Getto arte diese natürliche Neigung aufgrund der sozialen Bedingungen jedoch zu gewalttätigen Bandenkriegen und Morden aus. Unter dem Vorwand, daß dieser oder jener seine Baseballmütze mit dem Schirm nach links oder nach rechts trage, den oder jenen Haarschnitt habe, bringen sie sich gegenseitig um. Nun bilden aber alle jungen Schwarzen im Getto »ein einziges Volk, keine verschiedenen Stämme«: Ihre Loyalität muß sich in den Dienst einer Nation, nicht ihres *turf*, ihrer Straßenecke, stellen.

Dann kommt er auf die Drogen zu sprechen: Wer hat sie ins Getto gebracht? Wer hat den Gangs Waffen geliefert? Nur der Drogenhandel macht es möglich, die Kleider und Schuhe und Goldkettchen zu tragen, von denen Jugendliche träumen, und Sportautos zu fahren – und ganz gewiß nicht das Mindesteinkommen oder die Arbeitslosenhilfe. Für diese Situation sind die Weißen verantwortlich: Sie liefern den Gangs die Waffen, damit sie sich gegenseitig töten, um die öffentliche Meinung auf den Einsatz der Armee, der Nationalgarde, vorzubereiten, die dann die Jugendlichen in den Gettos niedermetzelt.

Was tun? Es gibt keine Betreuungseinrichtungen mehr für diese Jugendlichen: In der Schule interessiert sich kein

Mensch dafür, was die Lehrer erzählen, die von George Washington oder Abraham Lincoln »und einer Bande von Typen, die sich einen Dreck um die Schwarzen geschert haben!«, reden. Warum soll man unter solchen Umständen noch in die Schule gehen? Nur die Straße stellt noch eine Instanz dar, die den Charakter und die Persönlichkeit bildet. Darüber hinaus hat die Familie sich zerschlagen, ist der Vater verschwunden: Laut Farrakhans Statistik werden 62 Prozent der schwarzen Kinder unehelich geboren. Und er wendet sich an die junge Mutter aus dem Getto, die ihre Kinder in einen Kinderhort steckt, anstatt sich selber um sie zu kümmern, und so die einzige Verbindung zu ihnen aufgibt: »Jetzt ist es zu spät! Die Straße hat sie dir genommen! Du bist eine enttäuschte Frau, in deinem Leben gibt es keinen Mann! Anstatt dich um deine Kleinen zu kümmern, suchst du ein kleines bißchen Glück für dich selber am Abend in der Diskothek...« Danach, wenn die Mutter ihren Gefährten für diese Nacht mit nach Hause bringt: »Wie, glaubst du, fühlt sich ein kleiner Junge, wenn er sieht, wie jeden Abend ein anderer Mann seine Mutter besteigt?« (Im Saal, aus dem bis jetzt lautes Lärmen drang, herrscht Totenstille.)

An alledem sind die Weißen schuld, die die Macht haben. Denn diese Jugendlichen sind gut, sie stammen vom ursprünglichen Menschen ab, den Gott liebte. Aber sie wissen es nicht. Daher müssen sie als erstes erkennen, wer sie eigentlich sind, welchem Volk sie angehören, sie müssen die anderen Schwarzen als ihre Brüder erkennen: Doch seinen Bruder tötet man nicht! »Wenn ihr jemanden töten müßt«, ruft Farrakhan, »dann tötet jene, die euren Brüdern Böses antun!« Donnernder Applaus, Bravos und ein vierfaches »*Allah Akbar*« im Chor. »Brüder, wir beklatschen euren Mut, eure Kühnheit, eure Kampfbereitschaft, deshalb wird eure Generation unserem Volk die Befreiung bringen [...] Gott will der Regierung und den Streitkräften zeigen, daß das, wovor sie Angst haben, geschrieben steht: Ihr werdet eine ungeheure Armee aufstellen! Aber das könnt ihr nur, wenn ihr einen Kommandeur habt, der euch die Schlachtordnung erklärt. Eines wissen sie, Brüder, sie haben Angst. Public Enemy, eine wunderbare Gruppe furchtloser Brüder, Künstler ersten Ranges, haben eine ungemein starke Botschaft in ihren Rap gelegt: ›Bekämpft die Macht, die etablierten Mächte!‹ Also wollen sie diese Gruppe vernichten, damit die anderen Rap-Sänger in ihrer Musik diese wichtige Botschaft nicht weiterverbreiten! Aber es ist zu spät! [...] Brüder, vereinigen wir uns, vereinen wir unsere Kräfte, nehmen wir unsere Gemeinschaft in Besitz und bestimmen wir selber über ihre Zukunft! Wenn wir unsere Brüder von den Drogen wegbringen wollen, müssen wir ihnen einen besseren Weg weisen, als sie einfach mit einem ›Nein zur Droge!‹ abzuspeisen. Schützen wir unsere Männer, unsere Frauen, unsere Kinder vor allem, was uns zu zerstören droht, vereinigen wir uns zu einer mächtigen Gemeinschaft, die die Reihen schließt, und unser Mut, unsere Kühnheit, unsere Kampfbereitschaft werden nicht vergeblich sein! Mütter, bringt uns eure Söhne, wir werden sie lehren, was Gott den Ehrenwerten Elijah Muhammad gelehrt hat, um aus ihnen schöne Menschen, mächtige Riesen zu machen! Bringt sie zu uns! Und kommt selber! Reiht euch ein in die Armee Allahs! Wenn ihr in eine Armee eintreten müßt, dann in die Allahs, und wir wollen dafür kämpfen, unser Volk von seinen Feinden zu befreien! *As salam aleikum! Allah Akbar, Allah Akbar, Allah Akbar!*«

Während seiner ganzen Rede drückt Farrakhan sich in einer eindringlichen, sehr klaren Sprache aus, die die Absicht zu belehren nicht verhehlt; auch scheut er sich nicht, Anleihen bei den Methoden der Sozialpsychologie zu machen, um seinen jugendlichen Zuhörern zu schildern, was sie in die Gangs getrieben hat. Kein einziges Mal verurteilt er sie; vielmehr klagt er nach der weißen Staatsgewalt die Familie und die Schule an. Wie von Anfang an in den Reden des Islamischen Volkes üblich, wird die Situation im Getto in keiner Weise beschönigt, ganz im Gegenteil. Gerade weil er das Gefühl vermittelt, die Probleme richtig einzuschätzen, sie ungeschminkt zu sehen, wirkt Farrakhan glaubwürdig, deswegen kann er sich seinen Zuhörern als Alternative anbieten. Die jungen Mütter aus dem Getto – bei denen diese Ansprache besondere Schuldgefühle weckt, in einem Maße, daß eine aus der Menge den Saal verlassen will, vom Redner jedoch zurückgerufen wird – sind also nicht in der Lage, ihre Kinder großzuziehen? Dann sollen sie sie dem Islamischen Volk anvertrauen, anstatt sie im Kinderhort, in der Schule abzugeben, wo man ihnen bestenfalls eine Gehirnwäsche verpaßt, oder sie auf der Straße herumstreunen zu lassen... Die eigentliche Absicht der Rede ist jedoch die Umwandlung der Gangs in eine »Armee Allahs«: Über die gedanklichen Assoziationen hinaus, die dieser Ausdruck zur Zeit Khomeinis und des *jihad* weckt, liegt hier die Quintessenz des auf Gemeinschaftlichkeit bezogenen Projekts. Die Energie der gesellschaftlichen Frustration, die sich bislang in einer selbstzerstörerischen Kriminalität erschöpft, soll in das Projekt einer gesonderten Gemeinschaft umgeleitet, die Gettojugend unter »einem Kommandeur, der die Schlachtordnung vorgibt«, gesammelt und eine neue, am Islam orientierte Identität erarbeitet werden, wie sie sich hier in Form einer Aufforderung zum Bruch mit der existierenden gesellschaftlichen Ordnung zeigt: so stellt sich der Plan Farrakhans dar. Doch an dem Punkt, da man erwartet, er selber, der »wunderbare Vater der vaterlosen Jugendlichen«, werde sich jetzt als dieser »Kommandeur« präsentieren, nennt er die Rap-Gruppe Public Enemy.

Der Islam zu den Klängen des Rap

Farrakhan, vor seiner Bekehrung durch Malcolm X Musiker und Calypso-Sänger, übte diesen Beruf nicht mehr aus, den das Islamische Volk für entehrend hielt. Ein schwacher Nachhall seiner früheren Karriere war, daß er die »Hymne« der Bewegung, *A White Man's Heaven is a Black Man's Hell* komponierte und einspielte und das Stück *Orgena* verfaßte, in dem ein Weißer von einem mit Schwarzen besetzten Tribunal zum Tod verurteilt wird. Aber nur dank seiner Verbindungen und seiner Zusammenarbeit mit den Rap-Gruppen gelang es dem Islamischen Volk, seine Botschaft über den Dunstkreis des schwarzen Separatismus hinaus zu verbreiten. Seit Anfang der achtziger Jahre, als die Bewegung unter der Führung Farrakhans wiedererstand, kamen regelmäßig ein junger Mann namens Richard X und sein Kumpel Chuck[20] in die Moschee Nr. 7 in Harlem; sie sollten, als Professor Griff und Chuck D, die Begründer der weltweit berühmtesten Rap-Gruppe Public Enemy werden. Das 1988 erschienene Album, das sie bekannt machte – *It Takes a Nation of Millions to Hold Us Back* – enthält in der Danksagung, nach einer Lobpreisung Allahs, eine Hommage an das Islamische Volk, Farrakhan, seine wichtigsten Stellvertreter und so weiter. Im ersten Lied, *Bring the Noise*, geht es um ein Mitglied der Gruppe, das im Gefängnis sitzt und erklärt: »Man hat mich in den Knast gesteckt / wegen meiner Platten, weil sie sich gut verkaufen / weil ein Bruder, so einer wie ich, gesagt hat: / ›Farrakhan ist ein Prophet, und ich glaube, du solltest auf das hören, / was er dir zu sagen hat, was er dir zu tun aufgibt!‹ Ein anderes Lied, *Party for your Right to Fight*, faßt unter Verwendung des für das Islamische Volk typischen Vokabulars die Geschichte der Kämpfe der Schwarzen zusammen. Die 1966 einsetzende Bewegung des Aufbegehrens wird »um Mitternacht« von einer aus der Hölle kommenden Macht, der »sogenannten Regierung« der »hochgezüchteten Teufel« (*grafted devils*), zerschlagen – eine Bezugnahme auf die Geschichte Yakubs. J. Edgar Hoover (der ehemalige Chef des FBI) hat Malcolm X, Martin Luther King, die Führer der Schwarzen Panther, Newton, Cleaver und Seale, getötet, aber es ist an der Zeit, sich wieder auf den Weg zu machen: »Der Ehrenwerte Elijah Muhammad sagt / wisse, du bist, um schwarz zu sein.« Der erste Mensch war ein Schwarzer aus Asien, er ist die »Krönung der Menschheit / er war der erste / auch wenn die Teufel ihn versteckt haben / aber lest es nach in euren Büchern / sogar die Freimauer wissen es / geben es aber nicht zu… Yo / aber es ist bewiesen / und es braucht Millionen Leute, um uns zurückzuhalten!«

Im Frühjahr 1992 macht ein weiterer berühmter Rap-Sänger, der aus Los Angeles stammende Ice-T, ein ehemaliges Gang-Mitglied, das so empfänglich für die Botschaft Farrakhans ist, daß er seine Produktionsgesellschaft »Afrika Islam« nennt, mit dem Lied *Cop Killer* (»Bullenkiller«) von sich reden. Der Refrain, *Die, die, die, pig die / Fuck the Police* (»Stirb, stirb, stirb, Bulle, stirb! Scheiß auf die Polizei!«), löst heftige Reaktionen der Polizeigewerkschaften aus; auf Time Warner, die Plattengesellschaft, wird Druck ausgeübt, das Album nicht für den Verkauf freizugeben. Selbst Präsident Bush entrüstet sich öffentlich. Zu seiner Verteidigung erklärt der Sänger, das Gefühl, das er beschreibe, sei heutzutage bei den Jugendlichen weit verbreitet, sie empören sich über die Gewalttätigkeit der Polizei ihnen gegenüber, wofür die Mißhandlung Rodney Kings – die die Unruhen in Los Angeles auslösten – als Symbol steht. »Sie bringen uns um und kommen dafür nicht ins Gefängnis. Warum?« fragt Ice-T. Die Antwort darauf gibt eine Platte: »Ich habe meine Skimütze aufgesetzt / Ich habe mein schwarzes Hemd angezogen / Meine schwarzen Handschuhe / Diese Scheiße dauert schon viel zu lange / Ich habe meine großkalibrige Kanone mit abgesägtem Lauf / Ich habe meine Scheinwerfer aufgeblendet.« Und dann der Refrain: »Bullenkiller! Lieber ihr als ich! / Bullenkiller! / Scheißt auf den Mist, den die Polizei baut!«[21] *The Final Call*, das Presseorgan des Islamischen Volkes, widmet einen langen, mit einem Foto und der Unterschrift Farrakhans versehenen Artikel, auf dem er und Chuck D, Sister Souljah, Ice Cube und Ice-T sich als Zeichen der Verbundenheit die Hände reichen, der Verteidigung des Sängers. *The Final Call* zufolge habe Präsident Bush nie die polizeilichen Übergriffe verurteilt, kritisiere jedoch Ice-T, weil er Angst habe, »daß diese Parolen, die die Gefühle einer wachsenden Anzahl Menschen in den USA zum Ausdruck bringen, eine Reaktion hervorrufen. Daran wird jedoch nicht Ice-T schuld sein, sondern eher die Machenschaften der Polizei und die Unfähigkeit der Bundesregierung, die Opfer polizeilicher Gewalt zu schützen.« – »Der heilige Koran«, bemerkt Farrakhan im selben Artikel, »verlangt, wenn ungerechtfertigt ein Leben genommen wurde, muß ein anderes dafür geopfert werden: Leben gegen Leben. Die Unterdrückung wird nur dann ein Ende haben, wenn der Unterdrücker sein Leben verliert, weil er ungerechtfertigt dem Unterdrückten das Leben genommen hat [...] Aber an wen sollen die Leute sich wenden, wenn man denen, die sie lieben, in den amerikanischen Polizeirevieren das Leben nimmt, während die Verantwortlichen sich abwenden und die Staatsanwälte die Lügen der Polizei decken? [...] Alle diese ungerechten Morde schaffen ein Klima der Anarchie, und eines Tages werden die Menschen sich erheben, sich selber Gerechtigkeit verschaffen, und mit den Schuldigen werden auch viele Unschuldige leiden.«[22]

Sicher, Farrakhan ruft weder zum Aufstand noch zur Gewalt auf: Im selben Artikel erinnert er daran, daß seine Schüler das Gesetz respektieren und daß die Frucht des Islam überall dort, wo sie Fuß gefaßt hat, dazu beiträgt, die Drogenhändler zu verjagen. Sein Ziel ist es vielmehr, wie seine Rede vom 25. Juni 1989 deutlich macht, die selbstzerstörerische Gewalt in eine kommunitaristische Kraft zu kanalisieren, sie zu bündeln, sie mit Parolen, »Schlachtrufen«, zu mobilisieren, die die Rap-Sänger unter seinen Anhängern ihnen liefern, um eine von ihm so genannte »Armee Allahs« aufzubauen, die die Gemeinschaft verteidigt und ihre Forderungen gegenüber der amerikanischen Regierung unterstützt.

Diese Einmischung des Islamischen Volkes in verschiedene Bereiche des täglichen Lebens, ihr Aufgreifen der Sehnsüchte, der kulturellen Fixpunkte der Einwohner der amerikanischen »Supergettos« von heute wird von den Beobachtern der Bewegung oft unterschätzt. Dennoch ist sie insofern von grundlegender Bedeutung, als sie eine Praxis und eine Ideologie hervorbringt, die aufs engste mit den schlichtesten Forderungen all jener verbunden sind, die unter schrecklichen Bedingungen leben, ohne jegliche Hoffnung, sich mit legalen Methoden daraus befreien zu können, und die sich kaum mit den Werten der amerikanischen Durchschnittsgesellschaft identifizieren.[23]

Welches Volk ist das auserwählte?

Wenngleich Farrakhan eine große Anzahl spezieller Themen seiner Predigten an den Gegebenheiten des Gettos ausrichtete, beschränkte er sich nicht darauf, und ab 1983 mischte sich das Islamische Volk unter seiner Führung in den Bereich der institutionalisierten Politik ein und unterstützte Jesse Jacksons Werbefeldzug für seine Nominierung als Kandidat für die Präsidentschaftswahlen 1984. Gemessen an Elijah Muhammads Lehre und Praxis war es eine bedeutsame Entwicklung, hatte dieser doch jedes politische Engagement des Islamischen Volkes verboten und sich beharrlich geweigert, bei Wahlen irgendwelche Kandidaten – abgesehen von einigen Abgeordneten aus Harlem, wie Adam Clayton Powell, einen charismatischen Führer, für den Malcolm X sich eingesetzt hatte – zu unterstützen. Für Farrakhan hatte diese Entwicklung mehrere Ursachen. Plötzlich, 1983, nach etwa sieben Jahren, in denen er »die Wüste durchquert« und der Presse kein einziges Interview gegeben, sondern sich der Arbeit vor Ort gewidmet und Stadtteil-Versammlungen geleitet hatte, um die Bewegung neu zu strukturieren, ermöglichte sein Eintritt in die politische und Medienarena dem Islamischen Volk, schnell und nachhaltig ins Bewußtsein der Öffentlichkeit zu rücken (wozu die erbitterte Polemik gegen bestimmte jüdische Kreise beitrug). Allerdings hatte die Anhängerschaft vom Soziologischen her seit der Zeit Elijah Muhammads offenbar eine gewisse Entwicklung durchgemacht: Der Anteil gut ausgebildeter Jugendlicher hat zugenommen, und diese wollen in dem seit den achtziger Jahren stattfindenden Wettstreit um die Definition der Identität des »multikulturellen« Amerikas ihre ureigensten Interessen durch das Islamische Volk vertreten sehen.

Vor allem begünstigt die zunehmende Aufsplitterung der amerikanischen Gesellschaft je nach Zugehörigkeit zu »ethnischen« Gruppen oder »Minderheiten«, die seitdem ihre Ansprüche geltend machen, auf dem Umweg über verschiedene Mechanismen der positiven Diskriminierung die Eliten; diese gründen ihre Legitimation auf ihren aus eigener Kraft bewerkstelligten Aufstieg zu ausschließlichen Wortführern ihrer »Gemeinschaft«. Diese Legitimation erfolgt über die Anerkennung durch die Medien, selbst wenn sie feindselig gesonnen sind – ausschlaggebend ist, daß die in Frage stehenden Wortführer häufig genannt oder zu Talk-Shows im Fernsehen eingeladen werden. Sie erfolgt auch über die aggressive Infragestellung der Eliten anderer Gemeinschaften, wenn diese sich auf Werte berufen, in deren Namen sich eine Hierarchie der Rechte und Pflichten herausbildet. In diesem Bereich kaprizierte sich das Islamische Volk vor allem auf die Selbststilisierung als »Opfer«, wie insbesondere die Polemiken über die relative Bedeutung der Ausrottung der Juden in Europa durch die Nazis beziehungsweise der Versklavung der Schwarzen veranschaulichen.

All diese Gründe veranlaßten Louis Farrakhan, ab 1983 Jesse Jacksons Kampagne für seine Nominierung als Präsidentschaftskandidat der Demokraten zu unterstützen. Jackson selber war für das Islamische Volk kein Unbekannter. Abgesehen von seinem Nachruf auf Elijah Muhammad im Februar 1975 gab er einige Monate später *Mr Muhammad Speaks* ein ausführliches Interview, in dem er hervorhob, welch ein Vorbild der Gesandte Allahs für ihn gewesen war. In der Tat hatten ihn, so erklärte er, die Sozialprogramme der Black Muslims zur Gründung seiner eigenen karitativen Organisation, PUSH (People United to Save Humanity = Vereinigtes Volk zur Rettung der Menschheit) angeregt. Jackson, der sich eher der Linie eines »kulturellen Pluralismus« als einer »Integration« verschrieb, und seine Organisation setzen sich dafür ein, die wirtschaftlichen Grundlagen für die Autonomie der Schwarzen zu schaffen, um das Lebensniveau dieser Bevölkerungsgruppe zu heben, und opfern »dem Bemühen um die Gründung schwarzer Banken und schwarzer Versicherungen viel Zeit«[24]. 1983, als Jackson am Wahlkampf teilzunehmen beschließt, unterstützt Farrakhan ihn, da er seiner Ansicht nach »mehr als jeder andere schwarze Führer jener Zeit den schwarzen Massen Hoffnungen einflößen kann«. Darüber hinaus stellt er ihm die Frucht des Islam zu seinem Schutz zur Verfügung, treibt Mittel zur Finanzierung der Kampagne auf und sorgt dafür, daß sich die Anhänger in die Wählerlisten eintragen, um für ihn zu stimmen.[25]

Nicht nur wegen der Infrastruktur, die das Islamische Volk bietet, sondern auch wegen des Respekts, den sein Führer in den Gettos genießt, stellt Farrakhan für Jackson eine wertvolle Unterstützung dar; er sieht darin eine Gelegenheit, die Stimmen zahlreicher Wähler zu gewinnen, die bislang den Wahlen fernblieben, weil sie sich mit den von den Parteiapparaten der Demokraten und der Republikaner ausgewählten und aus der weißen Bourgeoisie stammenden Präsidentschaftskandidaten der Vereinigten Staaten nicht identifizieren konnten. Hingegen schreckt Farrakhan die »Gemäßigten« ab und läßt die Gegensätze zwischen Jackson und einem Großteil der jüdischen Wähler, die den Demokraten zuneigen, deutlich hervortreten.

Eine Reihe proisreaelischer Bewegungen war von Anfang an Jackson gegenüber sehr feindselig eingestellt, der seit der Bekanntgabe seiner Kandidatur im Fernsehen verglichen mit den übrigen Kandidaten in Fragen der Außenpolitik aus dem Rahmen gefallen war. Er wisse, was es heißt, in einem »besetzten Land« geboren und »in einem Apartheidsystem« groß geworden zu sein, das habe in ihm große Sympathien für die anderen Völker, vor allem für die Palästinenser und die Schwarzen Südafrikas, geweckt, die überall auf der Welt unter ähnlichen Bedingungen lebten.[26] Allerdings war er im Januar 1984, zu einer Zeit, da Präsident Assad als Terrorist und unversöhnlicher Feind Israels galt, mit dem zusammenzutreffen für einen amerikanischen Politiker ausgeschlossen war, in Begleitung Farrakhans nach Damaskus gereist. Ziel dieser Reise war es, einen von der syrischen Armee gefangengenommenen schwarzamerikanischen Piloten freizubekommen. Schließlich gab am 13. Februar die *Washington Post* Bemerkungen Jacksons wieder, der in einem Gespräch mit einem Journalisten die Juden als *hymie* (Jidden) beschimpft hatte. Jackson hatte auf die Art, wie die jüdischen Organisationen ihn wegen seiner proarabischen Sympathien im Nahostkonflikt angegriffen hatten, mit den Worten reagiert: »Die *hymie* wollen über nichts anderes als über Israel reden: Jedesmal wenn man nach *Hymietown* [in die ›Jiddenstadt‹, das heißt nach New York] kommt, ist dies das einzige, über das sie sprechen wollen.«[27] Diese Äußerungen lösten eine heftige Polemik aus – um so mehr, als Jackson sie zunächst abstritt, ehe er sich schließlich dazu bekannte und sich entschuldigte.

In der Zwischenzeit feierte das Islamische Volk am 25. Februar den Tag des Retters; als prominenten Redner hatte man Jackson eingeladen. Als er ihn einführte, wandte Farrakhan sich »an die Juden, die unseren Bruder nicht mögen«, und warnte sie im Namen Allahs, sich an ihn heranzuwagen. Diese Warnung verschärfte die Auseinandersetzung nur noch. Als der Führer der Anti-Defamation League von B'nai B'rith, Nathan Perlmutter, ihn mit Hitler verglich[28], antwortete Farrakhan im März in einer Rundfunksendung: »Die Juden mögen Farrakhan nicht, denn sie nennen mich Hitler. Der Name gefällt mir (*Well, that's a good name*). Hitler war ein großer Mensch. Nicht für mich als Schwarzen, aber er war ein großer Deutscher. Nicht daß ich stolz bin auf das Schlimme, das man den Juden angetan hat, aber Tatsache ist: [...] er hat Deutschland vom Punkt null aus wieder groß gemacht. In gewisser Weise gibt es da Ähnlichkeiten, denn auch wir werden unser Volk vom Nullpunkt aus wieder groß machen.«[29]

Jackson, der nach dieser Rede sich von Farrakhan zu distanzieren gezwungen ist, vermeidet dennoch den Bruch mit einem Verbündeten, von dem er glaubt, er habe Einfluß auf einen beträchtlichen Teil der schwarzen Wählerschaft. Am 24. Juni jedoch erklärt Farrakhan in einer vom Rundfunk ausgestrahlten Rede, die Schaffung des Staates Israel sei ein »ungesetzlicher« Akt, der hebräische Staat könne sich nicht auf den Willen Gottes berufen und sei das Ergebnis einer Verschwörung: »Ihr habt euch dieses Land angeeignet, die angestammten Einwohner daraus verjagt und sie zu Vagabunden gemacht, die durch die ganze Welt irren. Ihr habt gelogen und gesagt, es handle sich um ein Versprechen, das Gott euch gegeben hat.« Auf diese Weise, fährt Farrakhan fort, habt ihr »den Namen Gottes mißbraucht, um eure Scheißreligion (*gutter religion*) mit seinem heiligen und tugendhaften Namen zu bemänteln«.

Am Tag darauf brachten die Zeitungen als Aufmacher die Schlagzeile, Farrakhan habe die jüdische Religion als *gutter religion* bezeichnet. Entsprechende Reaktionen ließen nicht auf sich warten. Jackson mißbilligte die Äußerung öffentlich und verkündete, er werde Farrakhan nicht mehr in seine Kampagne einbeziehen; damit distanzierte er sich von einem Verbündeten, der ihm zwar in der Welt der Gettos beträchtliche Unterstützung gesichert hatte, ihm künftig jedoch einen großen Teil der Wählerschaft der linken Mitte entfremden würde, die er anzusprechen versuchte. Damit hätte er riskiert, sein Projekt einer »Regenbogenkoalition« auf die Sympathisanten des Islamischen Volkes zu beschränken. Die gemäßigten Schwarzenorganisationen, aber auch die Führer der Demokratischen Partei verurteilten Farrakhan aufs entschiedenste, und der US-Senat verabschiedete einstimming eine Resolution, in der es hieß: »In unserer Gesellschaft ist kein Platz für haßerfüllte und fanatische antisemitische und rassistische Äußerungen, wie sie Louis Farrakhan zugeschrieben werden; derartig niederträchtige Aussagen sind zu verurteilen.«[30]

Obwohl er damit aus dem Bereich der institutionellen amerikanischen Politik ausgestoßen wurde, hatte Farrakhan sehr von seiner zeitweiligen Allianz mit Jesse Jackson profitiert: Sie hatte ihm zu außergewöhnlicher Berühmtheit verholfen, deren Zwielichtigkeit ihm keineswegs mißfiel, noch diejenigen sonderlich schockierte, die auch außerhalb des Dunstkreises seiner Parteigänger nach einem Verantwortlichen für ihr Elend und ihre Not suchten.

Dennoch mußte er noch mehrere Male auf diese Affäre zurückkommen. 1985 bezieht sich Farrakhan in einer anderen Rede mit dem Titel *A Warning to the Jews* (»Warnung an die Juden«), die noch heute, neun Jahre später, als Tonbandkassette in den Buchhandlungen des Islamischen Volkes verkauft wird, auf die Rede, in der Jackson sich wegen seiner Äußerung bezüglich *hymie* und *hymietown* entschuldigt hatte: »Keine Angst, ich werde mich nicht entschuldigen! Mister Jackson hat eine der brillantesten Reden gehalten, die je von einem Schwarzen auf der politischen Bühne und überhaupt je von irgend jemandem vorgetragen wurde! Vierzig Sekunden hat seine Entschuldigung für eine Rede von fünfzig Minuten Länge gedauert, und tags darauf hörte man nichts weiter, als daß Jesse Jackson gesagt hat: ›Bitte, entschuldigen

Sie!‹ Warum, glaubt ihr, haben sie das gebracht? Weil er für die Schwarzen ein Symbol der Kraft ist und sie beweisen wollten, daß diese Kraft einen Kompromiß geschlossen, die Knie gebeugt und ihrem Druck nachgegeben hat! Deshalb haben sie große Schlagzeilen daraus gemacht!« Um zu erklären, warum er jene, die »Komplotte gegen Jackson schmiedeten«, bedroht hat, bemerkt Farrakhan: »Plötzlich war ich der öffentliche Feind Numero eins für die Juden [*Fuck the Jews* (Scheiß auf die Juden) brüllt der Saal]! [...] Aber hört gut zu, schwarze Führer, wenn ihr den Bossen der Juden erlaubt, euch soweit zu bringen, daß ihr mich wegen irgendwelcher von ihnen ausgeheckter Lügen anprangert, wird das schwarze Volk euch nie mehr etwas glauben, darauf könnt ihr euch verlassen!« Erneut greift Farrakhan den Ausdruck *gutter religion* auf; er wirft seinen Verleumdern vor, das Zitat aus dem Zusammenhang gerissen zu haben, und fügt es wieder an den ihm zukommenden Platz in seiner Weltsicht ein: »Nie würde ich eine Religion verurteilen, die Gott der Allmächtige offenbart hat! Derart unvorstellbar ist dies, daß ihr mich um drei Uhr morgens wecken, mir Pentothal geben und zu meinem Unterbewußtsein sprechen könnt, und dennoch würde ich nie etwas gegen eine von Gott offenbarte Religion oder gegen Gott den Allmächtigen äußern. Brüder und Schwestern, ich habe folgendes gesagt: Dieses Volk, das sich Israel nennt, kennt seit vierzig Jahren keinen Frieden und wird nie einen kennen, denn es kann keinen auf Ungerechtigkeit, Diebstahl, Lüge und Verrat gegründeten Frieden geben. Ihr glaubt, Gott habe euch erlaubt, eure *gutter religion* mit Seinem heiligen und tugendhaften Namen zu bemänteln! Das habe ich gesagt [...] Wenn man den Namen Gottes mißbraucht, um üble Handlungen zu heiligen und seine Bösartigkeit als fromme und scheinheilige Tugendhaftigkeit erscheinen zu lassen: Das ist eine Scheißreligion, die aus dem Namen Gottes ein Werkzeug macht! Die Christen haben eine Scheißreligion praktiziert, als sie unsere Väter nach Amerika verschleppt, als sie den Indianern im Namen Jesu ihr Land geraubt [...], als sie Afrika vergewaltigt und seiner Substanz beraubt haben: Sie gaben ihm die Bibel und nahmen dafür seine Bodenschätze, um sie Europa und Amerika zu schenken! Ihre Behauptung, das von Gott auserwählte Volk zu sein und ein Recht auf das Land eines anderen zu haben und sich dessen im Namen Gottes zu bemächtigen, indem man sich der Bibel, der Thora und des Offenbarten Wortes Gottes bedient, um zu stehlen, zu betrügen, zu hintergehen und zu lügen, das ist eine Scheißreligion, und ich stehe zu dem, was ich gesagt habe! Wie könnt ihr es wagen, überall herumzurennen und euch als die Erwählten Gottes zu bezeichnen, wenn ihr dies nicht seid, und überhaupt, welchen Gottes? Gewiß nicht des Gottes der Rechtschaffenheit: Die Schrift sagt uns, wenn Gott jemanden erwählt, dann die Verachteten, die Ausgestoßenen, die Entrechteten, die Verlorenen. Er hat gesagt: ›Ich werde ihr Gott sein, und sie werden Mein Volk sein.‹ Ihr Juden, die ihr vorgebt, Juden zu sein, seid gar keine, die Schrift sagt, daß ihr der Synagoge Satans angehört, daß ihr Wachs in den Händen Satans seid; man kennt eure Bösartigkeit auf der ganzen Welt, wie könntet ihr also die Erwählten Gottes des Allmächtigen sein? [...] Brüder und Schwestern, ihr seid das Volk, das Gott gesegnet hat, das Volk, von dem die Bibel von Anfang bis Ende spricht, das Volk, von dem der Koran spricht, es gibt kein anderes Volk, um das Gott sich so kümmert wie um euch! [...] Ihr seid die Letzten, die Gott zu den Ersten machen wird [...] das verlorene Schaf der Bibel und der verlorene Sohn der Schrift [...].«[31]

Man hört in diesen Äußerungen einen Nachhall der traditionellen, jahrhundertealten antijüdischen Polemik; es wäre jedoch ein Irrtum, wollte man die Rhetorik des Islamischen Volkes darauf reduzieren, ohne die spezifischen Formen zu analysieren, die diese Polemik in den Vereinigten Staaten der achtziger und neunziger Jahre annimmt. In den von uns zitierten Passagen der Rede »Warnung an die Juden« lassen sich verschiedene Bedeutungsebenen sowie eine Abstufung in der Argumentation unterscheiden. Ausgangspunkt ist die Nahostfrage. Wie Jackson, allerdings viel heftiger, stellt Farrakhan die Legitimation des Staates Israel in Frage, der auf »Lug und Trug« und die Beraubung der Palästinenser gegründet sei. Die Solidarität vieler amerikanischer Schwarzer mit der arabischen Welt, ihre Sympathien für die palästinensische Sache sind bekannte und bezeugte Tatsachen, die als solche noch keine Auseinandersetzung über Moral oder Wertvorstellungen auslösen. Darüber hinaus sind jedoch die Bindungen zwischen dem Islamischen Volk und der muslimischen Welt von großer Bedeutung, auch wenn sie vielen Wechselfällen unterworfen waren. Nach der von W. D. Muhammad eingeleiteten »Bewegung zur Berichtigung« zur muslimischen Orthodoxie hin hatte Farrakhan sehr harte Worte für die Araber gefunden, die sich seinem Konkurrenten gegenüber großzügig zeigten, und sie Rassisten geschimpft.[32] In der Folge nahm Farrakhan jedoch 1985 von Oberst Gaddhafi ein »unverzinsliches Darlehen« in Höhe von fünf Millionen Dollar an, nachdem er die ihm von dem libyschen Führer angebotenen Waffen und den Zugang zu den Ausbildungslagern, um »den Unterdrücker zu stürzen«[33], abgelehnt hatte. Der Führer des Islamischen Volkes unternahm zahlreiche Reisen in muslimische Länder und rühmt sich, 1985 auf Einladung Abdallah Umar Nassifs, des Generalsekretärs der Islamischen Weltliga, einer Organisation unter dem Einfluß Saudi-Arabiens[34], der Pilgerfahrt nach Mekka; auf diese Weise spielt er seine dogmatischen Meinungsverschiedenheiten mit den tonangebenden Instanzen des Islam im Nahen Osten herunter. Und in den Monaten nach der irakischen Invasion Kuwaits und vor dem Golfkrieg nahm Farrakhan an verschiedenen von Abdallah Umar Nassif arrangierten Treffen teil, der bei den Muslimen der ganzen Welt um Unterstützung gegen den Irak Saddam Husseins nachsuchte.[35] Da er die feindselige Einstellung zahlreicher Araber und Muslime gegenüber dem Staat Israel teilte, forderte Farrakhan automatisch die Angriffe proisraelischer Interessengruppen in den USA heraus, die bewußt jede antizionistische Äußerung mit Antisemitismus gleichsetzen.

Zur Unterscheidung dieser beiden Einstellungen greift Farrakhan auf den Begriff *gutter religion* zurück, den er für das Judentum verwendet hatte, und relativiert ihn, indem er ihn zugleich auf das Christentum anwendet, insofern dieses die Kolonialherrschaft, den Sklavenhandel und den Raub

Amerikas von den Indianern rechtfertigte. Glaubt man ihm, so kann er um so weniger des Antisemitismus bezichtigt werden, als er semitischer als alle Juden Europas ist: »Das Wort semitisch als solches bezieht sich auf Afroasiaten. Wäre ich antisemitisch, dann wäre ich gegen mich selber. Die Araber sind ein semitisches Volk. *Semi* bedeutet Hälfte. Sie sind zwischen beiden. Was man als semitisches Volk bezeichnet, ist die Mischung aus dem Blut Afrikas, Asiens und Europas. [...] Die meisten derer, die mich als Antisemiten bezeichnen, sind selber keine Semiten. Es handelt sich bei ihnen um Juden, die sich in Europa zum jüdischen Glauben bekannt haben; man bezeichnet sie als aschkenasische Juden. Sie haben nichts im Nahen Osten zu suchen, sie sind Europäer.[36]

Dieses Argument, das sich einer erstaunlichen Etymologie bedient, um den Aschkenasim ihr »Semitentum« abzusprechen, stellt eine Parallele zu der Passage in der »Warnung an die Juden« dar, die unter Berufung auf die Schrift letzteren ihr Judentum abspricht, um sie auf »Wachs in den Händen Satans« zu reduzieren; derlei Äußerungen reihen sich in die Tradition einer bestimmten antijüdischen Polemik christlicher Kirchenväter ein.

Die abschließende Argumentation Farrakhans stellt den Anspruch der Juden, das »auserwählte Volk« zu sein, in Frage: Seiner Ansicht nach können sie wegen ihrer zahllosen Sünden gar nicht von Gott erwählt worden sein; vor allem aber ist der Platz des »erwählten Volkes« bereits besetzt: Die Armen, die Ausgestoßenen, die Letzten, die unter dem Hirtenstab des Islamischen Volkes zusammengescharten Schwarzen Amerikas sind das wahre auserwählte Volk, das »wahre Israel« im biblischen Sinne des Wortes.

Wir haben den Eindruck, in dieser Absicht, ein »auserwähltes Volk« an die Stelle eines anderen zu setzen, wird das durchgehende Interpretationsschema sichtbar, mit dessen Hilfe sich die spezielle Form der antijüdischen Polemik, zu deren Herold sich Farrakhan macht, entschlüsseln läßt: Es ist die in religiöse Begriffe gekleidete Übersetzung und Erweiterung der Aufsplitterung der postmodernen Gesellschaft in einzelne Gemeinschaften, deren Prototyp die USA darstellen. Für die Ideologen des Kommunitarismus gibt es keine auf gemeinsame Werte gegründete Gesellschaft mehr, sondern nur die Gemeinschaft, die sich den Titel »auserwähltes Volk« zulegt und damit die anderen ausgrenzt, sowie eine andere, die ersterer dieses Attribut streitig macht, um es sich selber zuzuschreiben.

Um dieses Phänomen zu verstehen, empfiehlt es sich, die Entwicklung der Beziehungen zwischen Schwarzen und Juden seit den sechziger Jahren zu untersuchen; damals kämpften sie gemeinsam für die Integration, gegen ein amerikanisches Establishment, in dem Rassismus *und* Antisemitismus Hand in Hand gingen. Seit der Zeit zwischen den beiden Weltkriegen hatten diskriminierende Praktiken und Regelungen die Einführung ethnischer Quoten veranlaßt, mit denen die Anzahl jüdischer Studenten in Harvard und anderen angesehenen Universitäten begrenzt und Juden der Zutritt zu bestimmten privaten, der Öffentlichkeit zugänglichen Gebäuden untersagt wurde; vor allem gewisse Hotels machten in ihren Prospekten ausdrücklich darauf aufmerksam, »Hebräer« seien in ihrem Hause ebenso unerwünscht wie Tuberkulosekranke und Hunde.[37] Dies hatte bei zahlreichen Juden das Gefühl einer Schicksals- und Kampfgemeinschaft mit anderen diskriminierten und verfolgten Gruppen, vor allem mit den Schwarzen, aufkommen lassen. Gewiß, die Schwarzen hatten unter sehr viel massiverer und planmäßigerer Verweigerung von Rechten und Unterdrückung zu leiden als die Juden, aber letztere hatten, so ein liberaler jüdischer Autor, »im Kampf der Schwarzen für ihre Rechte Elemente, die auch ihnen nützen konnten, sowie Bedingungen, mit denen sie sympathisierten, erkannt.«[38] Für andere, zu deren Sprachrohr sich der berühmte schwarze Schriftsteller James Baldwin in einem Artikel machte, der seine Kindheit in Harlem heraufbeschwor, in der der Händler, der Hausbesitzer, der Wucherer, alles Juden, Werkzeuge der Unterdrückung der Schwarzen gewesen waren, »ist es nicht hinnehmbar, daß ein amerikanischer Jude uns sagt, er leide genauso wie ein amerikanischer Schwarzer. Das ist nicht wahr, und das erkennt man schon an der Art und Weise, wie er behauptet, es sei so.«[39]

Noch heute engagieren sich zahlreiche Juden in den wichtigsten antirassistischen Organisationen, vor allem dem NAACP (National Association for the Advancement of Colored People = Verband zur Förderung Farbiger), während gutsituierte Juden oder von ihnen geleitete Institutionen diese Bewegung in erheblichem Maße finanziell unterstützen.

»Bis Ende der fünfziger Jahre«, schreibt Nathan Glazer, »schien Assimilierung die wünschenswerte Folge des allmählichen Verschwindens der Vorurteile und der Diskriminierung zu sein, und Akkulturation (das Bestreben, der Mehrheit möglichst ähnlich zu werden) schien zu diesem Prozeß beitragen zu können. Dies war die vorherrschende Meinung der Liberalen [...] Auch wenn klar war, Schwarze und Weiße würden sich rassisch immer unterscheiden, wollte man dennoch, daß sie sich kulturell, sozial, wirtschaftlich und politisch einander angleichen, damit erstere schließlich einfach zu Amerikanern schwarzer Hautfarbe würden.«[40] Ab Mitte der sechziger Jahre geriet diese »integrationistische« Sicht, die weder die schwarzen »Separatisten« wie Elijah Muhammad noch die zionistischen Aktivisten je akzeptiert hatten, heftig unter Beschuß, während die militanten Gruppen einen beträchtlichen Zulauf verzeichneten. Gettoaufstände, die Bewegung der Schwarzen Panther und die Überbetonung der schwarzen Identität einerseits, der Sechstagekrieg und die extreme Identifikation mit dem Staat Israel andererseits untergruben die theoretischen Grundlagen der Integration und Assimilation, sowohl in ihrer »bürgerlichen« wie auch in ihrer mit dem Marxismus sympathisierenden Version[41]: Die jungen Eliten beider Bevölkerungsgruppen sahen ihr Heil in der Radikalisierung kommunitaristischer Vorstellungen, was ihnen gleichzeitig die Möglichkeit bot, die für Integration plädierenden Führer der älteren Generation zum Rücktritt zu drängen. Die Aktivisten der Black-Power-Bewegung in der Nachfolge von Malcolm X sahen im Ausschluß der Juden aus ihren Bewegungen eine Gelegenheit, ihren Kampf und ihr Schicksal selber in die Hand zu nehmen. In einem Interview mit einer multikulturellen Zeitschrift der extremen Linken erinnert Farrakhan an die Geschichte der Beziehungen zwischen

Schwarzen und Juden seit der Schaffung des NAACP: »Diese Organisation ermöglichte es den einen wie den anderen, uns weiterzuentwickeln. Da, wo sie die Erfahrung der Schwarzen manipuliert und uns Unrecht getan hat, müssen wir jedoch darüber reden [...]; wir sind in dieser Beziehung immer noch in der schwächeren Position, einer Position der Unterlegenen. Und das wollen wir nicht. Damit die Schwarzen frei werden, müssen wir *völlig* diese von Unterlegenheit geprägten Beziehungen abbrechen und uns auf der Grundlage des gegenseitigen Nutzens, der Gleichheit und Gerechtigkeit neu konstituieren.«[42]

1967/68 war in Ocean Hill-Brownsville, einem heruntergekommenen Stadtteil New Yorks, in dem früher arme eingewanderte Juden gelebt hatten und der nun vor allem von Schwarzen bewohnt wurde, eine Kontroverse von nationaler Tragweite ausgebrochen. An die Spitze des Unterrichtswesens dieses Stadtteils wurde ein schwarzer Lehrer, Rhody McCoy, berufen. Er stammte aus sehr bescheidenen Verhältnissen und war der erste in seiner Familie, der einen Hochschulabschluß schaffte; aufgefallen war er wegen seines pädagogischen Geschicks im Umgang mit Problemklassen. Bis zur Ermordung von Malcolm X gehörte er zu seinen treuesten Schülern, hatte regelmäßig den Tempel des Islamischen Volkes in Harlem besucht und an den Diskussionen, die dort in kleinem Kreis über Projekte der Organisation einer autonomen Gemeinschaft der Schwarzen geführt wurden, teilgenommen. Er stand für die jungen Eliten, die sich aus der Armut emporgearbeitet hatten und sich einige Jahre später weit zahlreicher um Farrakhan scharen sollten. In ihren Augen waren die Beziehungen zu den Juden nicht mehr die des Mieters zum Hausbesitzer oder des Schuldners zum Pfandleiher wie im Getto – um das Bild von James Baldwin aufzugreifen –, sondern von der Konkurrenz im Berufsleben geprägt, wo man durch eine subtile Mischung aus Beförderung nach Verdienst und Beziehungen an die Macht und die Mittel herankam. McCoy, in ein Amt berufen, in dem er die Möglichkeit hatte, das Unterrichtswesen in seinem Bezirk umzuorganisieren sowie Lehrer einzustellen und zu entlassen, wollte die Ideen zur »Kontrolle« der Erziehung »durch die Gemeinschaft«, die in seiner Zeit mit Malcolm X in ihm gereift waren, in die Praxis umsetzen. Anfänglich war sein Ziel, die Schule und das Viertel einander anzunähern, gegen das Versagen in der Schule und die Entfremdung der Schüler in ihrem Alltagsleben anzukämpfen; er stellte Lehrer ein, die mit den Problemen der Schüler umzugehen verstanden, die an Ort und Stelle lebten, ihre Kultur und ihr Leiden mit ihnen teilten – das hieß für ihn: ausschließlich schwarze Lehrkräfte. Massive Auseinandersetzungen über den Inhalt der Lehrprogramme und die Auswahl der Lehrer durch Elternkomitees veranlaßten McCoy, ein Dutzend Lehrkräfte zu entlassen, darunter vor allem Juden. Daraufhin trat die New Yorker Lehrergewerkschaft, die zahlreiche Juden zu ihren Mitgliedern zählte, in den Ausstand, bis die Entlassungen rückgängig gemacht wurden. Die Affäre machte in der Presse Schlagzeilen, ohne daß man damals wußte, daß der Initiator des Ganzen seine Vorstellungen zur »Kontrolle durch die Gemeinschaft« aus den Predigten des Islamischen Volkes bezogen hatte. Als die Erzieher per Gerichtsbeschluß wieder eingestellt wurden, reichte McCoy seinen Rücktritt ein. Das löste bei einigen Schülern und Eltern im Viertel heftige Reaktionen aus, sahen sie darin doch einen rassistischen Akt, hinter dem der jüdische Vorsitzende der Lehrergewerkschaft stand. Die Kontroverse erreichte ihren Höhepunkt, als über den lokalen Rundfunk ein von einer der Schülerinnen verfaßtes Gedicht vorgetragen wurde. Es beginnt mit den Versen: »Kleiner Jude, mit deiner Kippa auf dem Kopf / Kleiner Jude mit dem bleichen Gesicht, ich wünsche dir den Tod«; des weiteren erklärt die Verfasserin, sie sei es leid, die Ohren mit dem Holocaust vollgequatscht zu bekommen, wo doch Hitler nur 15 Jahre an der Macht gewesen sei, während das Leiden der Schwarzen Amerikas seit 400 Jahren andauere. Außerdem erklärt sie, die »ursprünglichen Hebräer« seien die Schwarzen gewesen, denen die Juden ihre Religion gestohlen hätten und so weiter. Die Adressaten dieses Gedichts sorgten für seine Verbreitung. Die Folge war ein beträchtlicher Skandal, der dazu führte, daß vielen Schwarzen und Juden die Gegnerschaft der beiden Gemeinschaften deutlich bewußt wurde.[43]

Bemerkenswerterweise tritt diese Gegnerschaft im Bereich der intellektuellen Bildung und der Übernahme von Wertvorstellungen zutage: Wie in der »Warnung an die Juden« von Farrakhan kreist der Streit um zwei große Themen der Identität. Welches ist das wahre auserwählte Volk, wer sind die »Hebräer«, was ist das ursprüngliche »Israel«? Von welchem Genozid ausgehend muß man die Geschichte der Menschheit neu schreiben, die spezifische Identität einer Gemeinschaft ausarbeiten, deren ungeheure Leiden sie zu Opfern *par excellence* machen, Leiden, die im Vergleich zu denen anderer unermeßlich waren? Einer Gemeinschaft, die aufgrund dieser Tatsache eine unbestreitbare moralische Legitimation besitzt?

Diese Diskussion beschränkt sich nicht auf die Beziehungen zwischen Farrakhan und seine jüdischen Gegner in den Vereinigten Staaten. Beim Prozeß gegen Klaus Barbie 1987 in Lyon schlug sie sich in den Plädoyers der Verteidigung nieder, die betonte, die Auslöschung der Juden in Europa durch die Nazis sei nur insofern einzigartig, als Weiße die Opfer gewesen seien – wo doch Afrikanern und Asiaten während der gesamten Kolonialzeit eine ähnliche Behandlung widerfahren sei. Aber erst im Zusammenhang mit der übertriebenen Betonung der Identität von Gemeinschaften im Herzen der postindustriellen Gesellschaften wird ab den siebziger Jahren diese Auseinandersetzung mit Gewalt ausgetragen – im Dienste durchaus zeitgenössischer Ziele. Sobald sich Eliten von Gemeinschaften herausbilden, die spezifische Bevölkerungsgruppen zu mobilisieren gewillt sind, deren Identität sie in Gegnerschaft zur nationalen, schuldig gewordenen Identität – in diesem Fall ist sie für die »Assimilation«, die als kultureller Ethnozid geschildert wird, verantwortlich – neu definieren, ist es für die Glaubwürdigkeit dieser Eliten und ihres kommunitaristischen Projekts tatsächlich unbedingt notwendig, die Faktoren der Besonderheit und Unterschiedlichkeit zu vervielfältigen. Auf einer ersten Ebene spielen die Nahrungsverbote eine wichtige Rolle bei der Abgrenzung einer in sich geschlossenen Identität, weil sie in völlig banalen Tätigkeiten die Gemeinsamkeit mit anderen Individuen der Gesamtgesellschaft einschränken – und jede Kommunitarismusbewegung muß ihre Bedeutung betonen und ihre strikte Einhaltung fordern. Damit können die am besten durchorganisierten Gruppen ihre Anhängerschaft auch vom nationalen Markt abziehen und sie zum Konsum der von den Unternehmern der Gruppe verkauften Produkte zwingen – nach dem Beispeil der »königlichen Familie« Elijah Muhammads oder von einer religiösen Autorität zum Verkauf »reiner« Lebensmittel ermächtigter Firmen. Das wirksamste Kennzeichen der Identität einer Gemeinschaft, das Instrument *par excellence*, das die Unterscheidung des einen vom anderen und den Ausschluß des letzteren ermöglicht, bleibt die Berufung auf ein dramatisches, für die Gruppe identitätsstiftendes Ereignis, das, unabhängig von den konkreten gesellschaftlichen Situationen, welche die Bevölkerungsgruppen in ihrem tatsächlichen Werden durchleben, historisch unverrückbar bestehen bleibt. In den sogenannten abrahamitischen Kulturen stellen der Exodus, die Kreuzigung, die Hedschra die Archetypen eines solchen dramatischen, die Herausbildung der Gruppe initiierenden Ereignisses dar. Der Völkermord der Nazis und der Sklavenhandel waren Gegenstand einer Interpretation auf der gleichen Ebene, vor allem als man sich ab den siebziger Jahren ihrer im Zusammenhang mit der Aufsplitterung in Einzelgemeinschaften in der postindustriellen Ära bediente.

Auschwitz oder Gorée?

Der kommunitaristische Ansatz beruht auf dem leidenschaftlichen Festhalten an einer rekonstruierten Identität und sperrt sich zwangsläufig gegen den Vergleich mit den vielfältigen menschlichen Erfahrungen. Außerhalb der Gemeinschaft der selbsternannten »Reinen« herrscht nichts als Barbarei, in deren Namen sich keinerlei moralische Position begründen läßt. In der »multikulturellen« Gesellschaft des heutigen Amerika müssen die Eliten in ihrem Bestreben, den Gemeinschaften, als deren ausschließliche Wortführer sie sich verstehen, einen inneren Zusammenhalt zu verleihen, die Ansprüche der Eliten anderer Gemeinschaften als barbarisch, widersinnig abtun, um ihre Legitimation zu begründen und ihre Wahrheit zu der einzig gültigen zu machen; davon ausgehend erfolgt eine Hierarchisierung der Wertvorstellungen, der politischen, kulturellen, wirtschaftlichen und sonstigen Macht.

In diesem Sinne unternahm es das Islamische Volk, den Sklavenhandel neu zu interpretieren; er galt jetzt nicht mehr nur als das wichtigste, für das Schicksal der schwarzen Bevölkerungsgruppen in den Vereinigten Staaten ausschlaggebende und ihre Treue gegenüber der Bewegung Elijah Muhammads und Louis Farrakhans bedingende Ereignis, sondern auch als der Völkermord schlechthin in der Geschichte der Menschheit. Nun erregte diese Einstellung aber Anstoß bei denen, die die Auslöschung der europäischen Juden durch die Nazis als das Ereignis begreifen, nach dem alles in einem anderen Licht zu betrachten ist als vorher. In dieser makabren Konkurrenz zwischen Gorée und Auschwitz war es für die Schüler Farrakhans wichtig zu beweisen, daß die Juden sich nicht einfach als die Opfer der Nazis betrachten konnten; wegen ihrer Beteiligung am Sklavenhandel mußte man sie ihrerseits zu Henkern machen.

Das war der Sinn des 1991 von der »Abteilung für historische Forschungen« des Islamischen Volkes veröffentlichten Studie, *The Secret Relationship between Blacks and Jews* (»Die geheime Beziehung zwischen Schwarzen und Juden«).

Eine einleitende Bemerkung zu den Quellen des Buches weist diese als hauptsächlich »jüdisch« aus und versichert, man habe auf »alle Quellen, die man für antisemitisch und/oder antijüdisch halten könnte«, verzichtet. Diese Absicherung läßt sich von einer erstaunlichen »Standesordnung« leiten und soll der zentralen These des Buches um so mehr Gewicht verleihen.

»Die Juden waren unleugbar in die größte kriminelle Aktion, die je gegen eine ganze Rasse geführt wurde, verwikkelt: den Holocaust an den Schwarzen Afrikas. Sie beteiligten sich an der Gefangennahme und der Zwangsverschleppung Millionen schwarzer Staatsbürger Afrikas in ein Leben der unmenschlichen, entwürdigenden Knechtschaft, und zwar zum finanziellen Vorteil der Juden.« Sie mißbrauchten, so die Autoren, Sklaven »unendlich viel schlimmer als jede andere ethnische oder religiöse Gruppe in der Geschichte der Neuen Welt und waren an allen Unternehmungen des internationalen Sklavenhandels beteiligt.«[44]

In Form eines Rückblicks auf die Geschichte des Judentums vor der Entdeckung Amerikas reduziert die Einleitung des Buches die Geschichte der Juden in Spanien auf den Kauf und Weiterverkauf von Sklaven für die Mauren und sieht in ihrer Vertreibung aus diesem Land die Strafe für diesen Handel. Dennoch und »obgleich die politischen, wirtschaftlichen und religiösen Gegebenheiten sie über den ganzen Globus zerstreuten, sollten sie sich später wieder zu einem unheilvollen Bündnis von Entführern und Sklavenhändlern vereinen«[45]. Auf seinen 334 Seiten enthüllt *The Secret Relationship between Blacks and Jews* die Identität der 358 Juden, die Sklaven besaßen, und schildert gegebenenfalls die von ihnen begangenen Grausamkeiten. Mehr allgemein versucht das Buch zu beweisen, daß in erster Linie die Juden für den Sklavenhandel verantwortlich waren. Der Text, in dem die Toten auf 100 Millionen veranschlagt werden, hält fest, als Hauptdrahtzieher dieses Unternehmens tragen die Juden eine ungeheure Schuld am Sklavenhandel – und am Holocaust«[46]. Und dem gleichen Gedankengang folgend: »Wie die Nazis in den Konzentrationslagern von Auschwitz, Treblinka und Buchenwald waren die Juden Polizisten, Kerkermeister und oberste Aufsichtsbeamte: Ihre Aufgaben bestanden unter anderem darin, gegen Schwarze, die nach Freiheit strebten, Anordnungen zu erlassen und Jagd auf sie zu machen.«[47]

Ziel der Wiederholung dieser Argumentation *ad nauseam* ist es, mit der Anhäufung und Gegenüberstellung von Fakten in einer dichten Aufeinanderfolge einen »Effekt der Wahrhaftigkeit« hervorzurufen, ein Vorgehen, dessen sich häufig Autoren bedienen, die es darauf anlegen, auf unwissenschaftliche Weise die Geschichte zu ideologisieren; ein Äquivalent dazu findet sich in der vormaligen wie gegenwärtigen Verwendung der *Protokolle der Weisen von Zion*[48] (ein Werk, das in den Listen der von *The Final Call* postalisch vertriebenen Bücher auftaucht). In vorliegendem Fall sind zahlreiche nackte Tatsachen, die in *The Secret Relationship between Blacks and Jews* aufgezählt werden, erwiesen: Juden haben sich in der Tat am Sklavenhandel beteiligt. Einige verteidigten vehement die Sklaverei und veröffentlichten während der Ära der Plantagenfron in amerikanischen Gazetten entsprechende Plädoyers. Hingegen ist die Rolle als Hauptschuldige, die das Buch den Juden zuschreibt, historisch nicht haltbar. Muslimische Sklavenhändler und schwarze Stammeshäuptlinge in Afrika, christliche Kapitäne auf den Weltmeeren und amerikanische Plantagenbesitzer spielten in diesem Prozeß eine gleichermaßen vorrangige Rolle. In einem von der *New York Times* 1992 veröffentlichten Artikel über »den neuen Antisemitismus der amerikanischen Schwarzen« bemerkt Henry Louis Gates, Leiter der Abteilung für afroamerikanische Studien an der Universität Harvard, *The Secret Relationship between Blacks and Jews*, »wahrhaft eine Bibel dieses neuen Antisemitismus [...], könnte ohne weiteres eines der einflußreichsten Bücher werden, die von der Gemeinschaft der schwarzen Amerikaner im Verlauf des letzten Jahres veröffentlicht wurden. Man findet es in allen schwarzen Läden des Landes, selbst in solchen, in denen keine Bücher verkauft werden. [...] Und seine Schlußfolgerungen werden in zunehmendem Maße als belastende historische Tatsache betrachtet.« Laut Professor Gates »entstellt das Buch die historischen Fakten auf gravierende Weise, insbesondere indem es auf hinterhältige Weise Zitate aus einem oft zweifelhaften Zusammenhang reißt«; für die mit dieser Frage befaßten Historiker beruht »die These, nach der die Juden den Handel mit schwarzen Sklaven beherrschten, nur auf einer beschämenden Geschichtsklitterung«.

In diesem Buch, bemerkt H. L. Gates, sähe man »die Lehre einer rassischen Kontinuität« am Werk, »die suggeriert, ein Volk trage alle Verbrechen, die Marksteine seiner Geschichte waren, in sich, und diese Verbrechen seien das Zeichen für ein in seinem Wesen begründetes Böses«, und er fragt sich: »Wie kann eine solche Theologie der Schuld heutzutage erneut auftauchen?«[49] Ohne Zweifel könnte zumindest eine Teilantwort auf diese Frage lauten, jeglicher Kommunitarismus postuliere eine aus dem Zusammenhang gerissene Identität der Gruppe, die sich als solche ohne Vermischung und Vermengung durch die Geschichte fortsetze und sich zum Kriterium des »Reinen« gegenüber dem Rest des Universums aufwerfe, das aus Barbaren, Unreinen, Feinden und Verfolgern bestehe. Das eigentliche Problem liegt darin zu verstehen, wie es kommt, daß in der zeitgenössischen amerikanischen Gesellschaft eine derartige Einstellung zum Tragen kommen kann. Und warum die nationalen Solidargemeinschaften innerhalb der gesamten bürgerlichen Gesellschaft sich anscheinend derart nachhaltig davon beeinflussen lassen, daß die Berufung auf diese Gemeinschaft mitsamt den Barrieren und Antagonismen, die sie heraufbeschwört, als glaubwürdige Definition der Identität und der Resozialisierung akzeptiert wird.

Ganz in diesem Sinne erklärt einer der wichtigsten Stellvertreter Farrakhans, der »Jugendminister« des Islamischen Volkes, Conrad Muhammad – der zahlreiche Veranstaltungen in amerikanischen Universitäten organisierte, um für *The Secret Relationship between Blacks and Jews* zu werben –, in den heutigen USA hätten die Juden »diese Auffassung von Gemeinschaft, in der die einen mit den anderen verbunden sind, ob sie nun an ein und demselben Ort leben oder nicht«, auf die Spitze getrieben: »Sie sagen nicht, in erster Linie bin ich Anwalt oder Arzt, sondern als erstes und vor allem bin ich Jude«, und sie fahren, falls nötig, kilometerweit, um ihre Kleider bei einem Glaubensbruder reinigen zu lassen, ihre Kinder in eine jüdische Schule zu schicken und so weiter. Dagegen, so beklagt Conrad Muhammad, bezeichneten die Schwarzen sich zunächst als »Demokrat«, »Richter«, »Schauspieler«: Das Bewußtsein der Zugehörigkeit zu einer Gemeinschaft sei ungenügend entwickelt. Und er geißelt die »integrierten« schwarzen Eliten, die, »wie H. L. Gates, ihre ›Schwarzheit‹ (*blackness*) aufgegeben« haben. Faktisch entwickelt Conrad Muhammad, indem er die Juden beschreibt, die »beträchtliche Macht ausüben, weil sie organisiert und in der ›einheitlichen Identität‹ (*oneness*) ihres Judentums vereint sind«, jenseits aller Polemik seine Vorstellung davon, was die Schwarzen machen sollten.[50] Entsprechend einer Logik der umgekehrten Nachahmung müssen sie es den Juden – die als Vollendung des Kommunitarismus dargestellt werden – gleichtun, um eine im Islamischen Volk vereinte Gemeinschaft darzustellen, die *hic et nunc* das Ideal des Separatismus in die Tat umsetzt, indem sie zunächst die Organisation der Gettos selbst in die Hand nimmt, bis sie einen eigenen, von der »Wildnis Amerikas« abgesonderten Staat haben – so wie die Hebräer aus Ägypten auszogen, um sich im Gelobten Land niederzulassen.

Insofern hat, will uns scheinen, die Heftigkeit der antijüdischen Polemik, für die die Führer des Islamischen Volkes in der Zeit zwischen der Wahlkampagne Jesse Jacksons 1983 und der Veröffentlichung von *The Secret Relationship between Blacks and Jews* 1991 zahlreiche Beispiele lieferten, ihren Ursprung weniger in einer Art atavistischem oder der Kultur der Schwarzen und Muslime gleichermaßen eigenem kulturellen Antisemitismus als vielmehr in dem Unterfangen der Eliten, ihrer Gemeinschaft eine Legitimation zu verschaffen, wobei sie gleichzeitig die höchstmöglichen Barrieren ihrer kommunitaristischen Identität gegenüber der anderer errichten und im Gesamtsystem mit anderen Gemeinschaften konkurrieren, die sie der ihnen zugeschriebenen Privilegien berauben wollen. So gesehen wird auch der Übergang von der Verteufelung der Weißen zu Zeiten Elijah Muhammads zur Anschuldigung der Juden durch Farrakhan zwischen 1983 und 1992 verständlich: In der Sicht des Islamischen Volkes ist die amerikanische Gesellschaft von einem rassistischen und auf Rassentrennung gerichteten, die Gesamtheit der Schwarzen ausschließenden Vorgehen zu einem Verhalten übergegangen, das es den in Interessengruppen organisierten und homogenen Gemeinschaften leichter macht. Entsprechend dieser Sichtweise erscheinen ihnen die Juden sowohl hinsichtlich der arabisch-israelischen Frage als auch vom Innenpolitischen her als Gegner und als Vorbild, das es nachzuahmen und zu überflügeln gilt, indem man die schwarze US-Bevölkerung in eine unter der Führerschaft des Islamischen Volkes reorganisierte Gemeinschaft umgestaltet.

Die Gemeinschaft organisieren

In den Reden Farrakhans an die Bandenführer oder in dem Waffenstillstandsabkommen zwischen Crips und Bloods nach den Tumulten von Los Angeles 1992 spielte das Islamische Volk bei den internen Konflikten, die die schwarzen Gettos mit Blut besudelten, eine wichtige Rolle als Ideologieträger der Einheit der Gemeinschaft. Aber auch im Alltag der betroffenen Bevölkerungsgruppen erfüllt die Bewegung dank ihrer Bemühungen um Sicherheit und ihrer aktiven Beteiligung am Kampf gegen AIDS eine wichtige Funktion. In beiden Fällen gleicht sie in erheblichem Maße die Versäumnisse der staatlichen Institutionen aus und hofft, den konkreten Beweis zu erbringen, daß sie »in der Wildnis Amerikas« als einzige in der Lage ist, im Rahmen der Gemeinschaft die dramatischen Alltagsprobleme vieler Schwarzer zu lösen.

Washington, die mächtigste Hauptstadt unseres Planeten, ist mit einem »Rekord« von 490 Morden im Jahre 1991[51] eines der gefährlichsten Pflaster der Welt. Zudem ist die Bevölkerung dieser Stadt zum großen Teil schwarz und das Leben in den riesigen Gettovierteln im Nordosten aufgrund der Drogenkriminalität besonders gefährlich. Dort praktiziert das Islamische Volk in mehreren Wohnsiedlungen für Einkommensschwache eine Politik der Kontrolle durch die Gemeinschaft, der es in der Tat gelungen ist, die Dealer zu vertreiben und die Kriminalität einzuschränken. Im Außenbezirk des von Schwarzen bewohnten Teils der Stadt, an der Grenze zum Bundesstaat Maryland, sind die Vororte Paradise Manor und Mayfair Mansions, in denen einst katastrophale Verhältnisse herrschten, jetzt völlig »sauber«: Der Gegensatz ist frappierend für einen, der aus der Innenstadt kommt und länger als eine halbe Stunde mit dem Auto durch Gettostraßen gefahren ist, die hie und da an die zerbombten

Städte nach dem Zweiten Weltkrieg erinnern und wo viele Straßenecken von dealenden Jugendgruppen förmlich belagert sind. Nachdem man einen Viadukt der dort oberirdisch verkehrenden S-Bahn hinter sich gelassen hat, gelangt man in ein bescheidenes, aber vollkommen ruhiges und sauberes Viertel ohne Dealer und ohne graffitiverschmierte Mauern, wo die Fenster nicht mit Brettern vernagelt und die Rasenflächen mit jungen Bäumen bepflanzt sind, die niemand ausreißt. Im Zentrum der Siedlung hat der Arzt Abdul Alim Muhammad, Pastor des Islamischen Volkes für die Hauptstadt, »Gesundheitsminister« und nationaler Wortführer der Bewegung, seine Praxisräume, *The Abundant Life Clinic.* Er erklärt, wie er sich daranmachte, ein Viertel zu »säubern«, das 1987 zu den zehn schlimmsten Bezirken des Drogenhandels in den USA zählte. Nach seinem Bericht fühlten sich die Drogenhändler durch die Anwesenheit der Black Muslims, die 1987/88 hierherkamen, um an der Haustür ihre Zeitschrift, *The Final Call*, zu verkaufen, gestört und machten sich aus dem Staub, um erst dann wieder aufzutauchen, wenn die Aktivisten weg waren. Anwohner, denen dies aufgefallen war, baten daraufhin die Mitglieder der Frucht des Islam dazubleiben, um endgültig mit dem Drogenhandel und den Morden, Diebstählen und Vergewaltigungen in ihrem Gefolge aufzuräumen. Das Mieterkomitee und der Eigentümer der Wohnungen erklärten sich einverstanden, dieses Experiment zu wagen: »Unbewaffnete Patrouillen unserer Brüder begannen durch das Viertel zu streifen. Wir waren ermächtigt, jede Person, die sich dort herumtrieb, aber nicht dort wohnte, anzuhalten, sie nach ihrem Namen zu fragen und danach, was sie dort wolle, und sie aufzufordern, von hier zu verschwinden. Vom ersten Tag an gelang es uns, den gesamten Drogenhandel, der sich im Freien, auf den Straßen und Parkplätzen, abspielte, zu unterbinden... Und damals gab es Hunderte von Leuten, die dealten, mit Messern aufeinander einstachen und sich gegenseitig erschossen...«[52] Doktor Muhammad streitet ab, daß die Frucht des Islam die Leute auch nur im geringsten eingeschüchtert hätte, um ihr Ziel zu erreichen, und erklärt, »die Lehren des Ehrenwerten Elijah Muhammad und ihre Disziplin wecken im Menschen eine moralische Kraft und Stärke, die nicht allein jene bessern, die sich den Geboten des Islam unterwerfen: Sie verleihen ihm auch die Fähigkeit, andere dazu zu bringen, sich richtig zu verhalten, auf gewaltlose Weise, ohne Drohungen.« Nach welcher Methode sie auch vorgingen, fest steht, die Ergebnisse trugen in Washington sehr zum guten Ruf des Islamischen Volkes und seines Wortführers bei. Laut Doktor Muhammad, der sich auf eine Umfrage der Universität vor Ort bezieht, stehen »89 Prozent der Einwohner Washingtons den Patrouillen der Frucht des Islam wohlwollend gegenüber«. Jedenfalls beschloß 1992 die Bürgermeisterin der Hauptstadt, Sharon Pratt Kelly, diese sozial-karitativen Aktivitäten zu würdigen, indem sie den 11. Juli jeden Jahres zum »Tag Abdul Alim Muhammads« erklärte – entsprechend einem Brauch, nach dem die eine oder andere Persönlichkeit, die sich im Dienst an der Bevölkerung der Stadt hervorgetan hat, mit einem Feiertag geehrt wird. Diese Entscheidung rief bei verschiedenen jüdischen Organisationen, vor allem bei der Anti-Defamation League, heftige Proteste hervor, so daß sich die Bürgermeisterin zu einer amtlichen Mitteilung gezwungen sah, in der sie mit einem wahrhaft salomonischen Urteil den Interessen der verschiedenen Wählergruppen Rechnung trug. Sie rühmte die karitative Tätigkeit Doktor Muhammads, »verdammte« jedoch »eindeutig jede antisemitische Erklärung, die er möglicherweise abgegeben hat«[53]. Ende 1993 auf diese Affäre angesprochen, äußert der Betroffene die Ansicht, diese Gegnerschaft gehöre der Vergangenheit an; jetzt schütze die Verwurzelung des Islamischen Volkes in der schwarzen Gemeinschaft es vor dieser Art Kritik. Um seine Aussage zu veranschaulichen, referiert er ein Gespräch, das unmittelbar vor dem Golfkrieg in der saudi-arabischen Botschaft stattfand. Als er seine Gesprächspartner fragte, warum es für sie so schwierig sei, die Juden oder die katholische Kirche in den Vereinigten Staaten zu kritisieren, erhielt er die Standardantwort: Weil die Zionisten die Presse kontrollieren. Er jedoch erwiderte, der wahre Grund sei, daß »es in jeder Gemeinde in diesem Land eine katholische Kirche gibt, die über Schulen und Krankenhäuser verfügt; daneben gibt es die Kliniken vom Berg Sinai, die in jüdischem Besitz sind; wie können Sie da irgendwelche kritische Äußerungen gegen den Papst oder die Juden vorzubringen wagen: Der eine schickt seine Kinder in eine katholische Schule, die Mutter eines anderen liegt in einem jüdischen Krankenhaus... Und eben das muß die islamische Gemeinschaft begreifen: Nur soziales Engagement bringt uns die Achtung und Wertschätzung der Leute ein. Warum sollten sie sich unsere religiösen Vorstellungen anhören, solange wir ihnen nicht bewiesen haben, daß wir uns um sie kümmern?«[54] Dieses Bemühen um eine Islamisierung »von unten«, über soziale und karitative Aktivitäten, erfolgt wiederum phasengleich mit der Aufsplitterung der amerikanischen Gesellschaft in einzelne Gemeinschaften und mit dem allgemeinen Versagen der staatlichen sozialen Einrichtungen: In einem Land, in dem die staatlichen Schulen an Niveau verlieren und das öffentliche Gesundheitswesen ineffizient ist, sieht man, wie die Eliten der Gemeinschaften diese Dienstleistungen in die Hand nehmen, um ihre eigene ideologische Position zu festigen und ihre Macht über die jeweiligen Bevölkerungsgruppen, zu deren Wortführern sie sich machen, zu stärken.

Genau das gleiche passiert in einem anderen, ebenso dramatischen Bereich, der in besonderem Maße die benachteiligte schwarze Bevölkerung der USA betrifft: AIDS. Abgesehen von den Antidrogenkampagnen der Frucht des Islam machte Doktor Muhammad sich durch seinen Kampf gegen das Virus einen Namen. Allerdings bietet ihm sein Engagement die Gelegenheit, auch in diesem Fall eine gemeinschaftliche Lösung des Problems – unter Berufung auf den afrikanischen und islamischen Aspekt – zu propagieren und die weißen Machthaber als Wurzel des Übels anzuklagen. Seiner Meinung nach ist die Epidemie, die von Anbeginn ihres Auftretens mit der männlichen Homosexualität in Zusammenhang gebracht wurde, in Wirklichkeit eine Krankheit, die vorwiegend die schwarze Bevölkerung trifft, und deshalb liegt es bei der ihrer selbst bewußten, durch das Islamische Volk verkörperten Gemeinschaft, ihr Schicksal selbst in die Hand zu nehmen, denn »wir haben mehr zu verlieren als irgendeine andere Bevölkerungsgruppe auf der Welt.« Er schätzt den Anteil der infizierten Schwarzen in Washington auf mindestens fünf Prozent, davon 25 Prozent in den Gefängnissen (wo die Mehrzahl der Inhaftierten Schwarze sind) und 40 Prozent in den Notunterkünften der Wohlfahrt. Den Theorien, die von einem natürlichen Ursprung des Virus ausgehen, schenkt er keinen Glauben; er vertritt im Gegenteil die Ansicht, »mehrere spezfische Merkmale des HIV-Virus legen den Schluß nahe, daß es sich möglicherweise um einen vom Menschen erzeugten Organismus handelt«. Er bringt sein Auftreten mit Forschungen der US-Armee zur Herstellung biologischer Waffen in Verbindung, Forschungen, die laut ihm auch die israelische und die sowjetische Armee durchführten, und fragt nach den Zusammenhängen zwischen Ursache und Wirkung – ohne allerdings in Anwesenheit eines Gesprächspartners, der nicht seiner Bewegung angehört, eine eindeutige Anschuldigung auszusprechen. In der gleichen Richtung wird Louis Farrakhan etwas deutlicher, obwohl auch er es vermeidet, irgend jemanden namentlich anzuklagen. Unter Bezugnahme auf amerikanische Forschungen zur biologischen Kriegführung erklärt er: »Falls die Regierung für die Erzeugung des AIDS-Virus verantwortlich ist, bedeutet dies, daß wir eine ungeheure Aufgabe vor uns haben, denn sollte dies der Fall sein, ist es nicht vorgesehen, irgendeine Behandlung oder ein Medikament zuzulassen, mit der/dem man diese schreckliche Krankheit erfolgreich bekämpfen könnte.«[55] Entsprechend dieser Sichtweise, nach der die Gemeinschaft auf sich selbst gestellt ist, entschied sich das Islamische Volk für ein afrikanisches, in Kenia entwickeltes, unter dem Namen Kemron – dann Immunex – bekanntes Medikament, für dessen Einfuhr nach und Vertrieb in den Vereinigten Staaten die Bewegung die Rechte erwarb. Doktor Muhammad machte sich 1991 auf einer Reise nach Kenia mit diesem Wirkstoff vertraut und setzt ihn seitdem bei seinen zahlreichen infizierten Patienten als ausschließliche Behandlungsmethode ein. Seiner Ansicht nach ist die Behandlung mit AZT äußerst mühsam und bringt kaum etwas, während das Mittel, das er verschreibt, die natürlichen Abwehrkräfte stärkt und dem Organismus ermöglicht, sich besser gegen die opportunistischen Infektionen, für die die Immunschwäche anfällig macht, zu schützen – bis ein Medikament gefunden wird, das das Virus tatsächlich abtötet.[56] Nachdem das National Institute of Health, das amerikanische Pendant zu unserem Gesundheitsministerium, diese Behandlung anfangs als wertlos abtat, wird sie nun – glaubt man *The Final Call*: auf Druck des Islamischen Volkes – offiziell von eben diesem Ministerium getestet.[57]

Das wirksamste Gegenmittel gegen AIDS ist jedoch laut Doktor Muhammad der Islam: »Sieht man sich die islamischen Länder der Welt an, so fällt einem auf, die beste Vorbeugung gegen die Verbreitung des Virus ist der gesellschaftlich praktizierte Islam: Die moralischen Regeln des Islam verhindern eine Ausbreitung der Seuche [...] An uns ist es zu handeln, aber das Lob dafür gebührt Gott: So kann man auf ganz und gar zeitgemäße Weise beweisen, welche Macht der Islam hat, Gesundheit und das Wohlergehen der Allgemeinheit zu beeinflußen.«

Diese Art Argumentation mag überraschen; sie besitzt dennoch große Überzeugungskraft in einem Milieu, das einem gesellschaftlichen Ausschluß unterliegt und unvermindert die Ungleichheit vor der Krankheit zu spüren bekommt, vor allem wenn die Therapie sich darauf beschränkt, den Patienten zu begleiten und seine Leiden zu lindern – solange keine wirkliche Aussicht auf Heilung besteht. Die freiwillige Zurückhaltung, die heute in den wohhabendsten Schichten in den Vereinigten Staaten geübt wird – und an die Stelle der übertriebenen Toleranz der *seventies* eine radikale Enthaltsamkeit treten läßt –, unterliegt einem Mechanismus der Abstinenz, der sich strukturell nicht von den moralischen Geboten religiöser Würdenträger unterscheidet. Allerdings stellen die Black Muslims den Islam als einzige Lösung hin, denn für sie ist dies eine Gelegenheit, die Umwandlung der gesellschaftlich verwilderten schwarzen Bevölkerungsgruppen, bei denen AIDS ein Zeichen für Sittenlosigkeit, die Zerstörung der Familien und so weiter ist, in eine organisierte und um moralische Verhaltensweisen strukturierte muslimische Gemeinschaft voranzutreiben – laut ihnen das einzige Mittel, um der Ausbreitung der Seuche ein Ende zu setzen. Denn wenn dies nicht geschieht, könnte »AIDS gelingen, was mehr als 450 Jahre der Sklaverei, der Bastardisierung, der Gewalt, der psychischen, sozialen und wirtschaftlichen Versklavung, der Armut und des hinterhältigen Rassismus nicht geschafft haben: die Ausrottung des schwarzen Volkes vom Planeten Erde.«[58]

Streben nach sozialer Anerkennung?

Während das Jahr 1992 in der Art, wie das Islamische Volk in das Bewußtsein der Allgemeinheit trat, von der Kontroverse um *The Secret Relationship between Blacks and Jews* beherrscht schien, erlebte man 1993, wie Farrakhan einen Großteil seiner Energie darauf verwandte, ein schwarzes, aber auch Latino- sowie indianisches (der *native americans*) und sogar weißes Mittelschichtpublikum anzusprechen. Er relativierte seine antijüdische Polemik in beträchtlichem Maße und rückte die Sozialarbeit seiner Organisation in den Vordergrund, die er als ein Modell hinstellte, wie Amerika neu organisiert werden könnte.

Die spektakulärste Initiative ereignete sich im April, als Farrakhan bei einem Kolloquium an der Universität Winston-Salem, wo er studiert hatte, seine Geige zur Hand nahm und in der Öffentlichkeit ein Werk von Felix Mendelssohn-Bartholdy spielte. Danach befragt, was seine Aufführung des Konzerts eines jüdischen Musikers zu bedeuten habe, erklärte er, er wolle »versuchen, mit Musik das zu erreichen, was Worte nicht erreichen können, und versuchen, mit Musik das niederzureißen, was Worte aufgebaut haben«[59]. Im Monat darauf, als die Bilanz der ersten hundert Tage der Amtszeit Bill Clintons in der Presse eine Welle der Kritik auslöste, machte sich Farrakhan zur allgemeinen Überraschung zum Fürsprecher des Präsidenten – obwohl das Islamische Volk dem Bewohner des Weißen Hauses gegenüber normalerweise entweder Feindseligkeit oder Gleichgültigkeit an den Tag legte, je nachdem, in welchem Maße die Gemeinschaft sich nicht mit dem amerikanischen Staat identifizierte. Dieses Ereignis fiel mit der Veröffentlichung von Farrakhans neuestem Werk zusammen. Unter dem Titel *A Torchlight for America* (»Eine Fackel für Amerika«) erschienen, wurde es von einem der angesehensten schwarzen Akademiker, Cornel West, Professor in Princeton, dann in Harvard, als ein »Aufruf zum Dialog« begrüßt.[60] Der Autor bricht hier mit der heftigen Rhetorik, an die er sein Publikum gewöhnt hatte, und wendet sich ausdrücklich an eine breitere und gebildetere Leserschaft als die der Gettos. Farrakhan betrachtet hier die sozialen Probleme der USA von heute in ihrer Gesamtheit und beschränkt sich nicht auf die der Schwarzen. Er verliert auch kein Wort mehr über die Gründung eines separaten Schwarzenstaates. Ausgehend von Überlegungen über die amerikanischen Auslandsschulden setzt das Buch zu einem Loblied auf die intellektuellen und moralischen Qualitäten Bill Clintons an (p. 66) und schlägt dem Präsidenten Lösungen für die vielfältigen Krisen vor, die »Amerika auf seinem Totenbett« durchmacht: den Niedergang des staatlichen Erziehungswesens, die Not, die moralische Krise und der Verfall des öffentlichen Gesundheitswesens. Es genügt, auf jede Gemeinschaft das Modell anzuwenden, das das Islamische Volk für die Wiedergeburt der Schwarzen entwickelt hat. Die »Universitäten des Islam« (in Wirklichkeit Grund- und Hauptschulen) beginnen damit, den Schülern beizubringen, daß Gott allmächtig ist; sie sondern die Mädchen von den Jungen ab, schreiben eine Schuluniform vor, führen eine strikte Disziplin ein, und all das zeitigt gute Ergebnisse. Desgleichen investieren die Black Muslims aufgrund ihrer Sparsamkeit – sie enthalten sich des Tabaks und des Alkohols, nehmen täglich nur eine Mahlzeit zu sich und so weiter – in die Gründung schwarzer Unternehmen und geben ihr Geld bei schwarzen Händlern aus; damit setzen sie einen Prozeß in Gang, der auf lange Sicht die aufwendigen Sozialhilfeprogramme überflüssig macht. Im moralischen Bereich kann das Islamische Volk, so Farrakhan, ebenfalls mit Erfolgen aufwarten: Seine Verhaltensregeln garantieren ein harmonisches Familienleben, verbieten Promiskuität und voreheliche sexuelle Beziehungen (die für Millionen unehelicher Kinder, deren Väter nicht bekannt sind, verantwortlich sind), schaffen Bedingungen, die die Homosexualität eliminieren; im Kampf gegen die Drogensucht sprechen die Erfolge der Frucht des Islam, namentlich in Washington, für sich selbst; schließlich trägt in den Gefägnissen die Bekehrung schwarzer Strafgefangener zum Islam zu ihrer späteren Wiedereingliederung bei (der letzte berühmte Gefangene, der sich zum Islam bekehrte, war der Boxer Mike Tyson). Die gesundheitlichen Probleme könnten in der Mehrzahl durch Anwendung der von Elijah Muhammad in seinem Werk *How to Eat to Live* festgelegten Regeln behoben werden, wie das Muster der Anhänger belegt – dies erlaube eine beträchtliche Senkung der Staatsausgaben.

Indem er sich so als Vorbild hinstellt und die polemischeren Aspekte seiner Predigten unter den Tisch fallen läßt, schlägt Farrakhan einen Weg ein, der dem, den Elijah Muhammad ab Mitte der sechziger Jahre einschlug, entspricht. In der Tat hatte dieser, im Gegensatz zu den von Malcolm X gepredigten radikal-revolutionären Lösungen, sich zu einem »Verwaltungskommunitarismus» hin entwickelt: aus den Anhängern eine Gemeinschaft zu formen, die Muhammad's Fish-Konserven verzehrt, ihr Geld in der Bank der Bewegung anlegt und so weiter. Und in dem Maße, wie er sein Finanzimperium ausbaute, bemühte sich Elijah Muhammad verstärkt um Achtbarkeit, um gesellschaftliche Anerkennung, damit sein kleines Volk im Schoß der großen amerikanischen Nation wachse und gedeihe. Dreißig Jahre später zielt das Vorgehen Farrakhans – über die Sorge um das Wohlergehen seiner Gruppe hinaus – auf staatliche Anerkennung der Legitimität seiner Bestrebungen, die schwarzen Bevölkerungsgruppen unter seiner Führerschaft zu einer von den Regeln des Islamischen Volkes geleiteten Gemeinschaft zusammenzuschließen; zu diesem Zweck spielt er sich als Leitbild nicht nur für die Schwarzen, sondern für die gesamten USA auf unter der Voraussetzung, daß die anderen Gemeinschaften auf die gleiche Weise arbeiten – was hier und jetzt bei den Juden, zumindest in der Vorstellung, die die Black Muslims sich von ihnen machen, der Fall sei. In diesem Sinn wiederspricht der »beschwichtigende« Ansatz, wie er in *A Torchlight for America* sichtbar wird, nicht der Heftigkeit der früheren Äußerungen: Er ist ihnen komplementär, reiht sich folgerichtig in den Zusammenhang der kommunitaristischen Logik ein. In einer Anfangsphase wird das Gemeinschaftsgefühl getragen von der Verteufelung der Feinde, der Mobilisierung von Anhängern, der fanatischen Empörung gegen die Unterdrückung, den immer zahlreicheren Verhaltensvorschriften, die die Gemeinschaft der Reinen von ihrer Umgebung unterscheiden. Am Ende dieses historischen Abschnitts steht die theoretische Begründung der antijüdischen Polemik, wie sie in *The Secret Relationship between Blacks and Jews* zum Ausdruck kommt: Es geht darum, einer konkurrierenden Gemeinschaft die moralische Legitimation abzusprechen, indem man sie vom Opfer zum Schlächter uminterpretiert und dabei ihren Status als Opfer schlechthin selber übernimmt. Damit bekräftigt man eine an der Aufsplitterung der Vereinigten Staaten in eine Vielzahl von Gemeinschaften orientierte Weltsicht und stellt sich selber in den Mittelpunkt der Logik dieses Systems. 1993 lud Farrakhan, anläßlich des Tages des Retters, zum ersten Mal Vertreter anderer »Minoritäten«, hauptsächlich Latinos und Indianer, auf die Rednertribüne ein und warf sich zu ihrem Vorbild auf, damit sie die Bevölkerungsgruppen, denen sie angehören, auf die gleiche Weise zu Gemeinschaften organsierten und sein eigenes Projekt unterstützten. Gleichzeitig bemüht sich die Bewegung, ihre Meinungsverschiedenheiten mit dem »orthodoxen« Islam möglichst auszuräumen, indem sie ihre Beziehungen zu Saudi-Arabien, einem Verbündeten der USA, verstärkt und großen Wert auf Besuche ihrer Führer in diesem Land legt. Im Dezember 1993 erklärte uns Doktor Muhammad, W. D. Fard, der 1930 das Islamische Volk gegründet habe, sei lediglich eine Inkarnation des Messias gewesen – der letzte Prophet sei und bleibe in seinen Augen Muhammad bin Abdallah, der Prophet des Islam für alle Muslime der Welt. Die vielfältigen Möglichkeiten der Kunst der Interpretation erlauben es jedoch, diese Äußerungen in bildhaftem Sinne zu verstehen. Denn die Aktivisten der Basis bleiben dem radikalen, dem Establishment gegenüber feindselig eingestellten Aspekt verbunden, dessen Träger die Botschaft der Bewegung ist und der in dem den Bruch – der die Gründung der Gemeinschaft bewirkte – herbeiführenden Diskurs bis in seine »Irrlehren« in bezug auf die traditionelle Lehre des Islam hinein Gestalt annimmt.[61] So veröffentlicht *The Final Call* im Dezember 1993 noch einmal einen Text Elijah Muhammads mit dem Titel »Warum und wie wir im Dezember fasten« – für Muslime, nach deren Auffassung das Fasten im Mondmonat Ramadan stattfinden muß[62], ein Unding. In diesem Sinne steckt das Islamische Volk mitten in dem Dilemma, dem sich jede kommunitaristische Bewegung gegenübersieht, wenn sie mit dem Staat ihren Platz in der Gesamtgesellschaft aushandelt – ohne die Möglichkeit zu haben, die Macht an sich zu reißen: die von den Führern der Gruppe angestrebte Anerkennung mit dem Radikalismus der Basis zu versöhnen. In vieler Hinsicht funktioniert die von Fard und Elijah Muhammad begründete, von Malcolm X berühmt gemachte und von Farrakhan auf den Höhepunkt öffentlicher Kontroversen getragene Bewegung wie ein Idealtypus konfliktgeladener Neustrukturierungen des sozialen Systems in der Krise der postindustriellen Welt.

DIE BRITISCHEN VERSE

Am 14. Januar 1989 veranstaltete im Norden Englands, in Bradford, Yorkshire, eine kleine, vom städtischen Rat der Moscheen angeführte Menge ein Autodafé der *Satanischen Verse* von Salman Rushdie; ihr Protest richtete sich gegen den Inhalt des Buches, in dem sie eine Lästerung des Propheten des Islam sahen. Die Imame von Bradford und ihre Herde, fanatische Anhänger Muhammads, aber auch Kinder McLuhans, versäumten es nicht, das Ereignis zu filmen und die Videokassette an verschiedene Fernsehanstalten zu senden – die zu diesem Anlaß niemanden geschickt hatten, um vor Ort zu berichten.

In Los Angeles war die Verbreitung eines Amateurfilms, der die Mißhandlung des schwarzen Autofahrers Rodney King durch die Polizei zeigte, der Auslöser der Tumulte gewesen; auf ähnliche Weise war es eine »brutale« Videokassette, die in der Rushdie-Affäre den Ton angab. Die Anstoß erregenden Bilder der Verbrennung eines an einen Balken genagelten Buches wurden weltweit verbreitet und standen als Symbol für die Affäre, gleichzeitig aber für das Selbstverständnis des Islam in Großbritannien. Die Interpretation des Films entglitt den Initiatoren jedoch weitgehend: Hatten sie mit der Fernsehausstrahlung ihres »Glaubensaktes« schokkieren wollen, um die Aufmerksamkeit der Öffentlichkeit auf die Beleidigung zu lenken, die das Buch – in ihren Augen – ihrem Glauben und ihrer islamischen Identität zufügte, so beschwor die Ausstrahlung der Dokumentation bei zahlreichen Fernsehzuschauern ganz andere Bilder herauf: Stiche mit den Scheiterhaufen der Inquisition und Schwarzweißfotos von den Bücherverbrennungen der Nazis. Sie stellten die Muslime von Bradford, die derartige Reaktionen nicht vorausgesehen hatten, als Ausbund des religiösen Fanatismus hin. Desungeachtet brachten – Ironie der Gesetze des Marktes – in dem Augenblick, in dem sich in der westlichen Presse die Kommentatoren über die Bilder der Bücherverbrennung empörten, die Tantiemen für die Ausstrahlung der Videokassette in alle Weltgegenden Tausende Pfund Sterling ein und finanzierten so die Kampagne des Rats der Moscheen von Bradford gegen die *Satanischen Verse*.[1]

Das Buch, das auf dem Fernsehschirm verbrannte, legte zudem Zeugnis von der Verteufelung einer bestimmten, von den europäischen Intellektuellen ausgearbeiteten Form literarischer Fiktion ab, deren radikal verdammte – und eindeutig unverstandene – kulturelle Codes plötzlich in einen anderen, durch einen ganz andersartigen Bezug zum gedruckten Text zustandegekommenen Sinnzusammenhang gebracht wurden. »Es gehört zu den perversen Auswirkungen der Massenmedien«, bemerkt Umberto Eco zur Rushdie-Affäre, »daß sie literarische Fiktion an Leute herantragen, die noch nie einen Roman gelesen haben und nichts von der zeitweiligen Aussetzung der Skepsis, die den ›fiktionalen Vertrag‹[2] ausmacht, wissen.« Von jenen, die *Die satanischen Verse* verbrannten – die meisten stammten aus der eingewanderten indopakistanischen Arbeiterklasse –, lassen wohl nur wenige regelmäßig Romane in englischer Sprache. Und ob sie nun Analphabeten oder des Lesens und Schreibens in Englisch, Urdu[3] oder Arabisch mächtig sind, für die meisten von ihnen gehört ein gedruckter Text einer dem heiligen Buch untergeordneten Kategorie an; sein Wert bemißt sich nach Kriterien der Offenbarten Wahrheit – vor allem, wenn er ein Thema behandelt, das mit dem Islam zu tun hat.

So beteuern die Autoren eines gegenüber Rushdie sehr feindseligen Textes: »Vom Standpunkt eines Muslims aus hat die Veröffentlichung eines Romans, der von Fakten ausgeht, die als solche selbst Gegenstand einer Diskussion sind, nur eines zur Folge: Verwirrung zu stiften. Aufgrund des Ruhms Rushdies und der Unterstützung durch seinen Verleger hat sich unter denen, die nicht über die Mittel verfügen, Fakten und Fiktion voneinander zu unterscheiden, Bestürzung breit gemacht. Auf derartige Weise, in voller Kenntnis der Sachlage, ein solches Chaos anzurichten [...] ist Blasphemie und Aufruhr (*fitna*), denn es bedeutet, eines der zentralen Dogmen des islamischen Bewußtseins in Frage zu stellen.«[4] In den Augen dieser Kommentatoren bot die Affäre um die *Satanischen Verse* die Gelegenheit, eine säkularisierte und verdammenswerte Schicht von Intellektuellen, deren Werke außerhalb der durch Offenbarung definierten Kriterien der Wahrheit stehen, anzuklagen und ihnen heute, gegen Ende des 20. Jahrhunderts, ihre beherrschende Stellung auf dem Buchmarkt streitig zu machen.

Rushdies Roman geriet in die Zange zwischen der mündlichen Kultur und der Clip- und Fax-Zivilisation. Ehe die 547 Seiten des Romans von den Flammen verzehrt wurden, waren sie von ihren Widersachern auf einige Zitate reduziert worden, die in Urdu übersetzt und natürlich an diverse islamische Vereinigungen fernkopiert wurden. Die machten sie zum Thema der Freitagspredigten, um die Gläubigen zu mobilisieren und zu einer Gemeinschaft zusammenzuschweißen, deren Abgrenzung nach außen und innerer Zusammenhalt durch den Angriff, den sie in den den Propheten und seine Gefährten verunglimpfenden Passagen der *Satanischen Verse* sahen, gestärkt wurden. Nur in seltenen Fällen hatten die Verleumder des Romans ihn selber gelesen: »Ich habe ihn nicht gelesen, und ich habe keineswegs die Absicht, ihn zu lesen«, verkündet einer der Hauptinitiatoren der Kampagne. »Ich brauche nicht durch eine Kloake zu waten, um zu wissen, daß darin nichts als Dreck und Unrat ist.«[5]

Eine Montage von Fotokopien bildete die Grundlage, um das Buch und seinen Verfasser in zahlreichen Moscheen Großbritanniens, Indiens und Pakistans von der Kanzel herab anzuprangern – bis das Echo zu Ayatollah Khomeini drang, der am 14. Februar 1989, auf den Tag genau einen Monat nach dem Autodafé von Bradford, die berüchtigte *fatwa*[6] aussprach, in der er den Schriftsteller und seine Herausgeber zum Tode verurteilte.

Seitdem wurde die »Rushdie-Affäre« bekanntlich zu einer der weltweiten *causes célèbres* am Ausgang des 20. Jahrhunderts: Aus Furcht vor dem Mörder, der das Todesurteil von Teheran vollstreckt, lebt der Verfasser der *Satanischen Verse* nach wie vor an einem geheimen Ort. Die Affäre hat zu zahllosen Stellungnahmen geführt und erheblich dazu beigetragen, in den ersten Tagen nach dem Verschwinden des Kommunismus in den Augen vieler Leute den kulturellen Antagonismus zwischen dem »gottlosen« Abendland und dem Islam, dem »Reich des Bösen«, deutlich hervortreten zu lassen.

Die folgenden Seiten beschränken sich allerdings auf den Versuch zu verstehen, inwieweit der in Großbritannien gegebene politische Rahmen des Kommunitarismus die Rushdie-Affäre möglich machte und inwiefern diese ihrerseits Aufschluß über dessen Entwicklung seit der britischen Herrschaft über Indien bis hin zu den verkommenen Stadtteilen im England von heute geben kann.

In Großbritannien entfaltet sich der Islam unter anderen Verhältnissen als die Islamisierung der amerikanischen Schwarzen durch das Islamische Volk; gewisse Züge sind ihnen allerdings gemeinsam. Einer afrikanischen Bevölkerungsgruppe, deren Vorfahren in den frühen Tagen des Sklavenhandels unter Zwang nach Amerika kamen und durch die Verschleppung kulturell radikal entwurzelt wurden, steht eine andere, vor allem indopakistanische gegenüber, deren erste Generationen, die noch am Leben sind, sich freiwillig zur Auswanderung entschlossen. In den Vereinigten Staaten stellt der Islam dieser ganz besonderen Ausprägung, zu dessen Herolden sich Elijah Muhammad, Malcolm X (in den meisten seiner Predigten) und Louis Farrakhan machten und den Malcolm X (gegen Ende seines Lebens) und W. Deen Muhammad der »Orthodoxie« annäherten, eine »eingeborene« Religion dar. Sie wurde an Ort und Stelle entwickelt, war also nicht Erbe einer dem Sklavenhandel vorangegangenen islamischen Vergangenheit, an die ihre Anhänger sich eine lebendige Erinnerung bewahrt hatten. In Großbritannien lief das ganz anders ab.

Das Selbstverständnis des Islam in diesem Land fügt sich bruchlos in die Art und Weise ein, wie diese Religion auf dem vom Britischen Empire kolonisierten Subkontinent, von dem die meisten Einwanderer muslimischen Glaubens stammen, im gesellschaftlichen Bereich ihren Ausdruck fand. Allerdings schufen die Lebensbedingungen in Großbritannien, das gesellschaftliche System in seinen politischen, wirtschaftlichen und kulturellen Dimensionen, ein der Forderung nach einer deutlich abgegrenzten islamischen Identität förderliches Klima, und zwar in einer Form, wie es sie in anderen europäischen Ländern bislang nicht gab. Desgleichen schufen die Rassentrennung in den Vereinigten Staaten, sodann die Anpassung dieses Landes an die Veränderungen der postindustriellen Ära, an die strukturelle Arbeitslosigkeit der benachteiligten jungen Schwarzen und verschiedene andere Aspekte der Entwicklung in Amerika ein für eine Islamisierung der Schwarzengettos unter der Führung Farrakhans günstiges Klima.

Sein Islamisches Volk und der Rat der Moscheen von Bradford unterscheiden sich in ihrem Verhältnis zum Islam, zum Dogma, zum eigentlichen Inhalt der Religion in zahlreichen Punkten; in Bradford betrachtet man die Schüler Farrakhans wohl kaum als Muslime. Dennoch trug in beiden Fällen die Berufung auf den Islam – welchen Sinngehalt man ihm im konkreten Fall auch verlieh – dazu bei, umrißhaft die Identität einer Gemeinschaft zu bestimmen, die im Vergleich zum amerikanischen oder britischen gesellschaftlichen Umfeld eine andersgeartete Kultur entwickelte. Und ein Großteil der Menschen beider Bevölkerungsgruppen hat seit Mitte der siebziger Jahre die wirtschaftlichen Umstrukturierungen der postindustriellen Gesellschaft mit voller Wucht zu spüren bekommen. Standen früher in ausreichendem Maße Arbeitsplätze für kaum oder unqualifizierte Arbeiter zur Verfügung, sind viele von ihnen jetzt Langzeitarbeitslose, während die Zukunft ihrer Kinder, die nun auf den Arbeitsmarkt drängen, oft genug düster aussieht. Mit Ausnahme weniger Eliten haben sie selten den Wissensschatz erworben, der in den »postmodernen« Gesellschaften Voraussetzung für den Zugang zu sicheren Arbeitsplätzen ist; zudem fühlen sich viele rassistischen Diskriminierungen ausgesetzt.

In beiden Ländern gelang es der auf dem Islam basierenden kommunitaristischen Neurorientierung, eine Antwort auf eine durch eine Situation des massiven – erlebten oder gedachten – Ausschlusses charakterisierte soziale Herausforderung zu geben. Aber darauf beschränkt sie sich nicht. In den USA ermöglichte die geduldige Konstruktion des Islamischen Volkes seit dem Detroiter Getto in den dreißiger Jahren das Angebot einer besonderen islamischen Identität. Sie schließt die Verteidigung der »Gemeinschaft« gegen Dealer, die Übernahme der Verantwortung für AIDS-Kranke und eine kulturelle Neudefinition mit ein, die sich über den »bewußten« Rap und die Anprangerung der Juden wegen der angeblich entscheidenden Rolle, die sie im Sklavenhandel spielten, vollzieht. In England erlauben es die Forderungen der Muslime – die Islamisierung der Kindererziehung, die Gründung einer islamischen Interessengruppe, die bei den Parlamentswahlen Druck auf die Kandidaten ausübt, die Neudefinition des persönlichen Status der Muslime in Abhängigkeit von der Scharia –, die Bedingungen des Kommunitarismus zu analysieren, dessen Ergebnis die Rushdie-Affäre war. Sie werfen ein Licht auf den spezifischen Charakter der Eingliederung der vom Subkontinent stammenden Muslime in die britische Gesellschaft, in der der Begriff »Rasse« eine juristische Bedeutung hat, in der sich Staatsbürgerschaft und Nationalität voneinander unterscheiden und nicht ineinander übergehen, wie dies in Frankreich der Fall ist, wo selbst das Konzept der »Integration« der Einwanderer eine andere Geschichte hat und anderen Wechselfällen unterlag als das, was sich unter der gleichen Bezeichnung jenseits des Kanals und des Atlantiks abspielte.

1986 wurden die in Großbritannien ansässigen muslimischen Bevölkerungsgruppen auf 936 000 Personen geschätzt, davon kamen mehr als ein Drittel (357 000) aus Pakistan, 84 000 aus Indien und 64 000 aus Bangladesch[7]; 99 000 stammten aus Ostafrika (in der Mehrzahl durch den von Diktatoren wie Idi Amin in Uganda ausgeübten nationalistischen

Druck verjagte Indopakistani). Zwei Drittel der Personen muslimischer Herkunft stammen also ursprünglich aus Indien und sind von der für diese Weltgegend charakteristischen islamischen Religiosität geprägt. Will man die Formen begreifen, die die gemeinschaftsbezogene Selbstbestätigung des Islam in England annimmt, muß man sich zunächst mit den hervorstechendsten Zügen der Geschichte vertraut machen, die diese Einwanderer in den auf den Zweiten Weltkrieg, das Ende des Britischen Empire in Indien (des Raj) und die – durch die konfessionell bedingte blutige Trennung zwischen Indien und Pakistan im Jahre 1947 gekennzeichnete – Unabhängigkeit des Subkontinents folgenden Jahrzehnten mit hierherbrachten.

1 Rückkehr in das Indische Reich

Indien stellte, so der feststehende Begriff, das »Kronjuwel« des britischen Kolonialreiches dar. Seine ungeheure Ausdehnung und seine Lage im Zentrum Asiens machten Kalkutta, Residenz des Vizekönigs, zum Pendant Londons im Rahmen der weltweiten englischen Expansion. Für England war es jedoch auch der Inbegriff der Andersartigkeit. Hier, im Herzen des Empire, arbeitete die britische Zivilsation ihre Verhaltensmuster gegenüber dem Anderen, das sie unterworfen hatte, heraus. Eine Einstellung, die sich zunächst vom Pragmatismus einer kapitalistischen Wirtschaft leiten ließ, der darauf abzielte, die Gewinne aus der Kolonisation zu steigern und ihre Personalkosten zu senken. Die geographische und kulturelle Ferne Indiens trieb diesen Pragmatismus auf die Spitze: Es war ein großes Wagnis, den so weit vom Mutterland entfernten Subkontinent zu verwalten. 1881 zählte das Indische Reich 256 Millionen Einwohner (74 Prozent Hindus und 19,7 Prozent Muslime), auf die wenige tausend englische und schottische Verwaltungsbeamte kamen. Da es sich auf die lokalen Gliederungen stützte und je nach Bedarf Mitarbeiter in dieser Kaste, jener Glaubensrichtung oder sozialkulturellen Klasse rekrutierte, konnte das Raj im Vergleich zu der massiven Präsenz der französischen Kolonialmacht in Nordafrika, das doch dem Mutterland nahe und nur dünn besiedelt war, mit erstaunlich wenig Aufwand überdauern.

»Unterhalb eines scheinbar autokratischen Systems, von der britischen Verwaltung in Gang gehalten und geschützt von den Rotröcken, existierte ein zweites, auf der Unterstützung und dem Einverständnis der Inder basierendes System. Es vermittelte die Weisungen der Machthaber an die unterworfenen Landbewohner. Damit behielten die Inder eine Rolle bei der Verwaltung des Landes.«[1] Dieses System der indirekten Verwaltung bestand in der ersten Zeit darin, möglichst viele der alten, vorkolonialen Machtstrukturen beizubehalten, indem man sie von sich abhängig machte oder sie ihres Inhalts beraubte.

Vor der britischen Lehensherrschaft (*paramountcy*) über den Subkontinent lag die Macht in Händen muslimischer Dynastien. Die Soldaten des Islam, die seit 711 mit Feldzügen und militärischen Einfällen in Indien Fuß gefaßt hatten, gründeten 1211 das Sultanat Delhi, in dem zum ersten Mal die politische Macht des Islam ihren Ausdruck fand – während die Masse der Bevölkerung hinduistisch blieb. 1526 gelangte die große Mogul-Dynastie von Delhi an die Macht, die sie bis 1857 innehatte, als der letzte ihrer Kaiser von den Briten abgesetzt wurde. Berühmt wurde sie vor allem durch die völlig entgegengesetzten Herrscher Akbar (1556–1605), der den Hindus eine Vorrangstellung einräumte, und Aurangzeb (1658–1707), der erneut das islamische Element in den Vordergrund rückte. Nach 1707, als das Mogul-Reich zugunsten seiner zahlreichen Vasallen – Fürsten, Maharadschahs, Sultane und Nabobs – an Substanz verlor, trat allmählich die britische Kolonisation an seine Stelle.

Der Islam als Minderheit – eine Herausforderung

Die konkrete Erfahrung, wie der Islam auf dem indischen Subkontinent Fuß gefaßt hatte, zwang ihn, in bezug auf eines der ältesten Gebote über die Durchführung der *fath*, der »Erschließung für den Islam« – oder Eroberung – neuer Territorien, von vorneherein einen Kompromiß einzugehen. Realiter unterscheidet die traditionelle islamische Rechtsprechung zweierlei Personenstatus für die Bevölkerung eines eroberten Landes. Auf der einen Seite die *ahl al kitab* – »Leute des Buches«: Monotheisten, die gemäß den Geboten eines offenbarten Buches leben, beispielsweise der Bibel und der Evangelien, die der Koran als seiner eigenen, »endgültigen« Offenbarung vorangegangen betrachtet. Diese Leute können ihre Religion beibehalten, haben jedoch nicht das Recht, andere zu bekehren. Auf der anderen Seite die Polytheisten: Sie müssen sich unter Androhung der Todesstrafe auf der Stelle zum Islam bekehren. Diese juristische Unterscheidung orientiert sich am muslimischen Glaubensbekenntnis (»Es gibt keinen Gott außer Gott, und Muhammad ist der Gesandte Gottes«); die Muslime bekennen sich dazu in vollem Umfang, die Monotheisten nur zum ersten Satz, während es den Polytheisten völlig fremd bleibt.

Entsprechend juristischer Logik hätten die Hindus unter islamischer Herrschaft sich bekehren müssen, wenn sie nicht getötet werden wollten. Nun schloß jedoch das zahlenmäßige Mißverhältnis zwischen den kleinen Armeen der Eroberer und der Masse der Eroberten in Wirklichkeit die Anwendung dieses Dogmas aus – obwohl der Hinduismus für die islamische Lehre zweifelsohne die extremste Verkörperung des verhaßten Polytheismus darstellt. Ein Massaker oder eine systematische Zwangsbekehrung hätte binnen kurzem die Macht der Eroberer untergraben. Die Notwendigkeit wurde Gesetz, und die Hindus wurden, obwohl Polytheisten, *grosso modo* den »Leuten des Buches« gleichgestellt[2], während der Islam sich in bestimmten Schichten der Bevölkerung ausbreitete. Dennoch blieb er – einzigartig in der Geschichte – zahlenmäßig in der Minderheit, obwohl er die höchste politische Macht in Händen hielt. Die Zerstreuung der Muslime über den riesigen Subkontinent, die verschiedenen Sprachen, derer sie sich bedienten, die Unterschiede zwischen ihnen, in denen das Kastensystem des Hinduismus seinen Niederschlag fand, erlaubten es im Verlauf der Geschichte nicht, eine zusammenhängende »muslimische« Population zu begründen, um sie einer kohärenten »hinduistischen« Population gegenüberzustellen. In diesem Sinn, bemerkt der Historiker Peter Hardy, ist die wehmütige Erinnerung an eine homogene »islamische Nation«, die früher in Indien dominierte, das Produkt einer ideologischen Neuinterpretation der Vergangenheit durch die modernen muslimischen Eliten.[3]

1857, nachdem die britische Herrschaft die politische Macht des Islam allmählich immer mehr beschnitten hatte, trat das Ereignis ein, das ein großes Trauma für das islamische Selbstbewußtsein in Indien, eine ungeheure Herausforderung für die am tiefsten verwurzelten Kategorien des religiösen Denkens und einen Sprung ins Unbekannte darstellte: die Absetzung des muslimischen Kaisers von Delhi. Das Drama vollzog sich in der Folge des Aufstands der »Sepoy« – eines Korps eingeborener Soldaten, die entdeckten, daß ihre Patronen, deren Umhüllung sie mit den Zähnen aufreißen mußten, mit dem Fett unreiner Tiere bestrichen waren. Die Meuterei wuchs sich zu einem Aufstand gegen die Briten aus, an dessen Spitze sich der letzte Mogul-Kaiser, Bahadur Shah, setzte, der darin eine Gelegenheit sah, die drückende Vormundschaft Londons abzuschütteln. Die Niederschlagung der Revolte wurde durch die Absetzung des Kaisers besiegelt – und die indischen Muslime sahen sich dem gleichen Dilemma wie all ihre von einer europäischen Kolonialmacht beherrschten Glaubensbrüder gegenüber. Wie kann man unter einer nichtmuslimischen Herrschaft Muslim bleiben? Aber im Gegensatz zu den kolonisierten Völkern im Nahen Osten oder Nordafrikas, wo die Trägheit der mehrheitlich muslimischen Gesellschaft die islamische Kultur gegen die »gottlose« Macht schützte, sahen sich die »Mohammedaner« Indiens, da sie die politische Macht eingebüßt hatten, *zudem* in die Situation einer *Minderheit* versetzt, deren frühere Privilegien nun durch die hinduistische Mehrheit in Frage gestellt wurden.

Diese Doppelgesichtigkeit bedingte gleichermaßen Ausmaß und Außergewöhnlichkeit dieser Krise – und mußten ihr als cinc Art Vorwarnung für die Situation, in der sich der Islam ein Jahrhundert später im Westen befinden sollte, und für die Herausforderungen, denen er sich in einer wiederum nichtmuslimischen Umgebung stellen mußte, ihren exemplarischen Charakter verleihen.

Zunächst ging es darum: Wie konnten die Gläubigen dies bleiben in einem Staat – dessen Fürst der Islam fremd war und der sich nicht auf die Anwendung der Scharia verstand –, in dem ihre Sitten, ihre Riten, ihre Weltsicht nicht mehr die Normen des gesellschaftlichen Systems bestimmen sollten? Sodann: Wie sollten sie sich verhalten, wenn die Mehrheit ihrer Mitbürger in Zukunft ohne Einschränkungen ihre eigenen Riten in dem allen gemeinsamen sozialen Raum praktizierte – selbst und gerade wenn sie dem Islam zuwiderliefen? Wenn die Hindus zur Stunde des Gebets die Musik, die ihre Festlichkeiten begleitete, vor den Moscheen erschallen ließen und damit den Ruf des Muezzins übertönten? Oder wenn sie ungestraft Jagd auf muslimische Metzger machten, die sie als »Opferpriester der Kühe« anprangerten? Auf diese noch nie dagewesenen Schwierigkeiten fand der indische Islam nach 1857 originelle Antworten, die, bis in die Epoche der Moderne hinein und über die Weltmeere hinweg, mit der Einwanderung nach England erneut zum Tragen kommen sollten. Die in jener Welt erprobten Lösungen, um die Identität der Gemeinschaft gegenüber dem Hinduismus der Mehrheit und der nichtmuslimischen Macht umzustrukturieren und zu verteidigen, sollten ab den fünfziger Jahren unseres Jahrhunderts in der englischen Gesellschaft wieder in Erscheinung treten.

Während der neunzig Jahre zwischen der Absetzung des Moguls und der Unabhängigkeit Indiens sowie der blutigen Teilung in die Indische Union und Pakistan konzentrierte sich das islamische Denken auf dem Subkontinent vorrangig auf den Versuch, die doppelte Krise, die die Ereignisse von 1857 deutlich zum Ausdruck gebracht hatten, zu meistern.

Im wesentlichen lassen sich zwei Wege unterscheiden, auf denen der indische Islam sich nach diesem Zeitpunkt erneut seiner selbst versicherte: Einerseits die religiöse Übersteigerung der Einzigartigkeit des Islam, seine radikale Verschiedenheit gegenüber allem, was nicht muslimisch war; andererseits die politische Ausarbeitung eines *Kommunitarismus* über die Einsetzung getrennter Wahlgremien für Muslime und Hindus bis hin zur Abspaltung Pakistans. Diese beiden Ebenen der Reflexion und Aktion duchdrangen einander gelegentlich, aber nicht immer; erstere definierte die *islamische* Identität insofern, als ihr daran lag, sowohl Verhaltensweisen als auch die Lehre festzulegen, nach denen der Glaube in dem neuen politischen Kontext genauer umrissen und verstärkt wurde. Die zweite berief sich auf eine soziologische Definition der Gesamtheit der Personen *muslimischer* Abstammung, ungeachtet der Intensität und des genauen Inhalts ihres Glaubens, um in ihrem Namen Ansprüche auf einen besonderen Raum geltend zu machen – dessen Verkörperung letztlich die Schaffung Pakistans, eines muslimischen Staates, darstellen sollte.

Die innere Hedschra

Die Überbetonung der Einzigartigkeit des Islam stellte eine neue Antwort auf eine Situation dar, die von der traditionellen Überlieferung wohl kaum in Betracht gezogen worden war: Was ist zu tun, wenn ein nichtislamischer Herrscher ein von einer *muslimischen Minderheit* bewohntes Territorium regiert?[4] Bleibt das Land »islamisches Gebiet« (*dar el islam*) oder wird es zum »Kriegsgebiet« (*dar el harb*), das heißt zu dem Teil der Welt, in dem nicht der Islam regiert? In letzterem Fall müßten gute Muslime das Land verlassen, eine Hedschra (*hijra*) unternehmen, so wie der Prophet aus dem gottlosen Mekka floh, und dann einen Heiligen Krieg (*jihad*)[5] führen, um das Land zurückzuerobern. Die wichtigsten muslimischen Bewegungen in Indien entschlossen sich, da sie konkret nicht in der Lage waren, diese Gebote der Lehre in die Tat umzusetzen, zu einem inneren Rückzug in die Festung ihres Glaubens und ihrer spezifischen Glaubensvorstellungen – zu einer Art innerer Hedschra also.

So organisierte sich das islamische Lager auf dem Subkontinent vor allem um zwei wichtige Fixpunkte, die heute wieder unverändert in England in Erscheinung treten: die »Deobandi«-Bewegung, Verfechter einer strengen sunnitischen Rechtgläubigkeit, und der durch eine tiefe Ergebenheit dem Propheten gegenüber charakterisierte »Barelvi«-Sufismus.[6] Später, in den ersten Jahrzehnten des 20. Jahrhunderts, sollten zwei andere bedeutende Bewegungen aus dem orthodoxen Konservativismus der Deobandi Kapital schlagen, allerdings mit ganz unterschiedlicher Vorgehensweise: die »Tabligh«-Bewegung, die die Predigt des Islam auf das tägliche Leben überträgt, und die »Jama'at-i-islami«, die für die

Errichtung eines islamischen Staates kämpft. Beide sind heute über die ganze Welt verbreitet und üben großen Einfluß auf die internationalen Bewegungen zur Reislamisierung aus.

In Deoband[7], einer Stadt 150 Kilometer nordöstlich von Delhi, wurde 1867 ein Seminar (*dar al 'ulum*) gegründet, das es sich zum Ziel setzte, seinen Schülern außerhalb jeglichen staatlichen Zugriffs die intellektuellen Fähigkeiten zu vermitteln, sich verstärkt ihrer islamischen Identität zu versichern. Die jungen Leute aus dem traditionellen Milieu der Kaufleute und Handwerker wurden in Urdu unterrichtet; auf diese Weise bildete sich eine nichtanglisierte Elite heraus, die in der strengen Anwendung der in den heiligen Texten des Islam festgelegten Gebote die einzige Lösung für die Probleme des Alltags sah. Zu diesem Zweck beteiligten sich die Ulema von Deoband in erheblichem Maße an der Kodifizierung des von der Religion getragenen Rechts und verfaßten mehrere hunderttausend *fatwas*, auf den Koran und die Sunna gegründete Rechtsgutachten. Diese legten fest, wie ein Gläubiger in jeder Situation, in der er nicht weiß, wie er, ohne den Regeln zuwiderzuhandeln, sich verhalten soll, aber nicht nach der als »gottlos« geltenden sozialen Norm der Mehrheit oder den Gesetzen des Staates verfahren kann, gemäß der Scharia handeln muß. Bei seiner Hundertjahrfeier 1967 zählte das Seminar weltweit 8 934 Schulen, in denen diese Art Unterricht erteilt wurde.[8] Laut dem Historiker Francis Robinson paßten sich die Deobandi dem nichtmuslimischen indischen Staat sehr gut an, in dem sich, so hofften sie, »irgendeine Form von juristischer Apartheid zwischen den Hindus und ihnen herausbilden könnte«[9]. Vor allem diese Unabhängigkeit vom Staat versetzte sie in die Lage, die Verhaltensweisen für die Identität einer in sich geschlossenen Gemeinschaft festzulegen, als sich die Frage der Auswanderung nach Europa stellte.

Der Sufismus der Barelvi vollzog eine mindestens ebenso starke mentale und kulturelle Abgrenzung gegenüber seiner Umwelt, bediente sich jedoch anderer Kriterien, um die Gemeinschaft abzugrenzen. Der mystische »Weg« (*tariqa*) bildete sich gegen Ende des 19. Jahrhunderts unter dem Einfluß Ahmad Riza Khans (1856–1921) heraus, dessen Werk und Lehre eine vehemente Verteidigung des übernatürlichen Wesens des Propheten des Islam darstellen, dem man die Fähigkeit zuschreibt, in das Reich der verborgenen Wirklichkeit einzudringen und zugunsten der Gläubigen einzugreifen. Diese für den Sufismus charakteristische Quasivergöttlichung des Propheten – gegen die sich im Verlauf der Geschichte des Islam die um die auf der Schrift basierende Rechtgläubigkeit bangenden Ulema wandten und die die Deobandi unnachgiebig bekämpften – vollzieht sich über einen Kult von Heiligen und mit *baraka* begabten heiligenähnlichen Gestalten. Dieser populäre Pietismus ist gar nicht so weit vom Hinduismus entfernt, von dem er bestimmte Riten übernimmt. Dennoch begründet er eine völlig andersartige Identität: Die Fürsprache der Heiligen und des Propheten erlaubt es den Gläubigen, ein dem Islam gemäßes Leben in seiner traditionellen Form zu führen, ohne sich um die Haltung des Staates oder die gesellschaftlichen Normen der Mehrheit zu kümmern. Jeder Mangel an Achtung vor der Person des Propheten gilt als massiver Angriff auf die Identität der Gruppe und ruft heftige Reaktionen hervor. Auf die *Satanischen Verse* mußten die Barelvi, da sie diese als besonders grobe Beleidigung der Person des Propheten auffaßten, mit radikaler, haßerfüllter Feindseligkeit reagieren.

Die beiden anderen Hauptströmungen des indischen Islam bildeten sich in der ersten Hälfte des 20. Jahrhunderts heraus. Die Jama'at al tabligh (oder Tabligh = Vereinigung zur Verbreitung des Islam) treibt den Willen, sich ganz auf die Gemeinschaft zurückzuziehen, auf die Spitze und findet sich mit dem Fehlen eines islamischen Staates ab, während die Jama'at-i-islami, von derselben Feststellung ausgehend, im Gegenteil dafür kämpft, sobald als möglich den idealen islamischen Staat zu errichten.

Die Tabligh entstand 1927 unter der Führung eines gebildeten Muslims, Maulana Muhammad Ilyas. Er wollte in allen, vor allem jedoch in den untersten Schichten einen einfachen, strengen, von der Schulmeisterei der Ulema befreiten und von den Abweichungen des Sufismus gereinigten Islam verbreiten. Sein erstes Missionierungsgebiet war die Gegend von Mewat, in der Nähe von Delhi, wo eine oberflächlich islamisierte Bevölkerung lebte, der Ilyas durch sein Beispiel predigte. Er imitierte den Propheten buchstabengetreu und richtete sein Verhalten bis ins kleinste Detail an dessen in der islamischen Tradition (Sunna) überlieferten Worten und Taten aus. Eine solche Lebensweise bedeutete zunächst einmal den Bruch mit den Sitten und Gebräuchen der hinduistischen Umgebung und den Kampf gegen die Verfälschung des Islam, wie sie die Bevölkerung von Mewat symbolisierte. Vom Sufismus behielt Ilyas bestimmte Vorgehensweisen bei, etwa daß er an Ort und Stelle, bei den kleinen Leuten blieb – verwarf aber dessen »zweifelhafte« Elemente, etwa den Heiligenkult.

Ihr Bekehrungseifer machte die Tabligh zu einer der ersten Reislamisierungsbewegungen[10], die weltweit fast überall vertreten ist. Indem sie den radikalen Bruch mit dem gesellschaftlichen Umfeld und die Resozialisierung auf der Grundlage einer durch einen übersteigerten Pietismus geprägten Gemeinschaft auf die Spitze trieb, wurde sie zum Prototyp der »abgeschotteten« Formen des islamischen Kommunitarismus; sie isolierte ihre Anhänger kulturell von der gottlosen Umgebung – und damit von einer möglichen Verführung durch die westlichen Gesellschaften, in die sie einwanderten.

Die Jama'at-i-islami[11] stellt schließlich die einzige auf dem Subkontinent entstandene Reislamisierungsbewegung dar, deren Ziele ausdrücklich politischer Natur sind: Für ihre Anhänger hat die Wiederherstellung eines islamischen Staates auf dem ganzen oder einem Teil des von Muslimen bewohnten Territoriums Vorrang. Die 1941 von A. A. Mawdudi, einem urdusprachigen Journalisten, der sich das Englische und Arabische selber beigebracht hatte, geschaffene Organisation ist Teil der internationalen politisch orientierten islamischen Strömung und der Muslimbruderschaft vergleichbar, die 1928 in Ägypten von Hassan el Banna gegründet wurde. Im Gegensatz zu anderen islamischen Bewegungen in Indien, die die Bedingungen der Verbreitung des Islam unter Berücksichtigung der unverrückbaren Tatsache, daß es keinen »authentisch islamischen Staat« gibt, formuliert haben, ist es das oberste Ziel Mawdudis und seiner Schüler, diesen Staat, der die Scharia praktizieren wird, wiederherzustellen.

In ihren Augen liegt die Souveränität (*hakimiyya*) nicht beim Volk, sondern allein bei Allah. Eine Macht ist nur dann legitim, wenn sie gemäß den Geboten Gottes (*bima anzala Allah*) regiert, die in den heiligen Texten des Islam niedergelegt sind. Mit dieser Einstellung greift Mawdudi weit über die Ziele vorangegangener religiöser Bewegungen hinaus. Seiner Ansicht nach ist einzig ein *islamischer* Staat legitim, der die muslimische Bevölkerung territorial wiedervereinigt mit dem alleinigen Ziel, in ihm die Scharia anzuwenden. Im Rahmen der muslimischen Auswanderung nach Europa sollte diese Absicht sich in einer konfliktgeladenen Politisierung kommunitaristischer Ziele äußern – was die Rolle der Mawdudi-Schüler bei der Auslösung der Rushdie-Affäre erhellt.

Die Erfindung des Kommunitarismus

Dieser neuerliche religiöse Aufbruch hatte als Reaktion auf das große Trauma von 1857 – die Entmachtung der Moguln und ihre Auswirkungen auf die Identität der muslimischen Minderheit – den indischen Islam neu strukturiert. Gleichzeitig setzte jedoch ein anderer Prozeß ein: Statt sich in seinen Glaubensvorstellungen zu verkrampfen, gab er sich entschlossen modernistisch. Er wollte die Muslime auf gleicher Ebene am politischen Leben des Empire teilhaben lassen, sie jedoch zu einer besonderen, von den Nichtmuslimen abgegrenzten Gemeinschaft zusammenschließen. »Das religiöse Element, das in diese Eingang findet«, bemerkt Louis Dumont, »scheint nur mehr der Schatten von Religion zu sein: Religion, die nicht mehr als Sinngehalt und Wegweiser in allen Lebensbereichen, sondern nur als Unterscheidungsmerkmal einer Gruppe von Menschen verstanden wird und in bezug auf andere möglicherweise zumindest politisch wirksam werden kann.«[12]

Die Initiatoren dieser Gemeinschaft wollten in den Augen

der Briten als Wortführer ihrer Glaubensbrüder erscheinen und gingen daher von einer »soziologischen« Auffassung der Religionszugehörigkeit aus. Zunächst führten sie ein »modernistisches« Unterrichtssystem ein, aus dem englischsprachige Eliten hervorgingen. Und sobald das Empire zu Beginn des 20. Jahrhunderts den »Eingeborenen« das (Zensus-) Wahlrecht zugestanden hatte, forderten sie eine gesonderte Wählervertretung für die Muslime. Letztendlich mußte dies in der Abspaltung Pakistans von Indien auf der Grundlage der Religionszugehörigkeit im Jahre 1947 münden.

Diesen Prozeß – im Englischen als *communalism*[13] bezeichnet; wir bedienen uns des Begriffs Kommunitarismus – zu analysieren heißt zu beobachten, welche Instanzen und Akteure sowohl von indischer Seite wie auch auf seiten der britischen Kolonisatoren dabei eine Rolle spielten. Es bedeutet auch, sich die Frage zu stellen, bis zu welchem Punkt und in welcher Form er sich fortsetzen konnte, um zur Herausbildung einer politischen Auffassung der einzigartigen muslimischen Identität beizutragen, die der Dekolonisation und der Abwanderung nach Europa in der zweiten Hälfte des 20. Jahrhunderts widersteht.

Der Begründer dieser Bewegung eines modernisierten Identitätsgefühls, Sir Sayid Ahmad Khan (1817–1898), entstammte einer angesehenen Familie am Mogul-Hof. Nach der Absetzung des muslimischen Herrschers, 1857/1858, wollte er im Gegensatz zu Bewegungen, die darauf mit einer »inneren Hedschra« reagierten, beweisen, die Prinzipien des Islam vertrügen sich durchaus mit der westlichen Moderne. Als Schöpfer aller Wesen hatte Allah auch die Gesetze der Natur, der Wissenschaft und der Technik hervorgebracht; wollten sich die Muslime in ihrem Glauben selbst verwirklichen, mußten sie also in deren Studium glänzen. Die Einengung auf diesen oder jenen Aspekt des Dogmas hingegen, die Weigerung, über eine mittelalterliche Auffassung von sich und der Welt hinauszgehen, konnten nur dazu führen, die Anhänger des Islam zunehmend an den Rand zu drängen, ihren Einfluß auf den Lauf der Welt zu beschneiden und ihnen ihr Schicksal aus der Hand zu nehmen.

Nach Ansicht Sir Sayid Ahmad Khans würde die Beherrschung des modernen intellektuellen Instrumentariums den Muslimen Britisch-Indiens erlauben, gleichberechtigt an der *indirect rule* – jenem umfassenden Bereich der Verwaltung des Landes, das nach wie vor von den indischen Beamten regiert wurde – teilzuhaben und damit zu verhinderten, daß die modernisierten Hindu-Eliten einen zu beherrschenden Einfluß gewannen. Der Historiker Peter Hardy bemerkt dazu: »Er appellierte an seine Glaubensbrüder, eine gemeinsame Anstrengung zu unternehmen, anstatt sich individuell zu unterwerfen. Gemeinsam als eine von einem gemeinsamen Willen beseelte Gruppe müßten sie für das Wohlergehen ihrer Gemeinschaft kämpfen.«[14] Zu diesem Zweck gründete Sir Sayid 1875 mit Unterstützung der Kolonialmacht in der Stadt Aligarh das »anglo-orientalische mohammedanische College«; alle, die dort ihr Diplom machten und in der Urdu-Kultur ebenso zu Hause waren wie in der englischen, sollten sich zwischen die Besatzer und die einheimische Bevölkerung schieben und unter britischer Oberherrschaft wieder einen muslimischen Staatsadel stellen, der die Nachfolge dessen anträte, der in der Mogul-Ära seine Blütezeit erlebt hatte.

Über das College von Aligarh und andere Initiativen, die sich in Indien ein vergleichbares Ziel gesetzt hatten, bildete sich eine intellektuelle Elite säkularisierter Muslime heraus, die die Vorherrschaft der traditionellen Honoratioren abschüttelten. Um diese Rolle voll und ganz übernehmen zu können, galt es einerseits die Kolonialmacht davon zu überzeugen, daß den muslimischen Indern ein gesonderter politischer Status zustand; andererseits mußten die Briten darin den Vorteil sehen, ihre Herrschaft unter optimalen Bedingungen aufrechtzuerhalten.

Und genau in diesem Punkt brachte das Zusammenfallen der Interessen der neuen Eliten mit jenen der Kolonialmacht zum ersten Mal in der Geschichte der Neuzeit das Phänomen eines politischen Kommunitarismus hervor – ein Phänomen, das in der Folge in anderen Zusammenhängen beträchtliche Entwicklungen durchlaufen sollte. Es gelang diesem Kommunitarismus, über die Verpflichtungen auf primäre Solidargemeinschaften – *jati* oder *birardi* genannt, die die Großfamilie und das Dorf umfaßten – hinauszugelangen und ein Gefühl der Zugehörigkeit zu einer größeren, durch die konfessionelle Identität definierten Einheit zu wecken.[15] Darauf wirken politische Führer hin, die sich, um an die Macht zu gelangen, als ausschließliche Vertreter einer auf einen gemeinsamen Willen reduzierten »Gemeinschaft« geben – und dabei heterogene Bevölkerungsgruppen auf der Grundlage einer soziologischen Definition ihres »Muslimseins« zusammenbinden.

Dieses Projekt trat 1990 im Empire mit jenem Gesetz *(Indian Councils Act)* in Kraft, das gesonderte Wahlgremien für Muslime und Hindus vorsah. Angesichts großer politischer Instabilität wollte die Kolonialmacht die kommunitaristischen muslimischen Eliten belohnen, in denen sie ein nützliches Gegengewicht zu den Nationalisten der Kongreßpartei sah.[16] Aus diesem Blickwinkel wurde die Muslim League (Muslimische Liga) gegründet, die speziell die Muslime vertreten wollte.[17]

Im Verlauf der ersten Hälfte des 20. Jahrhunderts, die mit dem Rückzug der Briten und der Trennung Pakistans von Indien im Jahre 1947 zu Ende ging, kam je nach Ausgang der Wahlen und dem Willen der muslimischen und hinduistischen Politiker, ihre Popularität zu steigern, indem sie – namentlich bei religiösen Festen – die eine Gemeinschaft gegen die andere ausspielten, dem Kommunitarismus eine wachsende Bedeutung zu. Seit den zwanziger Jahren vertieft die Zunahme »kommunitaristischer« Unruhen, deren Bilanz zahlreiche Tote aufweist, die Kluft zwischen Hindus und Muslimen zunehmend und verstärkt das religiös begründete Identitätsgefühl all jener, die jetzt fürchten, mit ihrem Leben für ihre bloße soziologische Zugehörigkeit zu der einen oder anderen Konfession einstehen zu müssen.

Bei der Entwicklung des Kommunitarismus spielten die Briten eine bedeutsame Rolle, auch wenn sie nicht die eigentlichen Urheber des Phänomens waren: »Indem es die Muslime als eigenständige Gruppe behandelte, sonderte das Empire sie von den anderen Indern ab. Indem es ihnen ihr eigenes Wahlgremium zugestand, institutionalisierte es diese Trennung. Es war dies einer der Schlüsselfaktoren für die Entwicklung des politischen Kommunitarismus. Die muslimischen Politiker hatten es nicht mehr nötig, auch die Nichtmuslime anzusprechen. Das machte die Entstehung eines authentischen indischen Nationalismus sehr schwierig«, bemerkt der Historiker David Page.[18]

In den siebziger Jahren sollte, wie wir noch sehen werden, die Teilnahme der vom Subkontinent nach England eingewanderten Muslime bei den Wahlen der Orientierung an einer Gemeinschaftsstruktur gehorchen, die weitgehend das Erbe jener antrat, die sich im Raj durchgesetzt hatte. Von Anbeginn von den politischen Parteien Englands begünstigt, die ethnische »Stimmblöcke« für sich mobilisieren wollten, wurde sie 1992 mit der provokanten Schaffung eines selbsternannten »muslimischen Parlaments« auf die Spitze getrieben, das sich auf eine fiktive »gesonderte Wählerschaft« der britischen Muslime berief.

Auf dem Subkontinent brachte die von der Muslimischen Liga betriebene Sezession Pakistans im Jahre 1947 diesen Prozeß zum Abschluß. Sie wandelte die soziologische Gemeinschaft indischer Muslime in eine pakistanische Nation mit einem eigenen Staat um, der nicht im nichtkonfessionellen Staat der Indischen Union aufgehen konnte.

Anfangs wurde Pakistan von anglophilen Eliten regiert, deren Bezugnahme auf den Islam weitgehend instrumentalen Charakter hatte. In der Folge sahen diese jedoch ihre Macht und ihren Einfluß schwinden, während die Forderungen nach einer weitergehenden Islamisierung der Gesellschaft immer mehr um sich griffen: Mawdudi und seine Schüler übten ebenso wie die Ulema, die sich in Pakistan niedergelassen hatten, in dieser Hinsicht starken Druck aus. Nachdem Mawdudi bemerkt hatte, daß es beträchtliche Vorbehalte gegen die Schaffung dieses für seinen Geschmack allzu »säkularisierten« Staates gab, kämpfte er dafür, daß sich dieser in Richtung eines islamischen Staates entwickelte, in dem die Souveränität Gottes statt der des Volkes gelten sollte.[19] Seine Vorstellungen nahmen teilweise Gestalt an, als 1978 General

Zia ul Haq an die Macht kam, ein naher Verwandter des Gründers der Jama'at-i-islami. Seit 1947, in den drei Jahrzehnten seit der Unabhängigkeit Pakistans, verlor der weltliche Nationalismus, wie in den meisten Ländern der muslimischen Welt, allmählich an Einfluß, während die Forderungen nach einer Reislamisierung der Gesellschaft und des Staates immer lauter wurden. Der politische Kommunitarismus verband sich mit der vom Denken Mawdudis geprägten Reislamisierungsbewegung.

Unter der britischen Herrschaft hatte sich der Islam also entlang zweier großer Leitlinien neu organisiert: zum einen der »inneren Hedschra«, zum anderen dem politischen Kommunitarismus. In einer bislang nie dagewesenen Lage, in der der Islam sich in der Minderheit befand, und als Reaktion auf die Absetzung des muslimischen Herrschers und die Einsetzung einer »gottlosen« Macht paßten sich die Bewegungen, die wir uns näher angesehen haben, an diese Situation an, während die Machthaber sich ihrer bedienten, um sie zu beherrschen. Das ist das gemischte Erbe, dem sich die vom Subkontinent Eingewanderten und die britischen Institutionen nach dem Zweiten Weltkrieg in den Nebeln Albions erneut gegenübersehen sollten.

2 Was bedeutet *britisch* sein?

In einem erdumspannenden Empire wurde die britische Identität durch die Unterwerfung unter die Krone bestimmt. Nach der Dekolonisation und der Unabhängigkeit der einzelnen Länder beschränkte sie sich auf die geographischen Ausdehnung Großbritanniens. Dieser Prozeß vollzog sich nicht ohne größere Erschütterungen: Noch für etliche Jahrzehnte nach dem Untergang des Empire blieb die britische Staatsbürgerschaft ein Hoheitsbegriff, der alle Bürger des Commonwealth, ungeachtet ihrer Nationalität, einschloß. Als sich in den fünfziger Jahren Bürger der Indischen Union und Pakistans in Birmingham und Bradford niederließen, verfügten sie nach Erledigung einiger Formalitäten über den gleichen rechtlichen Status wie die Engländer. Als Staatsbürger besaßen sie das Wahlrecht, selbst wenn ihre Kenntnis des Englischen gleich null und ihr politisches Verhalten im wesentlichen von Loyalitäten bestimmt waren, die im indischen Subkontinent wurzelten. Diese weltweit einzigartige juristische Sachlage machte die Staatsbürgerschaft als Kriterium einer nationalen Identität unbrauchbar. Die Wanderbewegungen, die Fremdenfeindlichkeit und der Rassismus, ferner der angespannte Arbeitsmarkt und die Arbeitslosigkeit machten jedoch die Neudefinition der britischen Staatsangehörigkeit zu einem vordringlichen politischen Anliegen. Da man eine mit der Staatsbürgerschaft gleichzusetzende Nationalität nicht per Gesetz verfügen konnte, griff das britische System auf Begriffe wie »Rasse« und »Ethnie« zurück und verlieh ihnen eine rechtliche Bedeutung.

Diese Begriffe gehen in die Vorstellung einer »multikulturellen« Gesellschaft ein, die, als Nebeneinander von »Minoritäten« und »Gemeinschaften« verstanden, Träger der politischen Identität ihrer Mitglieder und privilegierte Vermittler für deren Eingliederung in den Staat sind. Diese Auffassung begünstigte die Entwicklung aller möglichen Formen des

Kommunitarismus: auf rassischer, ethnischer oder konfessioneller Grundlage. Im Fall der muslimischen Einwanderer vom indischen Subkontinent war sie um so prägnanter, als sie sich mit dem vom Raj vermittelten kulturellen Erbe der »inneren Hedschra« und des »politischen Kommunitarismus« verband. Dieser Rückgriff auf den Kommunitarismus bot der muslimischen Arbeiterschicht nicht nur Schutz, er stellte auch ein Mittel zum Aufstieg in einem Gastland dar, dessen Staatsangehörige sie waren – ohne daß ihre gesellschaftliche Integration auf der Tagesordnung gestanden hätte.

Die islamische Identität manifestiert sich im Milieu der Einwanderer faktisch gleich zu Beginn ihrer Ansiedlung; schon in den fünfziger Jahren wurden Moscheen errichtet, ein einzigartiges Phänomen im Vergleich zur muslimischen Einwanderung in andere Länder Europas, in denen sie erst nach 1973 auftauchten. Betrachtet man, wie sich das Erbe des Empire und der Pluralismus der Aufnahmegesellschaft miteinander verschränkten, kann man die ursprünglichen Formen des islamischen Kommunitarismus in Großbritannien verstehen und dieses Modell mit der Entfaltung des Islam in anderen westlichen Ländern vergleichen.

Vom Raj zur multikulturellen Gesellschaft

Selbst auf britischem Territorium entspricht die britische Staatsangehörigkeit nicht einer »britischen Nationalität«, sondern einer Ansammlung verschiedener Nationalitäten – englisch, schottisch, walisisch und irisch –, die das Land zu einem »multinationalen« Staat machen. Danach befragt, welche Vorstellung sie sich von ihrer Nationalität machten, empfanden sich 1968 67 Prozent der Einwohner Glasgows als »schottisch« gegenüber nur 29 Prozent, die sich als »Briten« fühlten. In Wales bezeichneten sich im selben Jahr 69 Prozent der Befragten als »Waliser« und 13 Prozent als »Engländer«.[1] Dieses Gefühl unterschiedlicher Nationalität setzte sich allerdings nicht in Unabhängigkeit um, und weder die walisische noch die schottische Nation ist, auch wenn ihnen bestimmte

Machtbefugnisse zugestanden werden, eine juristische Person wie ein Staat, der seiner angestammten Bevölkerung seine Staatsbürgerschaft verleiht.

Unter dem Schutz und Schirm der britischen Staatsbürgerschaft ist also Platz für verschiedene Nationalitäten und das Nebeneinander politischer Identitäten. Mit den aufeinanderfolgenden Einwanderungswellen im Verlauf der Dekolonisation neigte dieses System, weit davon entfernt, die Assimilation der Eingewanderten zu befürworten, dazu, ihnen einen dem der bereits etablierten Nationen ähnlichen Status zu verschaffen: eine Art »Nation in der Versenkung«, die zunächst als Auffangbecken für die Neuankömmlinge mit der Rassenbezeichnung *black*[2] (»schwarz«) fungierte – eine Kategorie, unter die Kariben, Indopakistani und Chinesen ebenso wie Zyprioten und Italiener fielen.

Die juristischen Definitionen »Untertan der Krone«, später »Bürger des Commonwealth« waren zu weit gefaßt, um die Auswanderung ehemaliger Kolonialbürger nach England zu kontrollieren. In der Tat war, wie der Soziologe Harry Goulbourne bemerkt, laut dem in der Blütezeit des Empire, 1914, verkündeten *British Nationality and Aliens Act* (Gesetz zur britischen Nationalität und Ausländern) »das oberste Prinzip, die eigentliche Definition von ›britisch‹, die Treue zur Krone – während jeglicher Bezug auf das spezifische Territorium der Britischen Inseln auffällig fehlte, dem jedoch in der Folge eine immense Bedeutung in der die Nationalität betreffenden Gesetzgebung zukommen sollte«[3].

1914 war die Zuwanderung von »Kolonisierten« ins Mutterland eine zu vernachlässigende Größe.[4] 1948 wurde die Rechtsprechung geändert, um der Unabhängigkeit – Indiens, aber auch und vor allem der »weißen« *dominions*, Kanadas, Australiens und Neuseelands – Rechnung zu tragen. Um seinen Rang als Weltmacht beizubehalten, brauchte Großbritannien organische Bindungen zu den etwa fünfzig aus den Kolonien hervorgegangenen Staaten und versuchte dies in Form des Commonwealth zu verwirklichen. Innerhalb dieses neuen juristischen Rahmens wurden die ehemaligen Untertanen des Britischen Empire »Bürger des Commonwealth«:

Dieser Status ließ ihnen großen Freiraum hinsichtlich der Einwanderung in das ehemalige Mutterland und erlaubte ihnen, sich dort anzusiedeln, ohne daß ihnen Hindernisse in den Weg gelegt wurden.

Doch dann kommen die Auswanderer, mit denen die Gesetzgeber 1948 nicht gerechnet hatten: Staatsbürger Indiens und Pakistans – wie auch aus der Karibik – lassen sich in England nieder; sie verdingen sich in den verschiedenen Industriezweigen, die das vom Zweiten Weltkrieg verwüstete Europa wiederaufbauen, als unqualifizierte, billige Arbeitskräfte. Als Bürger des Commonwealth sind sie keine »Ausländer«: Sie haben freien Zugang zum ehemaligen Mutterland und besitzen Bürgerrechte einschließlich des Wahlrechts, sobald sie die reinen Registrierungsformalitäten (*registration*) erfüllt haben. Und bis 1958 ist »die Einwanderung« in Großbritannien kein politisches Thema von Bedeutung. In diesem Jahr allerdings kommt es in Nottingham und Notting Hill, den »ethnischen« Vierteln Londons, zu Ausschreitungen gegen die Farbigen (*coloured*), an deren Ende jugendliche englische *hooligans* verurteilt werden. »Jedermann, welcher Hautfarbe auch immer«, erklärt das Gericht, das in der Angelegenheit befindet, »hat das Recht, mit erhobenem Haupt und ohne Furcht durch die Straßen zu gehen. So lautet das Recht, wie dieses Gericht es unfehlbar immer wieder für gültig erklären wird.« Der Labour-Abgeordnete des Bezirks Notting Hill, zu dessen Wählern die Familien der Verurteilten gehören, äußert jedoch in der Presse: »Die Regierung muß rasch ein Gesetz erlassen, um dem massiven Zustrom Farbiger aus dem Commonwealth Einhalt zu gebieten… die Übervölkerung hat zur Ausbreitung von Sittenlosigkeit, Drogen, Prostitution und Messerstechereien geführt. Jahrelang waren die Weißen tolerant; jetzt ist ihre Geduld am Ende.«[5]

Wie diese Erklärung klar zum Ausdruck bringt, kristallisiert sich die Einwanderungsdiskussion um die Frage der Hautfarbe, der »Rasse«. 1962 wird ein Gesetz (*Commonwealth Immigrants Bill*) verabschiedet, das den Zustrom von Staatsbürgern des Commonwealth, die weder in Großbritannien geboren wurden noch einen von dessen Behörden ausgestellten britischen Paß besitzen, einschränkt[6] und von ihnen die Vorlage eines vom Arbeitsministerium ausgegebenen Coupons verlangt. Dieses Gesetz erweist sich als wenig wirksam und zeitigt vor allem gegenteilige Folgen: Die bereits in England ansässigen Bürger des Commonwealth – in der Mehrzahl nur Männer – lassen eiligst ihre Familien nachkommen, um einer Verschärfung der Vorschriften zuvorzukommen.[7]

Rasse oder Nation

Diese Verschärfung kommt im *Commonwealth Immigrant Act* von 1968 und anschließend im *Immigration Act* von 1971 zum Ausdruck, die – ohne dies zu sagen – das Recht in einen Zusammenhang mit der Rasse bringen; gemäß diesen Gesetzen unterliegt jeder Inhaber eines britischen Passes, selbst wenn dieser von den Behörden in England ausgestellt wurde, bei der Einreise ins Land gewissen Einschränkungen, außer er selber oder ersatzweise ein Eltern- oder Großelternteil wurde auf den Britischen Inseln geboren. Diese »echten Bürger« werden als *patrials* bezeichnet – ein wenig gebräuchlicher Begriff, mit dem die »angestammten« Inselbewohner bezeichnet werden: Engländer, Waliser, Schotten und Nordiren sowie ihre Nachkommen. So ist ein Australier, dessen Großvater in Edinburgh geboren wurde und der auf Reisen dorthin kommt, ein *patrial*. Ein Inder oder Jamaikaner jedoch (dessen Großvater wohl in den seltensten Fällen in Edinburgh geboren wurde) ist kein *patrial*. Mit diesem juristischen Trick werden die Bürger des »weißen Commonwealth« de facto von den Bürgern des »farbigen Commonwealth« unterschieden. Unter dem Deckmantel des »Angestammtseins« findet die Rasse Eingang in die Gesetzgebung.

Für das Gesetz von 1968 zeichnete eine Labour-, für das von 1971 eine konservative Regierung verantwortlich; das eine wie das andere wurde in einem Klima sozialer Spannungen erlassen: Seit 1967 waren Tausende Inder nach Großbritannien gekommen; sie besaßen britische Pässe und hatten sich unter dem Empire in Kenia und anderen Gegenden

Ostafrikas niedergelassen. Die fremdenfeindliche »Afrikanisierungs«-Politik, die diese jungen Staaten nach ihrer Unabhängigkeit verfolgten, hatte sie vertrieben[8], und sie wandten sich selbstverständlich nach Großbritannien, da sie ja die britische Staatsbürgerschaft besaßen. Enoch Powell, konservativer Volkstribun, dessen Popularität auf seiner überspitzten Fremdenfeindlichkeit beruhte, führte eine heftige Kampagne gegen ihre Ansiedlung im Land. Weder die Konservative Partei noch die Labour-Opposition konnten die durchschlagende Wirkung seiner Kampagne ignorieren, wollten sie nicht von den Wählern die Rechnung dafür präsentiert bekommen.

Zur gleichen Zeit, als die Gesetzgebung (wenn auch auf beschönigende Weise) rassische Kriterien einbezog, um die Zuwanderung farbiger Commonwealth-Bürger einzuschränken, kriminalisierte sie bestimmte rassendiskriminierende Praktiken. Zu diesem Zweck mußten die Definitionen von »Rasse«, »Ethnie« und »Minorität« festgeschrieben werden. Die unter einer »negativen« Diskriminierung leidenden Minoritäten sollten zum Ausgleich ein Recht auf eine »positive Diskriminierung« bekommen, ein wenig wie in den USA, wo der auf die Betonung der rassisch unterschiedlichen Identitäten gegründete (*colour consciousness*) »neue Antirassismus« die Nachfolge des »alten Antirassismus« angetreten hatte, der keine Unterschiede aufgrund der Hautfarbe anerkennen wollte (*colour blindness*).[9] Die Gesetze über die Beziehungen zwischen den Rassen (*Race Relations Act*) vom Oktober 1968 und von 1976 (Schaffung einer Kommission für Rassengleichheit, CRE) liefen auf eine Institutionalisierung von Minderheitsidentitäten hinaus; denn sie stellten den Vertretern der »Minoritäten« bedeutende juristische und finanzielle Mittel zur Verfügung und begünstigten die Führer, die, indem sie diese Identitäten konkrete Gestalt annehmen ließen, einen kommunitaristischen Prozeß in Gang setzten.

So entwickelt sich der institutionalisierte Antirassismus in zwei Richtungen: Arbeitgeber, Immobilienmakler und Hausbesitzer, die sich einer »negativen« Diskriminierung schuldig machen, werden juristisch belangt; gleichzeitig aber werden alle Ausdrucksformen einer eigenständigen Identität von

»nichtweißen Briten« (*non-white British*) begünstigt und alles als Rassismus verdammt, was nicht in diesem Sinne den kulturellen Unterschied betont; der wird vielmehr als Entfaltung von Minderheitsidentitäten im Rahmen einer »multikulturellen« Gesellschaft angesehen. Bei einem Vergleich Frankreichs mit Großbritannien kommt der Soziologe Didier Lapeyronnie zu dem Schluß: »Die französische Politik erscheint als allgemeine Rechtspolitik im Inneren, aus der sich bestimmte Aktionen ergeben, während die britische Politik die politische Gleichheit der Bürger, die allgemeine Rechtspolitik und spezifische Aktionen eher nebeneinanderstellt als miteinander vereint.«[10]

Um eine auf das Nebeneinander von Minderheiten zielende Politik zu praktizieren, bedurfte es eines statistischen Apparats, damit man die »Minoritäten« identifizieren konnte, das heißt, man mußte die britischen Staatsbürger je nach ihrer rassischen oder ethnischen Zugehörigkeit zahlenmäßig erfassen[11], um die Diskriminierung quantitativ bemessen und ein Eingreifen der Kommission für Rassengleichheit veranlassen zu können. So wurde bei verschiedenen offiziellen Erhebungen und ab 1991 bei der Volkszählung von den Befragten verlangt, sich nach ihrer Rasse oder Ethnie zu definieren. Diese sind wie russische Puppen ineinander verschachtelt: Die Kategorie »Schwarze« teilt sich in die Unterkategorien »Westinder (*West Indians* = Kariben)« und »Afrikaner«, die der »Asiaten« in »Pakistani«, »Bengalen« auf und so weiter.

Das britische System ermöglicht es also Vertretern ethnischer Gruppen, unter Berufung auf die Ergebnisse der Volkszählung Quoten für Stellen im öffentlichen Dienst, für finanzielle Mittel und so weiter je nach ihrer Anzahl zu verlangen; damit begünstigt es eine Aufsplitterung in eine Vielfalt von einzelnen Gemeinschaften. Zudem empören sich verschiedene Interessengruppen gegen eine Unterrepräsentierung »ihrer« Ethnie oder fordern eine andere Nomenklatur, was auf andere Arten der Aufgliederung oder neue Zählungen hinausliefe. So bestritten die meisten islamischen Vereinigungen, die sich zu diesen Fragen äußerten, die Gültigkeit des ethnischen und rassischen Kriteriums und forderten die Einführung eines religiösen Kriteriums.

Aus unterschiedlichen Gründen kommen ein Enoch Powell und diverse Anführer von »Minoritäten« zu demselben Schluß: Es gibt keine übergeordnete nationale Identität für die »Gemeinschaft der Mehrheit« und die »Gemeinschaften von Minderheiten«. Für den einen »kann eine in England geborene Person karibischer oder asiatischer Abstammung nie Engländer werden«, für die anderen »legt die große Bedeutung, die man den ethnischen *Unterschieden* von Minoritäten zuschreibt, den Schluß nahe, daß auch hier das Ziel nicht ist, als Engländer akzeptiert zu werden, ja nicht einmal als Brite«, meint der Soziologe Harry Goulbourne.[12] Seiner Meinung nach verstärken sich in Großbritannien seit den neunziger Jahren aufgrund der Überbetonung des »Unterschieds« die Bindungen an die jeweilige Gemeinschaft; das erschwert den Aufbau einer auf Integration zielenden Nation und begünstigt ganz im Gegenteil die »kommunitaristische Option«.[13]

Die Arbeitermoscheen

Als die ersten indopakistanischen Bevölkerungsgruppen muslimischer Abstammung sich in England ansiedelten, wurden sie auf doppelte Weise vom Kommunitarismus geprägt: Das Vermächtnis des Empire wirkte mit der politischen Struktur des Gastlandes zusammen. Binnen eines knappen Jahrhunderts hatte der Islam gelernt, seine Situation auf dem indischen Subkontinent als die einer der politischen Macht beraubten Minderheit zu sehen; und die britische Nachkriegsgesellschaft räumte ihm einen Platz in der Versenkung ein. Aus diesem Grund entstand bereits in den fünfziger Jahren ein ganzes Netz von Moscheen, während in Frankreich erst in der zweiten Hälfte der siebziger Jahre Gebetsstätten und islamische Vereinigungen aus dem Boden schossen. Erst als die aus dem Maghreb eingewanderten Arbeiter, von denen schon in den fünfziger und sechziger Jahren viele im

Lande blieben, arbeitslos werden, wird in Frankreich der Ruf nach einer islamischen Identität genau zu dem Zeitpunkt laut, als im Zuge der Familienzusammenführung ab 1973/74 Frauen und Kinder nachkommen. Ihre »zufallsbedingte Ansiedlung« ebnet die Übergangsidentitäten ein, die sie sich vorher geschaffen hatten: Sie fühlen sich immer weniger als »Eingewanderte«, immer weniger als »Arbeiter« – zumal sie nun arbeitslos sind – und immer weiter von den Maghrebstaaten entfernt, jedoch noch kaum als Franzosen; so kommt es, daß eine Reihe von ihnen sich ab dieser Zeit in Frankreich – in einer laizistischen und auf Anpassung bedachten Umwelt, die dem sozialen Ausdruck einer religiösen Identität nicht gerade förderlich ist – eine islamische Identität aneignet.[14]

In England hingegen manifestiert sich die islamische Identität im gesellschaftlich-politischen Bereich bereits in der Zeit vor den Auswirkungen der Wirtschaftskrise der siebziger Jahre.[15] Jemenitische Seeleute, die während des Ersten Weltkriegs hierhergekommen waren, hatten schon in den dreißiger Jahren in walisischen Hafenstädten mit Unterstützung der Kolonialbehörden Moscheen gegründet.[16] Aber erst mit dem Zustrom von Muslimen vom Subkontinent entstand das erste Netzwerk von Moscheen, zumeist in englischen Industriestädten. 1975 zählte man bereits hundert »eingetragene« Moscheen[17], weit mehr als zur gleichen Zeit in Frankreich, obwohl dort die muslimische Bevölkerungsgruppe zahlenmäßig mehr als doppelt so groß war.

In Birmingham, wo 1958 die muslimische Bevölkerung auf 80 000 (8 Prozent der Gesamtbevölkerung) geschätzt wird und sich auf einige Altstadtviertel konzentriert, waren vierzig der damals gezählten Moscheen bereits vor 1970 gegründet worden, die älteste im Jahre 1947.[18] In Coventry, einer weiteren, nur etwa vierzig Kilometer entfernten Industriestadt in den West Midlands, wird die erste Moschee Ende der fünfziger Jahre gegründet; zu diesem Zeitpunkt gibt es dort erst ungefähr 4 000 bis 5 000 vom Subkontinent eingewanderte Muslime – in der Mehrzahl Männer ohne ihre Familie.[19] In Preston, Lancashire, mietet die lokale islamische Vereinigung ab 1960 einen Tanzsaal, um dort die gemeinsamen Freitagsgebete abzuhalten; 1962 wird auf Dauer ein kleines Haus für diesen Zweck bestimmt; die erste als solche bezeichnete Moschee entsteht 1967 in einem alten, umgebauten Pfarrhaus, in dem 500 Gläubige Platz finden.[20] In Manchester kauft die ortsansässige muslimische Vereinigung 1954 ein Haus, um daraus eine Moschee zu machen.[21] In der kleinen Industriestadt Keighley[22] im Westen Yorkshires, in der Nähe von Bradford, wird erstmals 1965 ein Haus in eine Moschee umgewandelt.

Zwischen dem Ende des Zweiten Weltkriegs und dem Beginn der siebziger Jahre läßt sich überall die gleiche Entwicklung beobachten: Zuerst entstehen gemeinsame Gebetssäle; in der Folge spaltet sich überall dort, wo eine zahlenmäßig starke muslimische Bevölkerung lebt, diese in eine Vielzahl kleiner, miteinander rivalisierender Moscheen auf. Ihre Gründer berufen sich auf verschiedene Bewegungen islamischer Identitätsversicherung, in die sich der Islam unter dem britischen Raj aufgegliedert hatte; außerdem spiegeln sie die sprachlichen und regionalen Unterschiede der Gläubigen wider. Barelvi und Deobandi stellen die zwei großen Strömungen dar, sie beauftragen Imame, organisieren Verbände und besorgen Gebetssäle, ohne daß eine von ihnen über eine wirklich einheitliche Struktur verfügt.

In Birmingham, der Hauptstadt der West Midlands, wo die Industrie ungelernte Arbeitskräfte beschäftigt, darunter vor allem muslimische Einwanderer, nimmt die Zahl der Moscheen in den Jahren zwischen 1950 und 1960 aus drei Gründen zu. Zuerst und vor allem veranlaßt das dichte Zusammenleben die in einigen »ethnischen«, auf heruntergekommene Bereiche der Innenstadt verteilten Wohnblocks lebenden Gläubigen, möglichst in der Nähe ihrer Wohnung zum Beten zu gehen. Ferner zieht es einen, noch ehe man sich als Muslim mit anderen Muslimen zusammentut, einfach dorthin, wo man Landsleute trifft, die die gleiche Sprache oder den gleichen Dialekt sprechen. So gibt es eine Moschee für Einwanderer aus dem Pandschab, eine weitere für solche aus Mirpur und eine für die Immigranten aus Pathan[23] (alle drei pakistanisch) sowie bengalische, Gujarat-[24] und jemenitische Moscheen. Schließlich stellt die Vielfalt der Interpretationsweisen des Islam einen dritten Faktor für die Aufsplitterung dar: Jeder einzelne barelvische *Pir* gründet seine eigene Moschee, ebenso wie deobandische Gruppen, zu denen sich schließlich noch die Anhänger der Tabligh, die Schüler Mawdudis, verschiedene prosaudische Gruppen[25] und nichtsunnitische muslimische Sekten (Schiiten, Ismaeliten und andere) gesellen.[26]

Angesichts dieser Aufspaltung bildet sich 1965 ein Komitee, um in Birmingham eine ganz nach den Grundsätzen der islamischen Architektur angelegte (*purpose built*) »zentrale Moschee«, die nicht mehr in einer alten Garage oder einem umgebauten Gartenhaus untergebracht ist, zu errichten. In diesem Komitee tun sich englischsprachige Honoratioren (Ärzte, Zahnärzte, Anwälte, Akademiker und so weiter) zu einer Zeit zusammen, als sich erst wenige Angehörige dieser Elite – im Unterschied zu den eingewanderten Arbeitern – für die Belange des Islam interessieren. Diese »Fachleute« meinen, sie seien geeigneter, eine Gemeinschaft zusammenzuhalten und zu führen als die verschiedenen örtlichen Verbände, die einzelne Sekten, Strömungen und Ethnien widerspiegeln und deren Führer die britischen kulturellen Codes im allgemeinen nur mangelhaft beherrschen. Das Unternehmen stößt, vor allem bei den Führern dieser Verbände, nicht auf ungeteilte Zustimmung; dennoch werden bei den ortsansässigen Gläubigen und reichen Spendern aus dem Nahen Osten die Mittel dafür gesammelt.

1969 wird auf einem Areal in der Innenstadt, an der verkehrsreichen Belgrave Road, in der Nähe der wichtigsten Einkaufszentren, der Grundstein gelegt. Danach ruhen die Bauarbeiten eine Zeitlang, ein Zeichen für die Schwierigkeiten, auf die das Projekt innerhalb der Gemeinschaft selber stößt, für die dieser Vereinigungswille sich zu einem Zeitpunkt artikuliert, als das Gleichgewicht der Kräfte noch instabil ist. Erst 1971 wird die Arbeit allmählich wieder aufgenommen, und 1975 öffnet die zentrale Moschee ihre Pforten. Aber alle beteiligten islamischen Gruppen wetteifern darum, den Imam zu stellen, der das Gebet leiten und die traditionsgemäß am Beginn der Abendgebete im Ramadan stehenden Lesungen vornehmen soll.

Nach einer Entscheidung des Komitees sollen drei Imame nacheinander diese Aufgabe übernehmen: jeder zehn Tage lang. Das Los entscheidet, den Anfang dürfe der barelvische Imam machen. Dieser erfüllt nach Ansicht seiner Schüler seine Aufgabe jedoch auf so bemerkenswerte Weise, daß sie sich der Entscheidung, am elften Tag solle sein deobandischer Kollege ihn ablösen, widersetzen. Es kommt zu einem Handgemenge, das in Messerstechereien endet: Die Polizei muß einschreiten und schließt die Moschee, in der Blut geflossen ist. Erst nach Beendigung des Ramadan wird sie wieder geöffnet.[27] Bei diesem ersten Versuch der Zusammenfassung in einer einheitlichen Gemeinschaft auf Großstadtebene gelingt es also nicht, die Machtkämpfe zwischen den verschiedenen islamischen Parteiungen zu überwinden. Im nachhinein, 1991, wird diese Situation in dem Buch eines islamischen Aktivisten mit aller Schärfe verurteilt: Er sah in diesem Phänomen eine Verschärfung des Sektierertums und der Verfolgung persönlicher Interessen zum Schaden des Islam: »Die Gründung derart vieler Moscheen in Großbritannien spiegelt in keiner Weise die Verbreitung des Islam in diesem Land wider [...] Die Moschee ist zum Werkzeug eines Fanatismus geworden, der gegen jede andere Sekte zu Felde zieht, wobei sich die Macht jeder dieser Sekten gegen die anderen richtet [...] Sie dient Leuten, die nach Vorherrschaft streben, und nicht mehr dem Islam als Sprungbrett.«[28]

Nachdem man erkannt hatte, daß in anderen Städten das gleiche passierte, wurde diese Aufspaltung erstmals in Bradford überwunden. In dieser Stadt in Yorkshire, bis in die siebziger Jahre Hauptstadt der britischen Textilindustrie, stellten die ortsansässigen Fabriken, in denen die Lebens- und Arbeitsbedingungen an das 19. Jahrhundert gemahnten, nach dem Zweiten Weltkrieg billige Arbeitskräfte aus dem Lager der Einwanderer ein. Die erste Moschee wurde 1959 in einem heruntergekommenen Arbeiterviertel der Innenstadt, in einem Haus in der Howard Street gegründet.[29] Sie trat an die Stelle eines informellen Gebetskreises um einen pakistanischen Textilarbeiter, der ab 1955 als Imam einsprang und 1957 die Muslimische Vereinigung von Bradford gründete. Zu jener Zeit, als es noch keine Arbeitslosigkeit gab und die muslimischen Arbeiter an allen Werktagen in die Fabrik gingen, war die Moschee vor allem am Sonntag nachmittag ein beliebter Treffpunkt: Sie erfüllte die Aufgaben eines »Kulturzentrums«, in dem die beiden einzigen des Englischen Mächtigen ihren Kameraden als Übersetzer halfen, die Umschläge für die Briefe an ihre in der Heimat zurückgebliebenen Frauen und Kinder richtig zu adressieren.

Kino, Varieté, Kneipen und andere Zerstreuungen der englischen und irischen Arbeiter geben ihnen nichts: Das Gebet in der Gemeinde oder Gespräche sind ihre wichtigsten Freizeitbeschäftigungen. In der Nähe hat eine kleine pakistanische Konditorei mit Café aufgemacht; dort lagert im Keller in kaltem Wasser Fleisch, das *halal* ist, also von Tieren stammt, die auf einem Bauernhof in der Umgebung dem Ritus gemäß geschlachtet werden. Die hygienischen Bedingungen sind mangelhaft, aber um nichts in der Welt würden jene, die sich in den fünfziger Jahren in der Moschee versammeln, Fleisch aus einer englischen, nichtmuslimischen Metzgerei verzehren.[30] Dieses *halal*-Gebot, das ausschließlich und unerbittlich gilt, ist charakteristisch für indopakistanische Bevölkerungsgruppen, die sich in ihrer Heimat ebenso wie in der Fremde an die religiösen Vorschriften halten. Die strikte Meidung verbotener Nahrungsmittel ist bei den Muslimen aus dieser Weltgegend wie übrigens auch bei den Hindus ein entscheidendes Element der identitätsmäßigen Abgrenzung zwischen Gemeinschaften. In England sollte die Einhaltung des *halal*-Gebots in der Kantine und vor allem in den Speisesälen der Schulen eines der wichtigsten Themen bei der Festschreibung kommunitaristischer Identität im öffentlichen Bereich werden.

Anfang der sechziger Jahre war diese Identität noch fragmentarisch und auf sich selbst bezogen: Ab diesem Zeitpunkt findet die Zunahme der muslimischen Bevölkerung ihren Ausdruck in der Entstehung zahlreicher kleiner »Gettos«. Die Weigerung von Hausbesitzern, an »Pakis« zu vermieten, fördert diese Konzentration: Um zu einer Wohnung zu kommen, sehen die vom Subkontinent eingewanderten Arbeiter keine andere Lösung, als zusammenzulegen und billige, heruntergekommene Häuser in überalterten Arbeitervierteln zu kaufen. Zu einer Zeit, als keiner von ihnen ein Auto besaß, als ihre englische Umgebung ihnen fremd und unverständlich erschien, gründeten sie in den Innenhöfen Bradfords Gegenstücke zu ihren Dörfern, allesamt mit einem eigenen Gebetssaal. »Man hatte Angst davor, sich aus dem Viertel zu wagen, Angst davor, die Straße zu überqueren, Angst davor, angegriffen zu werden«, berichet ein alter, 1961 eingewanderter Arbeiter, dessen Ansicht nach seine Kameraden »vor allem unter sich bleiben wollten«. Und sie gingen nicht in die Moschee in der Howard Street, weil die zu weit entfernt war. Denn dann hätten sie sich, um das Abendgebet zu verrichten, nach dem Verlassen der Fabrik, wenn es schon dunkel war, in die düsteren und kalten Straßen einer irgendwie feindseligen Stadt wagen müssen. Aber über diese naheliegenden Gründe hinaus »gab es auch Streitigkeiten unter uns: Sie wollten nicht, daß nach dem Gebet die *durud* und das *salaam*[31] verlesen wurden« – die Anrufungen des Propheten, wie sie die Barelvi singen und die die Deobandi für eine unannehmbare Art des Götzendienstes halten.

Im Verlauf der sechziger Jahre entstehen in Bradford fünf Moscheen; wie in Birmingham spiegeln sie die Meinungsverschiedenheiten zwischen verschiedenen islamischen Strömungen, die geographische Herkunft ihrer Gläubigen und gleichzeitig den erneuten Zusammenschluß von Migranten aus jeder Region in weit voneinander entfernten Häuserblöcken, jeder mit seiner eigenen Andachtsstätte, wider.[32] 1963 wurde im Barelvi-Umkreis der bedeutendste islamische Verband Bradfords gegründet, die Jamiyat tabligh-ul islam (Vereinigung zur Verbreitung des Islam)[33], dessen Mitglieder alle aus der Region Mirpur in Kaschmir-Azad, Pakistan, stammen. Ihr Gründer ist der *Pir* »Syed Mahroof Hussain Shah Arif Naushahi«, Nachkomme einer einflußreichen Sippe der Bruderschaft – was sich an seinem Namen ablesen läßt –, bekannt als »Pir Mahroof«. Er entstammt einer Familie von Mystikern und Ulema, die angeblich auf den Propheten Muhammad zurückgeht. Als jüngstes seiner Geschwister schifft er sich jedoch 1961 als einfacher Arbeiter nach England ein und versucht wie Tausende seiner Landsleute dort sein Glück auf dem Arbeitsmarkt. Nach sechs Wochen in Birmingham, wo er keine Arbeit findet, kommt er mit einem Cousin nach Bradford; über verwandtschaftliche Beziehungen bekommt er eine Anstellung in einer Fabrik, in der er 25 Jahre lang arbeiten sollte. Mit einem starken Willen und außergewöhnlichem Charisma begabt, gelingt es ihm, ab 1962 das notwendige Kapital aufzutreiben, um sich in einem Haus am Southfield Square, einem Arbeiterviertel aus dem letzten Jahrhundert, einzuquartieren, in dem man seine Gebete auf Barelvi-Art verrichten kann. Die Hälfte wird bar bezahlt, der Rest in Monatsraten, jedoch »ohne gegen das islamische Verbot eines verzinsten Darlehens« zu verstoßen. Dort sammelt er seine »Landsleute« um sich, die ihm für den Kauf eines weiteren Hauses in der gleichen Straße, das in eine Moschee umgebaut werden soll, ihr Geld anvertrauen.

Der Southfield Square, den die Schüler Pir Mahroofs im Lauf der Jahre nach und nach in Besitz nehmen, ist eine Sackgasse, deren niedrige Häuser hufeisenförmig um ehemalige Arbeitergärten herum angeordnet sind, die jetzt verödet liegen. Da, wo zu Beginn des Jahrhunderts die englischen und irischen Proletarierfrauen Salat und Kartoffeln anbauten, gibt es heute nur noch Brachland, das nach Einbruch der Dunkelheit Umschlagsplatz für diverse »Gewerbe« (Drogenhandel und Prostitution) ist: Der Platz grenzt in der Tat an die Lamb Lane, das »heiße Viertel« von Bradford. Das Gemisch aus neugegründetem Barelvi-Dorf und Elendsvierteln der Postmoderne, aus Moscheen, Koranschulen, Straßenstrich, Junkies und illegalen Wettbüros zeigt krass den Zusammenprall zweier Kulturen – für die Aktivisten der Reislamisierung ein Argument, um die verderbte westliche Gesellschaft anzuprangern und die Tugenden des Islam, der belagerten Festung der Moral, zu preisen.[34]

Im Lauf der Jahre errichtete die von Pir Mahroof gegründete islamische Vereinigung dreizehn Moscheen in Bradford und einige andere dort, wo sich Einwanderer, die aus der gleichen Gegend in Pakistan stammten wie er, angesiedelt hatten. Sheffield, Coventry, aber auch Amsterdam und der Pariser Stadtteil Sentier sind Ziel des Bekehrungseifers einer 1973 gegründeten Bewegung, der World Islamic Mission (Weltweite Islamische Mission), mit der er eine Barelvi-Vorstellung des Islam verbreiten will. Sie beruft sich auf eine sehr enge Definition der muslimischen Identität[35], die weit entfernt von jeglicher Verfälschung durch die westlichen Gesellschaften ist, jedoch im gleichen Atemzug die gängigen islamischen Konkurrenzbewegungen bekämpft, ob sie nun vom saudischen Wahhabismus, vom politischen Islam Mawdudis[36] oder von den Deobandi beeinflußt sind.

Letztere sind aufgrund der ihrem Glauben innewohnenden Dynamik auch nicht untätig. Einer ihrer wichtigsten Vertreter, Sher Azam, der 1960 nach Bradford kommt, nachdem er zu Hause sein Studium abgebrochen hat und emigriert ist, beginnt als einfacher Textilarbeiter. Er besucht regelmäßig die Moschee in der Howard Street, lernt in Abendkursen Englisch, verhandelt als einer der ersten mit den örtlichen Behörden und übermittelt ihnen diverse spezifisch muslimische Forderungen: Er drängt sich ihnen als bevorzugter Vermittler auf und kümmert sich gleichermaßen um religiöse und geschäftliche Belange. Er wird einer der Hauptpropagandisten des Rats der Moscheen, dem er 1988/1989, während der Rushdie-Affäre, vorstand. Anfang 1988 wird er zum MBE (Member of the Order of the British Empire) ernannt; diese begehrteste britische Auszeichnung bestätigt ihn als angesehenen Bürger der Gemeinschaft. Seine geschäftlichen Aktivitäten gipfeln in der Gründung des ganz auf die Bedürfnisse einer muslimischen Kundschaft ausgerichteten Al Halal-Supermarkets.

Dieser Verbrauchermarkt, dessen Verkäuferinnen und Kassiererinnen eine Uniform mit Schleier tragen, ist eine 1985 gegründete islamische Genossenschaft. Sie verfolgt, so Sher Azam, drei Ziele. Zunächst profitieren Muslime, die seit den siebziger Jahren arbeitslos wurden, auf islamgemäße Weise vom Kapital der Kooperative, das aus den von ihnen in Form ihrer Abfindungen eingebrachten Anteilen besteht; andernfalls würden sich ihre Ersparnisse auf der Bank »verflüchtigen«, da ihre Religion ihnen verbietet, sie gewinnbringend – was gleichbedeutend mit Wucher (*riba'*) wäre – anzulegen. Sodann stellt das Unternehmen den Jugendlichen der Gemeinschaft, die ebenfalls mit dem Problem Beschäftigungslosigkeit konfrontiert sind, Arbeitsplätze zur Verfügung (1993 hat es etwa vierzig Lohnempfänger). Schließlich ist es ein Einrichtung, in der »man im Vertrauen darauf, daß es *halal* ist, einkaufen kann« – im Gegensatz zu anderen Supermärkten am Ort.[37]

Die kommunitaristische Grundeinstellung nimmt in diesem Fall in einer Aufteilung des Marktes Gestalt an: Die *halal*-Vorschrift bietet die Gelegenheit, eine Bevölkerungsgruppe praktisch autark funktionieren zu lassen, die ihr Geld »islamgemäß« in dem Unternehmen anlegt, von der Beschäftigung »islamischer« Kassiererinnen, die einen Schleier tragen, profitiert und »islamische« Nahrungsmittel verzehrt. Ausgehend von dem Erlaß religiöser Verbote und der Organisation von um die ersten Moscheen gruppierten Gemeinschaften findet ein auf alle Lebensbereiche übergreifender Prozeß der Identitätsbestimmung statt. Die Forderung nach strikter Einhaltung der Regeln des *halal*-Gebots an die muslimischen Kinder in den Schulen hilft schließlich den verschiedenen islamischen Strömungen in Bradford, auf diesem kleinsten gemeinsamen Nenner ihre Meinungsverschiedenheiten beizulegen. Von einer Situation des auf sich selber bezogenen, rund um die Arbeitermoscheen herum aufgesplitterten Kommunitarismus gehen sie zu der Forderung nach einer eigenen Identität über, die als solche im öffentlichen Bereich anerkannt wird. Dieser Prozeß setzt zu Beginn der siebziger Jahre ein, als zahlreiche Kinder das schulpflichtige Alter erreichen. In diesem Sinne sollte es zu einer Schlacht kommen, in deren Verlauf es den Führern der Gemeinschaft in vielen Fällen gelingt, ihre Ansichten auf kommunaler Ebene durchzusetzen – ehe die Rushdie-Affäre die islamische Selbstbestätigung in England zu einer nationalen Frage macht.

Die islamische Erziehung: erste Scharmützel

In Frankreich versteht sich das Erziehungswesen der Republik als Schmelztiegel der nationalen Identität, als der Ort schlechthin, an dem die individuellen Unterschiede der Kinder der gemeinsamen Zugehörigkeit zu einer laizistischen Nation untergeordnet werden. Die Schule will gleiche Staatsbürger heranbilden, die sich auf ein gemeinsames Wertsystem berufen; in das hat sich der religiöse Bereich nicht einzumischen, da er als dem Privatleben zugeordnet aufgefaßt wird. Das britische Erzeihungssystem folgt einer anderen Logik, die die Trennung von Staatsbürgerschaft und Nationalität widerspiegelt.

Englands staatliche Schulen sind nicht »laizistisch« im französischen Sinn des Wortes; zum Lehrprogramm gehört eine religiöse Unterweisung (*religious education* oder *RE*); darin kommt die Tatsache zum Ausdruck, daß es in diesem Land eine Staatsreligion (*established*) gibt, deren Oberhaupt der Souverän des Staates ist: die Kirche von England. Das Gesetz zum Erziehungswesen aus dem Jahr 1944 (einer Zeit, als es in Großbritannien noch kaum Muslime gab) bestimmt, daß der Unterricht für die Schüler mit einer »Versammlung« beginnt, bei der aus der Bibel und den Evangelien vorgelesen wird – auf diese Weise setzt sich die christliche Identität über die Vermittlung der Schule in den Bereich des öffentlichen Lebens fort und ist faktisch ein Element der Erziehung zum Staatsbürger. Parallel zu diesem staatlichen Schulsystem gibt es halbprivate, der Kirche von England oder katholischen beziehungsweise jüdischen Vereinigungen angegliederte Konfessionsschulen, die mit dem Staat, der im wesentlichen die Kosten übernimmt und dafür eine Reihe von Bedingungen stellt, einen Vertrag geschlossen haben (*voluntary-aided schools*). Dazu kommen noch Privatschulen, die vom Staat keine Unterstützung erhalten (*independent schools*) und deren Prunkstücke die *public schools* sind.

Als gegen Ende der sechziger Jahre die ersten Kinder muslimischer Familien in englische Schule kamen, sahen sich die Arbeitermoscheen und lokalen islamischen Vereinigungen einer kulturellen Herausforderung von ungeheurer Tragweite gegenüber: Welche Folgen würde die Sozialisierung der Schüler in der »offenen Gesellschaft« haben, in der sie mit englischen Kindern ihres Alters zusammentrafen, während ihre Familien unter sich blieben und in einem vom Raj ererbten Prozeß der inneren Hedschra spezifische Werte und Einstellungen an sie weitergaben? Riskierten die Kinder nicht eine Verfälschung und Auflösung ihrer islamischen Identität, wenn sie sich mit einer mehrheitlich nichtmuslimischen Gesellschaft vermischten, die nicht mehr hinduistisch, wie auf dem Subkontinent, sondern fortan englisch war?

Auf diese Befürchtungen reagierte der britische Staat 1966 in Form einer Stellungnahme des Labour-Innenministers Roy Jenkins. Er verkündete, es gehe nicht darum, die Einwanderer zu assimilieren; Großbritannien sei eine pluralistische Gesellschaft, die eine Förderung der kulturellen Vielfalt in ihrem Schoß als Bereicherung betrachte. Gemäß einem speziellen Budgeterlaß (*section 11*) erhielten die örtlichen Behörden Kredite zur Finanzierung aller Aspekte dieser »multikulturellen Entfaltung«, insbesondere der Erlernung der Muttersprachen sowie der Beibehaltung der Sitten und Gebräuche. Diese Einstellung galt damals als fortschrittlich und links im Gegensatz zur Haltung einer konservativen Rechten, die eines geheimen, mit einer Abwertung der »minderwertigen« Kultur der Einwanderer einhergehenden Rassismus verdächtigt wurde. Auf lange Sicht war jedoch die Begeisterung für die multikulturelle Gesellschaft gar nicht so weit entfernt vom alten Kommunitarismus des Empire – wie fortschrittlich sich die Labour-Führer jener Zeit auch vorkommen mochten.[38] Sie begünstigte das Emporkommen von Führern diverser Gemeinschaften, und diese schwangen sich zu Vermittlern zwischen dem Staat und ihren Glaubens- oder Rassenbrüdern auf, dic dadurch in ihrer radikalen Andersartigkeit im Vergleich zur Gesamtgesellschaft bestätigt wurden.

In der Tat wurde im gleichen Jahr 1966 der Muslim Educational Trust (MET) gegründet. Dieses »muslimische Erziehungskartell«, das aus der von Mawdudi inspirierten Bewegung hervorging[39], wird von einem bengalischen Akademiker, einem diplomierten Volks- und Betriebswirt geleitet, der seine ganze Kraft und Energie der weltweiten Verbreitung des Islam weiht. Die vielen von ihm verfaßten Broschüren definieren Formen und Inhalt einer Erziehung, die eine spezifisch islamische kulturelle Identität lebendig halten, um zu verhindern, daß muslimische Kinder in ihrem gesellschaftlichen Umfeld aufgehen. Sie geben eine Position wieder, auf die sich verschiedene islamische Verbände einigten, als sie mit den britischen Erziehungbehörden zu verhandeln begannen.

Laut MET geht es zunächst um die »Bewahrung und den Schutz der besonderen (*distinct*) muslimischen Identität der muslimischen Kinder«, die den Einflüssen der »übermäßig toleranten« westlichen Gesellschaft, welche in erster Linie durch »die Flut von Veröffentlichungen obszöner Natur« charakterisiert ist, ausgesetzt sind. In der Tat wird das muslimische Kind zwischen zwei Welten hin und her gerissen: der häuslichen, in der es im Prinzip gemäß den Geboten des Islam lebt, und der der Schule, wo es mit der »materialistischen Kultur des Abendlandes, zerbrochenen Familien, sexueller Promiskuität, Alkoholismus und Sittenlosigkeit« in Berührung kommt. Nun ist aber in England der Islamunterricht, mit dem diese besondere Identität muslimischer Kinder aufrechterhalten und vor dem Zugriff der permissiven und materialistischen Gesellschaft bewahrt werden soll, laut MET ungenügend. In den Moscheen, in die die Kinder allabendlich und am Wochenende geschickt werden, haben die durch und durch von der Kultur des heimatlichen indischen Subkontinents geprägten Imame im allgemeinen keine Vorstellung von den Realitäten und den Herausforderungen des Alltags in Großbritannien und beherrschen das Englische kaum oder gar nicht; sie tun ihr Bestes, können aber nicht wirklich auf die Bedürfnisse der Kinder eingehen.[40] In der staatlichen Schule ist der Lehrplan, vor allem in den Fächern Geschichte und Englisch, christlich beeinflußt. Zudem werden an immer mehr britischen Schulen Jungen und Mädchen gemeinsam unterrichtet; nun hat aber »Allah den Mann und die Frau nicht gleich geschaffen, folglich fordert der Islam, daß Jungen und Mächen getrennt erzogen werden«: Die muslimischen Eltern müssen daher Druck ausüben, um zu erreichen, daß möglichst viele Mädchenschulen erhalten bleiben. Die Schuluniform – in England nach wie vor Pflicht – darf den muslimischen Mädchen nicht aufgezwungen werden: Sie müssen das islamische Gewand (Schleier, Hose, langes Kleid) tragen, das aus einem Stoff in den Farben der Schuluniform geschneidert sein kann. Im Speisesaal müssen die Muslimkinder Mahlzeiten bekommen, die *halal* sind, und dieses Gebot muß strengstens eingehalten werden: Sie dürfen nicht nur kein Schweinefleisch essen, sondern nur Fleisch von Tieren, die unter Nennung des Namens Allahs geschächtet wurden. Schließlich muß für die muslimischen Schüler in den Schulen den ganzen Tag über ein Gebetssaal geöffnet sein, damit sie mittags und nachmittags ihre täglichen Pflichtgebete (*zuhr* und *'asr*) verrichten können; am Freitag muß dem Kind erlaubt werden, nicht in die Schule zu gehen, damit es am großen Gemeinschaftsgebet teilnehmen kann, außer ein Imam kommt eigens zu diesem Zweck in die Schule.[41]

Damit sind zwei Kategorien von Forderungen formuliert: Einerseits sind besondere Vorkehrungen zu treffen, damit die muslimischen Kinder die Gebote des Islam strikt einhalten können; zu diesem Zweck müssen sie von einer Reihe gemeinsamer Regeln ausgenommen werden; zum anderen müssen die eigentlichen Lehrinhalte wie auch das Leben in der Schule geändert werden, die von der übermäßigen Toleranz und der christlichen Ideologie gleichermaßen durchdrungen sind. Damit sie diesen Kampf führen konnten, mußten die betroffenen islamischen Vereinigungen sich dort, wo sie schließlich ihre größten Erfolge verbuchen konnten, zusammenschließen, um Druck auf die Behörden auszuüben. Beginnend mit einer Mobilisierung wegen des *halal*-Gebots in einer ersten Phase, wurde die Frage der islamischen Erziehung zu einem Fixpunkt der Identität ihrer Gemeinschaft. Sodann wurden diese Forderungen von den »Vertretern muslimischer Minoritäten« in den politischen Bereich getragen, als sie sich auf kommunaler Ebene am politischen Leben zu beteiligen begannen; oft stammten sie aus dem Dunstkreis der Moscheen und spielten eine wichtige Rolle als Vermittler, indem sie dieser oder jener Partei im Austausch gegen eine Unterstützung von Forderungen, die die spezifisch islamische Kultur stärkten, die Stimmen ihrer Wählergruppe sicherten.

Kommunitarismus und Wahltaktik

Das britische System erwies sich in der Tat, eben aufgrund der extremen Dezentralisierung des Erziehungswesens und des Gewichts, das die politischen Parteien auf kommunaler Ebene den »ethnischen Stimmen« der in Großbritannien »registrierten« – und damit wahlberechtigten – Muslime vom indischen Subkontinent beimaßen, als besonders durchlässig für derlei Forderungen.

Das Erziehungswesen fällt in den Aufgabenbereich örtlicher Behörden; die LEA (Local Education Authorities) sind für den Unterrichtsablauf, die Auswahl der Lehrbücher, die Einstellung von Lehrkräften und so weiter zuständig.[42] Sie sind ihrerseits in hohem Maße von den kommunalen Instanzen abhängig. Nun spekulierten in englischen Städten mit einem hohen muslimischen Bevölkerungsanteil die großen politischen Parteien auf ein einheitliches Wählervotum dieser Gruppe, die für die Empfehlungen der aus dem Netzwerk der Moscheen hervorgegangenen Führer der Gemeinschaften besonders empfänglich war. Sprachen diese doch eine Bevölkerungsgruppe an, die das Englische kaum beherrschte und zu deren idealen Vermittlern sie sich aufschwangen; als solche setzten sie die Gegebenheiten der politischen Auseinandersetzung in Großbritannien in Kategorien um, die es ihnen erlaubten, ihre eigene Rolle herauszustreichen.

Das Bild, das diese Bevölkerungskreise sich traditionellerweise von der Konservativen Partei machten, war das einer »Anti-Einwandererpartei«, für deren Rhetorik die heftigen Schmähtiraden eines Enoch Powell, mit denen er die Wähler der »weißen« Arbeiterschaft ansprach, charakteristisch waren. Folglich gaben die Wähler der »Minderheiten« die gesamten achtziger Jahre hindurch ihre Stimmen geschlossen der Labour Party[43], die sie um so dringender brauchte, als ihr traditioneller Wählerstamm, der sich aus der Arbeiterschaft rekrutierte, nicht zuletzt deshalb abbröckelte, weil er dem Populismus der Thatcher-Regierungen erlag. In Birmingham und Bradford war dieser »ethnische« Stimmblock nahezu gleichbedeutend mit einer muslimischen Wählerschaft; dazu kamen noch Hindus, Sikhs und Kariben. In Birmingham bezeichneten sich, so die Zählung von 1991 (die erste, bei der nach der ethnischen Zugehörigkeit gefragt wurde), 6,9 Prozent der Bevölkerung als pakistanisch, 1,3 Prozent als bengalisch; dazu kamen eine unbestimmte Anzahl Muslime, darunter 5,3 Prozent Inder – insgesamt waren es also 21,5 Prozent »Nichtweiße«. In sieben Bezirken des alten Stadtzentrums stellten Pakistani und Bengalen zwischen 23 und 43 Prozent der Bevölkerung.

Bis 1984 wurde Birmingham von den Konservativen regiert. Bei den Wahlen in diesem Jahr siegte die Labour Party, die von einer massiven Mobilisierung der »Minderheiten«, für die sie sich in ihrem Parteiprogramm einsetzte, profitierte. Der neue Stadtrat gründete eine »Abteilung für Rassenbeziehungen und Chancengleichheit«, deren Aufgabe es war, Kontakt mit den »schwarzen« Verbänden aufzunehmen – ein Begriff, der im antirassistischen Vokabular alle Personen bezeichnet, die aufgrund ihrer ethnischen Zugehörigkeit, ihrer Rasse, ihrer Religion oder ihrer Hautfarbe diskriminiert werden; dazu zählen außer Schwarzen und Indopakistani auch Ost- und Südeuropäer. Ziel dieser Behörde war es, die Forderungen dieser Organisationen zusammenzutragen und Maßnahmen einer positiven Diskriminierung zu ihren Gunsten einzuleiten, indem man vor allem eine Quote von 20 Prozent der städtischen Stellen für die »Schwarzen« festlegte.[44]

Die Unruhen, die 1985 in Handsworth, einem Viertel in Birmingham, ausbrachen, wo es vor allem zwischen jungen Kariben und kleinen indopakistanischen Kaufleuten zu gewaltsamen Auseinandersetzungen kam, zerstörten das Bild einer einheitlichen »schwarzen« Gemeinschaft. Sie bestärkten jedoch die Stadtverwaltung in ihrer Haltung, so schnell wie möglich Vermittler zwischen sich und den »Minoritäten« zu finden, deren unsichere soziale Lage den öffentlichen Frieden zu gefährden drohte. Soweit es die Muslime betraf, stützten die örtlichen Behörden sich vor allem auf das Netzwerk der Moscheen.

So hatte in Dudley, einem Vorort Birminghams, die barelvisch orientierte muslimische Vereinigung 1977 mit Mitteln eines kuwaitischen Spenders der Kirche von England ein Schulhaus abgekauft, das sie in eine Moschee und ein Gemeindezentrum umwandelte. Dort werden sämtliche Bedürfnisse der muslimischen Bevölkerungsgruppe, einer von der Geburt bis zum Tod zusammengeschweißten Gemeinschaft, erfüllt – vom *halal*-Kinderhort bis zu einem Leichenschauhaus, in dem die islamischen Normen gelten. Die eigentliche Moschee wird ebenso wie die religiöse Unterweisung der Kinder durch Spenden der Gläubigen finanziert; davon ausgenommen ist der Minibus, der die Schüler zum Unterricht bringt und einschließlich der Entlohnung für den Chauffeur aus öffentlichen Mitteln subventioniert wird. Die karitativen Dienstleistungen des Zentrums bezahlen der Staat (zu 75 Prozent) und die Gemeinde; einer der Angestellten – der übrigens Stadtrat ist – hat die Aufgabe, den Bedürfnissen und speziellen Forderungen der muslimischen Gemeinschaft in allen Bereichen, die etwas mit der Rechtsprechung, der Einwanderung und so weiter zu tun haben, Gehör zu verschaffen. Ein anderer, für das Schulwesen zuständiger Angestellter erklärt den Lehrkräften die islamischen Regeln, an die sich die Schüler, insbesondere die Mädchen, halten müssen. Da sie sowohl die englische wie auch die jeweilige Muttersprache der Eltern beherrschen, die selbst oft kaum Englisch sprechen, kommt ihnen eine entscheidende Rolle als Vermittler zu. 1993 ist der für die Abteilung für Rassenbeziehungen in der Stadtverwaltung von Birmingham zuständige Beamte ein ehemaliger Sekretär des Komitees der Moschee von Dudley: Auf diese Weise kann die islamische Gemeinschaft direkten Einfluß auf die für die »Minoritäten« zuständigen städtischen Stellen nehmen.

In Golden Hillock, einem Viertel in Birmingham, das zum

Wahlkreis des Abgeordneten Roy Hattersley gehört, der lange Zeit »beigeordneter Führer« der Labour Party war, ragt über einem Autobahnkreuz auf dem Weg zum Flughafen die Kuppel einer eindrucksvollen Moschee auf. Sie krönt einen ganzen Gebäudekomplex, der sozialen und kultischen Zwekken dient und von einem barelvischen *Pir*, Sufi Abdallah, geleitet wird, einer Persönlichkeit, die Charisma mit einer beeindruckenden physischen Präsenz verbindet. Als er in den achtziger Jahren – als Reaktion auf die Vormachtbestrebungen der »Zentralmoschee« in der Belgrave Road[45] – mit dem Bau seines sozialreligiösen Komplexes begann, richtete Sufi Abdallah in den an die Moschee grenzenden Gebäuden Schneiderateliers und Ausbildungszentren ein, deren soziale Leistungen um so mehr geschätzt werden, als sie kein »laizistisches« Äquivalent haben. Diese von der städtischen Verwaltung massiv subventionierten Zentren ziehen Jugendliche, Frauen und Arbeitlose an, die nur ein paar Meter zu gehen brauchen, um in der Moschee zur gefügigen Herde des wohltätigen Scheichs zu werden. In den Gebäuden ist auch ein *job club* untergebracht, der für die muslimischen Bevölkerungsgruppen die Funktionen eines Arbeitsamtes erfüllt. Als wir der Moschee einen Besuch abstatteten, fegte gerade ein (muslimischer) Freigänger den Boden; die Gefängnisverwaltung überließ ihn tagsüber der islamischen Vereinigung zur Verrichtung derlei Aufgaben.

Für den Abgeordneten des Bezirks, Roy Hattersley, ist diese Art von Unternehmen, in dem sich öffentliche Finanzierung mit der privaten Initiative der Gemeinschaft verbindet, die angemessene Lösung, damit noch stark von ihrer traditionellen Kultur geprägte Menschen sich das Wissen und die Fähigkeiten aneignen sowie die Hilfe und Dienste in Anspruch nehmen können, die ihnen von den üblichen britischen Institutionen nicht gewährt werden. So wollte der Abgeordnete eine veraltete Ambulanz in seinem Viertel schließen, um seine Wähler in den Genuß der ärztlichen Versorgung in den modernen Kliniken in der Stadt kommen zu lassen. Er mußte diese Absicht aber wieder aufgeben, da in der lokalen Ambulanz, so mittelmäßig sie auch war, muslimische Krankenschwestern und Ärzte arbeiteten, die die verschiedenen Sprachen beherrschten und die Sitten und Gebräuche, vor allem die Regeln des weiblichen Schamgefühls kannten. Ähnlich erging es ihm mit seinen Vorschlägen, Bewohner ungesunder Behausungen in Wohnungen besserer Qualität unterzubringen, die jedoch in Vierteln lagen, deren Bewohner meist keine Muslime waren: sie wurden oft zurückgewiesen: Im Getto der jeweiligen Gemeinschaft können die Frauen, die in den seltensten Fällen Englisch sprechen, das Haus verlassen, zum Einkaufen gehen und einander besuchen. Aber diese Verhaltensweisen werden, so Hattersley, mit dem Nachrücken der neuen Generationen allmählich verschwinden, die alle die englische Sprache beherrschen.

Jedenfalls fördert die wechselseitige Durchdringung der sozialen Dienste und des Netzwerkes von Moscheen das Auftreten eines bestimmten Typs von Führern, in deren ureigensten Interesse es liegt, die Geschlossenheit der Gemeinschaft aufrechtzuerhalten, da sie dadurch zu den obligaten Vermittlern zwischen den öffentlichen Institutionen und Bevölkerungsgruppen werden, deren Eigenart durch die offiziell als multikulturell definierte Politik noch besonders betont wird. Im eigentlichen politischen Bereich ist das kommunitaristische Phänomen ebenfalls sehr augenfällig. In eben diesem Wahlkreis Birminghams sind 600 von 800 Aktivisten der Labour Party »Muslime«, während die Zählung von 1991 nur knapp 40 Prozent der dortigen Bevölkerung vom Soziologischen her als muslimisch (Pakistani und Bengalen) ausweist. Für Hattersley ist diese starke Vertretung in der Labour Party »nicht ideologisch« bedingt, und die meisten muslimischen Aktivisten seines Bezirks wüßten wohl kaum zu sagen, was »Labour« bedeutet oder wie das Programm der Partei aussieht. Seiner Ansicht nach sind sie eingetreten, weil Labour für sie die Partei ist, die in den Bereichen Wohnung, Beschäftigung, Einwanderung und so weiter ihre speziellen Interessen vertritt. Die muslimischen Stadträte des Bezirks werden auf der Grundlage alter Treueverpflichtungen gewählt, aus denen ihre Familien schon zu Hause, in der pakistanischen Region Mirpur, ihren Nutzen zogen. Sie wurden nach England übertragen im Rahmen einer Arbeiterpartei, in der der Anteil der »weißen« Arbeiterschaft allmählich zurückging und der die Führer der Gemeinschaften frische Bataillone neuer Wähler zuführen. Dennoch sind ihm, so Hattersley, als Abgeordneten keineswegs durch irgendwelche Verpflichtungen gegenüber einem kommunitaristischem Block die Hände gebunden: Die Imame, die Führer der Moscheen, die Leiter der Vereinigungen haben viel zu widerstrebende Interessen, um als Lobby fungieren zu können.[46]

Im benachbarten Bezirk Small Heath, in dem die ethnische Zusammensetzung vergleichbar ist, bestimmte die Labour-Sektion für die Wahlen 1987 einen muslimischen Stadtrat, den Schatzmeister der »Zentralmoschee« in der Belgrave Road, als Kandidaten für einen »sicheren« Sitz im Unterhaus. Die internen Regeln der Partei, die den *trade-unions* (Gewerkschaften) ein Einspruchsrecht bei den Kandidaten einräumen, machten es jedoch möglich, daß schließlich ein »weißer« Kandidat aufgestellt und gegen seinen muslimischen Gegner von der Konservativen Partei gewählt wurde. Um sich die Unterstützung der Muslime zu sichern, verlegte dieser von oben eingesetzte Labour-Kandidat sein Büro ins Erdgeschoß einer von Mawdudi-Schülern geleiteten Moschee[47], deren Beziehungen zur Moschee in der Belgrave Road bekanntermaßen frostig sind.

Jeden, der an die Trennung von Kirche und Staat gewöhnt ist, wird an der Fassade dieser Moschee in der Coventry Road, einer Hauptverkehrsstraße Birminghams, ein Schild überraschen mit der Aufschrift, daß sich hier auch das *political office* des Abgeordneten des Bezirks befindet. Noch erstaunter wird er sein, wenn er hört, daß der fragliche Abgeordnete der Labour Party angehört, während die Moschee einer islamischen Strömung zuzuordnen ist, der, von Mawdudi bis zu den Muslimbrüdern, der Sozialismus in allen Spielarten seit jeher verhaßt ist. Um die Äußerung Hatterleys aufzugreifen, diese Situation ist zumindest »nicht ideologisch«. Sie symbolisiert auf bemerkenswerte Weise, wie sich religiöser Kommunitarismus mit Stimmenfang verbinden kann, wenn ein Kandidat für das Parlament in Westminster die Unterstützung einer Moschee gegen eine andere suchen muß.

Nun war für die meisten Führer islamischer Gemeinschaften, ehe es 1988 zur Rushdie-Affäre kam, der Zugang zum politischen Bereich kein Selbstzweck, sondern schlicht und einfach ein Mittel, um ihre Machtposition und ihren Einfluß bei möglichst vielen ihrer Glaubensbrüder zu festigen. Eines der wichtigsten Themen in diesem Bereich ist das Unterrichtswesen. Seine Kontrolle, die Weitergabe der Identität der muslimischen Gemeinschaft an die junge Generation, bedeutet sicherzustellen, daß diese nicht in dem jeweiligen gesellschaftlichen Umfeld aufgeht, denn damit riskierten die Führer, ihren Einfluß zu verlieren, da so ihre Funktion als Vermittler und ihre eigene Machtposition in der britischen Gesellschaft bedroht wären. Im Verlauf der Kampagne zu den Parlamentswahlen 1987 wurde, vor allem in Birmingham[48], ein Prospekt mit dem Titel *The Muslim Vote* (»Wie ein Muslim wählt«) verteilt, in dem die Muslime in Englisch, Urdu, dem Dialekt des Gujarat und Bengalisch aufgefordert wurden, ihre Stimme nur den Kandidaten zu geben, die die vom MET formulierten Forderungen in Sachen Erziehung unterstützten (und akzeptierten, daß die Muslime in England einen eigenen personenrechtlichen – islamischen – Status hätten).[49]

Damit sind wir beim Kern der Definition der Art von Staatsbürgerschaft, die die Schule fördern will: Gibt es denn in einem nichtlaizistischen Schulsystem überhaupt eine andere Möglichkeit als die teilweise oder völlig getrennte Erziehung von Schülern unterschiedlicher Religionen? In Bradford ermöglichte das Thema Schule die Schaffung der effizientesten islamischen Interessengruppe in England, des Rats der Moscheen; er stellte eine wichtige Etappe auf dem Weg zur kommunitaristischen Organisation des Islam dar, noch ehe der Rat eine ausschlaggebende Rolle in der Rushdie-Affäre spielte.

Der Rat der Moscheen in Bradford

In dieser Stadt ist 1991 einer von zehn Einwohnern Muslim, und 9,5 Prozent der Wahlberechtigten kommen vom indischen Subkontinent.[50] 1992 wurden dort elf muslimische Stadträte gewählt, die alle der Labour Party angehörten. Einer von ihnen, Muhammad Ajeeb, war 1985/1986 der erste »farbige« Oberbürgermeister in England. Nun waren für die Wähler dieser Stadträte Fragen der Erziehung von ausschlaggebender Bedeutung; bereits 1973 hatte ein »unabhängiger muslimischer Kandidat«, der für die Beibehaltung von Mädchenschulen und gegen gemischte Schulen kämpfte, in einem »ethnischen« Viertel dem »weißen« Abgeordneten der Labour Party genügend Stimmen abgenommen, so daß dessen konservativer Gegner gewählt wurde.[51]

Der im September 1981 geschaffene Rat der Moscheen sollte nach dem Willen seiner Gründer Sprachrohr der »muslimischen Gemeinschaft« sein und ihre Forderungen nach Bewahrung ihrer spezifischen Identität, so wie die islamischen Vereinigungen und die örtlichen Moscheen sie definierten, durchsetzen. Der aus Vertretern der einzelnen Moscheen bestehende Rat wollte die Meinungsverschiedenheiten zwischen Barelvi, Deobandi und anderen Bewegungen überwinden und trug bei seinen Verhandlungen mit den Behörden Forderungen vor, die alle Muslime akzeptieren konnten. Die Behörden erkannten den Rat als bevollmächtigten Gesprächspartner an, gewährten ihm beträchtliche Subventionen und wiesen ihn an, im Auftrag des Stadtrats speziell für Muslime bestimmte Sozialprogramme durchzuführen (Altersheime, Arbeitsvermittlung, Personal für die Moscheen und die islamische Verbände und so weiter), die etwa fünfzig Personen beschäftigten.[52] Wie in Birmingham übertrugen die örtlichen Behörden einer konfessionellen Vereinigung bestimmte soziale, auf eine genau festgelegte, durch ihre Zugehörigkeit zu einer Gemeinschaft definierte Bevölkerungsgruppe zielende Funktionen.

So gelang es dem Rat der Moscheen als Gegenleistung für seine Vermittlerfunktion seine Vorstellungen über die Erziehung muslimischer Kinder in den Schulen von Bradford durchzusetzen. 1982 erließ der städtische Ausschuß für das Schulwesen Anweisungen für Schüler, die Gemeinschaften ethnischer Minderheiten angehörten. Sie verliehen Forderungen Gesetzeskraft, die auf Bewahrung der spezifischen Identität der muslimischen Kinder abzielten: In den von ihnen besuchten Schulen mußte ein Gebetssaal eingerichtet werden, in dem ein vom Rat der Moscheen bevollmächtigter Imam die Freitagspredigt halten konnte. Die Eltern sollten das Recht haben, ihre über zehnjährigen Töchter von allen schulischen Aktivitäten befreien zu lassen, bei denen ein gemischter Unterricht dem Islam zuwiderlief (Sport, Tanz, Schwimmen, Theater). Die Kinder durften ein islamisches Gewand tragen, solange es die Farben der Schule hatte. Schließlich befaßten sich die örtlichen Behörden mit der Möglichkeit, den muslimischen Kindern Mahlzeiten servieren zu lassen, die *halal* waren.[53]

Die Frage des »reinen« Fleisches in der Schule bot 1983 dem Rat der Moscheen die Gelegenheit zu einer ersten öffentlichen Machtdemonstration. Im Januar dieses Jahres hatte eine »Muslimische Elternvereinigung«, die nichts mit dem Rat der Moscheen zu tun hatte und »radikaler« war als dieser, gefordert, in Bradford fünf öffentliche Schulen mit mehrheitlich muslimischen Schülern in vertragliche Konfessionsschulen (*voluntary-aided schools*) umzuwandeln, deren Organisation und Lehrplan sie überwachen würden. Die örtlichen Behörden wollten diese Schulen nicht aus dem staatlichen Schulsystem ausgliedern, machten sich jedoch Sorgen wegen der Unterstützung, die diese Vereinigung bei der muslimischen Bevölkerung fand, und erklärten sich daher eiligst zu Konzessionen bereit, um die vom Rat der Moscheen aufgestellten Forderungen in den staatlichen Schulen umzusetzen: Mit Beginn des nächsten Schuljahres erhielten die ersten muslimischen Schüler zum Mittagessen in der Schule Fleisch, das *halal* war. Tierschützer bezeichneten daraufhin die rituelle Schlachtung als grausam; in diesem Punkt fanden sie von seiten verschiedener Persönlichkeiten Unterstützung, die wiederum von den »Antirassisten« beschuldigt wurden, ihre

Tierliebe nur unter Beweis zu stellen, um mit diesem Vorwand ihren Haß gegen die Muslime im besonderen und die »Schwarzen« im allgemeinen zu bemänteln.

Die Affäre wurde zu einem wichtigen Thema der Lokalpolitik, und im März 1984 wurde in einer Plenarsitzung des Stadtrats darüber diskutiert. Aus diesem Anlaß organisierte der Rat der Moscheen einen Unterrichtsstreik der muslimischen Schüler Bradfords: 10 000 von ihnen gingen nicht in die Schule, und viele nahmen mit ihren Eltern an einer Demonstration vor dem Ratshaus teil, während dort die Debatte stattfand, in deren Verlauf ein muslimischer Stadtrat seine Kollegen davon in Kenntnis setzte, jede Infragestellung der Verordnungen über das »reine« Fleisch in der Schulspeisung »würde von der muslimischen Gemeinschaft als schändlich und als voreingenommen aufgefaßt«. Die Abstimmung ergab eine große Mehrheit zugunsten des »reinen« Fleisches.[54]

Der Schulkrieg, englische Variante

Kaum hatte er diesen Sieg davongetragen, sah sich der Rat der Moscheen in eine andere Kontroverse verwickelt, die nationale Tragweite annahm.[55] Ihr Protagonist, ein Schuldirektor in Bradford, Ray Honeyford, war für eine Schule zuständig, in der 90 Prozent der Schüler vom Subkontinent stammten, in der Mehrzahl Muslime. Honeyford selber kam aus sehr ärmlichen Verhältnissen: Von Jugend auf hatte er arbeiten müssen und sich in Abendkursen zum Lehrer und schließlich Direktor dieser Schule qualifiziert.

1982 beauftragte man den *self-made man*, in seiner Schule in Bradford die von den örtlichen Behörden erlassenen Anordnungen für die »Erziehung zu einer multikulturellen Gesellschaft« umzusetzen. Er war völlig dagegen: Seiner Ansicht nach sollten alle Kinder die gleiche Ausbildung erhalten; ein kultureller Relativismus verringere nur die Chancen ihrer gesellschaftlichen Integration. Weder was den christlichen Gehalt des Religionsunterrichts noch was die Schulspeisung der Kinder betreffe, dürfe man irgendwelche Kompromisse schließen – die dem *halal*-Gebot entsprechende Schlachtung schien ihm Beweis genug für eine Grausamkeit zu sein, die den Werten, die die Schule doch vermitteln sollte, zuwiderlief. Honeyford weigerte sich, an seiner Schule den Anweisung der örtlichen Behörde Folge zu leisten und legte seine pädagogischen Vorstellungen in etlichen Zeitungen dar, darunter in einer Zeitschrift, die dem konservativsten Kreis um Mrs. Thatcher nahestand, *The Salisbury Review.*

Im März 1984 macht die populäre Tageszeitung von Bradford, die *Yorkshire Post*, Auszüge aus einem seiner Artikel, »Education and Race, an alternative view« (Erziehung und Rasse: eine andere Sichtweise)[56] einer breiten Öffentlichkeit zugänglich. Darin wendet sich der Schuldirektor gegen die Angewohnheit pakistanischer Eltern, ihre Kinder monatelang vom Unterricht fernzuhalten, um sie zu Verwandtenbesuchen mit nach Pakistan zu nehmen. Diese im Namen der »multikulturellen« Konzeption in Bradford in Mode gekommene Praxis hat seiner Meinung nach verheerende Folgen für den Lernerfolg der betroffenen Schüler. Zumal da Pakistan ein Land ist, das Honeyford, der in ihm »der Welt Hauptumschlagplatz für Heroin« sieht, Entsetzen einflößt und (zu jener Zeit) von einem Diktator regiert wird, der den Premierminister, den er gestürzt hatte, ermorden ließ.[57] Er kommt zu dem folgenden Schluß: »Wie können die Staatsbürger eines solchen Landes mit einer derartigen Verbissenheit die simple Forderung des britischen Systems in Frage stellen, daß alle Eltern ihre Kinder regelmäßig in die Schule schicken?«

Die Verbreitung dieser Ideen in der lokalen Presse löste heftige Reaktionen aus. Zunächst kam eine »antirassistische« Front zustande, in der sich vor allem die wichtigsten Führer des Rats der Moscheen sowie Aktivisten der extremen Linken zusammentaten: Sie forderten die Entlassung Honeyfords und verfaßten eine Denkschrift, die die Hälfte der Eltern, deren Kinder diese Schule besuchten, unterzeichneten oder, sofern sie Analphabeten waren, unterzeichnen ließen; sie nahmen ihre Kinder von der Schule und vertrauten sie – vor den laufenden Kameras sämtlicher britischer Fernsehanstalten, die sie natürlich benachrichtigt hatten – einer *ad hoc* im benachbarten pakistanischen Kulturzentrum eingerichteten »Piraten«-Schule an. Als Reaktion darauf unterzeichneten 10 000 Bradforder Bürger, in der Mehrzahl »Weiße«, eine Eingabe zur Unterstützung des Schuldirektors. Schließlich mußte sich Mrs. Thatcher höchstpersönlich auf seine Seite stellen und lud ihn zu einem Expertentreffen über Erziehungsfragen in die Downing Street 10 ein.

Bei der Polarisierung der Nation im Fall Honeyford stellten sich die konservative öffentliche Meinung wie auch die Regierung – deren Macht einzugreifen aufgrund des dezentralisierten Schulsystems Grenzen gesetzt waren – auf die Seite Honeyfords. Der Rat der Moscheen mobilisierte seine Getreuen gegen den Direktor, indem er zu Kundgebungen und die muslimischen Kinder zum Unterrichtsboykott aufrief, wurde aber von radikaleren Gruppen überholt: von Islamisten, wie man sie später an der Seite von Oberst Gaddhafi finden sollte, sowie Aktivisten der extremen Linken, die bei der »antirassistischen« Mobilisierung den Ton angaben. Nach einigem juristischen Hin und Her akzeptierte Honeyford, im Alter von 51 Jahren, seine frühzeitige Pensionierung gegen eine Abfindung von 161 000 Pfund – die größte Summe, die das staatliche britische Erziehungswesen je einem seiner Angestellten gezahlt hat.

Die Affäre Honeyford trieb die Widersprüchlichkeiten des britischen Modells der mulitkulturellen Gesellschaft in dem für alle besonders sensiblen Bereich der Kindererziehung, dieser Nahtstelle zwischen Familie und bürgerlicher Gesellschaft, auf die Spitze. Ist die Schule der Ort, wo ererbte, familiengebundene Identitäten in einer zur Homogenität neigenden Gesellschaft sich vermischen, oder soll sie deren Heterogenität festschreiben? Ein Teil des konservativen Establishment empfand damals die Methode des »Jeder auf seine Art« als pervers und bedrohlich: In Bradfords Schulen waren nun die »angestammten« englischen Schüler in der Minderheit. Die Einstellung der konservativen Regierung war höchst zweideutig. Einerseits definiert das Gutachten »Erziehung für alle«, das eine Kommission unter dem Vorsitz Lord Swanns 1985 der Regierung vorlegte, multikulturell neu im Sinne eines »intergrierenden Pluralismus« – und sucht dabei offenbar nach Faktoren, die für eine Gleichschaltung des Schulsystems sprechen. Drei Jahre später, 1988, beschwört jedoch das Gesetz zur Reform des Erziehungswesens erneut den christlichen Charakter der Erziehung und sieht gleichzeitig Möglichkeiten vor, nichtchristliche Schüler von gewissen Verpflichtungen zu entbinden (*opting out*).

Der Swann-Report, zu dem das unverändert schlechte Abschneiden von »Minderheiten«-Kindern in der Schule den Anstoß gab, sieht im Rassismus und in den diskriminierenden Vorurteilen einen der Gründe dafür. Dem soll abgeholfen werden, indem man die Entwicklung von Minderheitenkulturen zuläßt, solange sie nicht mit den »geltenden Gesetzen« und den »gemeinsamen, rational zu begründenden Werten« in Konflikt geraten.[58] Die Betonung, die er auf die »integrative« Funktion des Pluralismus legt, trägt ihm jedoch das Mißfallen der Lobby für eine islamische Erziehung ein. Unter dem Vorsitz eines saudischen Diplomaten, der formal das Islamische Kulturzentrum London leitet, legt ein *ad hoc* einberufenes Seminar die angeblich von der »muslimischen Gemeinschaft« geäußerten Klagen dar.

Im Protokoll dieser Arbeitstagung heißt es: »Die muslimische Gemeinschaft kann die weltlich-philosophische Ausgangsbasis des Berichts nicht hinnehmen, noch sich darauf verpflichten, alle ›geltenden Gesetze‹ zu respektieren, da diese durch demokratische Mittel antireligiöse Inhalte annehmen könnten. Sie behält sich das Recht vor, ihre Kinder nicht an Kursen und schulischen Aktivitäten teilnehmen zu lassen, die sie für antireligiös oder antiislamisch hält.« Noch expliziter: »Das oberste Ziel muslimischer Erziehung ist die völlige Unterwerfung des Individuums, der Gemeinschaft und der Menschheit im allgemeinen unter Gott.« Das steht in völligen Widerspruch zu der im Swann-Report zum Ausdruck kommenden Absicht, es »jedem Kind zu ermöglichen, sich eine kritische Einstellung zu seinem Glauben und seiner Kultur anzueignen.«[59] Der kulturelle Relativismus, der dann willkommen ist, wenn er es erlaubt, die muslimischen Kinder vom Unterricht in Musik, Tanz und Kunsterziehung[60] zu befreien, läßt sich entsprechend dieser Sichtweise nicht mit dem bedingungslosen Gehorsam gegenüber den Geboten und Gesetzen Allahs vereinbaren, so wie die Führer der Gemeinschaft sie interpretieren.

Der Swann-Report, der sich mit den schulischen Problemen der »Minderheiten«-Kinder befaßte, versuchte ein Gleichgewicht zwischen Pluralismus und Integration herzustellen. Das 1988 erlassene Gesetz zum Unterrichtswesen, das das gesamte Schulsystem im Sinne einer von der konservativen Regierung gewünschten stärkeren Zentralisierung reformiert, schreibt die Stellung der Religion in den Lehrplänen fest und untermauert sie noch. Es legt in der Tat fest, jede staatliche Schule müsse täglich für alle Schüler eine gemeinsame Andacht (*collective worship*) veranstalten, und »diese Andachten hätten zum größten Teil ausschließlich oder prinzipiell christlichen Charakters zu sein«[61]. Damit wird die christliche Grundhaltung der Schule nachdrücklich und explizit bestätigt. Allerdings können Eltern, die ihre Kinder nicht an diesen christlichen Andachten teilnehmen lassen wollen, schriftlich eine Freistellung beantragen; diesen Antrag müssen sie an den Schulleiter richten und darin sich und ihre Kinder freiwillig als »anders« erklären.

Das bedeutet, sie zu dem Vorgehen zu ermutigen, für das der MET sich in einer für muslimische Eltern bestimmten Broschüre einsetzt. Wenn sie nichts unternehmen, werden ihre Kinder wirklich »ihre Gebete an Jesus als ›den Sohn Gottes‹ richten und lernen, was die ›Dreieinigkeit‹ ist; damit würden sie die schreckliche Sünde *shirk* begehen, die darin besteht, Allah andere Götter beizuordnen. Das ist das Schlimmste, was ein Muslim tun kann.«[62] Daher müssen muslimischen Eltern ihre Kinder von den christlichen Andachten befreien lassen und die Schule zwingen, alternative muslimische Andachten wie auch islamische Religionsstunden einzuführen. Wenn die muslimischen Kinder in der Mehrheit sind, und sei es auch nur in einer Klasse oder auf einer Stufe, ist es möglich, diesen alternativen Unterricht aus dem Etat der Schule zu finanzieren. Sind sie in der Minderzahl, wird der alternative Unterricht von den betroffenen Eltern bezahlt. Das

Gesetz von 1988 hat zur Folge, daß jede Person, die sich nicht mit dem Christentum identifiziert, sich auf ihre Andersartigkeit berufen muß: Damit untergräbt es die integrative Kraft der Schule, indem es umgekehrt in ihrem Schoß die jeweiligen Gemeinschaften nebeneinanderstellt, und begünstigt kommunitaristische Institutionen, die über die notwendigen Mittel verfügen, um auf religiöser Grundlage eine eigene Identität auszubilden.

Im Lauf der Jahre brachten diese Institutionen eine Vielzahl von Werken heraus, um den Bedarf an Lehrbüchern für den Religionsunterricht und die gemeinsamen Andachten zu decken. Außer dem MET betätigten sich auch andere Organisationen auf diesem Gebiet. Zunächst beschuldigten sie die meisten der von Nichtmuslimen über den Islam verfaßten Werke der Feindseligkeit oder Böswilligkeit[63] und schlugen andere, von Muslimen verfaßte und als authentisch betrachtete vor. Beispielsweise den *Muslim Guide* (»Handbuch für Muslime«), der sich an »Lehrer, Arbeitgeber, Sozialarbeiter und Verwaltungsangestellte in Großbritannien« richtet und dem ein lobendes Vorwort des Präsidenten der Kommission für Rassengleichheit, einer staatlichen Institution, vorangestellt ist. Er wurde von der Islamischen Stiftung von Leicester[64], einer aus der Jama'at-i-islami hervorgegangenen sowie vom Denken Mawdudis geprägten Organisation herausgegeben und stellt die von dieser Bewegung vertretene radikale Version des Islam als von allen Muslimen akzeptierte Norm dar. Zu der »empfohlenen Lektüre« zählen außer den heiligen Texten die Bücher Mawdudis und verschiedener anderer, den Muslimbrüdern nahestehender Autoren, während Werke, in denen andere Betrachtungsweisen zum Ausdruck kommen – selbst wenn sie von Muslimen verfaßt sind – nicht genannt werden. Vergeblich sucht man einen Verweis auf den Sufismus der Barelvi, die doch in Großbritannien so zahlreich vertreten sind, oder auf Muslime, die keine kommunitaristische oder islamistische Vorstellung von ihrem Glauben haben.[65] 1992 entwarf die Stiftung ein dieser Sichtweise entsprechendes islamisches Videospiel, PCIQ (Personal Computer Islamic Quiz), »um eine Alternative für die in Mode gekommenen elektronischen Spiele zu bieten, mit denen heutzutage so viele Länder überschwemmt werden [...] Das Spiel arbeitet mit hervorragenden elektronisch-graphischen Darstellungen und zeigt, wie die neuen Techniken zur islamischen Kunst führen. Der Islam ist die Religion der Einheit: Bereiche wie Religion, Kunst und Technologie kennen nicht die künstlichen Grenzen, die sie in nichtmuslimischen Kulturen voneinander trennen.«[66] Damit, daß sie Geld in die Entwicklung dieses Spiels steckte, verschaffte sich die Stiftung einen realen Vorsprung auf dem Markt der für Jugendliche bestimmten Werke über den Islam; das ermöglicht es ihr, dank der Beherrschung dieser Technologie ihre eigene Version dieser Religion zu verbreiten.

Parallel zum Bereich des islamischen Unterrichts in den staatlichen Schulen und zum gesamten Markt der dazugehörigen Publikationen entstanden etwa zwanzig private muslimische Lehranstalten. In Birmingham wurde im September 1985 in den Nebengebäuden der bengalischen Moschee (ebenfalls »mawdudistischer« Ausrichtung) in der Coventry Road – wo übrigens der Labour-Abgeordnete des Bezirks sein Büro hat – eine Schule mit Internat für Jungen im Alter von elf bis 18 Jahren, die Darul-Uloom, eröffnet. Der Leiter der Schule, der auch für die Moschee zuständig ist, promovierte an der Universität Glasgow in Wirtschaftswissenschaften. 1990 besuchten ungefähr siebzig Jungen die Schule, und man hofft, schließlich 300 unterbringen zu können. Sie tragen ein graues *qamis* (langes, weites Hemd), das bis zu den Knien reicht, eine graue Hose und auf dem Kopf ein Käppchen. Jeden Morgen nach dem Gebet findet ein islamischer Unterricht statt, der das Erlernen von Sprachen (Arabisch, Persisch, Urdu, Bengalisch) mit dem Erwerb bestimmter Kenntnisse, die den Zugang zu den heiligen Schriften eröffnen – vom Auswendiglernen des Koran bis hin zum islamischen Recht –, verbindet. Nachmittags erfolgt ein weltlicher Unterricht: Außer auf Englisch legt man vor allem auf Mathematik und angewandte Wissenschaften wie Informatik Wert. Als wir die Schule besuchten, stellte einer der Schüler auf dem Bildschirm seines PC gerade die Schülerzeitschrift zusammen.

Hingegen beschränkt sich der Unterricht in Geschichte auf das Leben des Propheten und »Glaubensvorstellungen und Unterweisung im Islam«. Das Gymnasium, das »in einer islamischen Atmosphäre« arbeitet und den Schülern einen Abschluß ermöglicht, der dem britischen *bachelor* (dem niedrigsten akademischen Grad) entspricht, will aus ihnen »gute Muslime und verantwortungsbewußte Bürger«[67] machen.

Ein Untersuchungsbericht des Department of Education and Science (das in etwa unserem Kultusministerium entspricht) kommt 1990 dennoch zu folgendem Schluß: »Das Niveau ist weniger als zufriedenstellend. Von sehr wenigen Ausnahmen abgesehen, sind die Erwartungen der Lehrer niedrig und die Leistungen der Schüler schwach [...] In vielen Fächern mangelt es den Lehrern an Kompetenz, so in den Naturwissenschaften, Geographie [...]« Das einzige, was der Bericht nach etlichen anderen grundsätzlichen Kritikpunkten, die sich auf die Betreuung in der Schule, die Hygiene und die Überbelegung der Zimmer des Internats beziehen, an Positivem vermerkt, ist »die Qualität des Gemeinschaftslebens« an dieser Schule.[68]

Neben anderen Gründen für die Schwierigkeiten, mit denen Darul-Uloom zu kämpfen hat, spielen finanzielle Probleme eine große Rolle: Die Schule wird ausschließlich privat finanziert. Um ähnliche Enttäuschungen zu vermeiden, bemühen sich nun mehrere islamische Vereinigungen um den Status vertraglicher Privatschulen (*voluntary-aided schools*)[69], von dem 1993 mehrere tausend Lehranstalten (im wesentlichen anglikanische und katholische, aber auch ein paar Dutzend methodistischer und jüdischer Schulen) profitierten. Erkennt man ihnen diesen Status zu, würden die gesamten laufenden Kosten (Gehälter etc.) und die meisten Sachaufwendungen (Reparaturen etc.) aus öffentlichen Mitteln bezahlt.

Bannerträger der Schlacht, den die islamischen Schulen führen, um diesen Status zu erlangen, ist die Islamia School in London; ihr wichtigster Förderer ist der ehemalige Popsänger Cat Stevens, der nach seiner Bekehrung den Namen Yusuf Islam annahm. Sie wurde 1983 im Stadtteil Brent gegründet, dessen Bevölkerung zu mehr als einem Drittel aus der Karibik oder Indien stammt, und besteht aus einer Grundschule (gemischt) und einer Oberschule für Mädchen; diese müssen ab dem siebten Lebensjahr den Schleier tragen (der zur Schuluniform gehört). Im Gymnasium teilen sich acht Lehrkräfte in die weltlichen Fächer (Englisch, Geographie, Mathematik, Naturwissenschaften und Sport) und die islamischen Disziplinen (islamische Studien, Arabisch, islamische Geschichte und Kunst, Auswendiglernen und Kommentieren des Koran).[70] Wie in der Darul-Uloom in Birmingham steht nur die islamische Geschichte auf dem Lehrplan. Hingegen werden die Sprachen des indischen Subkontinents nicht unterrichtet, wie um den Willen der Schule zu betonen, über die aus den Herkunftsländern der Kinder mitgebrachten Vorstellungen vom Islam hinauszugehen und sich in eine ideale Gemeinschaft, deren Träger das Arabische wäre, einzugliedern.

1986 unterstützte der Stadtrat von Brent, in dem die Labour Party über die Mehrheit verfügt und der als einer der ersten in England eine Politik der »positiven Diskriminierung« institutionalisierte, um mehr »Nichtweiße« bei der Stadt zu beschäftigen, den Wunsch der Islamia School, in den Genuß des Status einer Vertragsschule zu kommen. Das Gesuch wurde jedoch 1990 vom Erziehungsministerium abgelehnt; diese Entscheidung wiederum hob 1992 das Oberste Gericht auf. Schließlich fanden die Leiter der Schule Unterstützung bei rechts von der Konservativen Partei angesiedelten Interessengruppen, die sich für konfessionell gebundene Privatschulen einsetzen. Sie sehen in getrennten Schulen für die Muslime die beste Form, um einen zu engen Kontakt mit »weißen« Kindern in den staatlichen Schulen zu vermeiden. In ihrem Kampf für eine Art Apartheid im Schulwesen bekunden sie eine um so deutlichere Sympathie für die Lobby einer islamischen Erziehung, als sie laut einem ihrer Führer, der sich als christlichen Fundamentalisten bezeichnet, »gegen einen gemeinsamen Feind kämpfen: die Verweltlichung. Und sie [die Muslime] glauben an eine Erziehung zur Moral.«[71]

Trotz der Sympathien, die ein Teil der konservativen Presse dem Projekt entgegenbringt, und obwohl im Frühjahr 1993 der Erziehungsminister John Patten der Schule einen Besuch abstattete, wurde ihr im August des gleichen Jahres der Status einer *voluntary-aided school* erneut verweigert. Der Minister argumentierte, es gebe genügend ungenutzte Räume in den staatlichen Schulen des Viertels. Diese Entscheidung enttäuschte die Verfechter der Schule um so mehr, als sie beschlossen hatten, die Karte der Übereinstimmung ihrer Ansichten mit den rechts von der regierenden Partei angesiedelten Interessengruppen auszuspielen[72]. Außer auf die Einigkeit über Fragen der Moral und den gemeinsamen Kampf gegen die Verweltlichung, dieses Erbe der Aufklärung, griff man auf die alte Argumentation des politischen Kommunitarismus zurück, der den Muslimen im Indischen Reich einen Sonderstatus gegenüber ihren hinduistischen Mitbürgern eingeräumt hatte. Ein Teil des konservativen Establishments und seiner Wählerschaft nahm die Idee einer getrennten Erziehung der muslimischen Schüler einigermaßen wohlwollend auf.

In Großbritannien, wo das Ansehen des Islam seit dem Herbst 1988 durch die Rushdie-Affäre schweren Schaden nahm, hat dieser Sonderstatus jedoch einen politischen Preis: Inwieweit konnte das konservative Establishment Vertretern einer Gemeinschaft, von denen einige die Flammen des Autodafés der *Satanischen Verse* angefacht und Ayatollah Khomeini die Möglichkeit geboten hatten, seine berühmte *fatwa*, das Todesurteil über einen britischen Staatsbürger, auszusprechen, soviel Vertrauen entgegenbringen, daß es ihnen die Erziehung von Jugendlichen muslimischer Abstammung überließ? Um diese Unsicherheiten abzuwägen, müssen wir erst verstehen, wie die Rushdie-Affäre selber sich in die islamische Selbstbestätigung in England einfügte, welchen Grad an Reife der Gemeinschaft und welche Widersprüche in Form interner Kämpfe um die Kontrolle muslimischer Bevölkerungsgruppen und ihrer Beziehungen zum britischen Staat sie zum Ausdruck kommen ließ.

3 Die Folgen der Rushdie-Affäre

Als Salman Rushdie am 26. September 1988 *Die satanischen Verse* veröffentlicht, steht der Islam in Großbritannien an einem Wendepunkt. In den Rathäusern der meisten Großstädte haben sich einflußreiche Interessengruppen etabliert, denen es gelang, ihre Forderungen nach einer »islamischen Erziehung« durchzusetzen und ein den Moscheen angegliedertes Netzwerk von Sozialdiensten unter ihre Kontrolle zu bringen. Zudem stellten verschiedene Komitees von Barelvi- und Deobandi-Moscheen zahlreiche für die Beziehungen unter den Rassen zuständige Stadträte und Verwaltungsbeamte. In vielen Städten gelang es diesen ortsansässigen muslimischen Honoratioren, die politischen und kulturellen Ausdrucksformen der muslimischen Bevölkerungsgruppen zu zügeln und eine entscheidende Vermittlerrolle zwischen diesen und den politischen Instanzen des Landes zu spielen.[1] Sie schufen und strukturierten einen Bereich islamischer Religiosität[2], dem sich ihre Herde bedingungslos unterordnete. Die Gläubigen hören auf die Honoratioren, die ihnen sozialen Frieden predigen, dafür ernten jene die Genugtuung, eine Reihe von Forderungen erfüllt zu sehen, die sie selber formulieren – und deren auffälligstes Symbol die islamische Erziehung ist. Auch haben diese Führer Kontakt zu den Behörden, deren Entscheidungen sie zum Vorteil jener, als deren Wortführer sie sich geben, beeinflussen können und denen sie ihrerseits garantieren, daß ihre Anhänger – trotz ihrer durch die andauernde und sie besonders hart treffenden Arbeitslosigkeit prekären sozialen Lage – ruhig bleiben.

Dennoch sind die Zuwendungen und Dienstleistungen, auf die die Führer der islamischen Gemeinschaften Zugriff haben, begrenzt: Die den Moscheen zugeordneten karitativen Zentren erlauben es allerhöchstens, die Marginalisierung der älteren Generation zu mildern. Auf ähnliche Weise stellen die im Rahmen der Maßnahmen einer »positiven Diskriminierung« festgesetzten Beschäftigungsquoten für »Nichtweiße« zwar eine Reihe von Arbeitsplätzen in der städtischen Verwaltung zur Verfügung, aber diese Quoten betreffen jeweils eine ethnisch-rassische Gruppe[3]; man muß die Stellen also unter Kariben, Indern, Afrikanern und anderen aufteilen. Schließlich läßt die Eigenstrukturierung der Gemeinschaft, die den Abstand zum gesellschaftlichen Umfeld noch vergrößert, die vom indischen Subkontinent mitgebrachte Lebensweise und das entsprechende Konsumverhalten weiterbestehen. Sie schützt zwar die Sitten und Gebräuche der Älteren, stellt jedoch eine Herausforderung ganz anderer Tragweite für die Jugendlichen dar, die alle Englisch sprechen und der Welt der Fernsehserien und Computerspiele unmittelbar ausgesetzt sind. Insofern kann die getrennte islamische Erziehung sich nicht mehr damit begnügen, Lebensweise und Bräuche des Islam vom Subkontinent künstlich am Leben zu halten, noch damit, neue Verbote aufzustellen und auf diese Weise die britische Gesellschaft, die als übermäßig tolerant und sittenlos dargestellt wird, auf ein simples Schreckgespenst zu reduzieren.

Wie schwierig ihre gesellschaftliche Eingliederung und ihr Zugang zum Arbeitsmarkt auch sein mögen, die Jugend kennt diese Gesellschaft aus eigener Anschauung und beherrscht einen Teil ihrer kulturellen Codes: Für sie kann die Kritik an der britischen Gesellschaft im Namen des Islam sich nicht länger der Abgrenzung und des Schutzes der Gemeinschaft bedienen, die für die erste Einwanderergeneration charakteristisch waren. Das bedeutet allerdings nicht, daß diese Kritik weniger radikal ausfallen muß.

Vor einem solchen Hintergrund kommt es zum Eklat der *Satanischen Verse*. Rushdie, der den Propheten, dessen Frauen und Gefährten lächerlich macht, verstößt in unerhörter Weise gegen das Tabu der Gemeinschaft; er stellt die ererbte islamische Identität schonungslos dar und liefert sie schutzlos den zerstörerischen Faktoren und der kulturellen Neuorientierung im postindustriellen England aus. Auf die Herausforderung der *Satanischen Verse* zu antworten – die in Form eines Romans lediglich die Schwierigkeiten der in England geborenen und aufgewachsenen jungen muslimischen Generation bei ihrer Identitätsfindung schildern und sie dabei auf die Spitze treiben –, ermangeln die traditionellen muslimischen Honoratioren der intellektuellen Mittel. Dies sollte anderen, gebildeteren und gewandteren Akteuren, die der von Mawdudi inspirierten islamistischen Bewegung angehören oder sich auf Ayatollah Khomeini berufen, eine Gelegenheit bieten, diesen Honoratioren ihre beherrschende Stellung im religiösen Bereich streitig zu machen: Sie erweisen sich als geeigneter, die Herausforderung anzunehmen und die Gemeinschaft zu verteidigen. Die für die Affäre charakteristische Gewalt ist ebensosehr das Ergebnis der Konfrontation zwischen den Anklägern Rushdies und seinen Verteidigern wie die Folge von Rivalitäten und gegenseitiger Überbietung unter den um die Kontrolle der Selbstdarstellung des Islam in England kämpfenden Gruppen.

Der Autor war in der indischen Bevölkerungsgruppe kein Unbekannter. Zwei bereits zuvor erschienene Romane, *Scham und Schande* und *Die Mitternachtskinder*, hatten ihn berühmt und zu einem der Stars der aufsteigenden Generation »nichtweißer« britischer Schriftsteller wie Hanif Kureishi[4] und Kazuo Ishiguro[5] gemacht. Darüber hinaus hatten seine antirassistischen Stellungnahmen und seine heftige Kritik an Mrs. Thatcher wie auch an ihrer Politik ihm einen herausragenden Platz im linken Establishment gesichert. Er war jemand, auf den zahlreiche Inder und Pakistani der Mittelschicht stolz waren, in dem sie ein Symbol für den Erfolg in einer Gesellschaft sahen, deren rassistische Vorurteile zu überwinden ihm gelungen war. Gewiß, Rushdie hatte nie gegen Klassenunterschiede zu kämpfen gehabt: Als Sohn eines anglophilen indischen Geschäftsmannes hatte er während seiner Schulzeit in der äußerst exklusiven *public school* von Rugby ein England kennengelernt, das weit weg war von den Fabriken Bradfords.

Er erzählte gerne, wie seine Schulkameraden ihn demütigten, als er den Hering, der zu einem traditionellen *breakfast* gehört, nicht verspeisen konnte, ohne an den Gräten fast zu ersticken. »Plötzlich, hier in England, entdeckte ich: Ich bin

Inder« erklärte er in Erinnerung an diesen Vorfall[6] – und brachte die Verarbeitung seiner Identität über den verächtlichen Blick, mit dem der »Andere« ihn bedachte, in Zusammenhang mit einem kulturellen System der Unterschiede und gemischten Wahrnehmungen. Diese komplizierte Ausbildung einer Identität in der »postmodernen« Welt der Einwanderer sollte den roten Faden seiner *Satanischen Verse* bilden. Sie entspringt einer Weltsicht, gemäß der das sich im Individuum von der Tradition Ererbte in einem Universum interplanetarischer Wanderungen, elektronischer Kommunikation, einer Flut über Satellit übertragener Bilder und so weiter vermischt, gegenseitig durchdringt. Aus diesem gewaltigen Wirrwarr taucht ein neues Individuum auf, eine Art Mutant, für den die bastardisierten Wanderer in den *Satanischen Versen* die – bewußt übertriebenen – Sinnbilder *par excellence* sind.

Für die Verteidiger der an der Gemeinschaft orientierten islamischen Identität bedeutet die im Roman Rushdies dargelegte Weltsicht – wörtlich und unter Aufhebung des »fiktionalen Vertrags«, von dem Umberto Eco spricht, verstanden – die Auflösung der muslimischen Gemeinschaft durch die Verfälschung des Glaubens und letztendlich das Verschwinden der Gläubigen. Eine islamistische Zeitschrift reagierte mit Sarkasmus auf die Anekdote mit dem Hering, den Rushdie nicht zu essen wußte, und betonte, daß er »offenbar keinerlei Probleme mit Schweinefleisch, Schinken oder Speck«[7] hatte. Derart angeprangert, wird die von Rushdie gerühmte und in den *Satanischen Versen* romanhaft übersteigerte Vermischung auf eine widerwärtige Verfälschung des Islam reduziert, gegen die sich seit dem 19. Jahrhundert auf dem indischen Subkontinent, wo die Muslime eine Minderheit inmitten von Hindus waren und ab 1857 keine politische Macht mehr besaßen, die Bewegung der inneren Hedschra der Deobandi, der Barelvi, der Tabligh und der Jama'at-i-islami herausgebildet hatte.

Im Großbritannien Ende der achtziger Jahre unseres Jahrhunderts, in dem die muslimischen Bevölkerungsgruppen einer massiven, von den religiösen Führern gesteuerten Beeinflussung durch ihre Gemeinschaft unterlagen, mußten diese zwangsläufig an der inneren Logik von Rushdies Werk Anstoß nemen. Sie stellte in der Tat ihre kulturelle, gesellschaftliche und politische Vorherrschaft über ihre Herde in Frage, da sie die Grundlagen einer gemeinschaftlichen, sich auf den Islam berufenden Identität untergrub. Der Roman, der sich einer ironischen Sprache bedient, um die von den frommen Muslimen am meisten verehrten Personen – insbesondere den Propheten (der mit seinem von den christlichen Polemikern des Mittelalters verwendeten Spitznamen Mahound belegt wird), seine Frauen und Gefährten – mittels verschiedener Phantasmagorien in anstößigen, obszönen oder moralisch verwerflichen Situation darzustellen, wurde jedoch über den Kreis von Mullahs und Führern islamistischer Vereinigungen hinaus von zahlreichen einfachen Muslimen als Beleidigung empfunden. Paradoxerweise sollte die um das Buch entstandene Kontroverse das Zusammengehörigkeitsgefühl all derer, die sich im Kern ihres Glaubens angegriffen fühlten, stärken und sie noch empfänglicher für die Rhetorik der fraglichen Mullahs und islamischer Führer machen.

Rushdie scheint sich der Tragweite dieses Aspekts erst am 18. Februar 1989, vier Tage nach der *fatwa* des Ayatollah Khomeini, die ihn zum Tode verurteilte, bewußtgeworden zu sein. Vor einem nunmehr dramatischen Hintergrund erklärte er: »Als Autor der *Satanischen Verse* sehe ich ein, daß die Veröffentlichung meines Romans Muslime in vielen Teilen der Welt wahrhaft gekränkt hat... Ich bedaure zutiefst den Schmerz, den die Veröffentlichung dieses Werks den treuen Anhängern des Islam zugefügt hat. Dieser Vorfall gemahnt uns, die wir in einer Welt der vielfältigen Glaubensvorstellungen leben, daran, daß wir uns der Verletzlichkeit der Gefühle der anderen bewußt sein müssen.«[8] Dieser Ausdruck des Bedauerns, von den Anführern des Feldzugs gegen Rushdie als verspätet und nur gezwungenermaßen vorgebracht abgetan, blieb praktisch folgenlos. Für die verschiedenen islamischen Organisationen, die sich in die Kampagne einschalteten, ging es schon nicht mehr um *Die satanischen Verse*, sondern um den erbitterten Streit, den sie nun um die Führungsrolle in einer der wichtigsten kämpferischen Mobilisierungen religiösen Kommunitarismus am Ende unseres Jahrhunderts austrugen.

Schon vor der Veröffentlichung des Romans war es wegen einiger Interviews, die Rushdie der englischsprachigen Presse in Indien gegeben hatte, und aufgrund von Meinungsäußerungen über das Manuskript dort zu einer Kontroverse um die den Propheten des Islam betreffenden Passagen gekommen. In einem Staat, in dem trotz der Abspaltung Pakistans im Jahre 1947 nach wie vor 120 Millionen Muslime leben[9] und der sich seit der Unabhängigkeit als weltlich bezeichnet, stellen Fragen des Islam heikle politische Themen dar. Einerseits liegt den Machthabern in Delhi daran, muslimische Wählerstimmen zu mobilisieren, vor allem wenn Wahlen bevorstehen. Andererseits wirft das Wiederaufleben der Spannungen zwischen Hindus, Muslimen und Sikhs seit Mitte der siebziger Jahre immer wieder dramatische Probleme wie den nationalen Zusammenhalt und die Aufrechterhaltung der öffentlichen Ordnung auf. 1987 hatte es in der Altstadt Delhis und in der nahegelegenen Stadt Meerut bei Krawallen zwischen verschiedenen Konfessionen Hunderte von Toten gegeben, viele waren bei lebendigem Leib verbrannt.[10]

Aus diesen Gründen untersagte Premierminister Rajiv Gandhi, dem im Herbst 1988 schwierige Wahlen bevorstanden, die Verbreitung des Romans auf indischem Territorium. Daraufhin schrieb Rushdie ihm einen scharfen offenen Brief, der ihm seinerseits heftige Antworten verschiedener muslimischer Politiker Indiens einbrachte[11]: Diese machten sich vorwegnehmend sogleich zu leidenschaftlichen Wortführern einer Wählerschaft, »die sich angegriffen fühlte« (obwohl sie noch gar keine Gelegenheit gehabt hatte, das Buch zu lesen, da es verboten war), um entsprechend einer Logik, die auf das Indische Reich zurückging, die Stimmen der gesamten muslimischen Gemeinschaft auf sich zu vereinen.

Nachdem sie auf dem Gebiet des alten Reichs die ersten Leidenschaften entfesselt hatte, schwappte die Rushdie-Affäre nach Großbritannien über. Dort setzte sich zunächst die von der von Mawdudi gegründete Jama'at-i-islami geprägte islamistische Strömung in Szene, deren weltlichen intellektuellen Arm die Islamic Foundation (Islamische Stiftung) mit Sitz in Leicester darstellt. Diese Strömung, die über den saudischen Wahhabismus zahlreiche bedeutende internationale Verbindungen hat, gab den ersten Anstoß zu der Kampagne und legte deren Richtung bis Mitte Januar 1989 fest. Dann trat der Rat der Moscheen von Bradford an ihre Stelle, der mit der Verbrennung der *Satanischen Verse* die Aufmerksamkeit Großbritanniens und dann der Welt auf sich lenkte. Am 14. Februar trieb die *fatwa* Ayatollah Khomeinis die erbitterte Kampagne ihrem Höhepunkt entgegen: Nun betrat ein neuer Protagonist die Bühne, das Muslim Institute (Muslimisches Institut), das sich in der Folge in ein Muslim Parliament (muslimisches Parlament) verwandelte. Es sollte die kommunitaristische Logik ins äußerste Extrem treiben: die Gründung eines selbsternannten »Parlaments« der Muslime in Großbritannien, parallel zu dem in Westminster.

Außer diesen Bewegungen, die die Aufsplitterung des britischen Islam überwinden wollten, um sich als nationale Wortführer einer homogenen Gemeinschaft durchzusetzen, traten im Rahmen der Mobilisierung gegen Rushdie in erster Linie auch junge, englischsprachige Intellektuelle muslimischer Herkunft in Erscheinung. Sie schüttelten die Vorherrschaft der Mullahs und Honoratioren ihrer jeweiligen Wohnviertel ab, die allenfalls auf kommunaler Ebene handeln konnten. Die Kampagne gegen Rushdie erforderte größere Gewandtheit, Vorkämpfer, die in der Lage waren, in nationalem, ja sogar internationalem Rahmen zu agieren und die Gefühle der jungen Generationen in England geborener, englischsprachiger und radikaler Muslime zum Ausdruck zu bringen. Mit anderen Worten: Diese außergewöhnliche Kampagne ermöglichte den Übergang von einem Verwaltungskommunitarismus, der, so gut er konnte, das Überleben einer in die Städte verpflanzten traditionellen islamischen Ordnung sicherte, zu einem aktiven Kommunitarismus.

Die erste Salve: Mawdudisten und Saudis

Am 3. Oktober 1988, in der Woche nach der Veröffentlichung der *Satanischen Verse*, schickte die Islamic Foundation von Leicester einen Rundbrief an alle muslimischen Organisationen, Moscheen und führenden Persönlichkeiten des Islam in Großbritannien. Darin brandmarkte sie das Buch als »oberflächlich in Form eines literarischen Werks gekleidete Blasphemie, die selbst die Propheten Abraham und Muhammad – Friede sei mit ihnen! – in den schlimmsten Farben schildert«. Die Autoren des Rundbriefs druckten »geeignete Auszüge« ab, »die zur Information und zum Zwecke einer sofortigen Reaktion» der Angesprochenen »genau zu lesen sind«, und forderten alle islamischen Organisationen auf, den Verlag brieflich und telephonisch unter Druck zu setzen, das Buch aus dem Verkehr zu ziehen; ferner verlangten sie, im Hinblick auf den »frevelhaften Charakter« des Werks und den »irreparablen Schaden, dem es dem Erscheinungsbild des Islam zufügen würde«[12], wenn es auf dem Markt bliebe, eine öffentliche Entschuldigung gegenüber dem Islam und den Muslimen.

Die Führer der Islamic Foundation von Leicester waren zu dieser Aktion von ihren »Brüdern« von der Islamic Foundation in Madras, Indien, angeregt worden, die sie über die Kampagne zum Verbot der *Satanischen Verse* in Indien informiert und ihnen vorgeschlagen hatten, in Großbritannien auf die gleiche Weise vorzugehen[13] – als sei das frühere Mutterland des Empire durch eine Umkehrung der Perspektive zu einer kulturellen Zweigstelle seiner ehemaligen Kolonie geworden, in die man die Spiele und Einsätze des politischen Systems des indischen Kommunitarismus übertragen könnte. Vor allem aber zeugte die Schnelligkeit der Operation von der Effizienz und der perfekten Koordination der von den Schülern Mawdudis ins Leben gerufenen »islamistischen Internationale«, die in Indien und England gleichzeitig eine ähnliche Kampagne in Gang zu setzen vermochte. Indem sie als erste zur Tat schritten, konnten sie darauf hoffen, eine sich vielversprechend anlassende Mobilisierung zu ihrem Vorteil zu nutzen und damit ihren Einfluß auf den britischen Islam beträchtlich zu stärken.

Bis zur Rushdie-Affäre hatten die dem Einflußbereich der von Mawdudi gegründeten Jama'at-i-islami zugehörigen Organisationen in Großbritannien nur eine schwache gesellschaftliche Basis. Sie waren der 1962 gegründeten UK Islamic Mission (Islamische Mission im Vereinigten Königreich) untergeordnet und umfaßten vor allem eine Jugendorganisation, Young Muslims UK (Junge Muslime im Vereinigten Königreich) sowie deren finanziell hochdotiertes Forschungsinstitut, die 1973 gegründete Islamic Foundation. Die UK Islamic Mission versteht sich als »eine ideologische Organisation. Sie betrachtet den Islam als eine allumfassende Lebensform, die das Verhalten in allen Bereichen menschlicher Aktivität betimmen muß. Ihr Ziel ist es, das Leben in völliger Übereinstimmung mit dem Willen Allahs zu gestalten [...]«. Zu den Mitteln, derer sich die Mission bedient, »gehören die Propagierung und Darlegung der wahren Lehren des Islam, die Anprangerung falscher Vorstellungen und Innovationen, die in sie Eingang gefunden haben, eine gemeinsame Anstrengung, um den Intellektuellen zu zeigen, daß der Islam alle unsere Probleme präzise und wirksam löst, sowie ein anhaltender Feldzug für die Einführung des islamischen Personenstandsrechts und der islamischen Erziehung für muslimische Kinder in Großbritannien«. Letztendlich »ist es das Ziel der Mission, zum Gefallen Allahs in Großbritannien die islamische Gesellschaftsordnung zu etablieren«; zu diesem Zweck »will sie nicht überstürzt Personen um sich sammeln, die nur dem Namen nach Muslime sind, sondern einen Kern überzeugter Aktivisten, eine Avantgarde, die die Speerspitze in einem lebenslangen Kampf für die Sache Allahs sein soll«.[14]

Ein derartiges Programm war von Anfang an auf einer ganz anderen Ebene angesiedelt als die bescheidenen Bestrebungen der von Deobandi und Barelvi geprägten Vereinigungen in den Arbeitervierteln von Birmingham und Bradford, die sich in Übereinstimmung mit den vom indischen Subkontinent mitgebrachten ländlich geprägten Solidaritätsgefühlen um eine Bewahrung der islamischen Identität bemühten. Gemäß der Linie der Jama'at-i-islami – einen islamischen Staat aufzubauen, in dem die Scharia Anwendung findet –, bemühte sich die Mission seit ihrer Gründung um die Durchsetzung »der islamischen Gesellschaftsordnung in Großbritannien«, ohne genauer darauf einzugehen, ob dies nur für die muslimische Bevölkerung oder letztlich für die ganze Gesellschaft gelten sollte. Die Mission brüstet sich mit zahlreichen Bekehrungen in der »eingeborenen« englischen Gesellschaft und vertreibt verschiedene Werke, die darauf verweisen, daß die Bekehrung von Nichtmuslimen eines der Hauptziele des Islam ist. So veröffentlichte Khurram Murad, ein in den USA ausgebildeter Ingenieur, der Anfang der achtziger Jahre Leiter der Islamischen Stifung von Leicester war, ehe er, aus Pakistan zurückgekehrt, ein hochrangiger Funktionär der Jama'at-i-islami wurde, im Verlag der Stiftung ein Handbuch zur Bekehrung von Nichtmuslimen zum Islam.[15] Jedenfalls werden ähnliche Bestrebungen in den Vorzeigebroschüren der Mission deutlich, die auf Hochglanzpapier gedruckt, mit Farbfotografien illustriert[16] und, wie die Doppelsprachigkeit – englisch und arabisch – zeigt, hauptsächlich dazu gedacht sind, Eindruck auf die Geldgeber auf der Arabischen Halbinsel zu machen. Es scheint zweckmäßig, sich der Meinung letzterer anzuschließen, der Islam in seiner kompromißlosesten Form werde sich die ganze Welt unterwerfen – wobei die Mission in diesem Kampf die Rolle der Avantgarde übernimmt. Eine derart militante, politische und ausschließliche Version des Islam konnte jedoch als solche außerhalb des ziemlich beschränkten Kreises radikaler Islamisten von der Masse der muslimischen Arbeiter kaum verstanden und übernommen werden.

Um den Ideen Mawdudis ein breiteres Publikum zu verschaffen, gründete die Mission eher »zielgerichte« Organisationen: Der 1966 gegründete Muslim Educational Trust (MET)[17] war eine der ersten. Das ehrgeizigste Unternehmen ist jedoch zweifelsohne die Islamic Foundation. 1973 in Leicester gegründet, etablierte sie sich 1976 auf einem vier Hektar großen Gelände, dessen Gebäude Namen wie »Mawdudi-

Halle«, »Hassan-el-Banna-Halle«, »Ibn-Taïmiyya-Block« tragen[18] und eine bedeutende Bibliothek, Wohnungen für Studenten und Besucher sowie ein beeindruckendes EDV-Zentrum beherbergen und wo intensiv an der Übersetzung und Veröffentlichung von Werken islamistischer Denker und Aktivisten gearbeitet wird. Heute ist sie weltweit eines der größten Zentren für die Verbreitung des militanten sunnitisch-islamistischen Denkens. Ihr Hauptmerkmal ist, daß sie in englischer Sprache publiziert, um ihre Botschaft in der vorherrschenden Universalsprache weiterzugeben und dem Westen seine »weltlich« oder »christlich« geprägte kulturelle Vorherrschaft auf seinem eigenen sprachlichen Terrain streitig zu machen.

Die beiden ersten Leiter der Stiftung waren Funktionäre der Jama'at-i-islami. Der dritte, Ahsan, ordnet seine Tätigkeit in einen größeren Rahmen ein: »Die Stiftung beruft sich auf die internationale islamische Bewegung, auf die arabischen Muslimbrüder ebenso wie auf die Jama'at-i-islami des Subkontinents oder auf die türkische Refah Partisi.«[19] Sein oberstes Ziel ist es, der jungen, gebildeten Generation den »wahren« Islam zu predigen angesichts einer Situation, die seiner Ansicht nach in England durch populäre »stammesgebundene abergläubische Vorstellungen«, die vom indischen Subkontinent stammen, und durch die sektiererischen Konflikte zwischen Deobandi und Barelvi, die soweit gehen, daß sie die Moscheen in Schlachtfelder verwandeln, gekennzeichnet ist.

Die Stiftung organisiert auch gegen Entgelt Seminare für Nichtmuslime: Im Rahmen der für sie obligatorischen multikulturellen Weiterbildung werden vor allem Sozialarbeiter, Lehrer und insbesondere Polizisten angesprochen. Auf diese Weise können sie sich, so Ahsan, von feindseligen, von den Medien verbreiteten Vorurteilen und »abergläubischen Vorstellungen, die im Namen der Religion in der muslimischen Gemeinschaft walten«[20], befreien. Die Tatsache, daß die Unterweisung englischer Polizisten im Islam von islamistischen Aktivisten übernommen wird, beweist ihre Fähigkeit, sich in das Räderwerk eines politischen Systems einzufügen, dem vor allem daran gelegen ist, Gesprächspartner innerhalb dieser Gemeinschaften zu finden – auf welche Ideologie auch immer sie sich berufen. Dies ist auch wesentliches Element einer Strategie, die auf die Vorherrschaft im islamischen Bereich zielt: Indem sie die englischsprachige Jugend einerseits und das Personal der britischen Staatsorgane andererseits »anpeilt«, bereitet die Stiftung den Übergang von einem aufgesplitterten und auf die Städte beschränkten Kommunitarismus zu einem kommunitaristischen Anspruch in nationalem Maßstab vor.

Entsprechend dieser Sichtweise hoffte die Stiftung, durch die Lancierung der Kampagne gegen *Die satanischen Verse* die Masse der Muslime, die von ihrem populären »Aberglauben« zu befreien ihr noch nicht gelungen ware, unter dem Banner der Losungen und ihrer Auffassung des Islam zu mobilisieren. Den Anstoß gab der Rundbrief, den sie am 3. Oktober 1988 an die islamischen Verbände in England schickte. In der Woche darauf lud das Islamische Kulturzentrum in London, das ein saudischer Diplomat, Doktor al Ghamdi, leitet, die Funktionäre von neun Organisationen, die das UKACIA (Aktionskomitee für islamische Angelegenheiten im Vereinigten Königreich) bilden, zu einem Treffen. Im Kampf gegen die Verbreitung der *Satanischen Verse* setzte es sich zur Aufgabe, »die muslimische Gemeinschaft in ihrem Bemühen zu lenken, ihrem Zorn und Schmerz mit demokratischen Mitteln Ausdruck zu verleihen, und dafür zu sorgen, daß dieser Protest sich im gesetzlichen Rahmen hält«[21].

In Großbritannien selbst beschränkte sich die Kampagne auf das Sammeln von Unterschriften, um Druck auf den Verleger der *Satanischen Verse* auszuüben, damit er das Buch zurückzieht, und auf ein Schreiben an die Premierministerin, Mrs. Thatcher, in dem man von ihr die Änderung des britischen Gesetzes gegen Blasphemie forderte. In England existiert in der Tat ein solches Gesetz, das jedoch nur die Staatsreligion, die anglikanische also, betrifft. Das Ziel des UKACIA war es, den Islam gleichermaßen davon profitieren zu lassen. Auch diese Forderung wurde, wie die vorangegangenen, nicht erfüllt. Sie brachte jedoch sehr gut zum Ausdruck, auf welche Weise sich die Ansprüche der islamischen

Gemeinschaft in die Logik eines nichtlaizistischen politischen Systems einfügen. In der Schule hatten die muslimischen Organisationen gefordert (und durchgesetzt), daß ihre Kinder zu einer gesonderten Gemeinschaft zusammengefaßt wurden, um sie von den Versammlungen und Andachten fernzuhalten, für die das Gesetz von 1988 vorschrieb, sie müßten »vorwiegend christlichen Charakter« haben.[22] Auf ähnliche Weise verlangten diese Organisationen nun im juristischen Bereich die Gleichstellung ihrer Gemeinschaft vor dem Gesetz – das heißt die Ausdehnung des Gesetzes gegen Blasphemie auf den Islam.

Diese Initiative rief unterschiedliche Stellungnahmen in der englischen Öffentlichkeit hervor. Einige Leute hatten Verständnis dafür, daß man das Gesetz als diskriminierend auffassen konnte, und verlangten, es schlicht und einfach abzuschaffen. Das war beispielsweise die Ansicht des zur Verteidigung Rushdies ins Leben gerufenen internationalen Komitees. Hingegen sprachen sich etliche anglikanische Prälaten, die an der Strafbarkeit von Blasphemie festhalten wollten, dafür aus, dieses Gesetz auch auf andere Religionen auszudehnen; allerdings wiesen sie darauf hin, welche praktischen Schwierigkeiten dies aufwarf.[23] Die Regierung Thatcher beschloß, das bestehende Gesetz beizubehalten, und stärkte damit – zum Schaden einer laizistischen Auffassung der nationalen Identität – all jenen den Rücken, die die englische Identität unter Berufung auf die allgemein anerkannte Religion definierten. Dies ging in die gleiche Richtung wie die bildungspolitische Verordnung 1988, die die christliche Prägung des Unterrichts an den staatlichen Schulen bekräftigt hatte. Auf diese Weise mußten Muslime, ungeachtet der Intensität ihrer Gläubigkeit, sich ihrerseits ermutigt sehen, ihre politische Identität in Anlehnung an ihre Religionszugehörigkeit zu bestimmen.

Trotz der fehlgeschlagenen Versuche, *Die satanischen Verse* verbieten zu lassen und das Gesetz gegen Blasphemie auf den Islam auszudehnen[24], trugen die Organisationen, die sich von den militanten islamistischen Anhängern Mawdudis mitreißen ließen und von Saudi-Arabien unterstützt wurden, auf internationaler Ebene einige Erfolge davon, die in vielfacher Hinsicht Signalwirkung hatten. Im Oktober 1988 schickte eine prosaudische Organisation mit Sitz in London, der Islamische Rat Europas, Telexe an die Regierungen der islamischen Länder, sie sollten das Buch verbieten – was auch geschah. Am 5. November beschloß die Islamische Konferenz (IK), der 46 Staaten angehören und in der die saudische Diplomatie großen Einfluß hat, Maßnahmen gegen den Verleger und den Verfasser der *Satanischen Verse* zu ergreifen, falls das Buch nicht vom Markt genommen würde.

Derlei Erfolge, die den erstmals von den in England ansässigen Muslimen zum Ausdruck gebrachten Protest in die gesamte Umma trugen, überstiegen die Möglichkeiten der muslimischen städtischen Honoratioren in Bradford und Birmingham. Sie mußten ihren Gläubigen, deren Gefühle der Roman verletzt hatte, klarmachen, ihre besten Verteidiger seien die islamistischen, »politischen« Aktivisten der Islamic Foundation von Leicester beziehungsweise vergleichbarer Organisationen, die den »wahren Islam« verbreiteten und Zugang zu den politischen und finanziellen Schaltstellen der Saudis hatten.

Dennoch wurden die Erwartungen, die diese weltweite Mobilisierung geweckt hatte, enttäuscht: Der britische Staat gab den Beschwörungen der Mawdudisten und Saudis nicht nach. Die Enttäuschung war um so größer, als im Juli 1980 ein Fernsehfilm mit dem Titel *Tod einer Prinzessin*, der von einem Ehebruch in der saudischen Herrscherfamilie handelte, bei seiner Ausstrahlung in England einen ernsten diplomatischen Zwischenfall ausgelöst hatte. Der Innenminister hatte eiligst nach Arabien reisen müssen, um sich öffentlich zu entschuldigen. Bei dieser Gelegenheit hatten die Führer in Riad ihre Ansprüche sehr hoch gesteckt und meinten, ihre Familie sei verunglimpft worden. Nun provozierte ihr Versagen bei dem Versuch, die Ehre der Familie des Propheten zu verteidigen, scharfe Kommentare auf seiten derer, die ihnen die Führerschaft in der Kampagne gegen Rushdie streitig machten. Die Barelvi schrieben den mangelnden Eifer dem alten Haß der wahhabitischen Monarchie auf die volkstümlichen Formen der Frömmigkeit zu, die dem Propheten und seinen Gefährten eine Fürsprecherrolle zuweisen. Andere, rachsüchtigere Leute erklärten, die Saudis sorgten sich nur um die Ehre ihrer eigenen Familie und bedienten sich des Islam, um ihre Macht zu festigen; sie hätten also keinerlei Recht, sich als Verfechter dieser Religion aufzuspielen.

Die Bücherverbrennung

Parallel zur internationalen Kampagne der Mawdudisten, die von Saudi-Arabien weitergeführt wurde, mobilisierten die Deobandi- und Barelvi-Vereinigungen mit einiger Verspätung und auf lokaler Ebene ihre Anhänger. Auch in diesem Fall kamen die ersten Informationen über die Affäre aus Indien: Der Rat der Moscheen von Bradford erhielt ein Sendschreiben einer deobandischen Organisation mit Sitz in Blackburn, das Auszüge aus den *Satanischen Versen* in Urdu enthielt und ihren Verfasser als Abtrünnigen des Islam hinstellte; es wurde empfohlen, an die britische Königin und die Regierung zu schreiben, um ein Verbot des Buches zu erwirken.[25] Das tat Sher Azam in seiner Eigenschaft als Präsident des Rats der Moscheen; am 12. November verfaßte er einen Brief an Mrs. Thatcher, dessen karger Stil in auffälligem Gegensatz zu dem ausgefeilten Schreiben der Islamic Foundation von Leicester stand.[26]

In den meisten muslimischen Basisverbänden zirkulierten Fotokopien von Auszügen des Romans, in denen der Prophet lächerlich gemacht wurde, begleitet von Kommentaren; sie lieferten Themen für Predigten in den Moscheen. Das Empfinden, durch *Die satanischen Verse* sei die Ehre der Gemeinschaft beleidigt worden, war anderer Art als bei den Aktivisten der Islamic Foundation. Es äußerte sich in zwei Stimmungslagen: dem Gefühl einer proletarisierten Klasse anzugehören, die durch die Verächtlichkeit, mit der ihnen die Intellektuellen in London plötzlich begegneten, gedemütigt wurde, und der Frömmigkeit Muhammad gegenüber – die den volkstümlichen Islam der Barelvi kennzeichnet –, die durch das Bild des Propheten, das die Montagen der fotokopierten Auszüge aus Rushdies Roman vermittelten, verhöhnt wurde. Diese Gekränktheit fand in einem übersteigerten Ehrgefühl (*'izzat*), das die Demütigungen einer arbeitslosen, unter dem Rassismus leidenden Jugend ebenso einschloß wie die Enttäuschung der Elterngeneration, die den Gegenstand ihrer höchsten Verehrung der Lächerlichkeit preisgegeben sah, ihren Ausdruck.

Zur Zeit der Affäre Honeyford in Bradford hatten die verschiedenen dem Rat der Moscheen untergeordneten islamischen Verbände, aber auch Laiengruppen, die der antirassistischen indopakistanischen Bewegung wie auch der englischen extremen Linken angehörten, in der Koalition zum Kampf gegen den Schulleiter zusammengefunden. Die Rushdie-Affäre ließ diese Koalition auseinanderbrechen: Sowohl die extreme Linke als auch die antirassistischen Laien verweigerten sich der Forderung an die konservative Regierung Thatcher, den Roman eines als fortschrittlich bekannten Autors verbieten zu lassen.[27] Die jungen, in England geborenen muslimischen Indopakistani hatten sich zwar von der Art und Weise, wie die Elterngeneration den Islam an sie weitergeben wollte, distanziert und trugen Jeans, T-Shirts und Turnschuhe. Sie empfanden jedoch *Die satanischen Verse* als eine mit Fotokopien und Presseartikeln lancierte kulturelle Aggression. Als Reaktion darauf stellten sich viele hinter den Rat der Moscheen und andere islamische Verbände vor Ort. An den gegen den Roman organisierten Treffen, den Aufmärschen und an den großen Demonstrationen in London zeigten sie, mit all den Merkmalen ihrer Zwitterkultur – »jung«, Arbeiter, indopakistanisch, aus der Provinz oder Vororten stammend –, unübersehbar Präsenz und engagierten sich für die von muslimischen Deobandi- und Barelvi-Organisationen erhobenen Forderungen.[28] Paradoxerweise wollten *Die satanischen Verse* eben jener Zwitterkultur Ausdruck verleihen, aber sie hielten dieser Jugend einen Spiegel vor, in dem sie sich nicht wiedererkennen konnte.

Parallel zur Mobilisierung der Jugendlichen erklärt vor allem die besondere Dynamik der Barelvi-Organisationen in

Bradford, warum diese Stadt in England zum Symbol des muslimischen Widerstands gegen den Roman werden konnte. Bei den Barelvi genießt der Prophet höchste Verehrung. Er ist das vollkommenste Wesen und hat Zugang zu der Welt der verborgenen Wirklichkeiten: Über die Führer der Bruderschaft, die *Pirs*, kann man seines Segens und seiner Fürsprache teilhaftig werden; sie verteilen die *baraka*, die Gnade. In der Stadt, in der ein so herausragender *Pir* wie Pir Mahroof residiert, muß jede Verletzung der Ehre des Propheten von seinen Anhängern wie ihm selber als direkter Angriff auf ihren Glauben und ihre gesamte sozioreligiöse Organisation aufgefaßt werden. In Bradford wie in Pakistan äußert sich diese unablässige, das tägliche Leben durchdringende Bezugnahme auf den Propheten in zahlreichen Gedichten, Gesängen und Hymnen, die zu seiner Ehre komponiert und bei jedem wichtigen Anlaß gesungen werden, etwa die des Imam Raza (1856–1921), die die Liebe zum Propheten preisen und die man noch heute in den Moscheen Yorkshires oder der Midlands hört:

In seinem Licht erstrahlen alle Dinge
In seiner Person birgt sich das Geheimnis [...]
Das Licht Gottes ist er und Sein Schatten
Alles verdanken wir ihm, alles ist ihm eigen...
Majestätisch streifst Du durch die Himmel,
Doch Dein Auge ruht auf den irdischen Dingen,
nah und fern
Nichts entzieht sich Deinen Blicken
In den Sphären des Himmels und der Zeitlichkeit...[29]

Für all jene, die den Propheten so sahen, richtete sich Rushdies Roman über die Beleidigung des Islam im allgemeinen hinaus unmittelbar gegen das Herzstück des Glaubens. Er zerstörte den ganz persönlichen, mystischen Bezug, den noch der bescheidenste pakistanische Arbeitslose in Bradford zu dem unterhielt, »dem wir alles verdanken«, der in letzter Instanz seinem Leben Sinn verlieh.

Der Rat der Moscheen aktivierte für die Kampagne Leute,

die sich seinerzeit, als es um die Forderung nach »reinem« Fleisch bei der Schulspeisung und um den Kampf gegen Honeyford gegangen war, bei der Mobilisierung ebenso bewährt hatten wie darin, die Behörden unter Druck zu setzen. Die Stadträte indopakistanischer Herkunft spielten die Vermittler, aber sie hatten keinen Zugang zum Bereich der nationalen Politik – wo die Affäre verhandelt wurde. Einer der Labour-Abgeordneten der Stadt, Max Madden, zu dessen Wahlkreis zahlreiche muslimische Wähler gehören, bekundete ihnen seine Solidarität, ohne jedoch ein Verbot des Buches zu fordern. Das gleiche taten einige seiner Kollegen, deren einflußreichster Hattersley war, Abgeordneter von Birmingham und Nummer zwei der Labour Party. Ihre Einflußnahme hielt sich in Grenzen. So zog eine erste Gruppe von 700 Muslimen ihre Lehren aus dem Mißerfolg der traditionellen Taktik, die Politiker unter Druck zu setzen, und verbrannte am 2. Dezember 1988 in der Kleinstadt Bolton etliche Exemplare des Romans – ohne daß dies die Aufmerksamkeit der Presse erregte. Einen Monat darauf beschloß der Rat der Moscheen von Bradford, die Aktion zu wiederholen und diesmal dafür zu sorgen, daß sie ein nachhaltigeres Echo fand.

Am 14. Januar wurde das Buch in Anwesenheit von tausend Personen auf dem Platz vor dem Rathaus verbrannt; der Sekretär des Rats höchstpersönlich warf den dicken Band in blauem Einband, den man vorher mit einer leicht brennbaren Flüssigkeit durchtränkt hatte, in die Flammen. Ajeeb, 1985/1986 erster »farbiger« Oberbürgermeister in England, erklärte der Menge, die Versammlung bekunde den ungeheuren Zorn, den dieses Werk bei der muslimischen Gemeinschaft erregt habe, zeigte sich erfreut über den friedlichen Verlauf der Demonstration und versprach, seine Kollegen im Stadtrat aufzufordern, das Buch aus Bradfords öffentlichen Bibliotheken zu entfernen.[30] Einige Fotografen und Reporter der Lokalpresse waren zugegen, aber weder die überregionale Presse noch die Fernsehanstalten hatten sich bemüßigt gesehen zu kommen, obwohl sie vom Rat darum gebeten worden waren. Er ließ also einen Amateurfilm von dem Autodafé drehen, den er den Medien zuspielte; solcherart den

Wutausbruch der Muslime gegen *Die satanischen Verse* dramatisierend, hoffte er, die breite Öffentlichkeit aufmerksam zu machen und auf die Regierung Druck ausüben zu können. Das Ergebnis überstieg die Erwartungen der Initiatoren der Aktion allerdings in einem Sinn, den sie nicht vorausgesehen hatten. Die in den folgenden Tagen von allen Fernsehanstalten der Welt ausgestrahlten Bilder weckten bei der Masse der nichtmuslimischen Fernsehzuschauer keinerlei Gefühle der Solidarität oder des Mitgefühls. Ganz im Gegenteil: Die Bücherverbrennung beschwor Erinnerungen an die Inquisition und den Nationalsozialismus herauf und löste äußerst feindselige Reaktionen gegen ihre Veranstalter aus.

Bei den Muslimen brachte dem Rat der Moscheen von Bradford die spektakuläre Aktion die Rolle des unumstrittenen Vorkämpfers in der Kampagne gegen Rushdie ein, zum Schaden der Mawdudisten und ihrer saudischen Verbindungsleute. Zwei Ausdrucksformen standen einander gegenüber: An die Stelle des von den muslimischen Staaten auf den britischen Staat ausgeübten Drucks, der wirkungslos geblieben war, traten jetzt volkstümlichere Protestbewegungen, die geradewegs die Emotionen schürten, um die Aufmerksamkeit der Medien zu erheischen. Den Funktionären der Islamic Foundation von Leicester mißfiel es höchlich, sich auf diese Weise ins Abseits gedrängt zu sehen; sie behaupteten sogar, »der Vorfall von Bradford« sei »mit Hilfe eines Londoner Anwalts von gewissen Medienkreisen inszeniert worden«[31], um ein negatives Bild des Islam zu verbreiten.

Der Rat der Moscheen von Bradford erlangte mit einem Schlag internationale Berühmtheit. Seine Führer erinnerten sich noch 1993, mehr als vier Jahre nach dem Vorfall, mit einigem Stolz daran, daß aus allen Weltgegenden, von Neuseeland bis zu den USA, Journalisten angereist waren, um sie zu interviewen. Die feindseligen Reaktionen gegenüber den Muslimen, die die meisten britischen Presseorgane zum Ausdruck brachten, kamen ihnen nicht unbedingt ungelegen. Dies konnte nur den Zusammenhalt der Gemeinschaft festigen, die gegen die Angriffe von außen die Reihen schloß, und ihr Vertrauen in ihre religiösen Führer stärken, die fortan von aller Welt als unbestrittene Führer anerkannt wurden. Die Mobilisierung griff immer weiter um sich: Am 28. Januar marschierte ein Demonstrationszug unzufriedener Muslime vor der Londoner Niederlassung des Verlags auf, in dem der Roman erschienen war, und eine große Buchhandelskette wies ihre Filialen an, das Buch aus dem Regal zu nehmen und nur noch unter dem Ladentisch zu verkaufen.

Von Khomeini zum »muslimischen Parlament« in England

Die maßgebliche Rolle, die der Rat der Moscheen von Bradford spielte, sollte nur von kurzer Dauer sein. In der Tat fand die Kampagne auf den Tag genau einen Monat nach dem Autodafé einen endgültigen Vorkämpfer in der Person Ayatollah Khomeinis, der von Teheran aus verkündete: »Hiermit gebe ich den unerschrockenen Muslimen der ganzen Welt kund, daß der Verfasser des Buches *Die satanischen Verse*, das sich gegen den Islam, den Propheten und den Koran richtet, sowie alle, die es in Kenntnis dieser Sachlage veröffentlicht haben, zum Tode verurteilt sind. Ich fordere alle mutigen Muslime auf, sie, wo immer sie sich befinden, so schnell wie möglich hinzurichten, auf daß niemand mehr zu beleidigen wagt, was den Muslimen heilig ist.«

Um diese *fatwa* – die eine Berühmtheit ohnegleichen erlangen sollte – richtig zu interpretieren, muß man sie im Zusammenhang mit der internationalen Lage Anfang 1989 sehen. Im Jahr zuvor hatte Khomeini der Waffenruhe im Krieg gegen den Irak zustimmen müssen und damit in der muslimischen Welt an Ansehen eingebüßt. Er mußte also eine Gelegenheit finden, seine ideologische Vorherrschaft als *der* Verfechter des Islam erneut zu bestätigen, um so mehr, als seine saudischen Rivalen ihre internationalen Verbindungen spielen ließen, um *Die satanischen Verse* in zahlreichen Ländern verbieten zu lassen.

Zunächst stellte die *fatwa* einen Gewaltstreich innerhalb der islamischen Welt dar. Faktisch kam sie zwei Verstößen gegen muslimisches Recht gleich. Erstens hätte sie sich einzig an die Schiiten richten dürfen, die die geistig-moralische Autorität Khomeinis anerkannten und sich hinter seine Interpretation (*ijtihad*) des Islam stellten. Indem er die Kampagne gegen Rushdie dazu benutzte, sich an alle Muslime weltweit zu wenden, ernannte Khomeini sich selbst zum geistigen Führer aller und machte Saudi-Arabien seine führende Rolle streitig. Zweitens existierte kein Präzedenzfall, in dem eine *fatwa* im Namen des Islam gegen eine Person außerhalb der muslimischen Welt ausgesprochen worden wäre. Aber auch in dieser Hinsicht zeigte Khomeini, daß für ihn die universelle Geltung des Islam nicht an den Grenzen haltmachte, sondern auch die nach Europa ausgewanderten Bevölkerungsgruppen mit einschloß, die als islamische Enklaven, als Brückenköpfe der Umma, vereinnahmt wurden.

Für die britischen Muslime bedeutete die *fatwa*, daß von nun an die Initiative und die Kontrolle über die Kampagne sowohl der Islamic Foundation von Leicester als auch dem Rat der Moscheen von Bradford entglitten. Ihre Funktionäre hatten das Gefühl, der Ayatollah habe ihnen »den Teppich unter den Füßen weggezogen«[32], auch wenn zwei Mitglieder des Rats am Tag nach der *fatwa* zustimmende Erklärungen abgaben – die sie jedoch zurücknehmen mußten, als ihnen klarwurde, welche Folgen die Anstiftung zum Mord in einem Rechtsstaat nach sich zöge. Während die gesamte Presse und die nichtmuslimische öffentliche Meinung in England den Aufruf Khomeinis zum Mord unmißverständlich verurteilten, ließ sich in der »islamischen Gemeinschaft« eine Vielfalt von Stellungnahmen beobachten.

Die meisten Verbände, die zwischen ihren Anhängern und den Behörden die Vermittler spielen wollten, mußten sich von dem Aufruf zu einem Verbrechen distanzieren, wollten sie nicht in den Augen der britischen Staatsorgane untragbar werden und die Vorteile ihrer Vermittlerrolle einbüßen. Hingegen sahen viele – insbesondere junge – Muslime an der Basis, hineingerissen in die Spirale der Aufhetzung gegen Rushdie, in dem Todesurteil eine logische Folge der Bücherverbrennung. Am 20. Oktober 1989, mehr als ein Jahr nach

Erscheinen des Romans, billigten laut einer von der BBC durchgeführten Umfrage nach wie vor vier von fünf britischen Muslimen diese Kampagne, und die Quote der Zustimmung zur *fatwa* allein war »beträchtlich«.[33] Und bei den großen Demonstrationen gegen *Die satanischen Verse* während des ganzen Jahres 1989 gehörten Slogans, die Rushdie den Tod schworen, sowie Schilder, die sein blutüberströmtes Foto zeigten, zum gängigen Erscheinungsbild. Je mehr die öffentliche Meinung sich darüber empörte, auf den öffentlichen Plätzen im Lande der Habeaskorpusakte Rushdie *in effigie* verbrannt oder gehenkt zu sehen und aus dem Mund von Demonstranten »mit brauner Haut« Aufrufe zum Mord zu vernehmen, desto einstimmiger beschuldigten Medien wie Politiker »die Muslime«. Der einstmals als Faktor des sozialen Friedens so geschätzte Kommunitarismus wurde nun massiv angeprangert. Und die solchermaßen Beschuldigten neigten gegenüber der zunehmenden Feindseligkeit, die sie zu spüren bekamen, zum Schulterschluß – und so reihten sie sich alle in diesen *circulus vitiosus* ein.

In einer derart aufgeheizten Stimmung verkörperte Khomeini den Herold zur Verteidigung des Islam, der, koste es, was es wolle, nicht zögerte, das Abendland herauszufordern. Die Kluft zwischen der heftig aufwallenden Empörung der Basis und den Strategien der anerkannten islamischen Vereinigungen eröffnete innerhalb des britischen Islam einen Freiraum. Ihn nutzte eine Organisation, die sich auf die *fatwa* berief, um aus der Wut der Jugendlichen Kapital zu schlagen: Sie trieb den kommunitaristischen Ansatz auf die Spitze und rief ein »muslimisches Parlament« aus, das als Gegenstück zu dem von Westminster gedacht war.

Der Spiritus rector dieses Vorstoßes, Kalim Siddiqui, war 1954 nach England gekommen. Der Sohn eines indischen Grundbesitzers, der 1947 nach Pakistan geflohen war, begann eine Karriere als Journalist, die ihn zum *Guardian*, einer der »besseren« Zeitungen der Londoner Presse, brachte. Durch das Werk Mawdudis vom politischen Denken des Islamismus geprägt, besuchte er die Universität London, an der er in Konfliktforschung (*conflict studies*) promovierte und Kontakt zu anderen islamistischen Studenten vom Subkontinent hatte. Der Krieg von 1971, in dessen Verlauf Bangladesch sich von Pakistan abspaltete, stellte seine politisch-religiöse Begeisterung auf die Probe. Hatte nicht der pakistanische Staat seine alleinige Daseinsberechtigung aus der Zugehörigkeit seiner Bürger zum Islam bezogen und so die Einheit der Umma jenseits aller geographischen Grenzen symbolisiert? Und nun trennten sich die beiden konstitutiven Teile des Landes voneinander? Einmal mehr hatten die Muslime, statt sich über die Grenzen hinweg zu vereinen, sich geteilt. Für Kalim Siddiqui und seine Kameraden waren die nach der Unabhängigkeit der islamischen Länder an die Macht gekommenen Führer für diese Katastrophe verantwortlich. Weit davon entfernt, sich bei der Leitung der Staatsangelegenheiten auf die Religion zu berufen, wiederholten sie das, was der Kolonialismus sie gelehrt hatte. Kulturell, politisch und wirtschaftlich gehörten sie dem Abendland an. Einzig ihre dunkle Hautfarbe unterschied sie: Den Platz des weißen Herrn hatte nun der *braune Sahib* eingenommen.

Angesichts dieser Herausforderung bedurfte es einer politischen wie auch intellektuellen islamischen Alternative: Dies war das Ziel des 1972 gegründeten Muslim Institute; es suchte einen Weg, um die Muslime von den westlichen Vorstellungen von Demokratie und anderen Liberalismen zu befreien, und wollte auf der Grundlage des Islam den Anstoß zu einer Revolution der Denkweisen und der Machtsysteme geben. Die Ideologie der ägyptischen Muslimbrüder und der indopakistanischen Jama'at-i-islami war für die Mitglieder des Muslim Institute von einigem Interesse, während ihnen die Karriere, die die Führer dieser Gruppen in den mit Saudi-Arabien verbündeten Erdölmonarchien machten[34], nichts als Argwohn einflößte, schien dies doch jegliche Aussicht auf einen radikalen Bruch mit der vom Westen dominierten Weltordnung auszuschließen. Das überraschende Gelingen der iranischen Revolution übertraf ihre Erwartungen; in ihren Reihen befanden sich mehrere persische Studenten, die in der Islamischen Republik wichtige Stellungen einnehmen sollten. Und deren Botschaft verbreiteten sie. Bis zur Rushdie-Affäre blieb das Muslim Institute jedoch ein Ort studentischer intellektueller Reflexion. Sein Leiter erfreute sich zwar der Gunst Teherans, war aber bei den muslimischen Arbeitern von Birmingham und Bradford so gut wie unbekannt. Das Muslim Institute engagierte sich nicht im sozialen Bereich.[35]

Zu Beginn der Kampagne gegen *Die satanischen Verse* ergriff Kalim Siddiqui keine hervorstechende Initiative.[36] Allerdings wurde er rasch zu einem gesuchten »Diskussionspartner« in Rundfunk und Fernsehen, denn als ehemaliger Journalist, der die Tricks seines Metiers beherrschte, schnitt er im Gegensatz zu den Apparatschiks der Islamic Foundation, die über kein sonderliches Charisma verfügten, und den Führern der islamischen Arbeiterorganisationen, die sich im Englischen nur unbeholfen ausdrücken konnten, vor den Mikrofonen und auf dem Bildschirm gut ab. In den auf die *fatwa* folgenden Wochen erfüllte er für die britischen Medien vortrefflich die Funktion des »Bösewichts«, denn anders als die Leiter der Verbände billigte er die Erklärung des Ayatollah Khomeini vorbehaltlos. Seine flammende Rhetorik und seine Schlagfertigkeit beförderten ihn rasch vor alle Kameras – obwohl keine durchstrukturierte Bewegung hinter ihm stand. Eine solche zu gründen nahm er sich jetzt vor und hoffte, aus der gefühlsmäßigen und spontanen Identifikation vieler junger englischer Muslime mit dem Ayatollah in den Tagen nach dem Erlaß der *fatwa* für sich Kapital zu schlagen.

Zu diesem Zweck mußte er zuerst den anderen Initiatoren der Hetze gegen *Die satanischen Verse* die Legimitation absprechen, ihre Unfähigkeit herausstreichen und diese mit der »Komplizenschaft« der Saudis mit dem Westen erklären. Er prangerte die in der UKACIA (die im Oktober 1988 die Kampagne in Gang gesetzt hatte) verkörperte »saudische Lobby«, die »von einem Diplomaten des schlimmsten der ›gemäßigten‹, prowestlichen Regime der Welt geleitet werde«, an und meinte, vor allem habe die »Laschheit« des Protests dem verabscheuungswürdigen Roman zu außergewöhnlicher Publizität verholfen. »Salman Rushdie hat sich köstlich amüsiert, wenn er von einem Fernsehstudio ins andere, von einem

Empfang zum nächsten rannte, während sein Bankkonto und der Gewinn seines Verlegers Höhenflüge antraten, die alle ihre Erwartungen übertrafen [...] Hätte der saudische Diplomat durch eine Mobilisierung der muslimischen öffentlichen Meinung in Großbritannien eine wirksame Kampage gegen Rushdie geführt, dann hätte die britische Regierung diesen zur *persona non grata* erklärt und des Landes verwiesen.« Statt dessen legte die Tatsache, daß dieser nach wie vor im Lande weilte, den Schluß nahe, die UKACIA sei »nur eine Fassade der Saudis, um der Regierung genehme ›Führer‹ des britischen Islam zu liefern«[37]. In der Tat bekundeten die Saudis und die mit ihnen verbündeten arabischen oder muslimischen Staaten einige Besorgnis angesichts der unkontrollierbaren Eigendynamik, die die Affäre seit dem Eingreifen Ayatollah Khomeinis angenommen hatte. Sie schlug in einer Lage, in der die fraglichen Staaten durch eine Verschlechterung ihrer Beziehungen zu den USA und Europa einiges zu verlieren hatten, in eine Konfrontation zwischen Islam und Abendland um. Dementsprechend begnügte das Treffen der Außenminister der Mitgliedstaaten der Islamischen Konferenz, das vom 13. bis 16. März in Riad stattfand, sich damit, noch einmal das Werk zu verurteilen und seinen Verfasser zum Abtrünnigen zu erklären[38], hütete sich jedoch, die von Teheran ausgesprochene Aufforderung zum Mord zu unterstützen.

Diese Stellungnahme wurde von zahlreichen islamischen Verbänden in Großbritannien, auch außerhalb der kleinen proiranischen Gruppen, als Eingeständnis der Schwäche aufgefaßt.[39] Bei der wichtigsten Demonstration gegen Rushdie, die am 27. Mai 1989 vor dem Parlament von Westminster stattfand, waren zahlreiche Slogans und Schilder zu sehen, die den Ayatollah dafür priesen, die Ehre des Islam gerettet zu haben. Für Kalim Siddiqui bedeutete die bedingungslose Frontstellung gegen Rushdie, »die britische Regierung, die Opposition, die Medien und selbst die Polizei und die Justiz in einer auf Dauer angelegten Kampagne anzugreifen, die gelegentlich zur Konfrontationen und offenen Konflikten führen kann. Tatsache ist, die Anwesenheit von zwei Millionen erbosten Muslimen[40] in einer nachchristlichen verweltlichten Gesellschaft stellt einen potentiellen gesellschaftlichen Konfliktherd dar, den man ernst nehmen sollte. Wenn wir uns weigern, wie dies unsere Pflicht ist, zuzulassen, daß die unmoralische und verkommene säkularisierte Gesellschaft unsere moralische Werte zerstört, geraten wir *ipso facto* über kurz oder lang in Konflikt mit unserer Umgebung einschließlich der britischen Regierung.«[41]

Um den Konflikt auf lange Sicht zu schüren und den muslimischen Bevölkerungsgruppen andere Bezugsgrößen als den britischen Staat anzubieten, unternahm es Kalim Siddiqui, alle jene um sich zu scharen, die die *fatwa* gebilligt hatten. 1990 organisierte er in ganz Großbritannien Versammlungen, um einen Text zu erörtern, dessen ersten Entwurf er selber ausgearbeitet hatte: *Das muslimische Manifest*. Ziel ware es, eine »Behörde« zu gründen, »die im Namen der Muslime sprechen könnte« und wie eine »Abgeordnetenkammer« funktioniert, auch wenn »im derzeitigen Stadium die Muslime als autonome Gemeinschaft noch nicht in ausreichendem Maße als Institution anerkannt seien, um gültige Wahlen abzuhalten«. Aus den Gruppen, die das *Muslimische Manifest* diskutierten, sollten dann die »Deputierten« gewählt werden.

Dieses »muslimische Parlament« sollte »die muslimische Bevölkerung in Großbritannien zu einer organisierten Gemeinschaft zusammenschließen, die die Ziele des Islam verfolgt...«, die vor allen anderen Vorrang haben. So »befreit« die britische Nationalität, sei sie durch Geburt oder durch Naturalisierung erlangt, »den Muslim nicht von seiner Pflicht, sich am *jihad* zu beteiligen: am bewaffneten Kampf in der Fremde oder durch die materielle und moralische Unterstützung jener, die irgendwo in der Welt einen solchen Kampf führen«. Schließlich erinnert das *Manifest* daran, die Bekehrung von Nichtmuslimen sei eine grundlegende Pflicht aller Muslime, und bemerkt, »die Muslime haben sich zu einer Zeit im Westen niedergelassen, als die abendländische Zivilisation unter geistigen, körperlichen und psychischen Störungen zu leiden beginnt, die sich auf eine zügellose Verweltlichung zurückführen lassen«. Und der beste Trumpf beim

Bekehren ist es, durch das Beispiel zu predigen, nämlich durch die eines frommen Muslims würdige Lebensweise. »Dies kann jedoch nur geschehen, wenn es uns gelingt, mit der ›Integration‹ und der ›Assimilation‹ der Muslime im verderbten Sumpf des Lasters der westlichen Kultur Schluß zu machen.«[42]

Die »Eröffnungssitzung« des »Parlaments« fand am 4. Januar 1992 in London in Anwesenheit von 155 »Mitgliedern des muslimischen Parlaments« statt, die ihrem Namen ein MMP (Member of Muslim Parliament = Mitglied des muslimischen Parlaments) nachstellten und damit die »echten« britischen Abgeordneten kopierten, die ihrem Nachnamen die Buchstaben MP (Member of Parliament) hinzufügen. In seiner Eröffnungsrede erklärte Kalim Siddiqui: »Wir haben uns Parlament genannt, weil wir vor allem anderen ein ›politisches System‹ im wahrsten Sinne des Wortes sind. Wir wollen den uns zukommenden Platz unter den grundlegenden Institutionen Großbritanniens einnehmen. Mit der Eröffnung dieses Parlaments verwandelt sich die verschriene muslimische Gemeinschaft in eine politische Gemeinschaft, die über einen eigenen Willen und ein eigenes Ziel verfügt.« Mit der Bemerkung, daß die verschiedenen ethnischen, sprachlichen und sozialen Ursprünge der britischen Muslime sich in den »Parlamentariern« widerspiegeln, erinnert Siddiqui daran, daß »die einzige gemeinsame Sprache der MMP«[43] das Englische sei und weist so deutlich auf sein Bestreben hin, eine islamische kommunitaristische Enklave fest auf britischen Boden zu verwurzeln: Ihre Mitglieder haben weder die Absicht, in ihr Herkunftsland zurückzukehren noch sich zu integrieren oder zu assimilieren; vielmehr sind sie berufen, ihre islamische Identität zu festigen, um dann, auf lange Sicht, die Nichtmuslime zu bekehren.

Dieser durch die Konstituierung eines »muslimischen Parlaments«, das heißt einer gesetzgebenden Körperschaft, vollzogene scharfe Bruch mit dem juristischen Umfeld Großbritanniens war von einer selektiven Ablehnung geltender Gesetze begleitet: »Damit es ganz klar ist, die Muslime werden jede politische Maßnahme und jedes Gesetz anfechten und, falls nötig, dagegen verstoßen, die wir als gegen unsere Interessen gerichtet betrachten.« Diese Äußerung brachte ihm postwendend folgende Antwort des damaligen Staatssekretärs des Inneren, John Patten, ein: »Eine derartige Absurdität erweist weder der öffentlichen Ordnung noch guten Rassenbeziehungen einen Dienst. Ich bin überzeugt, die muslimische Gemeinschaft in diesem Land achtet das Gesetz und wendet sich gegen diese Art Verlautbarungen.«[44] In der Tat prangerten zahlreiche Gegner Siddiquis in den islamischen Verbänden Großbritanniens seine Initiative an und verwiesen auf ihren unnötig provokanten, separatistischen Charakter; sie spotteten über die äußerst schwache Repräsentanz dieses »Parlaments«, das in keiner Weise darauf schließen ließ, daß die Mehrheit der britischen Muslime sich darin wiedererkannte.

Mit der Proklamation des »muslimischen Parlaments«, einer Organisation, die erst im Entstehen begriffen war, wollte K. Siddiqui zunächst mit einem »Schauauftritt« die größtmögliche Aufmerksamkeit der Medien auf sich ziehen – auch wenn er dabei riskierte, als Schreckgespenst die Stereotypen und Karikaturen, die jeden Muslim zum Fundamentalisten stempelten, zu bestätigen. Aber über diese manipulativen Wirkungen hinaus ergibt das Phänomen als solches, bis in seine karikaturistische Verzerrung hinein, in vieler Hinsicht einen Sinn. Nicht umsonst spielt sich das Ganze in Großbritannien ab. Es fügt sich wirklich bis ins letzte in die Verschmelzung zweier Grundeinstellungen ein, des vom Raj ererbten politischen Kommunitarismus und den Pluralismus Großbritanniens: Lediglich die extreme Übertreibung erscheint in Anbetracht des Kräfteverhältnisses im England von 1992 absurd.

Die Widersprüche des Kommunitarismus

Die Organisation der bürgerlichen Gesellschaft Großbritanniens im Nebeneinander von Gemeinschaften – ob sie sich nun auf ethnisch-rassischer oder religiöser Grundlage definieren – bleibt jedoch ein grundlegendes Element der politischen Kultur dieses Landes. Für das »muslimische Parlament« käme eine Assimilierung oder Integration im »Sumpf« der dekadenten westlichen Zivilisation überhaupt nicht in Frage. Was jedoch die Position Kalim Siddiquis und seiner Freunde so auffällig macht, ist der Nachdruck, mit dem sie sie vertreten. Auch die UK Islamic Mission und die von ihr gegründete Islamic Foundation von Leicester wollen »die islamische Gesellschaftsordnung in Großbritannien einführen« – was im wesentlichen nichts anderes ist. Und indem sie dies tun, verhalten diese Organisationen sich genau so, wie es ihnen ein politisches System nahelegt, das die Ungleichheit der Bürger vor dem Gesetz – wie der diskriminierende Charakter der Gesetzgebung zur Blasphemie, von der lediglich die anglikanische Kirche profitiert, verdeutlicht – durch die Anerkennung spezieller »positiver« Diskriminierungen für diese oder jene Minoritäten ausgleicht.[45] So mahnt das Gesetz zum Schulwesen von 1988 die Pflicht zu einer religiösen Unterweisung an, vorausgesetzt, sie hat im wesentlichen christlichen Charakter – schlägt aber den »Minoritäten« vor, sich ausdrücklich davon abzugrenzen (*opting out*), und begünstigt damit die Einflußnahme kommunitaristischer Bewegungen auf die betroffenen Bevölkerungsgruppen.

Dennoch belebte die Rushdie-Affäre die Diskussion unter den britischen Politikern über die Bedeutung der Integration neu. 1965 hatte der Innenminister Roy Jenkins (Labour Party) sie »nicht als einen Prozeß, der zu einer unterschiedslosen Assimilation führt, sondern als die Verbindung von Chancengleichheit und kultureller Vielfalt in einer Atmosphäre wechselseitiger Toleranz« definiert. Im März 1989 fragte er sich öffentlich – zur großen Entrüstung der Anhänger einer multikulturellen Gesellschaft –, ob seine damalige Politik jetzt, ein Vierteljahrhundert später, die gewünschten Wirkungen gezeitigt habe; seiner Ansicht nach war es den in der britischen Gesellschaft lebenden Muslimen »offenbar nicht gelungen, ihre Kultur – und noch weniger ihre Religion – in dieser aufgehen zu lassen«: Der multikulturelle Ansatz hatte, so schien es ihm jetzt, hauptsächlich negative Folgen.[46]

Es scheint dem britischen Staat jedoch Schwierigkeiten zu bereiten, einen anderen Weg einzuschlagen: Die Tradition des Empire und die Institutionalisierung einer multikulturellen Gesellschaft, in der im Gastland ansässige Ausländer und Staatsbürger entsprechend ihrer rassischen Identität erfaßt werden, fließen nacheinander in ein politisches System ein, in dem der politische Kommunitarismus eine zentrale Rolle spielt. Für den Staat bringt dieser Kommunitarismus eine Reihe von Vorteilen mit sich: Seine wirtschaftlichen Kosten sind gering, da er im Austausch gegen die Gewährung einiger Subventionen die sozialen Probleme ausländischer Bevölkerungsgruppen auf deren eigene Instanzen abzuwälzen gestattet. Vor dem Hintergrund abnehmender Staatsreserven betrachtet man dieses Delegieren von Aufgaben als positiv, vor allem wenn die Regierung, wie die von Mrs. Thatcher und ihrem Nachfolger, sich auf einen Liberalismus beruft, der sich »Sowenig Staat wie möglich« aufs Banner geschrieben hat. Wie die Rushdie-Affäre jedoch gezeigt hat, konnte dieser Kommunitarismus einen hohen politischen Preis haben, da es im Ausland interessierte Stellen gab, die die Spannungen und Konflikte verschärften, die er auf interner Ebene nicht lösen konnte. Und vor allem spielte sich der Konkurrenzkampf zwischen den nach der Vorherrschaft über die Gemeinschaft strebenden Gruppen in einem Klima sich gegenseitigen Überbietens im Bruch mit den Werten des gesellschaftlichen Umfelds ab – was auf extreme Art und Weise im »muslimischen Parlament« gipfelte. Der politische Preis für diese Art übersteigerter Identität der Gemeinschaft in einer konfliktträchtigen Situation mitsamt einer Versteifung auf die nicht verhandelbaren, da heiligen Werte, ist hoch.

In den Vereinigten Staaten hatte Louis Farrakhans Islamisches Volk, nachdem es die Rhetorik des Separatismus auf die Spitze getrieben hatte, den Ausgleich mit dem postindustriellen Gesellschaftssystem gesucht. In *A Torchlight for America* – dem Buch, das Farrakhan 1993 veröffentlichte –, wurde das kommunitaristische Modell der Black Muslims als Beispiel für die Lösung der Probleme des ganzen Landes, das man sich als ein Nebeneinander von Gemeinschaften dachte, angeführt. Die Bestrebungen der mit ihrer sozialen Lage unzufriedenen Basis der Bewegung hatten jedoch Khalid Abdul Muhammads überzogene antijüdische Polemik begünstigt, die zu einem neuen heftigen Konflikt zwischen dem Islamischen Volk und B'nai B'rith führte, der sich zu einer offenen Feindschaft zwischen Schwarzen und Juden auswuchs. In den USA wie in Großbritannien steht der Kommunitarismus in letzter Konsequenz vor dem gleichen Dilemma: Will er, entsprechend einer konservativen Denkweise, die die wichtigsten sozialen Hierarchien unangetastet läßt, seinen Anhängern sozialen Frieden predigen, wird er von seiner Basis überrannt, die dem Bruch der Gemeinschaft mit der Gesellschaft das Wort redet, um gegen ihre Lebensbedingungen zu protestieren. Über die Berufung auf die Werte einer von der Religion garantierten Identität hinaus schaffen sich soziale Widersprüche immer ein Ventil.

FRANKREICH, LAND DES ISLAM

Am 5. Februar 1994 versammelten sich 1500 Jugendliche, Schüler und Studenten, in Grenoble zu einem Sit-in. Das Ambiente und die kämpferische Begeisterung erinnerten in mancher Hinsicht an die linken Aktionen der siebziger Jahre: Das Alter der Demonstranten, die Heftigkeit, mit der sie ihre Forderungen an das Unterrichtsministerium vorbrachten, der Sketch, in dem sie einen Gymnasialdirektor verhöhnten – bis hin zu dem Hungerstreik einer Schülerin der Abschlußklasse, die des Gymnasiums verwiesen worden war; für sie hatte man die Demonstration organisiert, zu der Busse Leute aus ganz Frankreich herangekarrt hatten.

Aber es ging nicht um Schlagworte wie Vietnam oder das »rote« Kambodscha – wie zwanzig Jahre zuvor –, nicht einmal um den antirassistischen Kampf der »Genossen« von SOS Rassismus wie im Verlauf des vorangegangenen Jahrzehnts. Die Mädchen, die an der Demonstration von Grenoble teilnahmen, waren Musliminnen und trugen Kopftücher; sie wurden von einem Ordnungsdienst, dessen Leute eine schwarze Armbinde mit gelbem Halbmond und der Aufschrift: *Wann sind wir an der Reihe?* – Erinnerung an den gelben Judenstern – trugen, gebührlich von ihren bärtigen Kollegen getrennt gehalten. Um die spezielle Diskriminierung des Islam durch den »antireligiösen Laizismus« in Frankreich deutlich zu machen, traten in dem Sketch fünf Personen auf, die sich vor den Toren einer Schule einfanden. Die vier ersten wurden vom Direktor aufs freundlichste empfangen: ein Punk mit farbenprächtiger Mähne, ein kleiner ausländischer

Gauner, der Joints verteilte, ein Katholik in Mönchskutte und ein praktizierender Jude mit Kippa und Schläfenlocken. Als dann jedoch »Schérazade« mit dem islamischen Kopftuch kam, wurde sie hinausgeworfen – während die Demonstranten im Chor Slogans riefen wie: »Ja zur Trennung von Kirche und Staat, aber auch zu meinem Tuch!« und »Frankreich ist meine Freiheit, mein Tuch auch!«, unterbrochen von »*Allah Akbar*«-Rufen.

Schérazade war eine das Kopftuch tragende Schülerin der Abschlußklasse; sie war marokkanischer Abstammung und französischer Nationalität und von ihrem Gymnasium verwiesen worden, weil sie sich geweigert hatte, während des Turnunterrichts ihr Kopftuch abzulegen. Damit hatte sie, so daß Rektorat in Grenoble, »gegen die Einhaltung der Sicherheitsvorschriften« in der Schule verstoßen. Wie bei der ersten Kopftuch-Affäre im Herbst 1989 in Creil war ein Gespräch zwischen dem Direktor der Schule und der Schülerin gescheitert. Man hatte dennoch zu einem Kompromiß gefunden, und Schérazade durfte während der anderen Unterrichtsstunden ihr Kopftuch tragen – gemäß einer Entscheidung, die der Staatsrat am 2. November 1992 gefällt hatte und derzufolge »das Tragen von Kennzeichen, durch welche die Schüler ihre Religionszugehörigkeit bekunden wollen, als solches mit dem Prinzip der Trennung von Kirche und Staat nicht unvereinbar ist«. Schérazade und verschiedene Vereinigungen junger Muslime, deren Symbolfigur sie darstellte, hatten jedoch ein Exempel statuieren und durch Übertreibung der Widersprüche des französischen Laizismus junge Staatsbürger maghrebinischer Abstammung hinter Losungen zur Reislamisierung mobilisieren wollen. In dem organisatorischen Freiraum, der seit Anfang der neunziger Jahre aufgrund der Schwierigkeiten der antirassistischen und »laizistischen« Bewegungen der Beurs – in Frankreich geborener Araber, deren Eltern immigriert waren – entstanden war, nehmen von jetzt an die Vereinigungen, die die islamische Dimension der Identität dieser Jugendlichen in den Vordergrund stellen, einen Platz als kämpferische Aktivisten ein.

Die Demonstration von Grenoble war aufschlußreich, offenbarte sie doch eine bezeichnende Veränderung der Art und Weise, wie sich bestimmte muslimische Jugendliche, die in Frankreich geboren oder zumindest in diesem Land aufgewachsen, französischsprachig und zum überwiegenden Teil französische Staatsbürger waren, selber sahen. Beim »Marsch der Beurs« für Gleichheit und gegen Rassismus 1983 hatte sich einer der Demonstranten auf den Islam berufen. In einer Zeit, in der Antirassismus, Antiimperialismus und Solidarität mit der palästinensischen Sache wie auch nichtreligiöse Ideologien der Linken miteinander verschmolzen, war dies ein so unpassendes Phänomen, daß eine Wochenzeitschrift der immigrierten Jugend unter der Überschrift: »Ein UFO bei den Beurs« einen Artikel über diesen Demonstranten veröffentlicht hatte.

Zehn Jahre später definiert sich eine wachsende Zahl junger Franzosen maghrebinischen Ursprungs über den Islam. In den meisten Fällen stellt die Definition eine für diese Generation spezifische Forderung dar und steht nur teilweise in der Nachfolge des »traditionellen« Islam der Eltern. Im Gegensatz zu Großbritannien, wo die vom indischen Subkontinent eingewanderten Muslime ab den fünfziger Jahren eine auf Dauer angelegte, aus dem Raj übernommene geschlossene Gemeinschaft bildeten, begannen die Maghrebiner in Frankreich eigentlich erst ab Mitte der siebziger Jahre islamische Verbände zu gründen und Moscheen zu eröffnen. Dieser Islam betraf hauptsächlich die Generation der Väter, die sich oft mit einer schwierigen Situation konfrontiert sahen, mit Arbeitslosigkeit, die sie genau in dem Augenblick traf, als sie beschlossen hatten, in Frankreich seßhaft zu werden und ihre Familien nachkommen zu lassen. Es ware eine »Sache der Alten«: Die Antworten, die er auf die Frage nach der Identität anbot, schienen himmelweit entfernt von den Sorgen einer Jugend, die in ihrer Mehrheit noch aus Kindern und Heranwachsenden bestand. Die einzigen muslimischen Aktivisten zwischen zwanzig und dreißig Jahren, die sich damals zusammentaten, waren islamistische Studenten aus dem Maghreb und dem Nahen Osten, die eine französiche Universität besuchten (wo sie normalerweise naturwissenschaftliche Disziplinen belegten);

sie waren ausschließlich daran interessiert, unter den Studenten Sympathisanten zu finden, die in ihr Land zurückkehren wollten, um dort gegen die »herrschende Gottlosigkeit« zu kämpfen und den islamischen Staat zu errichten.

Einer dieser Aktivisten vertraute uns 1985 an, für ihn und seine Kameraden seien die Beurs, da zu tiefgreifend französisiert, für den Islam definitiv verloren. Dementsprechend riefen die Imame dieser Vereinigungen, die in den Gebetssälen der Arbeiterheime predigten, ihre Zuhörerschaft dazu auf, in Frankreich nicht in den Streik zu treten, um nicht ihre Situation in einem Lande zu gefährden, dessen Haupttugend es war, eine heilige Stätte zu sein. In islamischen Begriffen war Frankreich weder *dar el islam* noch *dar el harb*: weder ein Land, in dem der Islam als solcher sich ausbreiten mußte, noch eines, in dem es Krieg zu führen oder das es zu erobern galt. Es wurde als *dar el 'ahd* – Land des Vertragsfriedens – betrachtet, eine Situation, in der die Muslime nicht in Konflikt mit den Behörden eines Staates geraten, der sie, auch wenn er »gottlos« ist, nicht bekämpft.

Erst ab 1985/86 begannen einige arabischstämmige Jugendliche der zweiten Generation in den Vororten von Lyon die Moschee zu besuchen. Anfangs übte, von Chasse bis Givors, vor allem die pietistische Vereinigung Jam'at al tabligh Einfluß aus; sie bot den aus dem Gleis Geratenen, die in einem »scheußlichen Schlamassel« steckten, der viele Gesichter hatte – Arbeitslosigkeit, Fremdenfeindlichkeit, Auflösung der Familie und Identitätskrise –, ihre üblichen, von der Gemeinschaft zur Verfügung gestellten Dienste an. Einige vereinzelte Initiativen bildeten sich heraus, und gegen 1987 konnte man – meist noch minderjährige – Jugendliche in den Moscheen des Umlands von Paris sehen, wo sie sich noch drei Jahre zuvor nie hätten blicken lassen.[1]

1989 stellte in dieser Hinsicht ein entscheidendes Jahr für die Entwicklung des Islam in Frankreich dar. Sein internationaler Hintergrund hatte sich radikal verändert, und der Machtzuwachs der Islamischen Heilsfront hatte, was natürlich vor allem die algerischstämmigen Personen betraf, ihre Einstellung zu ihrem Herkunftsland, die Bindung daran und an die aus der französischen Präsenz in diesem Land erwachsenen und in die Unabhängigkeit übernommenen Werte beträchtlich verändert. Auch das Verhältnis zum Islam als solchem, seine Definition unterlagen infolge der von der FIS rasch übernommenen Vorherrschaft im religiösen Bereich in Algerien einer Veränderung. Bis dahin hatten sich auf die islamische Strömung lediglich relativ kleine, etwas abgehobene militante Gruppen berufen, die, verglichen mit den großen, die Öffentlichkeit bewegenden Machtfragen, eine Randerscheinung blieben. Ab 1989 wurde die Berufung auf den Islam zu einem Massenphänomen und sah sich sogar im Zentrum des politischen, sozialen und kulturellen Lebens »legitimiert«, da sie einen Platz inmitten der Gegenwart – und vermutlich der Zukunft – der südlich und nördlich des Mittelmeers lebenden Algerier einnahm.

Im übrigen ist 1989 für den Islam in Frankreich das Jahr der »Kopftuch-Affäre«; sie spaltet das Land, nachdem drei muslimische Schülerinnen, die mit Kopftuch zum Unterricht erschienen, von der Hauptschule eines Pariser Vororts verwiesen wurden. Bei dieser Gelegenheit verändern die militanten Islamisten – die gegenüber den Eltern der betroffenen Schülerinnen in die Rolle von »Beratern« schlüpfen – ihre Strategie der Verwurzelung in Frankreich: Frankreich wird *dar el islam* – Land des Islam –, wie ein Jahr später Rached el Ghannouchi, wichtigster Vordenker der islamischen Bewegung in Tunesien, Al Nahda, und ihrer französischen Ableger, bei dem Kongreß der UOIF (Union des organisations islamiques en France = Vereinigung islamischer Organisationen in Frankreich)[2] verkünden sollte. Diese Erklärung setzt nicht die unmittelbare Islamisierung Frankreichs auf die Tagesordnung, sondern die konkrete Reislamisierung dort lebender muslimischer Bevölkerungsgruppen. Ab 1989 finden sich die islamischen Bewegungen in Frankreich mit der unausweichlichen Tatsache ab, daß letztere – die sie bis dahin vernachlässigt hatten – im Lande seßhaft geworden sind. Aus den Ereignissen dieses Jahres ziehen sie den Schluß, die sprachliche und juristische Französisierung dieser Bevölkerungsgruppen entfremde sie nicht zwangsläufig dem Islam oder gleiche sie den anderen Franzosen an – bringe sie nicht einmal dazu, das laizistische Modell der Republik, die das Religiöse in die Privatsphäre verbannt, zu akzeptieren.

Von nun an wird der Islam *in* Frankreich zum Islam Frankreichs, zu einem *französischen* Islam, und unterliegt dabei bedeutsamen Veränderungen. Dank einer Aufwertung der Bindung an diese Religion – die von ihrer zunehmenden weltweiten Präsenz und von einem durch die Polemiken im Gefolge der Rushdie- und der Kopftuch-Affäre sowie des Golfkrieges gesteigerten Identitätsgefühl begünstigt wurde – konnte der Islam seinen Einfluß allgemein verstärken. Diese Ereignisse hatten dazu geführt, daß Leute sich als Muslime »entdeckten«, die bislang diesem Aspekt ihrer Person kein großes Interesse entgegengebracht hatten, sich aber mit ihren Glaubensgenossen solidarisch fühlten, die ihrer Ansicht nach vom Westen und seinen Medien in Bausch und Bogen verteufelt wurden. Djida Tazdaït, Präsidentin der Vereinigung Junge Araber von Lyon und Umgebung (Jeunes Arabes de Lyon et banlieu = JALB), europäische Abgeordnete und Galionsfigur der *Beurs*-Bewegung der achtziger Jahre, bemerkt im Oktober 1989: »Die französische Gesellschaft wollte sich trotz der Anwesenheit mehrerer Millionen Muslime auf ihrem Boden eine Diskussion über den Islam ersparen. Seit der Rushdie-Affäre dient die inquisitorische Frage: ›Sind Sie für oder gegen den Integralismus?‹ als Notbehelf [...] Das ist wahrhaft ein Angriff auf das Gewissen der Muslime, die zu einer typisch französischen Wahnvorstellung Position beziehen müssen.« Und anläßlich der Affäre von Creil äußert sie: »Was sollen die Muslime Ihrer Meinung nach antworten, nachdem sie vierzehn Tage lang beleidigt wurden? ›Natürlich sind wir für das Kopftuch!‹ Aus Trotz!«[3] Diese Wiederentdekkung ihrer Zugehörigkeit zum Islam ist vielschichtiger, verschwommener und oft widersprüchlicher Natur, hat jedoch zur Folge, dem »Islam« – wie auch immer dieser Begriff verstanden wird – eine weit größere Bedeutung für die Identität zuzuschreiben als bisher.

Andererseits begünstigte die Identitätskrise der französischen Nation – für die die Kopftuch-Affäre von Creil das

Symbol darstellte – bei bestimmten Jugendlichen maghrebinischer Herkunft, die sich auf dem Arbeitsmarkt als Opfer von Diskriminierungen empfanden[4], die Suche nach Identifikationsmöglichkeiten mit anderen Gesellschaftsmodellen. Ende der achtziger Jahre nimmt in Frankreich der Front national des Jean-Marie Le Pen den politischen und Medienbereich in Beschlag; er schiebt den »Einwanderern« die Schuld an der Arbeitslosigkeit und der allgemeinen Verunsicherung zu und schließt sie und ihre Kinder verbal aus der nationalen Gemeinschaft aus. Zur gleichen Zeit lassen die beachtlichen Wahlerfolge einer anderen Front, diesmal südlich des Mittelmeers, der Islamischen Heilsfront, in Algerien die Entwicklung einer *doula islamiyya* – eines islamischen Staates – mit stark utopischen Zügen voraussehen. Dieses Projekt, das sich die umfassenden Forderungen nach sozialer Gerechtigkeit für die benachteiligten Algerier, die *hittistes* (Hethiter), zu eigen machte, weckte durchaus Sympathien – wie verschwommen sie auch sein mochten – bei manchen ihrer eingewanderten Cousins, die sich in den Trabantenstädten einem »Schlamassel« und Zukunftsängsten ausgesetzt sahen, die Bab el-Oued und Nanterre als zwei Gesichter der gleichen Aussichtslosigkeit erscheinen ließen.

Die französische Identitätskrise und die Krise der sozialen und beruflichen Eingliederung schufen gemeinsam eine Lage, die in manchen jugendlichen Beur-Kreisen der Entwicklung von Reislamisierungsbewegungen förderlich war. Ihre militante Strategie entwickelten sie entlang zweier Hauptlinien: Der französischen Identitätskrise stellen sie die Betonung einer gemeinschaftsorientierten islamischen Identität gegenüber, deren Sinnbild das Kopftuch in der staatlichen Schule ist. Die Austragung eines jeden Konflikts, den diese Affären heraufbeschwören, gerät ihnen zum Vorteil, macht dies aus ihnen doch die besten Verteidiger der – in diesem Fall als muslimisch deklarierten – Jugendlichen gegen den »Rassismus der Franzosen«. Andererseits versuchen sie angesichts der sozialen Probleme in den Vororten erneut sich selbst verwaltende Netzwerke der Solidarität auf kommunitaristischer Grundlage ins Leben zu rufen, die an die Stelle der alten verschwundenen oder nicht mehr funktionierenden Gemeinschaftsstrukturen – von der Kirche, den Gewerkschaften, den Arbeiterparteien oder den Stadtverwaltungen getragene Jugendgruppen, Jugendhäuser, Clubs und ähnliches – treten. Auf diese Weise widmen sie sich betreuerischen Aufgaben und der Wahrung des sozialen Friedens, von der Unterstützung in schulischen Angelegenheiten bis hin zum Kampf gegen Drogen – das macht sie zu Ansprechpartnern der staatlichen Behörden, die angesichts einer Jugend, mit der sie sich nicht auskennen, und Vermittlern, die sich auf Allah berufen und Subventionen verlangen, die die Trennung von Kirche und Staat zu verbieten scheint, hilflos sind.

Diese Bewegungen fügen sich, auch wenn sie kein solches Ausmaß annehmen, wie wir es in den USA und in England beobachtet haben, dennoch in eine vergleichbare Logik ein. Allerdings sind sie mit einer gesellschaftlichen Organisation konfrontiert, die, im Gegensatz zu dem, was man jenseits des Kanals oder jenseits des Atlantiks beobachten kann, selbst das Prinzip des Kommunitarismus schlichtweg gestrichen hat und sich einer republikanisch-egalitären Staatsbürgerschaft rühmt – die zu verwirklichen sie jedoch gleichzeitig nicht über die Mittel, ja nicht einmal über den Willen zu verfügen scheint. Aufgrund dieser Tatsache sind die Forderungen und sogar das Vokabular der einigermaßen verwurzelten Reislamisierungsbewegungen von einer Ambivalenz gekennzeichnet, die die Kategorien der Menschenrechte, der Freiheit, auch der Integration neben eine theoretische Begründung stellt, die auf die von den Muslimbrüdern, den Islamisten der tunesischen Nahda und verschiedenen Richtungen der algerischen FIS ausgegangene Bewegung zurückgeht.

Man trifft hier erneut auf jene widersprüchliche Logik, die teilweise auch für eine andere, von gesellschaftlich benachteiligten und unterdrückten Gruppen ausgegangene Bewegung charakteristisch war: den militanten Kommunismus in Frankreich. Der Kampf für die Errichtung der Diktatur des Proletariats hatte seine Verfechter nicht davon abgehalten, an Wahlen teilzunehmen. Das hatte es den von der PCF (Partie communiste français = KPF = Kommunistische Partei

Frankreichs) in ihrer Blütezeit gestellten Kommunalverwaltungen ermöglicht, sich zu den Wortführern der Bestrebungen der Mehrheit der von ihnen Vertretenen zu machen, die zumeist aus der Arbeiterschicht stammten, ob sie nun tatsächlich der Partei angehörten oder nicht. Eine ähnliche Dynamik ist heute, wenn auch noch auf sehr niedrigem Niveau, in den Reislamisierungsbewegungen maghrebinischer Jugendlicher am Werk. Angesichts des Niedergangs der einst aus den Arbeiterparteien hervorgegangenen Protestbewegungen und angesichts der Schwierigkeiten, auf die die Bewegung der Beurs und der antirassistischen Laizisten in den achtziger Jahren trafen, bemühen sich diese Bewegungen nun, eine »Funktion als Volkstribun«[5] zu erfüllen, um die Frustrationen, Forderungen und Hoffnungen einer an den Rand gedrängten Jugend zum Ausdruck zu bringen. Sie bieten ihr ein Mittel, gegenüber einem Staat und einer Gesellschaft, die sie als undurchschaubar oder feindselig wahrnehmen, kollektiv einen Platz auszuhandeln, der im Frankreich von morgen noch festzulegen ist.

Auf den folgenden Seiten sollen die Vorgehensweisen und die Bedeutungschichten dieser Forderung nach einer gemeinschaftsorientierten Reislamisierung in Frankreich analysiert werden. Um die im letzten Jahrzehnt des 20. Jahrhunderts in diesem Bereich vor sich gehende Veränderung richtig einzuschätzen, muß man zunächst sowohl in Hinblick auf Algerien wie auch auf Frankreich beim Jahr 1989 ansetzen und verstehen, inwiefern es die Qualität des gegenwärtigen Islam tief greifend veränderte und ihn zu einem wichtigen Faktor in der Strukturierung des politischen Lebens in Frankreich machte.

Die Selbstbestätigung der islamischen Identität in Großbritannien ließ sich nur mit dem Rückgriff auf die besondere Beziehung zwischen den britischen Machthabern und dem Islam im Indischen Reich verstehen; desgleichen sind die Formen, die die Forderung nach einer Islamisierung in den neunziger Jahren in Frankreich annimmt, nur im Rahmen eines Prozesses zu begreifen, in dem die Entwicklung in Algerien zur Debatte steht. Das Auftauchen der FIS und ihr überwältigender Erfolg seit 1989 stellen in der Berufung auf den Islam nicht nur im Land selbst eine »Umkehrung aller Werte« dar, sondern in weit größerem Maße auch in Frankreich, wo die muslimischen Bevölkerungsgruppen zum überwiegenden Teil aus Algerien oder dem übrigen Maghreb stammen. Noch ehe die FIS in Frankreich ein Netzwerk sozialer Unterstützung knüpfte – dessen Einfluß man nicht überschätzen sollte –, boten das von ihr begründete neue Verhältnis gegenüber dem politischen Leben, die von ihr geschaffenen Sozialdienste, mit denen sie gegen das Elend und die Hoffnungslosigkeit der Jugend ankämpfte, und der Kulturkrieg, den sie gegen die als »französisch« verfemten Werte führte, der Masse eine »islamistische Alternative«, die eine muslimische Identität durch den Bruch mit dem Westen stark aufwertete.

Dies traf das Wesen der engen Beziehungen, die sich zwischen Frankreich und dem ursprünglichen Islam Nordafrikas entwickelt hatten, im Kern und veränderte die gesellschaftlichen Vorstellungen, die Muslime und Nichtmuslime voneinander hatten. Wir werden zunächst jene oft verborgene oder verkannte Dimension der Reislamisierung, die seit der Unabhängigkeit in Algerien stattfindet, aufzeigen und untersuchen, welche Auswirkungen sie in dem Augenblick, da in Frankreich einige junge muslimische Franzosen ein Recht auf islamische Identität einfordern, auf die Wahrnehmung des Ich und des Anderen gehabt haben könnte. Im Anschluß daran werden wir uns ansehen, wie sich im Umkreis der Kopftuch-Affäre vom Herbst 1989 der Islam *in* Frankreich in einen französischen Islam verwandelte und wer die Träger – in Form von Vereinigungen oder Institutionen – dieser Veränderung waren. Schließlich werden wir sehen, wie nach dem Golfkrieg und zu Beginn des Bürgerkriegs in Algerien der französische Islam sich mit der Unzufriedenheit und dem sozialen Aufbegehren der Jugendlichen verband. Wir werden versuchen zu verstehen, inwieweit er sich auf seine Weise in die weltweiten sozialen, kulturellen und religiösen Verwerfungen einordnet, die in gewisser Weise an die islamischen Bewegungen der Schwarzen in den USA und die rassengebundene Auffassung der gesellschaftlichen Beziehungen in Großbritannien denken lassen – und inwieweit er sich davon unterscheidet.

1 Die FIS und die Söhne Frankreichs

Die Islamische Heilsfront wurde an einem Freitag im März 1989[1] in der Moschee Ben Badis de Kouba in Algier ausgerufen, einige Monate nach dem Volksaufstand im Oktober 1988, der das autoritäre, seit der Unabhängigkeit von dem FLN (Front de libération nationale = Nationale Befreiungsfront) beherrschte Regime ins Wanken gebracht hatte. In Rekordzeit erlangte die islamistische Partei im muslimischen Lager Algeriens eine unbestrittene Vormachtstellung, gelang es ihr, das gesellschaftliche System umfassend unter ihre Kontrolle zu bringen und die politische Szene zu beherrschen. Sie gewann die Mehrzahl der Moscheen und Prediger für ihre Sache und verdrängte alle anderen Interpretationen des Islam. Im sozialen Bereich schlug die FIS aus einer bereits von den ihr vorangegangenen islamischen Basisverbänden angewandten Strategie Kapital: Im Rahmen eines außergewöhnlichen karitativen Einsatzes kümmerte sie sich eine Zeitlang um viele der zahllosen alltäglichen Existenzprobleme, mit denen die Algerier zu kämpfen hatten, und glich notdürftig die Versäumnisse des Staates aus; damit setzte sie sich an seine Stelle und reorganisierte die Gesellschaft um die Moscheen herum, in denen Hilfsmittel und Dienstleistungen zur Verfügung gestellt wurden. Diese gesellschaftliche Verwurzelung trat schließlich bei den Kommunalwahlen im Juni 1990 in dem »Erdrutsch« zugunsten der FIS politisch zutage, der es ihr ermöglichte, die Mehrzahl der Bürgermeister zu stellen, und später in ihrem beispiellosen Erfolg in der ersten Runde der Parlamentswahlen Ende Dezember 1991, die im Januar 1992 von der Armee abgebrochen wurden.[2]

Der außergewöhnliche Erfolg bestätigt, das kämpferische Engagement der Islamisten in Algerien hat sein Ziel hauptsächlich auf zweierlei Weise erreicht: Einerseits durch die Arbeit im verborgenen, aber auch in Form einer Annäherung an die Macht im Rahmen des FLN selber, und zwar durch eine als *barbéfélène* bezeichnete Strömung (»der Spitzbärte«), die für die Islamisierung der Gesellschaft und den Bruch mit »den Werten Frankreichs« kämpfte. Im Jahre 1989 verband sich diese langwierige Arbeit eines Reifungsprozesses mit der allgemeinen Empörung, die sich in den Oktobertagen 1988 Gehör verschaffte: Deren Losungen verliehen der allgemeinen Wut und dem Zorn Ausdruck; sie beschimpften die Regierung und riefen nach Rache, ohne jedoch eine tragfähige politische Alternative aufzuzeigen.

Die FIS, und nur sie allein, war in der Lage, diesem Aufruhr eine Sprache zu verleihen und Ziele zu formulieren, ihn in ein Projekt der radikalen Umgestaltung der Gesellschaft umzuformen. Ihre bislang auf einige tausend bärtige Aktivisten beschränkte Weltsicht wurde plötzlich von der Masse übernommen. Sie trat nun für eine Neudefinition der algerischen Identität ein und wollte dabei jeglichen französischen Einfluß ausschalten, der als Ursache aller Mißstände im Lande angeprangert wurde.

Indem sie der »kulturellen Französisierung« Algeriens die Schuld an allen Sünden zuschob, übersteigerte die FIS eine »reine« islamische Identität, die sie von allen intellektuellen und sprachlichen Einflüssen seit dem Beginn der Kolonisierung bis hin zu den über die »paradiabolischen« Antennen empfangenen Fernsehserien befreien wollte. Mit einem ideologischen Gewaltstreich versuchte sie, undurchlässige Barrieren zwischen der – durch den islamischen Glauben und dessen strikte Befolgung neu definierten – Identität der algerischen Gemeinschaft und einer Welt der Gottlosigkeit und des Bösen zu errichten, die als das Andere, aufgrund seiner französischen Prägung Stigmatisierte, abgelehnt wurde.

»Die giftige Milch Frankreichs«

Die Entfranzösisierung (und deren logische Folge, die Arabisierung und Islamisierung) war jedoch während der gesamten Ära Boumedienne auch von dem FLN, der damals an der Macht war, offiziell betrieben worden. Auf sprachlicher

Ebene waren die Ergebnisse umstritten – sie brachten Generationen »zweisprachiger Analphabeten« hervor, eine beliebte Zielscheibe algerischer Witze. Unter dem autoritären Überbau des Regimes hatten sich die Algerier jedoch sowohl südlich des Mittelmeers wie auch in der Emigration an der Basis eine politische und kulturelle Mischidentität geschaffen, die in den 130 Jahren gemeinsamer Geschichte mit Frankreich wurzelte und in gegenseitiger Ablehnung wie in Neugier aufeinander bestand. Und eben dieser kulturellen Rassenmischung wollte die FIS ein Ende machen. Zu diesem Zweck galt es, die gesamte Geschichte des Unabhängigkeitskrieges für sich und ausschließlich zu ihrem Vorteil zu vereinnahmen, sie in den Begriffen eines »*jihad* gegen das Kreuz« neu zu schreiben, es galt, den FLN, der seit 1962 an der Macht war, auf diesem Gebiet zu übertrumpfen und ihn als die »Partei Frankreichs« hinzustellen. Die Verteufelung Frankreichs und aller Werte, die von dort herrührten, veranlaßte die FIS, die Grenzen der Zugehörigkeit zum Islam ausgehend von einer Rhetorik des radikalen Bruchs neu zu definieren.

Zu Beginn der Algerienkrieges, Allerheiligen 1954, existierte zwar eine Berufung auf den Islam, aber sie spielte keine wesentliche Rolle in der Ideologie der jungen Revolutionäre.[3] Die Erklärung vom 1. November, die zum Aufstand aufrief, erfolgte im Namen Allahs – war aber hauptsächlich als Ausdruck der soziologischen Identität des zukünftig unabhängigen Algeriens zu verstehen. Die Berufung auf den Islam bedeutete, zwei Bevölkerungsgruppen radikal voneinander zu unterscheiden: die Muslime – die dazu aufgerufen wurden, sich als das algerische Volk zu konstituieren – und die Algerienfranzosen und Juden, die nicht mehr dazugehören sollten. In keiner Weise kam darin jedoch die Absicht zum Ausdruck, die Scharia in dem Sinne anzuwenden, wie sie heute die Führer der FIS verstehen. Für die Mehrheit der ländlichen Bevölkerung, die die Kämpfer im Unabhängigkeitskrieg stellte, überträgt das traditionelle soziopolitische Vokabular des Islam, so wie es von den Bruderschaften und den Marabuts weitergegeben wurde, die Ideale der Gerechtigkeit und Gleichheit in präkoloniale Kategorien. Hingegen hielten sich die islamischen Geistlichen in den Städten, die Verantwortlichen der 1931 von Scheich Ben Badis gegründeten Bewegung der Ulema, die in höchstem Maße das Streben nach einer Islamisierung der Sitten und Verhaltensweisen verkörperte und deren unmittelbare Nachfolge übernommen zu haben die FIS für sich beansprucht, zunächst abseits von den jungen Revolutionären des FLN, deren Projekt ihnen vom Ideologischen her zu wenig religiös ausgerichtet schien.

Dieses Mißtrauen entsprach den Gefühlen, die die stark vom Sozialismus geprägte Unabhängigkeitsbewegung – ab den zwanziger Jahren im Rahmen des Nordafrikanischen Sterns, der algerischen Volkspartei, und dann im von Messali Hadj verkörperten MTLD (Mouvement pour le triomphe des libertés démocratiques = Bewegung für den Triumph der demokratischen Freiheiten) – in Ben Badis geweckt hatte.[4] Die Ulema hatten eine Denkweise und ein Lehrgebäude entwickelt, in denen sie sich mit der politischen Herrschaft der Kolonialmacht abfanden. Nicht daß sie damit zufrieden waren, aber nach dem Beispiel ihrer indischen Glaubensgenossen, die ihre islamische Identität unabhängig von einer »gottlosen« Macht entwickelt hatten, betrachteten Ben Badis und seine Anhänger ihr Predigen und ihren Willen zur Reform als unabhängig von der feststehenden Tatsache der Kolonisierung durch die Franzosen. Erst 1956, als der FLN ein »unumgänglicher« Akteur auf der politischen Bühne geworden war, gingen die Ulema – und in ihrem Gefolge die gebildeten Städter, die arabisch lesen und schreiben konnten und über die sie die geistige Vorherrschaft ausübten, die sie beeinflußten – dazu über, den Aufstand zu unterstützen.

Nach der Unabhängigkeit wurde die islamische Strömung innerhalb der führenden Kreise zugunsten der Sozialisten und Marxisten an den Rand gedrängt – vor allem während der kurzen Präsidentschaft Ben Bellas (1962–1965). Im Verlauf der ersten Jahre schlug die Mißbilligung der islamischen Spielarten der Marabuts und der Bruderschaften, die eines abgekarteten Spiels mit der Kolonialmacht bezichtigt und als Hindernis des sozialen Fortschritts betrachtet wurden, in eine diffuse Ablehnung jeglichen »reaktionären Klerikalismus« um. Allerdings wurde die religiöse Strömung nicht als einzige von der Teilhabe an der Macht ausgeschlossen. Ebenso erging es den Streitern, die im Kampf gegen die französische Armee den größten Tribut gezahlt hatten: den Führern der *wilayat* des Landesinneren – der Mitidja-Ebene, des Kernlandes von Algerien, der Kabylei – und des Berglandes von Aurès im Osten. Sie wurden durch Männer der »Grenzarmee« ersetzt, die bis 1962 in Tunesien und Marokko geblieben waren und deren Musterbeispiel Oberst Boumedienne darstellte, der im Juli 1965 in einem Staatsstreich den ersten Präsidenten, Ahmed Ben Bella, stürzte.

Mit der Etablierung der Diktatur der Einheitspartei schalteten die algerischen Führer auch all jene aus, die sich während des Aufstandes für demokratischere Ideale eingesetzt hatten – von Mohammed Boudiaf bis hin zu Hocine Aït-Ahmed und Mohammed Harbi, die eingesperrt oder ins Exil gezwungen wurden. Darüber hinaus begünstigte Boumedienne eine bestimmte ethnische Gruppe – die arabischen Familien des Ostens[5] –, die zum Nachteil der Berber und der Frankophonen wie auch der aus dem Landesinneren und dem Osten stammenden Kämpfer das Land in Besitz nahm.

Auf diese Weise hielt sich die gesamte Geschichte des unabhängigen Algeriens hindurch das Gefühl, die »Revolution von 1954« und die »Prinzipien vom 1. November« seien erschlichen, veruntreut, ja sogar verraten worden, ein Gefühl, das jedoch diffus und unterschwellig blieb, denn es zum Ausdruck zu bringen war von der Diktatur strengstens untersagt. Erst die einflußreiche Ideologie der FIS vertrat offen diese Einstellung, verraten worden zu sein, und bot eine einheitliche ideologische Erklärung dafür an. Danach war in Wirklichkeit der *jihad* für die Unabhängigkeit, in dem die Religion in ihrer islamistischen Ausprägung eine bedeutende Rolle gespielt hatte, von den »Kindern Frankreichs« fehlgeleitet und so die Gründung eines islamischen Staates verhindert worden.

Für die jungen Generationen, die die Fakten nicht kannten und lediglich zu der offiziellen Geschichtsschreibung Zugang hatten, blieben – aufgrund der Verschleierung der Geschichte und der Tatsache, daß die Hauptakteure der Erhebung in der gesamten Ära der Einheitspartei zum Schweigen verurteilt waren – Verrat und Veruntreuung der Unabhängigkeit eine »verschwommene Gewißheit«.[6] Das machte es leicht, die durch den FLN zensierte Geschichte Algeriens in islamistischem Sinne umzuschreiben: In einer Zeit tiefverwurzelter sozialer Unzufriedenheit, wie sie in Algerien ab Mitte der achtziger Jahre herrschte, war Platz für eine »Berichtigungs«-Ideologie, die den Grund für alle Mißstände in der Gesellschaft dem Verrat der ursprünglichen Ideale von 1954 anlastete. Die Stärke der FIS bestand darin, diesen Verrat auf die Preisgabe der »ursprünglich *islamischen* Ideale« zu reduzieren und dem auch die anderen Fehlentwicklungen zuzuschreiben – ob es sich nun um die Kontrolle der Macht durch die Grenzarmee oder durch die Araber aus dem Osten handelte.

»Der algerische Staat von 1962«, erklärt Abbassi Madani, der wichtigste Führer der FIS, »entsprach in keiner Weise dem, den wir uns am 1. November 1954 erträumt, für den wir zu den Waffen gegriffen hatten: einen unabhängigen, auf den Prinzipien des Islam gegründeten Staat. Der Staat, der sich unter unseren Augen herausbildete, basierte auf laizistischen und sozialistischen Grundlagen. Dies war eine schwerwiegende Fehlentwicklung [...] Wir traten in eine Ära der Hoffnungslosigkeit, des Mißerfolgs und des Unheils ein.« Ali Benhadj, der prominente Prediger der Heilsfront, verkündet: »Mein Vater und seine (Glaubens-)Brüder haben *physisch* das uns unterdrückende Frankreich aus Algerien verjagt; ich und meine Brüder, wir weihen uns der Aufgabe, es mit den Waffen des Glaubens *intellektuell und ideologisch* zu vertreiben und uns seine Parteigänger vom Hals zu schaffen, die seine giftige Milch getrunken haben.«[7]

Im heutigen Algerien verfügte diese Ideologie über eine ungemein mobilisierende Kraft. In den Spalten des Parteiorgans, *Al Munqidh*, griff man regelmäßig darauf zurück. So erinnert auf Seite eins der Nummer 18 eine Gruppe von Mudschaheddin[8]-Kämpfern des Algerienkrieges daran, »daß der heilige Freiheitskrieg kein *jihad* für den Teufel (*taghout*), sondern ein *jihad* für Allah war [...] Das erste Wort, das nach dem ersten Schuß erschallte, war ›*Allah Akbar*‹, und wir wußten sehr wohl, wir führten einen Krieg gegen das Kreuz, das den Islam mit allen Mitteln vernichten wollte.«[9] Folgerichtig rufen die Unterzeichner dazu auf, bei den Kommunalwahlen für die FIS zu stimmen: Islamische Stadtverwaltungen würden endlich die Ziele des Freiheitskrieges gegen Frankreich verwirklichen. In der gleichen Ausgabe wird in einem Artikel erklärt, das im Abkommen von Evian garantierte Fortbestehen der französischen kulturellen Institutionen in Algerien hätte die Funktion, die Anwendung der islamischen Prinzipien von 1954 zu verhindern, und die aus den französischen Schulen hervorgegangenen algerischen Funktionäre, die zur Zeit in Algerien an der Macht seien, stellten die Säulen des kulturellen Kolonialismus dar.[10]

Alle diese Argumente bieten eine einfache Antwort auf die immer noch offene Frage nach den Ursachen der nationalen Katastrophe und ziehen dabei ihren Nutzen aus der Tatsache, daß algerische Historiker sich kein Gehör verschaffen können, es sei denn aus dem französischen Exil – einem in Hinblick auf einen Kampf um Werte, die den Islam in seiner radikalen Version mit der unverfälschten Wahrheit identifizieren, illegalen Ort. Die Ideologie der FIS wurzelt in dem unbeugsamen Willen, den Bruch mit Frankreich, der im Unabhängigkeitskrieg mißlang, jetzt zu vollziehen. Von nun an geht es nicht mehr einfach darum, ein Territorium zurückzuerobern: Es gilt Seelen zurückzugewinnen, indem man Frankreich zu einer unheilvollen Macht emporstilisiert, zum Feind jenes Islam, dessen eigentlicher und wahrhaftiger Vertreter zu sein die FIS sich brüstet.

Von der Arabisierung zur Islamisierung

Um ihre Weltsicht in der algerischen Gesellschaft möglichst umfassend zu verbreiten, vereinnahmte die FIS in der ideologischen Nachfolge des FLN alles, was sich auf die »Authentizität«, auf den Willen zur Arabisierung und den Rückgriff auf den Islam bezog. Gleichzeitig rechtfertigte sie ihren Bruch mit der alten Einheitspartei damit, daß sie deren Führer zu »Kindern Frankreichs« erklärte, um alle diejenigen für sich zu gewinnen, die einen tiefen Groll gegen den FLN hegten.

Die Arabisierungspolitik des FLN war seit der Unabhängigkeit von widersprüchlichen Strömungen getragen. Zu Beginn zielte sie vor allem auf eine Verstärkung der Bindungen zu den arabischen Ländern des Nahen Ostens, die die sozialistischen Ideale der Machteliten teilten, etwa dem Ägypten Nassers. Ab Mitte der siebziger Jahre wurde sie jedoch von Strömungen unterlaufen, die im Arabischen nicht mehr die Sprache des Nasserschen Sozialismus, sondern die des Koran und einer anderen ägyptischen Bewegung, der Muslimbrüder, sahen. Damals bekämpfte das Regime Boumedienne die extreme Linke und die algerischen Kommunisten – die die Agrarrevolution in die Hand genommen und das Regime links überholt hatten –, indem es sich auf die »islamischsten« Strömungen im FLN stützte. Vor allem aber mußte die massenhafte Arabisierung jener, die als erste davon hätten profitieren müssen, aber ihre ersten Opfer wurden, als eine Politik mit unheilvollen Auswirkungen empfunden werden. Um den Erfolg der FIS seit 1989 und ihre Neubegründung der algerischen Identität unter Berufung auf einen kommunitaristischen Islam zu verstehen, muß man begreifen, wie es ihr gelang, die in die Arabisierung gesetzten Erwartungen, die enttäuscht worden waren, auf sich zu lenken und zu ihrem Vorteil umzuwandeln.

Der Staatsstreich Boumediennes im Juli 1965 hatte die Arabisierung gewissermaßen unumkehrbar gemacht: Im April 1968 wurde verfügt, bis 1971 müsse die gesamte Verwaltung vollständig arabisiert sein – eine »Stachanow«-Maßnahme, denn nahezu die Hälfte der 1969 eingestellten Beamten konnte das Arabische weder lesen noch schreiben. Diese Politik, die allmählich auf das gesamte öffentliche Leben ausgedehnt wurde, mußte es zudem den Machthabern ermöglichen, die Ideologie der »Unverfälschtheit«, in der sich die arabische Sprache mit dem Islam verband, zu kontrollieren, um jegliche Anwandlung, die Rechtmäßigkeit des Regimes im Namen Allahs in Frage zu stellen, im Keim zu unterdrücken.

In diesem Umfeld war 1964 eine Vereinigung mit Namen Al Qiyam (Die Werte) gegründet worden. Sie bewegte sich in der Einflußsphäre der Muslimbrüder, an der Grenze dessen, was der FLN gerade noch hinnahm. Im September 1966 protestierte sie bei Nasser gegen die Erhängung des islamistischen Denkers Sayyid Qutb und wurde daraufhin verboten. Um einer Strafverfolgung zu entgehen, entschieden sich ihre Führer nun, den öffentlichen Dienst »zu unterwandern«, und konzentrierten ihre Energie auf eine vollständige Arabisierung, in der sie das Vorspiel zur Islamisierung sahen.[11]

Von nun an wurden die staatlichen Institutionen mit religiösem Charakter zu Begegnungsstätten all jener, die – *via* einer allmählichen Reform des bestehenden Systems oder des Bruchs mit ihm – ein Algerien anstrebten, das streng die Gebote des Korans und der Sunna befolgt. In diesem Zusammenhang spielte die 1971 vom Ministerium für religiöse Angelegenheiten und die ursprüngliche Lehre gegründete Zeitschrift *Al Asala* (»Die ursprüngliche Reinheit«) eine bedeutende Rolle. Sie lieferte dem Regime eine islamische Legitimation, ließ ab Mitte der siebziger Jahre jedoch auch Autoren wie Abbassi Madani zu Wort kommen, die unter diesem Deckmantel eine Gesellschaftsauffassung entwickelten, die der des von Banna, Qutb und den Muslimbrüdern geprägten militanten Islamismus sehr nahe kam.

Einige Würdenträger der Macht waren dieser militanten Einstellung gegenüber sehr aufgeschlossen. So schrieb im Januar 1979 der Minister für religiöse Angelegenheiten, Mouloud Naït Belkacem, in der Zeitschrift *Al Asala*: »Der islamische Staat ist den anderen Regimen dadurch überlegen, daß diese, ob Monarchien oder Republiken, ihre Verfassung von Königen oder Parlamenten bekommen, während der islamische Staat die Macht, Gesetze zu erlassen, von Gott erhält. Im Islam ist die Staatsgründung gleichbedeutend mit der Einführung und der Unterwerfung unter die Scharia, die Gott seinem Gesandten eingegeben hat [...] Es lebe Khomeini, mögen seinem Beispiel alle islamischen Länder folgen!«[12]

Jenseits aller Rhetorik der FIS, die den FLN als »Partei Frankreichs« brandmarkt, wurden also zahlreiche Verbindungen zwischen der islamischen Strömung des Staates »der Spitzbärte« und den Mitgliedern der oppositionellen islamistischen Bewegung geknüpft – die sich kulturell in Übereinstimmung mit dem Establishment befand –, zu denen Abbassi Madani, der zukünftige Führer der FIS, gehörte. Beide Strömungen, die sich in ihrer Gesellschaftsauffassung, die die sozialen Hierarchien kaum antastete, einig waren, überboten sich gegenseitig in islamischer »Unverfälschtheit« und im Haß gegen Frankreich, als es darum ging, die benachteiligten Städter anzusprechen, die Ende der achtziger Jahre revoltierten.

Vom Campus in den Maquis

Außerhalb der auf eine Islamisierung zielenden Strömung, die in den Randbereichen der Macht zum Tragen kam, bildeten sich in der bürgerlichen Gesellschaft Initiativen zur Reislamisierung heraus. 1967 wurde an der Universität Algier ein erster Gebetssaal geöffnet. Die Studenten, die diesen Schritt unternahmen, waren im wesentlichen Schüler Malek Bennabis (1905–1973), eines Elektroingenieurs, der seine zahlreichen Werke auf französisch verfaßte. Bennabi, der bis Mitte der fünfziger Jahre den Muslimbrüdern nahestand, hatte in seinem Buch *Vocation de l'islam*[13] Hassan el Banna gepriesen; in ihm sah er den Denker, der am besten in der Lage war, die Welt von heute mit Hilfe des Islam umzugestalten. In seinem Buch *Signes de piste*, das auf der ganzen Welt zu einem Bestseller der islamistischen Literatur wurde – und das »*Was tun?*« der Bewegung ist –, verweist Sayyid Qutb seinerseits lobend auf Bennabi. Dieser mußte sich jedoch von den Muslimbrüdern distanzieren. Er wollte intern Kritik an den Gründen für den Verfall der muslimischen Kultur üben und faßte diese Ursachen unter dem Begriff »Kolonisierbarkeit« zusammen, während die Muslimbrüder hauptsächlich den schädlichen Einfluß der westlichen Kolonialmacht verantwortlich machten.

Die »bennabistischen« Studenten, die die Moschee gründeten, waren im wesentlichen französischsprachig und kamen hauptsächlich aus den naturwissenschaftlichen und technischen Fakultäten. Ihnen eröffnete Bennabis Denken die Möglichkeit, sich auf den Islam als eine Weltsicht zu berufen, ohne gleichzeitig ihre französischsprachige Kultur über Bord werfen zu müssen; die Mehrzahl derjenigen, die dem Islam im unabhängigen Algerien größeren Raum geben wollten, identifizierten hingegen dieses Ziel mit einer Arabisierung und Entfranzösisierung. Unter Bennabis Schülern waren auch einige berbersprachige Islamisten aus der Kabylei, denen die Fetischisierung des Arabischen und die Abwertung anderer Sprachen nicht sonderlich behagte.

Die Entwicklung dieser Bewegung fand – auch wenn der unmittelbare Einfluß Bennabis heute kaum mehr spürbar ist – in zwei Bereichen statt. Einerseits bei den jungen »Islamo-Technokraten«, die nach dem Juli 1991 die FIS kontrollierten, sie dazu brachten, an den Parlamentswahlen im Dezember 1991 teilzunehmen und sie zum Wahlerfolg führten – Vorspiel zum Abbruch der Wahlen und der Auflösung der Partei am 4. März 1992. Andererseits hatte diese französischsprachige islamistische Bewegung Nachfolger in einigen Emigrantenbewegungen, die sich ausschließlich an frankophone maghrebinische Jugendliche wandten, bei denen eine Botschaft, die ihre Sprache allzusehr abwertete, schlecht angekommen wäre. Für sie ging es viel eher darum, den Gebrauch des Französischen von seinen ideologischen Konnotationen, seiner »Gottlosigkeit«, seinem Status als bevorzugte Sprache der Aufklärung, Voltaires und Rousseaus[14], zu befreien und sie zu einem Vehikel der Verbreitung des Glaubens zu machen – nach dem Vorbild der islamistischen Indopakistani der Islamic Foundation von Leicester[15], die es verstanden hatten, sich des Englischen zu bemächtigen und daraus eine islamische Sprache *par excellence* zu machen.

1982 gelang der islamischen Bewegung in Algerien ihr erster wirklich bedeutsamer Durchbruch. Er kam an zwei Fronten zum Ausdruck: in der Öffentlichkeit: an der Universität, und im verborgenen: im Untergrund. Im November fand an der Universität Algier die erste große Demonstration der islamistischen Opposition gegen das Regime – in Verbindung mit einer sozialen Bewegung – statt: Die arabischsprachigen Studenten, die mit ihren mäßigen Berufsaussichten unzufrieden waren (Voraussetzung für einen sozialwirtschaftlichen Aufstieg war die Beherrschung der französischen Sprache), traten in den Streik, der sich zu einer Konfrontation zwischen »linken« frankophonen und arabischsprachigen Islamisten auswuchs. Dabei wurde einer der letzteren erstochen, und mehrere tausend Personen versammelten sich zu einem Protestgebet in der Moschee der Universität. Abbassi Madani, der dort lehrte, setzte sich an die Spitze der Bewegung und präsentierte den (seit 1979 von Chadli Bendjedid geführten) Machthabern einen 14 Punkte umfassenden Forderungskatalog[16] – erster Entwurf eines islamistischen Programms für Algerien. Darin wurden die Säuberung der staatlichen Behörden von »unserer Religion feindlichen Elementen«, die Abschaffung der Koedukation, die Respektierung der Scharia bei der Gesetzgebung gefordert und die »Politik Frankreichs, die auf eine Schwächung der Familie und den Sittenverfall zielt«, angeprangert.

Es war dies die erste islamistisch inspirierte öffentliche Kundgebung, die das Regime herausforderte und spezielle Forderungen vortrug – während man bislang die Unterwanderung der Zirkel der »Spitzbärte« oder seltene und schnell fehlgeschlagene Initiativen bevorzugt hatte.[17] Die Machthaber reagierten auf zweierlei Weise: Sie ließen Madani verhaften (der zwei Jahre im Gefängnis blieb) und bei den wichtigsten Führern der Bewegung eine Razzia durchführen: den Scheichs Ahmed Sahnoun und Abdellatif Soltani, die zusammen mit Madani das Manifest unterzeichnet hatten und Repräsentanten der alten Generation islamistischer Prediger waren, sowie bei Abdallah Jaballah[18] und verschiedenen zukünftigen Begründern der FIS, darunter Ahmed Merrani – einem Kabylen, der die »Vierzehn Punkte« ins Französische übersetzt hatte. Es war wichtig zu zeigen, daß man keinerlei Druck zur Islamisierung, der von außerhalb des engeren Kreises der Macht kam und eine politische Bedrohung darstellte, hinnehmen würde.

Außerhalb der Universität bemühte sich die islamistische Opposition um eine breit angelegte heimliche Durchdringung der Gesellschaft und nützte dabei die Gründung verschiedener pietistischer und karitativer Verbände aus. Nach einem ersten fruchtlosen Versuch im Jahre 1965 faßte die Jama' at al tabligh[19] mit dem Einsatz pakistanischer, marokkanischer und syrischer Missionare von Marokko aus 1970 auch in Algerien Fuß. Ahmed Merrani[20] gehörte zu einer der ersten Gruppen, die in die Arbeiterviertel und die Dörfer gingen und eine Reislamisierung der Sitten, die Notwendigkeit des gemeinschaftlichen Gebets zu festgelegten Zeiten und den radikalen Bruch mit allem, was sich von der islamischen Norm in ihrer striktesten Auslegung entfernte, predigten. In jener Zeit spielte die Tabligh in den unteren Schichten Algeriens, wie übrigens überall auf der Welt, eine konkrete Rolle als Initiator, der aus der unter der Asche des Materialismus und der Verwestlichung glimmenden Glut »die Flamme des Islam neu entzündete«.

Als Ahmed Merrani 1975 sich von der Tabligh trennte, gründete er in der Kasbah von Algier in der Moschee Sidi Mohammed al Charif eine islamische Vereinigung zur wechselseitigen Hilfe. Sie trieb bei den Händlern die *zakat* (das gesetzliche Almosen) ein und verteilte es an die Bedürftigen; auf diese Weise begründete sie eines der Netzwerke sozialer Hilfe, die in zahlreichen heruntergekommenen Vierteln entstanden, um die Versäumnisse der Machthaber notdürftig auszugleichen. Diese Netzwerke stellten in der Folge die Verbindung zwischen der Bevölkerung und den islamistischen Aktivisten sicher, die sich für den Weg in den bewaffneten Widerstand entschieden, und halfen diesen, sich der Verfolgung zu entziehen.

Die erste islamistische Widerstandsbewegung auf dem Boden des unabhängigen Algeriens, Mouvement islamique armé (MIA = Bewaffnete islamische Bewegung)[21], wurde 1982 von Moustapha Bouyali gegründet. Ihre große Zeit garantiert den Übergang zwischen dem Unabhängigkeitskrieg von 1954 bis 1962 und dem Bürgerkrieg, der 1992 ausbricht. Sie greift in der Tat die Vorstellungen des Maquis und der

Erhebung gegen Frankreich wieder auf und verleiht ihnen eine islamistische Bedeutung – als eine Art Generalprobe für die Konfrontationen, die nach 1992 auf die Auflösung der FIS und die Gründung islamistischer »befreiter Zonen« im Bergland folgen sollten. Vorläufig stellte sie für die Macht und deren Presse einen von einer Splittergruppe verkörperten Irrweg dar; ab Ende der achtziger Jahre erhielt sie jedoch, im nachhinein betrachtet, einen ganz anderen Sinn.

Die MIA entstand im Juli 1982, einige Monate vor den November-Ereignissen an der Universität Algier. Es hat den Anschein, als sei sie das Produkt der Verschmelzung einiger bereits vorher existierender Splittergruppen gewesen und Moustapha Bouyali zu ihrem »Emir« bestimmt worden, da er bereits nach der Ermordung eines seiner Brüder durch die Polizei in den Untergrund gegangen war.[22] Die Zeugnisse aus jener Zeit betonen die oberflächliche islamische Kultur des »Emir«, der sich als »Freischütz« einen Namen machte: Fünf Jahre lang narrte er die Polizei, entwischte ihr immer wieder und führte mit Erfolg wagemutige Handstreiche durch. Sein Extremismus, der in der bewaffneten Gewalt die einzige Methode zur Durchsetzung des islamischen Staates sah, entsprang vermutlich seiner eigenwilligen Deutung der Predigten der radikalen Imame, die er hörte und deren wörtlichen und übertragenen Sinn er kaum auseinanderzuhalten verstand. Bouyali, der im Februar 1987 in einen Hinterhalt gelockt und getötet wurde, bleibt eine wichtige Bezugsperson, denn im Untergrund hatte er mehrere der militantesten Aktivisten der Zeit nach 1988, Mitglieder der FIS und andere, kennengelernt. Im übrigen forderte eine der ersten Ausgaben des Organs der FIS, *Al Munqidh*, vom 5. Oktober 1989, die sofortige Freilassung der letzten Mitglieder der Gruppe Bouyali, die noch in Haft waren.

Ab 1982 hat sich also eine vielgestaltige islamistische Szene in Algerien herausgebildet: Sie reicht von den Ausläufern der Macht über die Universität und die Moscheen in den Arbeitervierteln bis zum bewaffneten Widerstand. Ihr gehören konservative Honoratioren ebenso an wie Angehörige der untersten Schichten, die sich für ihr soziales Elend rächen wollen, ein bunt zusammengewürfelter Haufen, den man in der Zusammensetzung der FIS wiederfinden und der durch die islamistische Ideologie des Bruchs, die Frankreich als den Inbegriff des Bösen und Unreinen bezeichnet, zusammengeschweißt werden sollte. In Frankreich hat man 1982 allerdings keine Ahnung von der Existenz algerischer Islamisten: Die sozialistische Regierung Pierre Mauroys ist ganz auf den machthabenden FLN fixiert und vertraut die Pariser Moschee der Obhut eines ihrer Repräsentanten, des Scheichs Abbas an, eines verdienstvollen Mitglieds der Strömung der »Spitzbärte« – im festen Glauben, dieser stelle ein »Bollwerk« gegen den »iranischen Integralismus« dar.

Das Reine und das Unreine

Der berühmteste Vertraute Mustapha Bouyalis ist kein anderer als Ali Benhadj, der charismatischste Führer der FIS, ein Volkstribun, mit dem sich zahlreiche junge *hittistes* im heutigen Algerien identifizieren. Er wurde im Dezember 1956 in einem Flüchtlingslager in Tunesien als Sohn eines *chahid* (eines »Märtyrers« des Unabhängigkeitskrieges) geboren, verlor dann bald auch seine Mutter und machte eine schwierige Schulzeit durch. Bei der Abschlußprüfung versagte er, »weil er in Französisch, das er nie gemocht hatte, äußerst schwach war«[23], und wurde schließlich Volksschullehrer, ein völlig arabisierter Beruf, in dem die islamistische Bewegung massiv vertreten ist.[24] Von den Predigten der Scheichs Soltani und Sahnoun beeinflußt, wirkte er als »freier Prediger« in verschiedenen Moscheen, die sich der Kontrolle des Ministeriums für religiöse Angelegenheiten entzogen, ehe er sich der Gruppe um Bouyali anschloß. 1983 wurde er festgenommen und blieb bis 1987 in Haft, die er zum großen Teil im Hochsicherheitsgefängnis Lambèze verbrachte.

Zu Beginn der achtziger Jahre hatte sich innerhalb der verschwommenen islamistischen Bewegung jene Strömung herauskristallisiert, deren wortgewaltigster und leidenschaftlichster Wortführer Ali Benhadj wurde, die sogenannten Salafisten (*salafiyyun*). Diesem Begriff, der sich auf die »reine« Tradition der »frommen Vorfahren« des ursprünglichen Islam (*salaf*) bezieht, kamen in der muslimischen Welt mehrere Bedeutungen zu. Im heutigen Algerien bezeichnet er eine Gruppe junger Prediger, von denen einige ein Stück Weges gemeinsam mit Bouyali zurücklegten, darunter außer Benhadj auch Abd al Hadi Doudi[25] – seit 1987 Imam in Marseille – und Al Hachemi Sahnouni, einer der Begründer der FIS. Als 1980 in Algier die Moschee Sunna de Bab el-Oued (ab 1989 eine der »Kathedralenmoscheen« der FIS) errichtet wurde, deren Imam Sahnouni war, nahm diese Strömung dort beträchtlichen Aufschwung.

Von den Muslimbrüdern – in Algerien damals durch den 1981 aus dem Gefängnis freigekommenen Mahfouz Nahnah vertreten – unterscheidet sie sich durch eine umfassendere Sicht des islamischen Predigens. Laut Sahnouni[26] sind die Muslimbrüder der Ansicht, im Kern seien der Glaube und die religiöse Lehre (*'aqida*) des Volkes gesund: Die Tätigkeit der Prediger müsse sich daher vor allem auf politischer Ebene entfalten, um die Gläubigen davon zu überzeugen, daß die Errichtung des islamischen Staates das Gebot der Stunde sei. Nach Auffassung der Salafisten hingegen ist der muslimische Glaube der Masse der Algerier nach wie vor mit von den Marabuts ererbten abergläubischen Vorstellungen und heterodoxen, von französischen Einflüssen durchsetzten Praktiken behaftet; man müsse daher wieder bei null anfangen und alle falschen Ideen ausmerzen, um zum reinen Buchstaben des Korans und der Sunna, zu den Lehren des Propheten, zurückzukehren.

Diese Strömung: zurück zur verlorenen »Reinheit«, erinnert ein wenig an ein Phänomen, das wir in Britisch-Indien beobachten konnten: Angesichts des Verlusts der politischen Macht und der Furcht vor der kulturellen Anpassung an die herrschende nichtmuslimische Gesellschaft hatten sich Strömungen der »inneren Hedschra« entwickelt, deren bedeutendste Vertreter die Deobandi, die Barelvi und die Tablighi waren.[27] Die Salafisten wollen jedoch die Einzelperson umformen, die Gesellschaft verändern und den islamischen

Staat begründen – und das alles gleichzeitig. Sie stehen für den Willen zum radikalen Bruch mit der Mischkultur des postkolonialen Algeriens, in der sich vielfältige – arabische, berberische und französische, von den Marabuts, den Sozialisten und den Laizisten ausgehende – Einflüsse miteinander verbinden.

Dieser Ansatz war um so sinnvoller, als die Sunna-Moschee und die anderen Gebetsstätten im städtischen Arbeitermilieu, in denen junge salafistische Imame predigten, Anfang der achtziger Jahre einen erheblichen Zulauf von Landbewohnern verzeichnen konnten. Diese brachten ihre bäuerlichen Glaubensvorstellungen in die Stadt mit und waren über die Behausungen wie auch die Lebensbedingungen im allgemeinen entsetzt. Die Predigten der Salafisten kamen der Angst, der Furcht vor Gesetzlosigkeit, vor materiellem Elend und der ungewissen Zukunft dieser »entbäuerlichten Bauern« entgegen: Sie zielten zunächst auf eine Wiederherstellung des Ichs, die Schaffung einer in sich gefestigten islamischen Identität. Und sie gaben eine Antwort auf die Frage der Jugendlichen, wie man mit dem Leiden und der Ungerechtigkeit, für die die *gottlosen* Machthaber die Schuld trugen, fertigwerden sollte.

Einer der jungen Aktivisten, die Sahnouni am nächsten standen, der ähnliches durchgemacht hatte, erinnert sich an die glücklichen Stunden, in denen er mit seinen Jugendfreunden die salafistischen Imame besuchte, die ihnen beim Erwachsenwerden halfen. Er erzählt, daß er Mitte der achtziger Jahre als 16jähriger Gymnasiast einen Nachbarn in seinem Alter hatte, »der die Moschee seit etlichen Jahren kannte und dort am Nachhilfeunterricht und den Islamstunden teilgenommen und mit anderen eine Gruppe gebildet hat: Sie waren alle Klassenerste [...] An einem Freitag bin ich mit ihnen in die Moschee gegangen [...] ich habe gesehen, wie gut ihr ganzes Programm war [...] und habe angefangen, ebenfalls an den Kursen in der Moschee teilzunehmen. Und in den Sommerferien haben sie Monatsausflüge organisiert [...] Sie haben auch Wettbewerbe abgehalten, bei denen man Preise gewann, und zwar islamische Bücher [...]; es war herrlich.«

Diese Erfahrung einer in der Jugend erlebten Neustrukturierung der Identität fand in der Folge in einem Gesellschafts- und Lebensideal ihren Ausdruck: »Ich würde gerne das Jahrhundert der Vorfahren (*salaf*) wiedererstehen lassen. Das war wahrhaftig ein goldenes Zeitalter. In jener Zeit waren sie die Mächtigsten der Welt. Der Islam war in mehrere Länder Europas vorgedrungen. Man hatte Spanien. Ich würde gerne die alte Zeit zurückholen.« Um sie wiedererstehen zu lassen, wollte der junge Mann »in einem Viertel wohnen, in dem meine Nachbarn praktizierende Muslime sind, die beten [...], in einem Viertel, in dem man den Islam wirklich lebt: Wie wir es in den Büchern über unsere Vorfahren gelesen haben, nicht so, wie einige es heute machen. Sondern um in dieser wahren Bruderschaft zu leben, um sich gegenseitig zu helfen, keine Hintergedanken materieller Art zu haben.«

Er möchte »eine praktizierende Muslimin heiraten, die einen islamischen Hausstand gründen kann [...], einen islamischen Staat im kleinen, zu Hause.« Hinsichtlich der westlichen Länder macht er folgende Bemerkung: »Ich spüre, ich habe einen Vorteil: Auch wenn ich nicht über ihre materiellen Mittel verfüge, ich fühle mich vom moralischen Standpunkt her wirklich erleichtert [...] Ich sehe, sie leben wie ein Wesen, das keinen Weg kennt, dem es folgen muß. Es arbeitet, es ist fröhlich, aber es kennt keinen festgelegten Weg, dem es zu folgen gilt.«[28]

Wir haben hier ein Beispiel – ein extremes zweifelsohne – für eine an der Gemeinschaft orientierte Neustrukturierung der Identität, jenen »festgelegten Weg, dem es zu folgen gilt«[29]. Und dem sich das Predigen der Salafisten, ausgehend von den kleinsten Dingen des alltäglichen Lebens bis hin zu einer Vision Algeriens und der Welt, die nach den Geboten des »reinen« Islam in seiner kompromißlosesten Form geregelt sind, verschrieben hat. Diese Vision lag teilweise der Schaffung der FIS zugrunde. Auch wenn sie sich mit anderen Ideenströmungen zusammentun mußte, deren Vertreter die »Islamo-Technokraten« der Djazara (»Algerianer«)[30] waren, beherrschte sie unserer Ansicht nach den militanten Islam in seiner populären Ausprägung. Daher läuft der im Namen der eigenen Identität vollzogene radikale Bruch mit der Welt der »Gottlosigkeit«, den sie predigt, nicht unbedingt auf eine gewaltsame Konfrontation mit den Machthabern hinaus: Sahnouni und andere Salafisten trennten sich 1991 von der FIS und weigerten sich – ohne deswegen zur Linie der Regierung zurückzukehren –, am bewaffneten Widerstand teilzunehmen, den sie als eine Flucht nach vorn betrachteten.

Jenseits aller Meinungsverschiedenheiten zwischen den wichtigsten Strömungen innerhalb der FIS ist das Thema, in dem der radikale Gegensatz zwischen »rein« und »unrein« am deutlichsten zum Ausdruck kommt, die Zurückweisung des französischen Einflusses, der als die vollkommene Andersheit gesetzt wird. Am Parteiorgan *Al Munqidh* läßt sich beobachten, wie »Frankreich« zu einem Symbol des Antiislam und des Bösen aufgebaut wird. Es handelt sich nicht so sehr um das tatsächliche, reale Frankreich, sondern um ein Frankreich »in den Köpfen«, das man vertreiben muß, um zur Reinheit zurückzufinden, und das gefährlicher ist als die in der islamistischen Rhetorik des Nahen Ostens traditionell geschmähten Feinde, das Juden- und das Freimaurertum.[31]

Al Munqidh erscheint zum ersten Mal am 5. Oktober 1989, genau an dem Tag, an dem in der französischen Presse die ersten Berichte über die »islamische Kopftuch-Affäre« an der Hauptschule von Creil veröffentlicht werden. Diese wird zwei Wochen später, in der zweiten Ausgabe, unter dem Titel »Frankreich: Drei Schwestern wird die Teilnahme am Unterricht verboten« abgehandelt. Der Artikel bemerkt, »in der französischen Schule, die laizistisch ist«, habe »die Kleidung sich nach laizistischen Prinzipien zu richten«, stellt jedoch die Frage, ob »die französische Regierung sich durch diesen Versuch, der darauf abzielt, die Schwestern zum Tragen einer ›laizistischen‹ Kleidung zu zwingen, nicht selber als extremistisch und feindselig erweist: Wo bleiben die Freiheit des Individuums und die Menschenrechte, die das Regime beschwört? Oder sind sie nichts anderes als die Freiheit und das Recht, die Muslime ihrer Religion zu entfremden?«[32]

Die Schleierfrage stellt sich 1989 auch in einigen algerischen Schulen: Die dritte Ausgabe von *Al Munqidh* veröffentlicht einen langen offenen Brief von verschleierten Gymnasiastinnen an das Unterrichtsministerium, in dem sie gegen die Vorschrift protestieren, beim Sport eine nichtislamische Kleidung tragen zu müssen: »Was bedeuten Erziehung und Wissenschaft, wenn man uns zwingt, *hijab* (Schleier) und *jellabah* abzulegen, die Gott der Erhabene uns durch Sein Gesetz zu tragen befohlen und die außer zu Hause und vor unseren *mahram* Eltern abzulegen Er uns verboten hat?«[33] Man bekommt hier so etwas wie einen Vorgeschmack auf die Polemiken zu spüren, die Anfang der neunziger Jahren in zahlreichen Schulen und Gymnasien Frankreichs ausgetragen werden, als die Turnstunden zum Aufhänger der Auseinandersetzungen um das Tragen des Kopftuchs werden – abgesehen davon, daß südlich des Mittelmeers dem Unterrichtsministerium das Gesetz Gottes entgegengehalten wird, während man sich in Frankreich auf die Freiheit des Individuums und die Menschenrechte beruft, um den *hijab* zu verteidigen.

Aber, daran erinnert *Al Munqidh* in seiner letzten Ausgabe, »der Koran (und der Schleier) sind stärker als Frankreich«: Diesen Ruf hatten die Kolonialisten im Juni 1958 ausgestoßen, als sie feststellten, daß die Algerierinnen, die in diesem Jahr die Abschlußprüfung ablegten, trotz des offiziellen Verbots mit voller Absicht den Schleier trugen.[34] Dieser heroische Akt des Widerstands gegen Frankreich, das während der Kolonisierung den Islam vernichten wollte, kann heute als Lektion dienen.

Die Schleierfrage spricht zwei Problemkreise an: die Stellung der Frau in der Gesellschaft und den Laizismus. In beiden Fällen bezieht *Al Munqidh* eindeutige Stellung: Ein Artikel in französischer Sprache[35] sagt »nein zur emanzipierten Frau«; alles, was sich auf eine »Befreiung der Frau« beruft und das auf der Scharia basierende algerische Familiengesetz von 1984 verändern möchte, wird als *fitna*[36] bezeichnet, als Aufstand im Inneren, der zum Untergang der muslimischen Gemeinschaft führt.

Was den Laizismus betrifft, so stellt er eine große Gefahr für den Islam, insbesondere in der Schule, dar. Man warnt vor der Abschaffung einer Islamprüfung, die am Ende der

Grundschule abgehalten wird; darin sieht man »eine neue Verschwörung, die Laizisten und Agenten des Kolonialismus mit dem Ziel, die Generation unserer Kinder zu zerrütten«, angezettelt haben und die die »seelische Verkommenheit der laizistischen Feinde, der Enkel Frankreichs«, beweise. Folglich ruft der Artikel dazu auf, »den Lehrkörper von jenen Eindringlingen zu reinigen, die immer noch vor allem, was von jenseits des Meeres kommt, in Bewunderung erstarren«.[37]

In den drei Jahren ihres Erscheinens prangert *Al Munqidh* Frankreich wegen seines verderblichen Einflusses an, den es über die Kolonialzeit hinaus ausübte, da »die französische Besetzung vor allem eine Politik der vom Geist eines Kreuzzugs zur Zerstörung des Islam« getragenen kulturellen Verwestlichung war[38], und gleichzeitig wegen der Verschwörungen, die es pausenlos schmiedet, um die FIS, die Verkörperung des Islam, zu bekämpfen. Die Parlamentswahlen 1991[39] werden daher als eine Schlacht zwischen »der Partei der arabisch-islamischen Zivilisation, die die Mehrheit des Volkes repräsentiert« (der FIS) und der »Partei des Französischen«, die seit 1962 an der Macht ist, hingestellt.[40]

»Das Haupt der Lehre von der Demokratie zerschmettern«

Aber der heftigste Streit in diesem Kampf zwischen dem Westen, für den Frankreich als Unheilsymbol schlechthin steht, und der algerischen Unverfälschtheit, wie sie in der Vorstellung, die sich die FIS vom Islam macht, zum Ausdruck kommt, wird um den Begriff der Demokratie ausgetragen. Seitenweise wurde das Konzept in *Al Munqidh* geschmäht; gleichzeitig spielte jedoch die FIS das demokratische Spiel mit, indem sie an den ersten beiden freien Wahlen im unabhängigen Algerien teilnahm – an den Kommunalwahlen im Juni 1990 und der ersten Runde der Parlamentswahlen im Dezember 1991 –, die sie spielend gewann. Diese Doppelzüngigkeit wird teilweise durch eine Äußerung Ali Benhadjs aufgehoben: »Ich versichere euch, meine Brüder, wir brauchen kein Parlament, wenn es dessen Absicht ist, uns hinsichtlich der Religion Allahs zum Schweigen zu bringen! Wird Gott uns morgen, am Tag des Jüngsten Gerichts, danach beurteilen, ob wir im Parlament gesiegt haben oder unterlegen sind!? Für uns ist das Parlament ein Mittel, nicht ein Ziel, unser Ziel ist die Anwendung des Gesetzes Gottes (*tahqiq shar' Allah*).«[41]

Die deutlichste und am konsequentesten ausformulierte Stellungnahme der FIS zur Frage der Demokratie stellt ein umfangreicher Text von Ali Benhadj dar, der unter dem Titel »Das Haupt der Lehre von der Demokratie zerschmettern« in drei Fortsetzungen in *Al Munqidh* erschien.[42] Der Ausdruck »zerschmettern« bezieht sich auf den Koran: »Nein, wir schleudern die Wahrheit wider die Lüge, und sie zerschmettert ihr das Haupt, und siehe, sie vergeht.«[43] Als Motto erlaubt dieses Zitat eine Gleichsetzung der »Lehre von der Demokratie« mit Unwahrheit, mit dem, was in den Augen Gottes »falsch« ist. »Eine der gefährlichsten Heimsuchungen, denen die Muslime in ihrer langen Geschichte und vor allem in unserer Zeit ausgesetzt waren«, schreibt Ali Benhadj, »ist, daß sie gottlose Lehren und gefährliche intellektuelle Irrlehren übernehmen, die Gott mit keiner Macht ausgestattet hat [...], weil sie das, was man ihnen erzählt, nicht mit der Elle des Korans, der Sunna und der frommen Vorfahren (*salaf*) messen. Sie haben sich darauf verlegt, Schlagworte zu wiederholen [...], die einem Grab gleichen: Die Einfassungen sind von Blumen bewachsen, doch darunter liegt die Fäulnis begraben. [...] Und zu diesen ekelerregenden intellektuellen Irrlehren, die den Geist der Menschen in Bann geschlagen und sich ihrer Herzen bemächtigt haben, denen groß und klein, Unschuldige und Lasterhafte Beifall klatschen, gehört die Demokratie – die sie von morgens bis abends preisen, anstatt vor ihrem tödlichen Gift und ihrem gottlosen Ursprung auf der Hut zu sein.«

Die radikale Kritik Benhadjs an der Demokratie bedient sich einer ganzen Palette von Argumenten[44], die sowohl dem »abendländischen Denken« als auch »der islamischen Tradition« entliehen sind. Er kommt zu dem Schluß, daß die abendländischen Völker, die den Begriff erfunden haben, sich über seine Bedeutung nicht einigen können, und daß es die wahre Demokratie nicht geben kann. Vom Standpunkt des Islam aus, so wie Benhadj ihn interpretiert, verstößt die Demokratie, als Souveränität des Volkes aufgefaßt, gegen die Lehre von der »Souveränität Gottes« – das politische Credo der Mehrzahl der aus dem radikalen Islamismus hervorgegangenen Aktivisten. Sie ist daher völlig abzulehnen.

So eindeutig die Lehre Ali Benhadjs ist, um so verschwommener sind ihr Widerhall bei den Sympathisanten der FIS an der Basis wie auch ihre Umsetzung in die Praxis. Ein junger Algerier, der sich auf Benhadj berief, um die Demokratie zu beanstanden, erklärte, der islamische Staat sei gemäß seinen Gelübden durch die *chura*, »das heißt die Demokratie«, charakterisiert.[45] Dagegen hatte die Teilnahme der FIS an den Wahlen, selbst wenn das Parlament »nur ein Mittel und kein Zweck« ist, zur Folge, daß die radikalsten Aktivisten, die teilweise aus den Reihen der Gefährten Bouyalis und der alten algerischen Kämpfer im *jihad* gegen die Sowjets in Afghanistan hervorgegangen waren, die Parteiführer als »gottlos« (*takfir*) bezeichneten.

Um die Verwirrung, die in Algerien über den Begriff »Demokratie« an sich herrscht, vollkommen zu machen, braucht man nur daran zu denken, wie die Machthaber, die sich ihrer demokratischen Tugenden rühmten, die Parlamentswahlen nach der ersten Runde mit einem Gewaltstreich unterbrachen, um den sich abzeichnenden Sieg der FIS zu verhindern – den diese auf dem demokratischsten Weg, den man sich denken kann, erzielt hätte.[46] Viele Parteien, Bewegungen und Verbände, die sich »demokratisch« nennen, haben gebilligt, daß die islamistische Partei, die die Mehrheit der abgegebenen Stimmen auf sich vereint hatte, zu einer außergesetzlichen Gruppierung erklärt, ihre Führer und Aktivisten, darunter zahlreiche in der ersten Runde gewählte Abgeordnete, verhaftet wurden; das trug dazu bei, diesen Begriff in den Augen der meisten Wähler, die für die FIS gestimmt hatten, seines Sinns zu berauben. Im nachhinein erschien dieser Begriff als Deckmantel für autoritäre Praktiken der Machthaber, und sein Bedeutungsgehalt ging in Zusammenhang mit der Einbuße an Glaubwürdigkeit, die der Staat erlitt, verloren. Für die politische Kultur der algerischen Jugend, die seit Beginn des Bürgerkriegs mit einer Verschlechterung ihrer Lebensbedingungen und einer gesellschaftlichen Krise konfrontiert ist, in der die Zukunft als ein ungeheuer großes schwarzes Loch erscheint, hatte der »demokratische« Gewaltstreich vom Januar 1992 zur Folge, alles – das sich an seine Pfründen und Privilegien klammernde Regime, die Berufung auf die »Demokratie«, auf die es Anspruch erhob, und all jene, die sich auf die »aus dem Abendland importierte« Weltsicht beriefen, dessen Sprache, das Französische, sie benutzten, sowie die kulturellen Bezugnahmen darauf – in Mißkredit zu bringen.[47]

Soweit einige der charakteristischen Merkmale der radikalen Umwälzung in Algerien zu Beginn der neunziger Jahre. Der Wille zur Veränderung, der in jenen Tagen im Oktober 1988 aufbrach, wurde in der Folge in Richtung der Islamischen Heilsfront und der Weltsicht, die sie verficht, kanalisiert – wie dies eine Mehrheit der Wähler 1990 und 1991 zum Ausdruck brachte. Diese Weltsicht verbindet sich mit einer Lehre des Bruchs, die aus Frankreich ein Objekt erbitterter Abneigung macht. Im eigentlichen politischen Leben Algeriens hat der rituell zum Ausdruck gebrachte Abscheu vor Frankreich eine rhetorische Funktion: Er erlaubt der FIS, den FLN an »Unverfälschtheit« zu überbieten und die verratenen Ideen der Unabhängigkeit selbst zu beanspruchen. Er dient jedoch noch einem anderen Zweck – der Verschleierung der Widersprüche innerhalb der breiten islamistischen Strömung: zwischen Konservativen, die lediglich den bestehenden sozialen Hierarchien die Scharia überstülpen wollen, und Rebellen, für die die Scharia der Name für die Utopie von Gerechtigkeit ist, die die Ungleichheit der Gesellschaft in ihrer derzeitigen Ordnung beseitigen soll.[48] Zwischen den »Spitzbärten«, die 1962 die leerstehenden Villen der Kolonialherren in Besitz nahmen, den Honoratioren, die, während sie sich gegenseitig in ostentativer Frömmigkeit überbieten, nur an die Wahrung ihrer Privilegien denken, und den *hittistes*, denen es darum geht, um diese mit jenen zu kämpfen, die Macht und Reichtum gehamstert haben und »nur an ihren Bauch denken«, sind die Übereinstimmungen gering und die Allianzen brüchig. Frankreich zu verteufeln ist eine der wenigen Gelegenheiten geistiger Verbundenheit, indem man einem äußeren Feind die Rolle des Sündenbocks zuschiebt. Frankreich ist jedoch nicht nur das in den Artikeln von *Munqidh* oder in den Freitagspredigten der FIS-Imame des langen und breiten geschmähte Phantom: Es ist zugleich eine Gesellschaft, ein Staat, eine Form der Zivilisation, eine Sprache, die in der Umwelt der Algerier von heute konkret gegenwärtig sind – in ihrem Land wie auch in der Emigration. Jeder Algerier hat einen Bruder oder Vetter, der in Frankreich wohnt oder dort gewohnt hat – das gewährt ihm den Zugang zum Markt der Waren und Dienstleistungen, die mit Devisen bezahlt werden müssen. Jede algerischstämmige Person, die in Frankreich lebt, hat in ihrer engeren oder weiteren Verwandtschaft jemanden, der 1990 oder 1991 für die FIS gestimmt hat. Was bedeutet bei der Interpretation dieser beiden Welten die Verteufelung Frankreichs für die Gegenwart und die Zukunft? Wie werden jetzt und künftig die Tiraden gegen den Laizismus, gegen die Lehre von der Demokratie, die Sprache Rousseaus und Voltaires, für das Gebot der Verschleierung der Frau und so weiter von einer Küste des Mittelmeers zur anderen umgesetzt?

Eine derartige Hypothek ist in zweierlei Hinsicht belastend. Zunächst für die islamischen Personen, die in Frankreich leben und die Entwicklung der Situation in Algerien mit in Betracht ziehen müssen. Einige Leute sehen den Sieg der gegenwärtigen Strömung der FIS in Algier voraus; andere schrecken entsetzt schon vor der bloßen Vorstellung zurück; alle denken daran. Auf einer anderen Ebene läuft, im Fall eines Sieges der FIS, deren übersteigerte Frankophobie Gefahr, ihrerseits heftige Reaktionen in der französichen Gesellschaft auszulösen, ein Wiederaufleben der Fremdenfeindlichkeit und eine gegenseitige Überbietung im Sicherheitsdenken, die zum ersten Mal anläßlich der Präsidentschaftswahlen im April/Mai 1995 politisch zum Ausdruck kommen könnten. 1958 brachten die tiefgreifenden Umwälzungen jenseits des Mittelmeers in Paris die IV. Republik zu Fall. Die Veränderungen Mitte der neunziger Jahre könnten, auch wenn sie nicht das gleiche Ausmaß annehmen, auf ihre Weise ebenfalls eine Schockwelle in der französischen Gesellschaft des ausgehenden 20. Jahrhunderts auslösen.

2 Hinter dem Schleier

In Frankreich stellte die »Kopftuch-Affäre ein für das Jahr 1989 äußerst bedeutsames Geschehen dar. In seiner Chronik im *Nouvel Observateur*[1] vermerkt Jacques Julliard ironisch, wie am 9. November 1989, jenem Abend, an dem die Berliner Mauer fiel, bei einem Abendessen in der Stadt, an dem er teilnahm, das Gespräch sich im wesentlichen um die drei Schülerinnen der Hauptschule in Creil gedreht hatte. Die Unverhältnismäßigkeit zwischen den beiden Ereignissen scheint extrem, und im Ausland führten die Presse und die öffentliche Meinung die nahezu zwanghafte Konzentration einer ganzen Gesellschaft auf das Kopftuch dreier junger Mädchen in einem heruntergekommenen Vorort auf »die Ausnahmerolle Frankreichs« – oder seine Absonderlichkeit – zurück.

War es nicht lachhaft, zu eben der Stunde, als der Kommunismus in sich zusammenbrach und der Osten »die Freiheit wiedererlangte«, über Laizismus und »Integralismus« zu diskutieren? War die französische Identität denn so fragil, daß sie sich von einigen Quadratzentimetern Stoff gefährdet fühlte? Oder deutete, jenseits des Schleiers, eine uneingestandene Spielart von Rassismus mit dem Zeigefinger auf den »Fanatismus« und »Integralismus«, um so die Ablehnung der Bevölkerungsgruppen maghrebinischer Herkunft, verstärkt durch die diffuse Angst über die Entwicklung in Algerien, besser zum Ausdruck bringen zu können?

Trotz aller spöttischen Bemerkungen hatte die Diskussion um das Kopftuch nichts Lächerliches an sich; weit davon entfernt, den rückschrittlichen Charakter eines Landes im Niedergang hervorzuheben, das sich an eine gefährdete Identität klammert, wies sie jenseits der Spaltungen zwischen links und rechts, die mit dem Verschwinden des Kommunismus allmählich ihren Sinn einbüßten, auf die zukünftigen Organisationsformen der postmodernen Gesellschaften voraus. In Frankreich wie auch anderswo lösten sich die von der Arbeiterbewegung geschaffenen Solidargemeinschaften auf, die die Verantwortung für die Zukunft der breiten, benachteiligten Schichten übernommen und ihre Forderungen in den politischen Bereich getragen hatten. Neue Benachteiligte tauchten zahlreich unter den ausländischen, insbesondere maghrebinischen Jugendlichen auf, die sich jetzt in Frankreich ansiedelten. Welche neuen, aus dem Bruch mit den Normen und Werten der herrschenden Klassen entstandenen kollektiven Identitäten würden es ihnen ermöglichen, eine Verbesserung ihres Loses auszuhandeln? War unter derart vielen Unbekannten das Tragen des Kopftuchs in der Schule, die Forderung nach einer eigenen, auf der Zugehörigkeit zum Islam basierenden Identität nicht ein Vorzeichen für das Aufkommen eines Kommunitarismus vor dem Hintergrund von Arbeitslosigkeit und Ausgeschlossensein? Wie würden der Staat und die laizistische Gesellschaft auf diese Herausforderung reagieren? So viele Fragen kamen in den unterschiedlichen Stellungnahmen, zu denen die Kopftuch-Affäre von Creil den Anlaß bot, verschwommen zum Ausdruck.

In vieler Hinsicht bezeichnet sie in Frankreich für die – unterschiedlichste Strömungen zusammenschließende – antirassistische Bewegung, die für die achtziger Jahre charakteristisch gewesen war, das Ende einer Epoche. Im Verlauf dieses Jahrzehnts waren in den Trabantenstädten unzählige Vereinigungen entstanden, um den Forderungen der Jugendlichen, die von eingewanderten Eltern abstammten, Ausdruck zu verleihen und ihnen mittels der Neuverteilung von Gütern und Dienstleistungen den Zugang zur bürgerlichen Gesellschaft zu erleichtern. In dem Augenblick, als es zur Kopftuch-Affäre von Creil kam, geriet dieses Netzwerk von Gemeinschaften in eine Vertrauenskrise: Vielen der kleinen Verbände in den Vororten war es mangels ausreichender Mittel nicht gelungen, eine Eingliederung oder einen spürbaren sozialen Aufstieg der Jugendlichen, um die sie sich kümmerten, sicherzustellen – da sie nicht an die staatlichen oder privaten Arbeitgeber herankamen.[2] Selbst die bekanntesten Verbände, wie SOS Rassismus, konnten diese Funktion nicht erfüllen. Und ihre Verbitterung war um so größer, als sie den sozialistischen Machthabern sehr nahestanden, denen sie, vor allem bei der Wiederwahl François Mitterrands im Jahre 1988, die Stimmen der Beurs verschafft hatten.[3]

Das Nachlassen seines Einflusses, den dieses Netzwerk von Vereinigungen junger Einwanderer und laizistischer Beurs hinnehmen mußte, schuf einen Leerraum, in dem sich die Kopftuch-Affäre in ihrer ganzen Tragweite entfalten konnte. Im übrigen nahm sie in dem Augenblick eine nationale Dimension an, als der Leiter von SOS Rassismus, Harlem Désir, sie am 6. Oktober 1989 selber an die Öffentlichkeit trug, indem er gegen den Ausschluß dreier Schülerinnen von der Hauptschule in Creil protestierte, den er als »eine aufgrund ihres Glaubens verhängte Strafmaßnahme» interpretierte. Mit dieser Stellungnahme wollte er die Affäre in den größeren Rahmen der Diskriminierung und des »Rassismus« einfügen, die zu bekämpfen die Vereinigung gegründet worden war. Die Verkettung der Ereignisse sollte über diese Einschätzung jedoch sehr bald hinausgehen, da sie die Logik des »Rechts auf den Unterschied«, zu dessen Verfechter Harlem Désir sich eine Zeitlang gemacht hatte, auf die Spitze trieb und sie im Namen der Einhaltung der speziellen Gebote des Islam, wie sie im Tragen des Kopftuchs zum Ausdruck kam, in einen »Unterschied der Rechte« umwandelte.

In den Monaten vor der Affäre von Creil war die Lage des Islam in Frankreich nicht ohne Spannungen gewesen. Drei Ereignisse unterschiedlicher Tragweite waren dafür charakteristisch: der Niederschlag der Rushdie-Affäre in Frankreich im Februar; der Tod von Scheich Abbas, des Rektors der Pariser Moschee, und die Einsetzung Tedjini Haddams als sein Nachfolger im Mai/Juni; und schließlich im August die Zerstörung der Moschee in Charvieu-Chavagneux im Departement Isère durch einen Bulldozer – während gleichzeitig die Bürgermeister von Lyon und Marseille ankündigten, in ihren Städten große Moscheen zu errichten. Jedes dieser Geschehnisse hatte die komplizierten und unbeständigen Beziehungen zwischen den islamischen Verbänden und den französischen Behörden wie auch die mit Machtkämpfen verbundenen Spannungen innerhalb des islamischen Lagers in Frankreich zum Ausdruck gebracht.

Bradford und Algier

Die unmittelbare Auswirkung der Rushdie-Affäre auf Frankreich hielt sich, verglichen mit der gigantischen Mobilisierung, zu deren Auslöser sie jenseits des Kanals geworden war, in Grenzen. In der Öffentlichkeit äußerte sie sich im wesentlichen in einem Aufmarsch von etwa tausend Personen in Paris, zu dem sich am 26. Februar außer Maghrebinern und konvertierten Franzosen Türken und Pakistani zusammentaten – wobei letztere der von Bradford aus von Pir Mahroof gelenkten World Islamic Mission angehörten.[4] Der Marsch, bei dem übertriebene Slogans wie »Wir sind alle Anhänger Khomeinis« und »Rushdie muß sterben« skandiert wurden und der kaum als repräsentativ für die tatsächlich in Frankreich wirksamen islamischen Kräfte gelten konnte, war von einer Splittergruppe, La Voix de l'islam (Die Stimme des Islam) organisiert worden; sie hatte in Kiosken einige Ausgaben einer Monatszeitschrift verteilt, die den gleichen Namen trug und mit saudischer Finanzhilfe gedruckt worden war. Der Stimme des Islam, die fest in der Hand eines charismatischen Führers, Abdul Farid Gabteni[5], war, den die Statuten der Vereinigung als »Gründervater« auswiesen und um den sich einige Konvertierte scharten, die gerne als Vorzeigeschild benutzt wurden – darunter zwei Enkel von Maurice Thorez –, war es mit diesem Aufmarsch gelungen, die Aufmerksamkeit der Medien auf sich zu lenken. Einige Wochen lang war ihr Führer daraufhin gerngesehener Gast in aufwendigen Fernsehsendungen, in denen er vortrefflich den »integralistischen« Buhmann für die kleinen Leute abgab.

Wie in Großbritannien faßten auch in Frankreich zahlreiche Muslime die Veröffentlichung der *Satanischen Verse* als Beleidigung des Propheten und ihres Glaubens auf – ohne jedoch soweit zu gehen, sich hinter die Splittergruppe von Gabteni zu stellen. Viele Gläubige, vor allem unter den einfachen Leuten, sahen in der Affäre einen erneuten Vorwand, dessen sich der Westen bediente, um den Islam in Verruf zu bringen. Das verstärkte nur noch das Unverständnis zahlreicher »Muslime der Basis« und der arabischen laizistischen Intellektuellen, die in Paris unter Berufung auf Voltaire gegen Khomeini demonstrierten und sich mit Rushdie solidarisierten. Sein Schicksal vermittelte ihnen eine Vorahnung von den Bedrohungen, denen sie ausgesetzt wären, würden ihre Schriften lediglich aufgrund der Laune irgendeines sich der Kontrolle entziehenden Imams, der auf die Idee käme, eine *fatwa* auszusprechen[6], als blasphemisch verurteilt – Bedrohungen, die sich vier Jahre später im Bürgerkriegs-Algerien in sehr realen Morden äußern sollten

Die beiden Organisationen, die sich um die Vorherrschaft über den Islam in Frankreich stritten, die Pariser Moschee und die Fédération nationale des muselmans de France (FNMF = Nationale Föderation der Muslime Frankreichs)[7], übten in dieser Affäre vorsichtige Zurückhaltung. Sie waren hin und her gerissen zwischen dem Bemühen, den staatlichen Behörden gegenüber, bei denen sie eine Rolle als repräsentative Vermittler spielen wollten, ihre Achtbarkeit zu wahren, und der Sorge um die Basis, deren dem Autor der *Satanischen Verse* gegenüber oftmals feindselige Reaktionen sie kanalisieren wollten. Als Scheich Abbas am 15. März vom Minister für Inneres und Kultus, Pierre Joxe, empfangen wurde, brachte er »die Beleidigung der Muslime, die sich in ihrem Glauben verletzt sahen« zum Ausdruck und äußerte den Wunsch, Salman Rushdie möge wegen Verleumdung vor ein britisches Gericht gestellt werden.

Im übrigen hatte sich am 2. März spontan ein Koordinationsausschuß konstituiert, in dem vor allem die FNMF, die UOIF (Union des organisations islamiques de France = Union islamischer Organisationen von Frankreich) und die AEIF (Association des étudiants islamiques de France = Islamische Studentenvereinigung Frankreichs) – die beiden letzteren Bewegungen standen den Muslimbrüdern nahe – vertreten waren. Die Pariser Moschee stellte ihre Vorbehalte gegenüber der FNMF hintan und schloß sich ebenfalls an; dieses Komitee beschloß, bei der französischen Justiz ein Verbot der Veröffentlichung der französischen Übersetzung des Romans zu verlangen.[8]

Den französischen Staat hatte die Rushdie-Affäre an die

Gefahr gemahnt, wie leicht die Überspitzung eines Problems im Zusammenhang mit dem Islam jeglicher Kontrolle entgleiten konnte, wenn keine von staatlicher Seite anerkannten Gesprächspartner, deren Glaubwürdigkeit auch bei den Gläubigen unumstritten war, zur Verfügung standen. Seit 1982 hatte die sozialistische Regierung sich mit der Kontrolle der Pariser Moschee durch Algier abgefunden und diese als offizielle Vertretung des Islam in Frankreich behandelt. Gegen Ende der ersten Cohabitation (1986–1988) aber hatte Algier Sympathien für die Kandidatur Chiracs bei den Präsidentschaftswahlen von 1988 geäußert: Einige Wochen vor dem ersten Wahlgang war der damalige Minister für Inneres und Kultus, Charles Pasqua, mit großem Prunk in der Moschee von Scheich Abbas empfangen worden, der auf diese Weise seinen Glaubensbrüdern unter den französischen Staatsbürgern zu verstehen gab, welche in den Augen Algiers »die richtige Entscheidung« in der Wahlkabine wäre.

Diese Aufforderung blieb jedoch weitgehend folgenlos, da die »vom Soziologischen her muslimischen« Wähler (im wesentlichen Jugendliche, die damals, 1988, für die Botschaft der Geistlichen noch nicht besonders empfänglich waren) sich mit überwältigender Mehrheit für Mitterrand und die Sozialistische Partei ausgesprochen hatten[9] – vor allem aus dem Grund, weil man der Partei Chiracs eine ablehnende Haltung gegenüber den Einwanderern unterstellte. Im Elysée war jedoch der Versuch Algiers, über seinen »religiösen Botschafter«, die Pariser Moschee, Einfluß auf das politische Leben Frankreichs zu nehmen, als potentiell gefährliche Einmischung aufgefaßt worden. Und das um so mehr, als man in Paris nach jenen Tagen im Oktober 1988, die den Machtverlust des FLN und den rapiden Aufstieg der FIS in Algerien deutlich machten, zu begreifen begann, daß die algerischen Islamisten nach einer Machtergreifung den Wunsch verspüren könnten, diese Institution zu kontrollieren.

Aus diesem Bündel innen- und außenpolitischer Gründe trat der sozialistische Minister Pierre Joxe für eine Instanz ein, die als Vermittler zwischen den staatlichen Behörden und dem Islam in Frankreich dienen, aber nicht von ausländischen Kräften bevormundet werden sollte und das Überhandnehmen extremistischer Gruppen vermeiden sowie alle mit dem Kultus zusammenhängenden Probleme lösen könnte. Die Scheich Abbas am 15. März 1989 gewährte Audienz sollte, so die Absicht des Ministers, »die erste in einer Reihe von Konsultationen mit muslimischen Persönlichkeiten, Experten und Theologen zu Problemen der in Frankreich lebenden französischen und ausländischen Gemeinschaft« darstellen.[10]

Das mit großer Umsicht durchgeführte Vorhaben wurde durch den Tod von Scheich Abbas einer Bewährungsprobe ausgesetzt. Im Hotel Crillon, wo er an einem Treffen mit dem PLO-Chef Yassir Arafat teilnahm, wurde dem Rektor des muslimischen Instituts der Pariser Moschee plötzlich übel; drei Tage später starb er in der Klinik Val-de-Grâce. Über seine Funktion als Repräsentant der Interessen Algiers am Islam in Frankreich hinaus hatte er es vor allem bei den älteren Menschen maghrebinischer Abstammung und den einfachen Leuten zu Popularität und sogar Beliebtheit gebracht. Sie erkannten sich in diesem Mann mit seiner ungekünstelten, einfachen Art, der immer dafür sorgte, daß die Moschee an kalten Wintertagen für die Obdachlosen geöffnet wurde, selber wieder. Die Regelung seiner Nachfolge beleuchtete die Allmacht Algiers und die Ohnmacht des französischen Staates schlaglichtartig; letzterer war jetzt nur noch entschlossener, so schnell wie möglich eine muslimische Instanz zu schaffen, die nicht von Algerien bevormundet wurde.

Die komplizierten Statuten der Gesellschaft für Hubus [»fromme Stifungen«] und heilige Orte des Islam – eine Wissenschaft für sich –, deren Präsident gleichzeitiger Rektor des Islamischen Instituts der Pariser Moschee ist, hatten es Si Hamza Boubakeur[11] und seinen Gefolgsleuten ermöglicht, sich einen bestimmten Einfluß innerhalb dieser Vereinigung zu bewahren, auch wenn die »Verwaltung« der Moschee vorübergehend dem algerischen Staat anvertraut worden war.[12] Als Pierre Joxe am 10. Juni im Rundfunk erklärte, »es könne bald soweit sein, daß die Muslime Frankreichs sich organisieren«, wählte die Gesellschaft für Hubus noch am gleichen Tag einen anderen algerischen Politiker, Tedjini Haddam, zum Nachfolger von Scheich Abbas.

Auf einen des Französischen nicht mächtigen Geistlichen »traditioneller« Prägung, der im Serail der Vereinigung der algerischen Ulema erzogen worden und dann zu einem hohen islamischen Beamten der Staatspartei FLN aufgestiegen war, folgte ein Chirurg, der mehrere Sprachen beherrschte, sehr »modern« in seinem Verhalten und seinen Äußerungen, aber gleichzeitig fest in die politischen Machtstrukturen Algeriens eingebunden war. Er war Minister für religiöse Angelegenheiten und Gesundheitsminister sowie mehrere Male Botschafter gewesen.[13] Die Einflußnahme Algiers hätte kaum deutlicher ausfallen können. Letztendlich aber machte der Rektor auf Druck der französischen Regierung hin und zu einer Zeit, als das algerische Regime geschwächt war und durch die zunehmende Kritik und den wachsenden Erfolg der FIS unterminiert wurde, einige wichtige Zugeständnisse.

Von Bürgermeistern und Moscheen

Das dritte »heiße Eisen« für den Islam in Frankreich in den Monaten vor der Kopftuch-Affäre waren die Moscheen auf öffentlichem Gelände. Die gesamten achtziger Jahre hindurch, als die Mehrzahl der Muslime nicht die französische Staatsangehörigkeit besaß und folglich nicht wahlberechtigt war, hatten viele Bürgermeister mit verschiedenen Tricks den Bau einer Moschee in ihrer Gemeinde verhindert. Im allgemeinen gaben sie den Beschwerden von »Komitees gegen den Bau einer Moschee« nach, die sich aus Anwohnern des betreffenden Geländes zusammensetzten. Bei Kommunalwahlen machten bestimmte Kandidaten die Ablehnung des Baus einer Moschee zum Wahlkampfthema. Kaum waren sie gewählt, nahmen sie ihr Vorkaufsrecht für das fragliche Gelände wahr – und traten so den Geist des Gesetzes vom 9. Dezember 1905, laut dem die Republik die freie Religionsausübung garantiert, mit Füßen.

Am 16. August 1989 ging ein Bürgermeister jedoch noch

viel weiter. In Charvieu-Chavagneux im Départment Isère, dreißig Kilometer von Lyon entfernt, wurde eines Tages in aller Frühe ein zweckentfremdetes Gebäude auf dem Gelände einer alten Fabrik, das zum Teil als Betsaal diente, von einem Bulldozer zerstört. Dezempte, der Bürgermeister der Gemeinde und Mitglied der Partei Chiracs, hatte die Gebäude im Rahmen eines neuen Bebauungsplans niederreißen lassen – und verteidigte sich damit, man habe die Gebetsstätte infolge einer Verwechslung zweier Flügel des betreffenden Gebäudes zerstört.[14] Etliche Personen, darunter Kinder, hatten sich in dem Bauwerk befunden; eine Person wurde leicht verletzt.

Das Ereignis machte in Frankreich wie auch im Ausland, vor allem in der arabischen Welt, Schlagzeilen. Die »frevelhafte« Zerstörung einer Moschee – die nach muslimischer Lehre als unveräußerlich und für alle Ewigkeit Gott geweiht gilt – wog um so schwerer, als die »Kirchenschänder« keine Muslime waren. Pierre Joxe ließ den Bürgermeister in die Präfektur des Départments zitieren, um ihn an das Gesetz von 1905 zu erinnern. Er brachte »die Mißbilligung der Regierung und [seine] persönliche Entrüstung über die als versehentlich hingestellte Zerstörung einer muslimischen Kultstätte zum Ausdruck« und verwies auf die Symbolik der Jahreszahl 1989: »Im Jahr der Zweihundertjahrfeier der Erklärung der Menschenrechte schaden derlei Bekundungen der Intoleranz und der Gewalt unserem Land wie auch dem öffentlichen Frieden; sie müssen in Zukunft verboten und noch heute wiedergutgemacht werden.«

Über ihre Symbolkraft hinaus ließ die Affäre von Charvieu den für die Veränderungen innerhalb der heutigen Gesellschaft beispielhaften Wirrwarr von Interessen erkennen. Sie zeigte, wie eine kleine Industriestadt sich verändert hatte: Einerseits hatten sich dort eingewanderte Arbeiter angesiedelt; andererseits waren alteingesessene Lyoner mit bescheidenem Einkommen hierhergezogen, um ihren Traum von einem eigenen Häuschen zu verwirklichen. Für letztere, die mit überwältigender Mehrheit Dezempte zum Bürgermeister gewählt hatten, bedeutete die Moschee, die die Anwesenheit der

Maghrebiner deutlich sichtbar machte und auf Dauer angelegt erscheinen ließ, eine Wertminderung ihrer Grundstücke. Die eingewanderten Muslime, die sich hier niedergelassen hatten und sich im Verlauf der Affäre zu Wort meldeten, empfanden die Zerstörung der Moschee als Agression und traumatisches Erlebnis, der zahlreiche Bekundungen der Feindseligkeit von seiten des Bürgermeisters folgten. Das Vorkommnis bot zudem einer Person, die angeblich der FIS angehörte (die in jenem Jahr in Algerien gegründet worden war), die Gelegenheit, Kommuniqués und Verlautbarungen zu vervielfältigen.

Der umstrittene Betsaal war 1981 anstelle eines maurischen Cafés[15] in einem zu einer Fabrik gehörigen Gebäude eingerichtet worden, wie dies in jener Zeit oft in Unternehmen geschah, die zahlreiche maghrebinische Arbeitskräfte einstellten. 1983 gab die Fabrik die Gebäude jedoch auf. Sie waren völlig veraltet und sollten im Rahmen einer Neugestaltung des ganzen Viertels abgerissen werden. In einem ordnungsgemäßen Briefwechsel zwischen dem Bürgermeister und dem Präsidenten der islamischen Vereinigung wurde die Einrichtung einer Moschee an einem anderen Ort, und zwar auf öffentlichem Gelände, ins Auge gefaßt; damit war sie von der Erteilung einer Baugenehmigung abhängig. Im Verlauf des Wahlkampfes für den Stadtrat im März 1989 veröffentlichte der Bürgermeister jedoch in seinem *Flash-Info municipal* (Städtisches Blitz-Info) eine Verlautbarung, in der er sich näher dazu ausließ: »Ich habe nicht vor, eine Genehmigung für den Bau dieser ›Moschee‹ zu erteilen, denn ich bin der festen Überzeugung, daß die Zukunft unserer Stadt auf dem Spiel steht und das gute Einvernehmen innerhalb unserer Bevölkerung in Gefahr ist.« Sein Unterstützungskomitee verteilte Flugblätter, laut denen »eine Moschee zahlreiche Islamische [*sic*] aus der Umgebung anziehen würde, darunter auch integralistische.«

In dieser Situation kam es am 16. August 1989 zu der »versehentlichen« Zerstörung der Moschee. Das nächste Freitagsgebet fand, zum Zeichen des Protests, im Freien, auf dem Stadtplatz – und vor Fernsehkameras statt. Das Auftauchen der Medien in der kleinen Stadt ließ die Gegensätze zwischen den örtlichen islamischen Führern deutlich hervortreten. Dem für den Amicale des Algériens en Europe (Freundschaftsverein der Algerier in Europa) Zuständigen und dem marokkanischen Präsidenten der Vereinigung, traditionellen Rivalen, lief ein Neuankömmling den Rang ab, Mohammed Yahiaoui, der sie der Nachgiebigkeit und des Versagens gegenüber dem Bürgermeister beschuldigte. Er bezeichnete sich selber als islamistischen Aktivisten, »der in Algerien inhaftiert und gefoltert worden war« und besser geeignet sei, im Namen der beleidigten Muslime zu sprechen. Er gab sich als »Mitglied der Delegation der FIS in Frankreich aus« und gewährte in dieser Eigenschaft einer Wochenzeitschrift ein Interview – hernach bestritt die islamistische Partei jegliche Verbindung zu ihm.[16] Die Affäre von Charvieu trieb die mit der Errichtung einer Moschee auf öffentlichem Gelände einhergehenden Spannungen auf die Spitze: War sie zunächst ein Wahlkampfthema, so begünstigte sie anschließend als dessen indirekte Folge das Auftreten eines radikalen islamistischen Wortführers, der hier eine Gelegenheit sah, die Gefühle von Muslimen, die sich nach der Zerstörung ihrer Kultstätte bedroht fühlten, auszunutzen.

Im gleichen Sommer 1989 war für den neugewählten Bürgermeister in der benachbarten Großstadt Lyon, Michel Noir, die Frage der Moschee ebenfalls ein politisches Thema. Im Gegensatz zu Dezempte stand er der Errichtung einer großen Moschee in seiner Gemeinde sehr aufgeschlossen gegenüber. Er veröffentlichte dazu sogar eine Verlautbarung, Zeichen für einen Ehrgeiz, der sich nicht auf die Stadt beschränkte, sondern auf die nationale Ebene zielte. Da er sich ein Image als starker Mann schaffen und einen Platz mitten auf dem Schachbrett der französischen Politik einnehmen wollte, hatte Michel Noir sich vorbehaltlos gegen jedes Bündnis mit dem Front national von Jean-Marie Le Pen ausgesprochen und erklärt: »Es ist besser, man verliert die Wahlen als seine Seele.« In einer Fernsehsendung mit hoher Einschaltquote[17] wollte sich der neue Bürgermeister als durchaus für das Amt des Präsidenten geeignet präsentieren und verkündete, in seiner Stadt werde man an einem hervorragenden Standort eine große Moschee – deren Planung sich seit Jahren ergebnislos hinzog[18] – errichten. »Die Muslime haben ein Recht auf eine eigene Kultstätte«, erklärte er und fügte, um die Wahl des Standorts zu rechtfertigen, hinzu: »Eine Aschenbrödel-Moschee in irgendeinem Getto-Winkel kommt gar nicht in Frage.« Die Baugenehmigung wurde am 29. August erteilt.

Ob nun ein ethischer Imperativ ihn dazu bewog oder ob das Ganze Teil einer politischen Strategie war, Michel Noir nahm genau die entgegengesetzte Haltung zu Moscheen ein wie die Mehrzahl der Bürgermeister in Frankreich. Nach dieser Ankündigung ging man die Sache jedoch reichlich ungeschickt an. Die Anwohner hatten ein sehr aktives Komitee gebildet, um das Projekt zu Fall zu bringen, aber das größte Problem stellte der zuständige muslimische Verband, ACLIF[19] dar, hinter dem vor allem französisch-muslimische Honoratioren standen. Zwei ehemalige Offiziere der französischen Armee, ein Medizinprofessor und ein Funktionär der Bürgergemeinschaft von Lyon hatten sich die ganzen achtziger Jahre hindurch mit dieser Angelegenheit befaßt. Ihr Ansehen, das die Anwohner »beruhigen« sollte (vergeblich), konnte nicht verhehlen, daß sie alles andere als repräsentativ für ihre Glaubensgenossen waren.

Das Projekt einer »Kathedralenmoschee«, das viele Muslime begrüßten, da es den Islam in dieser Gegend aufwerten würde, nährte jedoch auch die Ängste zahlreicher anderer unter ihnen, die befürchteten, ein solches Bauwerk geriete unter die strenge Kontrolle einer Organisation, in der sie sich kaum wiedererkannten. Zumal einer der Leiter von ACLIF seine Stellungnahme mit den Worten geschlossen hatte: »Eine Moschee dieser Art ist das beste Mittel, die Einrichtung vieler weiterer kleiner Betsäle zu verhindern, wo kein Mensch weiß, wer dort was macht.«[20] Als der Imam einer »kleinen Gebetsstätte« in einer Sozialwohnung in Venissieux um eine Stellungnahme zu dem Projekt gebeten wurde, bemerkte er zurückhaltend: »Einige wollen sie [die Moschee]... andere nicht.«[21] Im Klartext: Der Spendenaufruf an die

Gläubigen in Lyon zur Finanzierung des Bauwerks[22] (dessen Kosten auf 50 Millionen Francs veranschlagt wurden), hatte keinen Erfolg: Anfang 1990 waren nicht mehr als einige hunderttausend Francs zusammengekommen, obwohl die muslimische Bevölkerung im Département Rhône auf 130 000 Personen geschätzt wird und es dort etwa vierzig Vereinigungen gibt, die sich auf den Islam berufen.

Im Februar 1990 trat Oberst Chabaga, Generalsekretär der ACLIF und Stellvertreter des Bürgermeisters (Sozialistische Partei) von Villeurbanne, aus der Vereinigung aus und nannte als Grund die Inkompetenz einiger seiner Kollegen. Die Krise, die daraufhin ausbrach, brachte mit der Frage der Repräsentanz der ACLIF und der Gestaltung der Beziehungen zu den muslimischen Ländern der Arabischen Halbinsel verbundene Konflikte zutage; diese Länder waren als einzige in der Lage, die nötigen finanziellen Mittel zur Verfügung zu stellen, wollten aber eine Kontrolle über das Projekt ausüben. Kuwait, »das an herausragender Stelle unter den Geldgebern stand«[23], wurde im August dieses Jahres vom Irak überfallen, wodurch das Vorhaben unwiderruflich zum Scheitern verurteilt schien. Im Herbst schlug der Botschafter Saddam Husseins, der ein Netzwerk von Stützpunkten unter den Muslimen in Frankreich ausbauen wollte, vor, über eine Vereinigung ehemaliger *harkis* [einheimischer Hilfssoldaten der französischen Armee im Algerienkrieg] die Kosten zu übernehmen: Wie Birmingham sollte auch Lyon seine großartige »Moschee Saddam Hussein« haben. Diese Annäherungsversuche blieben jedoch folgenlos, und schließlich ermöglichte eine saudische Schenkung, mit den Bauarbeiten zu beginnen. Der Grundstein wurde am 14. Juni 1992 gelegt – in Abwesenheit Michel Noirs, der mit der unsicheren Finanzierung[24] eines Unternehmens, das er zum Symbol seiner moralischen Einstellung und seiner landesweiten politischen Ambitionen hatte machen wollen, unzufrieden war. Auch in diesem Fall verquickten sich lokale und internationale Interessen unentwirrbar, und die französischen Muslime waren genauso machtlos wie die Behörden.

Vergleichbares spielte sich in Marseille ab. Anläßlich des

Aïd-Festes am 13. Juli kündigte der Bürgermeister, Robert Vigouroux, drei Wochen nach seinem Lyoner Kollegen, seine Zustimmung zur »Errichtung einer großartigen Moschee in der Größe einer Kathedrale oder der Pariser Moschee« an, »die ein Symbol für die muslimische Bevölkerung von Marseille werden soll«. Im November reichte ein ortsansässiger Schlachter, Moustapha Slimani, der »König des *halal*-Fleisches«, einen Bauplan für ein Gebäude mit 15 000 Plätzen ein. Nach Jahren, in denen die Bürgermeister vor allem damit beschäftigt gewesen waren, Gebäude aufzukaufen, die islamische Vereinigungen in Gebetsstätten umwandeln wollten, schienen sie nun in einen Wettstreit zu treten, um in ihrer Stadt die schönste und größte Moschee zu bauen. Aber weder in Lyon noch in Marseille wurde die Ankündigung der Stadträte in die Tat umgesetzt. In der Hafenstadt traf das Projekt Slimanis auf heftigen Widerstand bei den Präsidenten bereits etablierter islamischer Vereinigungen[25] und wurde schließlich nicht verwirklicht. Da die Kopftuch-Affäre und dann der Golfkrieg die Frage der Stellung des Islam in Frankreich verschärften, mußten die Bürgermeister in Anbetracht einer Wählerschaft, die den Islam mit »Fanatismus« und »Gewalttätigkeit« gleichsetzte[26], ohnedies weit vorsichtiger werden.

Im Sommer vor der Kopftuch-Affäre ging eine Epoche zu Ende: Für die achtziger Jahre war bezeichnend gewesen, daß der Islam in Frankreich zunehmend deutlicher in Erscheinung trat; allerdings schien dieses Phänomen hauptsächlich Erwachsene, vor allem »die Alten«, zu betreffen. Die Frage der Moscheen und die Politik der Gemeindevorstände ließen die Probleme auf lokaler Ebene sichtbar werden. Auf nationaler Ebene hatten die Rushdie-Affäre und sodann die von Algerien bestimmte algerische Nachfolge von Scheich Abbas die staatlichen Behörden davon überzeugt, daß es die Herausbildung einer repräsentativen, von ausländischen Einflüssen unabhängigen Instanz zu fördern galt. Nun verändert in dem Augenblick, als die Bürgermeister der großen Städte Pläne für »Kathedralenmoscheen« ausarbeiten und Pierre Joxe Verhandlungen beginnt, die zur Gründung des CORIF[27] führen sollten, die Kopftuch-Affäre die Voraussetzungen des

Problems grundlegend. Von den Moscheen ausgehend, finden die Schwierigkeiten ihre Fortsetzung in den Grundschulen, Hauptschulen und Gymnasien der laizistischen Republik; von der Einmischung des Auslands verlagert sich das Problem auf eine in Frankreich geborene oder zumindest dort aufgewachsene Jugend, für die die Selbstbestätigung des Islam die Reaktion auf die weltweite Krise der Gesellschaft darstellt. Blickt man auf die achtziger Jahre zurück, so kamen die Versuche des Staates, den Islam zu institutionalisieren, zu spät, um Einfluß auf die Fragen, um die es bei dem Konflikt ging, und auf die sozialen Probleme des nächsten Jahrzehnts nehmen zu können.

Freiheit, Schleier, Gemeinschaft

Am 5. Oktober 1989 berichteten die Zeitungen im ganzen Land, am Gymnasium Gabriel Havez in Creil seien drei Kopftuch tragende Schülerinnen vom Unterricht ausgeschlossen worden. Vor mehreren Jahren schon hatten einige Schülerinnen damit begonnen, in der Schule ein Kopftuch zu tragen, ohne daß dies irgendwelche größeren Auseinandersetzungen zur Folge gehabt hätte. Gelegentlich konnte man in Gesprächen zwischen der Schulverwaltung, den Eltern und der betreffenden Schülerin letztere dazu bewegen, auf ihr Kopftuch zu verzichten. Ansonsten trug sie es eben weiterhin, ohne daß dies irgendwelche Konsequenzen gehabt hätte. Der Schulleiter in Creil hatte, als er den Schülerinnen die Teilnahme am Unterricht untersagte, den traditionellen Weg eingeschlagen, nämlich Druck auf die Eltern ausgeübt, damit diese ihre Tochter dazu überredeten, während des Unterrichts das Kopftuch abzulegen. Gleichzeitig hatte er jedoch durch seine Äußerungen gegenüber der Lokalpresse[28] das Problem aus dem Bereich der Schule hinaus und an die Öffentlichkeit getragen.

Die Affäre wuchs sich aus, als SOS Rassismus und Mouvement contre le racisme, l'antisémitisme et pour la paix (MRAP = Bewegung gegen Rassismus und Antisemitismus und für den Frieden), die die gemaßregelten Schülerinnen verteidigten, die Forderung nach dem Tragen des Kopftuchs in den größeren Rahmen des Antirassismus und des Rechts auf den Unterschied einordneten. Indem sie die Gymnasiastinnen zu Opfern einer Diskriminierung unter anderen hinstellten, hofften diese Vereinigungen das Bild des Islam in Frankreich zu entdramatisieren und seine Besonderheit abzuschwächen. Um »den Integralismus besser bekämpfen zu können«, mußte man den jungen Mädchen erlauben, mit Kopftuch am Unterricht teilzunehmen: »Wo würde das Verbot, sie in die staatliche Schule einzuschreiben, hinführen? Daß sie in Koranschulen eingeschrieben werden [...] Nur in der Schule Rousseaus, Voltaires und der Aufklärung werden diese Kinder mit oder ohne Kopftuch lernen, wie man am besten dem Obskurantismus widersteht«[29], erklärte Harlem Désir. Nun löste sich jedoch die Forderung nach einer islamischen Identität nicht in einem antirassistischen »Schmelztiegel« auf, es gelang ihr vielmehr, in den Jahren nach der Kopftuch-Affäre die Thematik und weitgehend auch die Mobilisierung maghrebinischer Jugendlicher, die sich eine Zeitlang den »Genossen« angeschlossen oder sich in den Beurs wiedererkannt hatten, für sich zu vereinnahmen. Insofern mußte der Übergang von den antirassistischen Jugendverbänden der achtziger Jahre zu den Reislamisierungsbewegungen dem gleichen Weg folgen wie der Verfall der Ideale der Gewerkschaftsbewegung zugunsten der Moscheen in den Betrieben in der zweiten Hälfte der siebziger Jahre.[30]

Obwohl der Vorfall von den Medien sofort aufgegriffen wurde, sah es anfangs so aus, als könne die Aufregung um die Affäre von Creil sich wieder legen. Am 8. Oktober hatte ein Funktionär einer lokalen Vereinigung von Tunesiern, der kein Geistlicher war, tatsächlich zwischen dem Leiter des Gymnasiums und den Familien einen Kompromiß ausgehandelt: Die Schülerinnen legten ihr Kopftuch im Klassenzimmer ab, trugen es aber weiterhin in den Gängen und in den Freizeiträumen. Auf diese Weise konnten sie wieder am Unterricht teilnehmen. Fünf Tage später erhielt der Schulleiter jedoch den Besuch der Herren Abdallah Ben Mansour, des Generalsekretärs der UOIF, und Mokhtar Jaballah, eines Leiters der GIF (Groupement islamique en France = Islamische Gruppierung Frankreichs)[31], die den Muslimbrüdern nahestanden; sie erklärten ihm, der Islam (so wie sie ihn interpretierten) schreibe den Frauen das Tragen des Kopftuchs vor. Andererseits brachte Daniel-Youssof Leclerq, Vordenker der 1985 gegründeten FNMF, die der Pariser Moschee die Vorherrschaft über den Islam in Frankreich streitig machte, seine Solidarität mit den Kopftuch tragenden Schülerinnen zum Ausdruck und suchte häufig den Vater einer der beiden, einen Marokkaner, auf.

Für die Reislamisierungsbewegungen stellte die Kontroverse um die Kopftuch-Frage einen hervorragenden Anlaß dar, Anhänger zu mobilisieren. In der Tat fühlten sich viele der muslimische Jugendlichen, unabhängig von der Intensität ihres Glaubens, unbehaglich angesichts der Argumente des »laizistischen Lagers«, das gegen das Tragen des Kopftuchs in öffentlichen Schulen war: Ihrer Ansicht nach hatte kein Mensch solches Aufhebens gemacht, als jüdische Schüler ihre Kippa aufsetzten und sogar samstags nicht in die Schule kamen, und noch nie hatte das Kreuz an einem Halskettchen den Zorn der Verteidiger einer Trennung von Kirche und Staat erregt. Hinter der Brandmarkung als »Integralisten« verbarg sich ihrer Meinung nach eine rassistische und fremdenfeindliche Abwehrhaltung gegen jene, die von jetzt an nicht mehr als »Jugendliche«, »Einwanderer« oder Beurs, sondern als (fanatische) »Muslime« bezeichnet wurden, um sie besser ablehnen oder sogar ausschließen zu können. So schrieb die feministische Schriftstellerin algerischer Herkunft, Leïla Sebbar: »Kann man es denn, wenn man sich in einer Position der Macht und Stärke befindet, nicht hinnehmen, daß junge Mädchen, die sich den äußeren und inneren Formen ihrer Religion verbunden fühlen, ein Kopftuch tragen, das das Gesicht nicht verbirgt, so wie andere ihre Frisur mit einem Band schmücken [...]?«[32] Unsinnigerweise brachte die Kopftuch-Affäre diejenigen, die das Gefühl hatten, man zeige mit dem Finger auf sie, weil sie Muslime und damit *a priori* »Integralisten« waren, dazu, diese abwertende Bezeichnung allmählich umzudeuten und zum Banner ihrer verhöhnten Würde zu machen – eine Einstellung, die sich einige Monate später mit dem Ausbruch des Golfkriegs noch weiter ausbreiten sollte.

Die Kopftuch-Affäre setzte für die Reislamisierungsbewegungen, die sich in Creil so aktiv zeigten, einen Kreislauf von Provokation-Repression-Solidarität in Gang, der sich besonders auszahlte. Die Schülerinnen ignorierten den Kompromiß vom 8. Oktober und trugen zwölf Tage später in den Klassenzimmern wieder ihr Koptuch. Erneut wurden sie vom Unterricht ausgeschlossen, während Fernsehkameras das ganze Hin und Her des Ereignisses in allen Einzelheiten übertrugen. Am Tag darauf schaltete Madame Mitterrand sich höchstpersönlich in die Diskussion ein: »Wenn der Schleier der Ausdruck einer Religion ist, müssen wir all diese Traditionen hinnehmen, welcher Art auch immer sie sind.« Am folgenden Tag, dem 22. Oktober, einem Sonntag, organisierte die Splittergruppe Stimme des Islam, die durch den Aufmarsch gegen Rushdie im Februar von sich reden gemacht hatte, eine farbenprächtige, überschwengliche Demonstration von einigen hundert Personen, die brüllten: »Der Schleier ist unsere Ehre.« Obwohl die FNMF sich von dieser Demonstration distanzierte, da sie darin eine Provokation sah[33], zeigte dieser Vorfall, daß radikale Gruppen in der Lage waren, eine Spirale wechselseitiger Überbietungen auszulösen.

Haddam, der Rektor der Pariser Moschee, den Algier ein halbes Jahr zuvor eingesetzt hatte, mußte am 23. Oktober seine Zurückhaltung aufgeben. Er bedauerte die Ausschreitungen der Demonstration vom Vorabend und rief dazu auf, die Angelegenheit zu »entdramatisieren«; er erinnerte an die Äußerungen Madame Mitterrands, mit denen sie gefordert hatte, den Gläubigen solle es freistehen, die Vorschriften ihrer Religion zu befolgen. Schuld an der Aufblähung der Affäre waren seiner Ansicht nach die Versäumnisse jener französischen Hochschullehrer, die Spezialisten für den Islam waren.[34] Während der Rektor der Pariser Moschee sich darauf beschränkte, einen Sündenbock zu suchen, war es seinen Konkurrenten von der FNMF und der UOIF dank ihrer Anwesenheit in Creil gelungen, die Situation zu radikalisieren und ihn so in eine schwierige Situation zu bringen.

Von ihrem Standpunkt aus mußte diese unversöhnliche Haltung von Erfolg gekrönt werden. In der Tat erklärte Lionel Jospin, Minister für Unterricht, am 25. Oktober: »Wenn die Familien nach erfolgter Unterredung nicht willens sind, auf jegliches äußere Zeichen ihrer Religion zu verzichten, muß man das Kind die Schule besuchen lassen.« In seiner sehr differenzierten Argumentation bemerkte der Minister, »es wäre ein großer Fehler, würde man durch eine unbeugsame Haltung lediglich einen Solidarisierungseffekt um einige isolierte Elemente dieser Gemeinschaft heraufbeschwören«, sprach sich jedoch eindeutig für das »Verbot jeglicher Bekehrungsversuche« aus.[35] Diese Äußerung des zuständigen Regierungsmitglieds löste bei zahlreichen Intellektuellen heftige Reaktionen aus, die darin das Laizismus-Prinzip in Frage gestellt sahen und dies in einem Aufruf mit dem Titel *Professoren, wir dürfen nicht kapitulieren!* zum Ausdruck brachten, der unter anderem von Elisabeth Badinter, Régis Debray und Alain Finkielkraut unterzeichnet war.[36] Die Polemik nahm in der Folge beträchtliches Ausmaß an und konzentrierte sich auf die unterschiedlichen Vorstellungen über die französische Identität gegen Ende unseres Jahrhunderts – wobei die Kopftuch-Affäre, die diese Diskussion verursacht hatte, nahezu in Vergessenheit geriet.

Die Reislamisierungsbewegungen faßten die Äußerungen Lionel Jospins als Sieg auf: Sie hatten den Staat gezwungen nachzugeben und es freizustellen, in einer staatlichen Schule das Kopftuch zu tragen; das bedeutete einen substantiellen Fortschritt hinsichtlich der Anerkennung der islamischen Gemeinschaft im öffentlichen Bereich. Dies hatte unmittelbare Auswirkungen auf das Kräfteverhältnis zwischen den Organisationen, die sich gegenseitig die Vorherrschaft über den Islam in Frankreich streitig machten. Zwei Verbände mit landesweiten Ambitionen wurden in der Affäre von Creil besonders aktiv: die FNMF und vor allem die den Muslimbrüdern nahestehende UOIF – während der kürzlich aus Algier eingetroffene Rektor der Pariser Moschee sich zurückhielt. Am

21. November schrieb Ahmed Jaballah, Präsident der UOIF, einen offenen Brief an Premierminister Michel Rocard, in dem er auf eine Stellungnahme von diesem reagierte: »Sie geben zu verstehen, der Koran schreibe das Kopftuch nicht vor. Nun drückt sich das heilige Buch des Muslime jedoch sehr klar und deutlich aus und läßt keinen Zweifel an der Pflicht jeder Muslimin, den Schleier zu tragen.« Indem er bestimmte Äußerungen Rocards in Frage stellt (»Wir alle müssen das Kopftuch in der Schule insofern ablehnen, als es weniger der Ausdruck einer Glaubensüberzeugung als eine Entfremdung ist«), schloß Jaballah, dessen Ansicht nach »die Muslime in Frankreich derlei Angriffe auf ihre Würde nicht hinnehmen werden«, ironisch: »Müssen wir das so verstehen, daß die Staatsbürgerinnen, die ein Kopftuch tragen, schwachsinnig sind?«[37] Mit diesem Brief wandte die UOIF sich zum ersten Mal seit ihrer Gründung schriftlich an den französischen Staat; damit gab die islamische Organisation den Muslimen in Frankreich zu verstehen, sie mache sich zu *der* Verteidigerin des Rechts – »der Pflicht jeder Muslimin« –, in der Schule das Kopftuch zu tragen, und gab der Regierung deutlich zu erkennen, daß sie in Zukunft mit ihr rechnen müsse.

In der Tat hatte Pierre Joxe am 20. November, dem Tag vor diesem Schreiben, im Innenministerium »sechs muslimische Persönlichkeiten« empfangen, die den Kern eines zukünftigen Beratungsgremiums zu Fragen des Islam in Frankreich bilden sollten. Neben Haddam waren zwei Vertreter aus Lyon, einer aus Lille, einer aus Marseille und einer von der Ile de France anwesend; über diese geographische Verteilung hinaus stand ein jeder von ihnen für eine Strömung mit jeweils unterschiedlichem Interesse: Algerien, Marokko, Muslimbrüder und ehemalige *harkis*. Einer der Teilnehmer stand der UOIF nahe; allerdings wollte die Union sich durch ihren offenen Brief selber als ebenso anspruchsvollen wie unumgänglichen Gesprächspartner anmelden.

In der Woche darauf, am Montag, dem 27. November, gab der Staatsrat öffentlich bekannt, er sei am 4. des Monats von Lionel Jospin um eine Stellungnahme über die »Vereinbarkeit beziehungsweise Unvereinbarkeit des Tragens von Zeichen der Zugehörigkeit zu einer religiösen Gemeinschaft mit dem Prinzip des Laizismus« an den staatlichen Schulen gebeten worden. Das Hohe Gericht vertrete die Ansicht, »die den Schülern/Schülerinnen zustehende Freiheit [...] beinhalte für diese das Recht, ihre religiösen Glaubensvorstellungen innerhalb der Schulen zu bekunden und in Anerkennung des Pluralismus und der Freiheit der anderen und sofern dies den Lehrprogrammen und der Pflicht zum regelmäßigen Besuch der Schule keinen Abbruch tut, sichtbar zum Ausdruck zu bringen«. Dennoch setzt das Gericht dieser Freiheit Grenzen, indem es alles untersagt, was »eine Ausübung von Druck, Bekehrungsabsichten oder Propaganda« darstellen, sich gegen »die Würde oder die Freiheit des Schülers/der Schülerin oder anderer Mitglieder der Erziehungsgemeinschaft« richten und die Gesundheit und Sicherheit beeinträchtigen oder die Ordnung stören würde.

Der Staatsrat hatte sich in der Berufung auf die Prinzipien der persönlichen Freiheit, auch Minderjähriger, sehr entschlossen gezeigt und die Ansicht vertreten, der Besuch einer öffentlichen Schule dürfe diese nicht einschränken. Damit hatte er sich in eine Diskussion eingeschaltet, deren Begriffe Jospin mit der Formulierung seiner Anfrage auf besondere Weise festgelegt hatte. Der Minister für Unterricht hatte in der Tat von der »Zugehörigkeit zu einer religiösen Gemeinschaft« gesprochen – ein Ausdruck ohne juristische Bedeutung, durch den er aber den Begriff der *Zugehörigkeit zu einer Gemeinschaft* als feststehende Tatsache aufzufassen schien. Aber genau das war Gegenstand der Diskussion: Mußte die Schule irgendeine Forderung dieser Art anerkennen? Bedeutete dies hinsichtlich der zukünftigen Staatsbürgerschaft dieser Kinder das Vorspiel zu einer Ausweitung der durch die Zugehörigkeit zu verschiedenen Gemeinschaften bestimmten Identitäten, die die Franzosen voneinander unterscheiden würde, wobei jede dieser Gemeinschaften sich nach dem Muster der in England angemeldeten Forderungen auf besondere juristische Regeln berufen könnte? Die Frage des Ministers und die Antwort des Staatsrats verliehen der Forderung nach Anerkennung der Zugehörigkeit zu einer

Gemeinschaft im Bereich des staatlichen Schulwesens Legitimität und sahen in ihr eine Äußerung der persönlichen Freiheit.

Obwohl er die »Bekundung der Zugehörigkeit zu einer Gemeinschaft« als »Freiheitsrecht« definierte, vertrat der Staatsrat die Auffassung, jede Form von Zwang, die damit verbunden sein könnte – Bekehrungsversuche, Ausübung von Druck, Provokation, Propaganda und so weiter –, sei zu verbieten. Die Einschätzung des »provozierenden« oder »propagandistischen« Charakters des Tragens eines Kopftuchs in der Schule erweist sich jedoch als äußerst subjektiv. Daher beruft das Hohe Gericht sich in letzter Instanz auf die öffentliche Ordnung. Konkret bedeutet dies, die Entscheidung bleibt den Schulleitern überlassen: Da die persönliche Freiheit der Schülerin die Regel ist, müssen sie, falls sie ein Verbot aussprechen, dies rechtfertigen, indem sie den Beweis für eine Störung der öffentlichen Ordnung erbringen.

Indem der Minister in seinem an die Schulleiter gerichteten Rundschreiben diesen unter Berufung auf die Stellungnahme des Staatsrats die Verantwortung übertrug, schuf er zwei neue Probleme. Zunächst eröffnete er die Möglichkeit, daß nicht für alle das gleiche Recht gilt: In der Tat gibt es seither Hauptschulen und Gymnasien, an denen der Schleier erlaubt ist, und andere, an denen dies nicht der Fall ist. Vor allem aber setzte er die Schulleiter und Direktoren einer möglichen Maßregelung durch das Verwaltungsgericht aus. »Über sehr lange Zeit«, schreibt der Staatsrat David Kessler, »vertrat der Richter die Ansicht, was innerhalb der Schule vorgehe, betreffe ihn nicht [...], dies sei ein Vorrecht, das nur der Verwaltung zustehe. [...] Es gab eine fortschrittliche Entwicklung [...], die der Ansicht zuneigte, wenn man an das Tragen bestimmter Kleidungsstücke rühre, an die Organisation des Schulwesens also, rühre man an gewisse Rechte. Die Schüler sind Träger von Rechten.«[38]

»Werden muslimische Familien die Gerichte anrufen? Das ist eine der Fragen, von denen es abhängt, wie diese Diskussion in Zukunft verlaufen wird«, bemerkte Robert Sole[39] in seinem Kommentar zur Stellungnahme des Staatsrats. Eine sollte es tun und damit am 2. November 1992 die Aussetzung des Urteils erreichen, durch die, wegen Überschreitung der Zuständigkeit, der Ausschluß dreier Schülerinnen aus der Hauptschule in Montfermeil, einem Pariser Vorort, annulliert wurde.[40]

»Den Islam symbolisieren«

Die Kopftuch-Affäre hatte für die staatlichen Behörden ein kompliziertes Problem geschaffen, für dessen Lösung die Institutionen kein Patentrezept hatten. Die Anerkennung der islamischen Gemeinschaft wurde zum Einsatz in einem politischen Spiel, ohne daß klar war, wer eigentlich die Mitspieler waren. Die Pariser Moschee, die an sich den Islam in Frankreich vertreten sollte, war von anderen Bewegungen überholt worden, die die Kontrolle über die islamischen Gemeinschaften anstrebten. Der Machtzuwachs der FIS in Algerien war beunruhigend, und der Staat wünschte sich mehr denn je, die Nabelschnur zwischen Algier und dem Rektor der Pariser Moschee zu durchtrennen. Entsprechend dieser Einstellung hatte Pierre Joxe im März 1989 erste Gespräche aufgenommen; im November hatte er dann, wie wir gesehen haben, sechs muslimischen Persönlichkeiten den Auftrag erteilt, sich Gedanken über eine zu schaffende Instanz zu machen, die als Ansprechpartner der staatlichen Stellen fungieren könnte.

Anfang März 1990 legten sie ihren Abschlußbericht vor, in dem sie die Schaffung eines Conseil de réflexion sur l'islam en France (CORIF = Rat zu Fragen des Islam in Frankreich) empfahlen, der auf 15 Mitglieder erweitert werden sollte, um die unterschiedliche Herkunft, die unterschiedlichen Laufbahnen und ideologischen Ausrichtungen der in Frankreich lebenden Muslime zu berücksichtigen. Trotz der Namensähnlichkeit mit dem CRIF (Conseil représentatif des Israélites de France = Stellvertretender Rat der Juden Frankreichs) hatte der CORIF keine repräsentative Funktion, sondern erhielt lediglich vom Ministerium schriftlich den Auftrag (Statuten gab es nie), sich Gedanken zu machen. Von dessen Erfolg hing seine Umwandlung in eine repräsentative Instanz ab. Allerdings scheiterte er an genau dem Hindernis, das zu umgehen er berufen worden war: an der engen Beziehung zwischen Algier und der Pariser Moschee – und es gelang ihm letztlich nicht, seine Aufgabe zu erfüllen.

Um zu erklären, warum er den CORIF berufen hatte, bemerkte Pierre Joxe: »Den Gesprächspartner, den ich suchte, habe ich nicht gefunden, also habe ich versucht, mir einen solchen zu schaffen. [...] Da keine Instanz existiert, die den Islam repräsentiert, habe ich einen Vorschlag von Jacques Berque aufgegriffen, der mir sagte, es sei doch möglich, statt dessen den Islam zu symbolisieren.«[41] Diese – in Europa einzigartige – staatliche Initiative fügte sich in eine zentralistische Tradition ein, die einen Napoleon jüdische und protestantische Konsistorien gründen und die Republik – in diesem Punkt als »muslimische Kolonisationsmacht« aufgefaßt – 1926 die Pariser Moschee errichten ließ, um eine Vermittlungsinstanz zwischen dem Staat und einer Minderheitenkonfession zu schaffen.

Die vorrangige Aufgabe des CORIF als beratendes Organ ohne Entscheidungsbefugnis war laut Pierre Joxe, »[ihm] durch seine Stellungnahmen und Empfehlungen zu helfen, die durch die Ausübung des muslimischen Kults in Frankreich konkret geschaffene Situation so gut wie möglich zu bewältigen«.[42] Ein breites Spektrum muslimischer Persönlichkeiten, die hinzugewählt wurden, sollte die Vermittlerrolle übernehmen, um die mit dem Kult zusammenhängenden Probleme zu entschärfen[43] – die im Jahre 1989 die Affären um die Moscheen von Charvieu-Chavagneux, Lyon und Marseille aufgeworfen hatten – und in der Folge größere Konflikte zu vermeiden, wie die, zu denen die Demonstrationen gegen Rushdie und die Kopftuch-Affäre Anlaß gegeben hatten.

Die Zusammensetzung des Rates spiegelte dieses Anliegen wider: Ihm gehörten islamistische Aktivisten, wie der in Creil so aktive Leiter der UOIF, aber auch ein türkischer Sympathisant von Milli Görüs[44] an; auf diese Weise wurden sie in die Arbeit miteinbezogen, um so der Kritik zu entgehen, die sie daran hätten üben können, wären sie ausgeschlossen geblieben. Von den islamischen Vereinigungen fehlten die Tablighi, die kaum geneigt waren, sich mit irgendeinem Staat, welcher Art auch immer, einzulassen, und Daniel-Youssof Leclercq, der 1990/1991 Präsident der FNMF war. Dieser wurde zum erbarmungslosen Kritiker des CORIF; seine regelmäßig erscheinende Zeitschrift *L'Index* bezeichnete ihn als »postkoloniale Institution, die künftig für alle aus Gründen der Staatsräson verhängten antiislamischen Diktate geradestehen muß«.[45] Heftige Angriffe dieser Art waren jedoch selten. Eine 1990 bei den Leitern islamischer Vereinigungen der Ile-de-France durchgeführte Befragung zeigte, der CORIF wurde »selbst von Leuten, die nichts von seiner Existenz wußten, wohlwollend beurteilt«[46] – ohne daß es ihm jedoch gelungen wäre, von den Muslimen der Basis anerkannt zu werden oder bei ihnen auch nur bekannt zu sein.[47]

Innerhalb des Rates ließen sich zwei große Kategorien von Mitgliedern unterscheiden. Die einen, Führungskräfte, Hochschullehrer oder hohe muslimische Kulturfunktionäre, bezogen ihre Legimitation aus ihrem persönlichen Erfolg, hatten jedoch kaum einen Rückhalt unter ihren Glaubensbrüdern. Die andere Kategorie, Leiter von Vereinigungen, die nun im Innenministerium eingeführt waren, nutzten diese Tatsache an Ort und Stelle, sobald es mit Abgeordneten oder einer Behörde etwas zu verhandeln gab. Der CORIF erleichterte es letzteren, den Status von Honoratioren zu erlangen, und begünstigte damit das Entstehen einer Klasse, deren Angehörigen die Ausübung der islamischen Religion Ansehen eintrug – so wie einem katholischen Arzt oder Notar in der Provinz die Mitgliedschaft im Gemeinderat.[48]

Der Rat der Honoratioren konnte drei konkrete Erfolge für sich verbuchen. Ein Rundschreiben vom Februar 1991 sprach sich für dic allgcmcinc Einführung von »muslimischen Abteilungen« auf den Friedhöfen aus; das erlaubte den Familien der Gläubigen, die Kosten für eine Beerdigung im Herkunftsland zu sparen; für diese Toten wurde Frankreich ein Teil des *dar el islam*, da sie dort bestattet werden konnten.[49] Im selben Jahr ergriff das Verteidigungsministerium Maßnahmen, um den Soldaten muslimischer Konfession auf Wunsch Verpflegung, die *halal* war, servieren zu lassen. Schließlich erlaubte 1990 und 1991 die vom CORIF veranlaßte vereinheitlichende Dynamik einen nahezu umfassenden Konsens über das Datum, an dem der Ramadan beginnen sollte. Bislang hatten die an Algier, Mekka und Istanbul orientierten Imame den heiligen Fastenmonat in dem Augenblick beginnen lassen, in dem der Ramadan-Mond in einer dieser Städte gesichtet wurde, während andere sich nach seinem Auftauchen am Himmel über Frankreich richteten; dies hatte zu großen Meinungsverschiedenheiten unter den Gläubigen geführt.[50] Sie sollten 1992 wiederaufleben, als der CORIF wegen der Frage der Nachfolge Haddams in eine Krise geriet.[51]

Diejenigen, die dem CORIF ablehnend gegenüberstanden, hielten diese Bilanz in Anbetracht der von drei aufeinanderfolgenden Innenministern aufgewandten Energie für mager. In den Augen seiner Verfechter hingegen war es ihm selbst und mit ihm Frankreich gelungen, die schreckliche Prüfung des Golfkriegs zu überstehen, ohne daß der nationale Zusammenhalt wegen der Sympathie, die viele Araber und Muslime in Frankreich für Saddam Hussein hegten, in dem Augenblick, als die Armee im Rahmen der antiirakischen Koalition an der saudischen Grenze in das Geschehen eingriff, bedroht gewesen wäre. Als der Präsident der Republik nach Beendigung des Krieges der muslimischen »Gemeinschaft«[52] für ihre »achtbare Haltung« und ihr »Verantwortungsbewußtsein« während des Konflikts dankte und anschließend, am 26. März 1991, die Mitglieder des CORIF im Elysée-Palast empfing, schien er damit kundzutun, daß diese die »Gemeinschaft« symbolisierende Instanz eine herausragende Rolle in der Bewahrung des inneren Friedens während der Monate der Operation »Wüstensturm« gespielt habe.

Allerdings hatten seine Mitglieder sich sehr unterschiedlich zur irakischen Invasion in Kuwait am 2. August 1990 geäußert. Alili[53], der algerische Leiter der wichtigsten Moschee von Marseille, Rue du Bon-Pasteur, nahm an der islamischen Konferenz zur Unterstützung Saddam Husseins teil, die vom 9. bis 11. Januar 1991 in Bagdad stattfand und mit dem Aufruf zum *jihad* endete; in den Medien beschimpfte er die saudische wie auch die kuwaitische Regierung und die gottlosen amerikanischen Soldaten, die angeblich die heiligen Stätten der Muslime entweiht hatten, und so weiter.[54]

Im Gegensatz dazu kritisierten zwei andere Mitglieder, Merroun, der Leiter der Moschee von Evry[55], und Dramé[56], den Irak, der sich einer »Aggression durch Verrat [die] nicht mit der Lehre des Islam übereinstimmt« schuldig gemacht habe und von einer »nationalistisch-laizistischen Ideologie [dem Baathismus]« geleitet werde, »die der Islam verurteilt«.[57] Der Rektor der Pariser Moschee, Haddam, der wie sein Kollege aus Marseille zu der Konferenz in Bagdad gereist war – gleichzeitig jedoch in der Öffentlichkeit daran erinnert hatte, im Monat zuvor sei er mit einer Delegation des CORIF in Saudi-Arabien gewesen –, nahm eine differenzierte Haltung ein; er äußerte Verständnis für den irakischen Präsidenten und die Gefahr, in der sein Land schwebte, setzte jedoch seine Hoffnungen auf das Ansehen Mitterrands in der arabischen Welt.[58] Die Verantwortlichen der UOIF erklärten, sie hätten »in diesem Krieg immer den Frieden herbeigesehnt«[59]; auf diese Weise nahmen sie Rücksicht auf die Gefühle der Basis, ohne sich die Sympathien der Monarchien auf der Arabischen Halbinsel zu verscherzen – die sich ihrerseits in den folgenden Monaten großzügig zeigen sollten.

Trotz der Gegensätze unter seinen Mitgliedern war der CORIF unbeschadet aus dem Golfkrieg hervorgegangen, sein Zusammenhalt war nicht zerstört worden; allerdings hatte der Konflikt insofern mittelbare Auswirkungen auf den Islam in Frankreich, als der Zustrom von Geldern, vor allem aus saudischer Quelle, für Verbände, die es in ihren öffentlichen Verlautbarungen an Vorsicht hatten mangeln lassen, versiegte. Die Instanz als solche wurde dadurch jedoch nicht in Frage gestellt.

Dafür sollte ihm eine andere Krise, die ihren Ursprung ebenfalls im Ausland hatte, einen tödlichen Stoß versetzen: der Staatsstreich vom 11. Januar 1992 in Algier. Indem sie die Parlamentswahlen nach der ersten Runde unterbrach, in der die Islamische Heilsfront eindeutig vorn gelegen hatte, setzte die algerische Armee der Präsidentschaft Chadli Bendjedids ein Ende und berief an seiner Stelle Mohammed Boudiaf, der in Marokko im Exil lebte. Es wurde eine aus fünf Mitgliedern bestehende vorübergehende Exekutive – das sogenannte Haut Comité d'Etat (HCE = Oberstes Staatskomitee) – eingesetzt, dem der Rektor des muslimischen Instituts der Pariser Moschee und Mitglied des CORIF, Tedjini Haddam, angehörte. Das bedeutete, künftig verwaltete ein Mitglied der algerischen Regierung die Moschee: eine unglaubliche Beleidigung für den französischen Staat, der sich den CORIF hauptsächlich zu dem Zweck ausgedacht hatte, um die Verbindungen zwischen Algier und dieser Institution zu kappen.

Seit seiner Ankunft in Frankreich im Juni 1989 hatte Haddam sich allerdings aufgrund des zunehmenden Machtverlusts des algerischen FLN, der sich von einer breiten Bewegung in Frage gestellt sah und durch die Erfolge der Islamischen Heilsfront ins Wanken geraten war, gezwungen gesehen, eine zurückhaltende Politik zu verfolgen. Zwar war er mit Zustimmung der Gesellschaft für Hubus und der diese kontrollierenden Familie Boubakeur von Algier nominiert worden und hatte so den französischen Innenminister vor vollendete Tatsachen gestellt; dennoch beteiligte Haddam sich von Anfang an dem Prozeß, der zur Schaffung des CORIF führen sollte. Damit gab er den Anspruch seines Vorgängers auf, ausschließlicher Repräsentant des Islam in Frankreich zu sein. Darüber hinaus nahm er im November 1990 an der Generalversammlung der FNMF teil, die doch fünf Jahre zuvor gegründet worden war, um Widerstand gegen den Hegemonieanspruch der Pariser Moschee zu leisten, und wurde in ihren Verwaltungsrat gewählt. Dieses Bemühen um Ausgleich hatte den Rektor von der Kritik verschont, deren Zielscheibe Scheich Abbas gewesen war.

1992 jedoch trug ihm seine Nominierung für das HCE und seine anschließende Abreise nach Algier einen Frontalangriff ein. Er erfolgte auf der Sitzung des CORIF am 20. Januar im Innenministerium, an der lediglich neun der 15 Mitglieder teilnahmen. Einerseits hatten sie Verständnis für die Sympathien ihrer Anhänger für die um ihren Wahlsieg betrogene

FIS, andererseits kannten sie die Wünsche des französischen Staates, der Einflußnahme Algiers auf die Pariser Moschee ein Ende zu setzen, und so erklärten sie, die neuen Funktionen Haddams seien mit seiner Mitgliedschaft im CORIF und seiner Stellung als Rektor der Moschee von Paris nicht vereinbar. In den ersten Februartagen schlug der Rat dem Innenminister Philippe Marchand Jacques-Yakoub Roty, einen aus einer Konvertitenfamilie stammenden gebürtigen Franzosen als Leiter der Moschee vor. Damit bekundete er seinen Willen, die Leitung dieser Institution in die Hand zu nehmen und den gordischen Knoten ihrer Statuten, denen zufolge die Nominierung des Rektors der Entscheidung der nach wie vor von Boubakeur beherrschten Gesellschaft für Hubus unterlag, zu durchtrennen. Allerdings überstanden Si Hamza Boubakeur und sein Sohn Dalil diese Kampfansage an ihre Autorität siegreich, indem sie einen Theatercoup auf den anderen folgen ließen. Si Hamza, 1957 bis 1982 Rektor der Pariser Moschee und mit seinen achtzig Jahren immer noch sehr aktiv, schickte Haddam ein Telegramm nach Algier, um ihn zu überreden, seine Funktionen im HCE niederzulegen und wieder die Leitung der Pariser Moschee zu übernehmen. Sodann gab die Gesellschaft für Hubus, die am 6. Februar zusammentrat, bekannt, der Rektor »erfülle weiterhin seine Mission«, und prangerte die »Leute, die Märchen verbreiten und Spezialisten der Intrige sind«, an. Am gleichen Tag bestätigte Haddam Marchand gegenüber diese Information. Dies war das Ende des ersten Akts in einem fürwahr erstaunlichen Hin und Her.[60]

Denn dies war nicht die letzte Überraschung für die Beobachter und den französischen Staat: Am 7. Februar verkündete Haddam seinen Rücktritt aus dem CORIF, der ihm »in den Rücken gefallen sei«. Aber noch am selben Abend gab der algerische Botschafter in Frankreich zu verstehen, der Betreffende habe keineswegs seine Funktionen im HCE niedergelegt, sondern werde am nächsten Tag nach Algier fliegen – wo er sich 72 Stunden aufhalten werde. Bei seiner Rückkehr verstärkte der CORIF den Druck auf ihn, und Roty, der sich als Rektor der Moschee betrachtete, erklärte, die »französische Lösung« die er verkörpere, fände breite Zustimmung.

Diese merkwürdige Situation mit einem »echten-falschen« Rektor, der zwischen Paris und Algier hin und her pendelte, und einem halbamtlichen Kandidaten nahm am 12. April ein Ende, als bei einer Vollversammlung der Gesellschaft für Hubus die dreißig Mitglieder einstimmig... Dalil Boubakeur zum Rektor des muslimischen Instituts der Pariser Moschee wählten. Wieder einmal hatte Si Hamza Boubakeur auf seine Weise über das Schicksal dieser Institution verfügt. Nachdem die Familie Boubakeur sie 1982 bis 1992, in den besten Jahren der beiden siebenjährigen Amtszeiten Mitterrands, in deren Verlauf sie nur über wenig Rückhalt in den französischen Machtzirkeln verfügte, an Algier »verpachtet« hatte, übernahm sie nun, in einer Zeit, in der die Aussicht auf eine Rückkehr der Rechten sie auf Freunde an höchster Stelle hoffen ließ, wieder ihre direkte Verwaltung.

Die Reaktionen innerhalb des CORIF waren – entsprechend der Beleidigung, die dem Rat seiner Ansicht nach zugefügt worden war – heftig: Dramé, sein Wortführer, bezeichnete die Wahl als das Ergebnis von »Mauscheleien«[61], und dem Innenminister gegenüber, der wieder einmal vor vollendete Tatsachen gestellt worden war, stellte man die Situation als »vorübergehend« hin. In den ersten Monaten scheint die Lage Dalil Boubakeurs schwierig gewesen zu sein. Aber er hatte starken Rückhalt: Die algerischen Machthaber leisteten ihren Beitrag, indem sie weiterhin zahlreiche Angestellte der Moschee bezahlten. Zudem wurde Boubakeur von verschiedenen einflußreichen Verbänden ehemaliger *harkis* unterstützt. Schließlich ließ der Präsident der RPR (Gaullisten), Jacques Chirac, in seiner Eigenschaft als Bürgermeister von Paris aus dem Etat der Stadt eine beträchtliche Summe für die Renovierung der Moschee zur Verfügung stellen; am 7. Dezember, einige Monate vor den Parlamentswahlen 1993, gab er den Startschuß für die Bauarbeiten.

Hingegen übte am 15. Dezember der sozialistische Innenminister, Quilès, heftige Kritik an Boubakeur; er hielt es für »unannehmbar, daß eine Religion, die so viele Anhänger hat, von einer ausländischen Macht abhängig ist«, und versicherte den CORIF, dessen Rektor sich bedeckt hielt, seiner Unterstützung. Seine Verärgerung brachte der Minister unmißverständlich dadurch zum Ausdruck, daß er etwa dreißig algerischen und ägyptischen Imamen, die auf Einladung der Pariser Moschee während des am 22. Februar 1993 beginnenden Ramadan in Frankreich predigen sollten, die Visa verweigerte – und handelte sich damit Beschwerden des Rektors wegen der »Schikanen«, denen dieser sich ausgesetzt fühlte, ein. Nach den Parlamentswahlen im Frühjahr, bei denen die Rechte triumphierte, stellte sich jedoch der neue Minister für Inneres und Kultus, Pasqua, mit seinem ganzen Gewicht hinter Boubakeur, und zwar nur hinter ihn: Der CORIF war gestorben.

Der von der sozialistischen Regierung gewollte und mit ihr untergegangene Conseil de réflexion sur Islam en France hatte das Ziel verfolgt, »den Islam auf das gleiche Niveau zu bringen wie die anderen Religionen«, um so, wie Raoul Weexsteen, der wichtigste Architekt des CORIF in der französischen Verwaltung, es ausdrückte, »viele der Spannungen, die oft das Ergebnis von mangelndem Verständnis sind, zu mildern«[62]. Der Rat, der den Islam in Frankreich von der Vormundschaft Algiers über die Pariser Moschee befreien sollte, konnte in der Auseinandersetzung um die Nachfolge Haddams seinen Willen nicht durchsetzen; von diesem Schlag gegen seine noch junge Autorität erholte er sich nicht. Diese Episode zeigte, wie groß der Einfluß Algiers in Frankreich trotz des desolaten Zustands des Staats-FLN nach wie vor war. Sie zeigte auch, daß es dem CORIF nicht gelungen war, von den muslimischen Gemeinschaften in Frankreich als ihr legitimer Vertreter anerkannt zu werden; sie hatten sich nicht auf seine Seite gestellt und sich aus den Konflikten um die Kontrolle über die Pariser Moschee herausgehalten. Pasqua entschied sich für eine völlig andere Politik; er verzichtete darauf, sich auf eine Instanz zu stützen, die die Moschee ausklammerte, und entschied sich im Gegenteil dafür, letztere zu ermutigen, sich mit einem Netz von Bewegungen und Verbänden zu verbünden, die sich dem Einfluß des CORIF weitgehend entzogen hatten.

Die kopernikanische Revolution

Während der CORIF versuchte, muslimische Honoratioren »guten Willens« um den Minister für Inneres und Kultus zu scharen, unterlag die Situation des Islam in Frankreich tiefgreifenden Veränderungen – auf welche diese Instanz kaum einen Einfluß hatte: Ausgehend von der Kopftuch-Affäre ließ der Machtzuwachs der UOIF diese den Muslimbrüdern nahestehende Organisation zur einflußreichsten Gruppierung unter den islamischen Vereinigungen werden. Ihre Erfolge waren zunächst die Frucht der Professionalität eines Verbandes, dem zahlreiche junge, gut ausgebildete Führungskräfte angehörten, die in zwei Kulturen, der arabischen und der französischen, zu Hause waren, sowie der Verfolgung einer einheitlichen Strategie. Laut ihren Statuten »hat die UOIF das Ziel, den Islam und die Muslime in Frankreich zu vertreten und ihre Interessen zu wahren«[63]. Sie will eine durch die Ausübung ihres Glaubens definierte »islamische Gemeinschaft« organisieren und ist dazu berufen, alle Muslime »zum Glauben zurückzuführen«. Zu diesem Zweck will sie mit den staatlichen Behörden verschiedene juristische Regelungen aushandeln, um dieser »Gemeinschaft« innerhalb der französischen Gesellschaft eine Art Autonomie zu verleihen, die es ihr erlaubt, sich an die »Prinzipien des Islam« – so wie die UOIF sie versteht – zu halten.

In dem zwischen 1990 und 1993 vom CORIF »symbolisierten«, jedoch in kleine lokale Verbände aufgesplitterten und ab der zweiten Hälfte der achtziger Jahre durch den Gegensatz zwischen der FNMF und der Pariser Moschee gelähmten Netzwerk islamischer Gemeinschaften ergriff die UOIF mehrere konkrete und wirkungsvolle Initiativen, die den Vorteil hatten, der gesamten angesprochenen Bevölkerungsgruppe bestimmte Dienstleistungen anzubieten – ein Bereich, in dem die meisten anderen islamischen Organisationen sich vor allem durch große Worte hervortaten.

Vor der Kopftuch-Affäre waren in der Union etwa dreißig Vereinigungen zusammengeschlossen. 1994 bezifferte sein Generalsekretär sie auf 207[64] – im wesentlichen lokale oder regionale Vereinigungen, die bereits vorher existiert hatten und sich nun dem Verband anschlossen, um von den mit dem »Etikett UOIF« assoziierten Leistungen zu profitieren, ohne sich deswegen allesamt gleich in der Ideologie der Muslimbrüder wiederzuerkennen. Die medienwirksamste Aktivität des Verbande ist die Jahresversammlung zu Weihnachten, die seit 1988 in Bourget stattfindet und an der 1992 an die 10 000 Personen teilnahmen: Begegnungen, Gesprächsrunden, Informationsstände und so weiter machen daraus eine Art »Fest der [islamistischen] *Menschheit*« in kleinem Maßstab. Dank der von der UOIF kontrollierten Gesellschaft Euro-Médias setzen sich diese Diskussionen und Gespräche in jedem Haushalt fort; sie produziert und verbreitet Videokassetten mit islamistischen Predigten – in arabisch, seit 1992 jedoch auch in französisch. Eine Berühmtheit in diesem Zusammenhang ist Hassan Iquioussen, ein gebürtiger Marokkaner aus Lille, der für die Jugendlichen, die »den Islam wiederentdecken«, zum unbestrittenen Star der Videorecorder wurde.[65]

Andererseits sorgt die UOIF für juristische Unterstützung, fungiert als Vermittler (was von 1990 bis 1993 dadurch erleichtert wurde, daß zwei ihrer Führer dem CORIF angehörten) oder mobilisiert die Medien, sooft eine lokale islamische Gruppe irgendeine Forderung durchsetzen will: Sie verhandelt mit dem Direktor einer Schule, damit die muslimischen Schülerinnen den Schleier tragen können, oder diskutiert mit einem Bürgermeister, um die Baugenehmigung für eine Moschee zu erhalten. Zudem ist die UOIF für eine sehr wichtige Tätigkeit bekannt: Sie gibt »Empfehlungen« (*tazkiyya*) an die Wohltäter auf der Arabischen Halbinsel weiter – eine unerläßliche Voraussetzung jeglicher Unterstützung einer islamischen Vereinigung mit Petrodollars, vor allem zur Finanzierung des Baus von Moscheen. Schließlich sanktionierte die Eröffnung des ersten islamischen »Instituts für Theologie« im Januar 1992 im Département Nièvre die Macht der UOIF – weckte damit aber die Befürchtungen etlicher politischer Verantwortlicher und eines Teils der Presse, die sich plötzlich wegen der Bedeutung Sorgen machten, die diese Organisation, die einen von der Ideologie der Muslimbrüder inspirierten Islam preist, in Frankreich gewonnen hatte.

Die intellektuelle Überlegenheit und das Organisationstalent der UOIF sind zunächst der Herkunft einiger ihrer Gründer zuzuschreiben, tunesischen Studenten des städtischen Kleinbürgertums[66], die im Sinne des politischen Aktivismus des Mouvement de la tendance islamique (MTI = Islamische Bewegung) ausgebildet wurden. Der 1979 in Tunis gegründete und von dem Philosophieprofessor Rached el Ghannouchi und dem Rechtsanwalt Abd el Fattah Mourou geleitete MTI wurde gegen Ende der Regierungszeit Habib Bourguibas massiv unterdrückt. Nach der Machtergreifung Ben Alis am 7. November 1987 war ihm eine zweijährige Atempause vergönnt. Seine Führer und Aktivisten wurden aus dem Gefängnis entlassen, und er nahm sogar an den auf Wunsch der neuen Machthaber vorgezogenen Wahlen im April 1989 teil. Seit damals trägt er den Namen Al Nahda.[67] Kurz darauf prangerte er in aller Schärfe den Wahlbetrug an und ging in den Untergrund. In mehreren Emigrationswellen verließen seine Funktionäre das Land; sie gingen hauptsächlich nach Frankreich, wo die meisten studierten und im allgemeinen in Disziplinen der angewandten Wissenschaften promovierten.

Der Wortführer der Bewegung in Frankreich, Habib Mokni, befürwortet zusammen mit Ghannouchi, der nach London geflüchtet war, seit Ende der achtziger Jahre eine Neuorientierung der islamistischen Doktrin der Muslimbrüder. Ihrer Ansicht nach muß die moderne islamistische Ideologie, die sich unter den schrecklichen Bedingungen der Nasserschen Unterdrückung im Ägypten der sechziger Jahre unter der Federführung Sayyid Qutbs – der in ein Lager in der Wüste verbannt und 1966 gehenkt wurde – herausgebildet hatte, nun, zwanzig Jahre später, unbedingt die tiefgreifende Veränderung der Welt in Betracht ziehen. In der Zeit des kommunistischen Zusammenbruchs machen sich auch die Muslime eine demokratische Forderung zu eigen: An die Stelle des absoluten Autoritätsanspruchs der aus der Dekolonisation hervorgegangenen Staaten darf nicht ein anderer, sich auf die Religion gründender Autoritarismus treten; vielmehr gilt es, im zukünftigen islamischen Staat einen Kompromiß zwischen Pluralismus und Anwendung der Scharia zu finden.

So sieht das Programm der Bewegung Al Nahda 1989 aus, und dem entspricht auch der Geist der Zeitschrift, die Habib Mokni seit 1991 in Paris veröffentlicht, *Al Insan* (»Der Mensch«), oder des Werkes von Ghannouchi, *Les Libertés publiques dans l'Etat islamique* (»Die Grundrechte im islamischen Staat«).[68] Dieser Versuch einer Synthese oder einer inneren Reform der islamistischen Bewegung, der in gewisser Weise an die Positionen der »algerianischen« Strömung (Djazara) gemahnt, die die FIS zu ihrem Erfolg in der ersten Runde der Wahlen in Algerien im Dezember 1991 geführt hatte, scheint von der radikalen Einstellung eines Ali Benhadj – für den es darum geht, »das Haupt der Lehre von der Demokratie zu zerschmettern«[69] – einigermaßen weit entfernt.

Laut H. Mokni spiegelt dieser Antagonismus den Gegensatz zwischen der »militärischen« (radikalisierten) und der »politischen« (demokratischen) Option im Rahmen der zeitgenössischen Reislamisierungsbewegungen wider. Er beklagt, daß die westlichen Staaten in der arabischen Welt unpopuläre Regierungen einzig unter dem Vorwand unterstützen, sie stellten ein »Bollwerk gegen den Integralismus« dar, und auf diese Weise indirekt die Maschinerie der Gewalt in Gang halten, die den »militärischen« Islamisten einen Vorsprung vor den »demokratischen« verschafft. Andererseits vertritt er die Ansicht, die westlichen Länder, in denen sich von jetzt an in großem Umfang muslimische Bevölkerungsgruppen niederlassen, seien das Experimentierfeld schlechthin für diese demokratische Forderung der Islamisten – und die UOIF schließe sich, weit davon entfernt, aus der Not eine Tugend zu machen, diesem Ansatz an.[70]

In diesem Sinne machte die UOIF nach einer langen Diskussion in den eigenen Reihen gegen Ende der achtziger Jahre eine »kopernikanische Revolution« durch. Sie betrachtet Frankreich nun nicht mehr nur als eine heilige Stätte, wo

Aktivisten ausgebildet werden sollen, um anschließend in ihr Herkunftsland zurückzukehren und dort für den islamischen Staat zu kämpfen. An die Stelle dieser Logik, die aus Frankreich ein *dar el 'ahd* (Vertragsland) für die Islamisten machte, tritt eine andere: Künftig ist Frankreich Missionsland, in dem es den Islam zu predigen und für seine Anhänger zu strukturieren gilt – ein Stück des *dar el islam*, des »Lands des Islam«. Indem er jedes Territorium, auf dem »die Muslime in Sicherheit sind und ihre Religion ungehindert ausüben können«[71], als solches definiert, stellt Ben Mansour, Generalsekretär der UOIF, Frankreich und Großbritannien, wo sich die Islamisten ungehindert betätigen können, den Ländern des Maghreb gegenüber, »in denen die Muslime [das heißt die Islamisten] verfolgt werden«. Ein solcher Staat kann, auch wenn er im herkömmlichen Sinne muslimisch ist, seiner Ansicht nach nicht mehr als *dar el islam* gelten.[72]

Entsprechend dieser Sichtweise forderte die UOIF, ausgehend von einer auf der religiösen Zugehörigkeit gründenden Definition der Identität, für die Muslime den Status einer als solchen anerkannten Minderheit. Die auf französischem Boden lebenden Muslime müssen die Gesamtheit der Gebote ihrer Religion befolgen können.[73] Die Union will letztlich Wortführer dieser Minderheit und Verteidigerin ihrer spezifischen Interessen werden, denen sie den Stempel ihrer eigenen Auffassung des Islam aufprägen möchte. Ihre Strategie und Zielsetzung ähneln denen, derer sich die indopakistanischen Islamisten in Großbritannien – Schüler Mawdudis, die sich in um die UK Islamic Mission kreisenden, nicht eindeutig abgrenzbaren Verbänden organisiert hatten – sehr erfolgreich bedienten. In Frankreich, wo die Republik sich als unteilbar versteht und, im Gegensatz zu Großbritannien, keinen legitimen Raum für eine kommunitaristische Strukturierung vorsieht, kann jedoch ein solches Projekt nur in einer großen Krise, die dazu zwingt, die französische politische Identität und damit den Laizismus neu zu überdenken, Gestalt annehmen: Die Affäre von Creil im Herbst 1989 bot dazu den geeigneten Anlaß.

Als die UOIF Ende der achtziger Jahre diesen »Schwenk« vollführte, hatten andere Gruppen und Verbände bereits Pläne zur Organisation des Islam in Frankreich entwickelt: Als Gegenpart zu der von Algier kontrollierten Pariser Moschee war im Oktober 1985 die FNMF gegründet worden. Ihr Ziel war es, »die Interessen des Islam in Frankreich zu vertreten und zu verteidigen«; 1989 hatte sie an die 140 lokale Verbände um sich geschart, die vielfältige Strömungen widerspiegelten, und auch die verschiedenen Teilgruppen der UOIF hatten sich ihr angeschlossen. Im November 1989 hielt die FNMF ihren Jahreskongreß in der Moschee Omar ab, einer Hochburg der Jama'at al tabligh im XI. Pariser Arrondissement. Ein Konflikt unter dem Vorwand panaschierter Kandidatenlisten für den Vorstand entzweite Daniel-Youssof Leclerq, den gewählten Präsidenten, und die der UOIF nahestehenden Vereinigungen. Das eigentliche Ziel der FNMF war es allerdings, die UOIF, die in der Kopftuch-Affäre eine herausragende Rolle gespielt hatte und daraus Kapital zu schlagen hoffte, wieder in den Hintergrund zu drängen. Umgekehrt wollte die UOIF die FNMF auf eine islamische Vereinigung unter anderen reduzieren – worum sie sich bereits mit der Schaffung des Koordinierungskomitees gegen *Die Satanischen Verse* im März 1989 bemüht hatte.

Indem sie sich *de facto* aus dem FNMF zurückzogen, versetzten die Islamisten der UOIF dieser einen schweren Schlag und traten nun als dritter Konkurrent – neben einer jetzt geschwächten FNMF und einer Pariser Moschee, die mehr denn je nichts weiter als die für Religion zuständige Abteilung der algerischen Botschaft zu sein schien – um die Vorherrschaft über den Islam in Frankreich an. Um ihre Neuorientierung auf die französische Gesellschaft, *dar el islam*, zu symbolisieren, teilte die UOIF im Juni 1990 der Pariser Polizeipräfektur die Änderung ihres Namens mit, die im *Journal officiel* veröffentlicht wurde: Aus der Union des organisations islamiques *en* France (Union islamischer Organisationen *in* Frankreich) wurde die Union des organisations islamiques *de* France (*von* Frankreich).[74] Bei der Jahresversammlung in Bourget im Dezember hielt Ghannouchi, der Ehrengast, eine

Rede zur ideologischen Rechtfertigung dieser Namensänderung und ging so auf das Thema des Kongresses, die »Integration der Muslime in die französische Gesellschaft«, ein. Seiner Ansicht nach stellt die Anwesenheit von Muslimen im Abendland eine radikal neue Situation für den Islam dar und zwingt, die zweigleisige Sichtweise zu überdenken, die dem *dar el islam* dem *dar el harb* – dem Land des Islam und das Land »des Krieges« – gegenüberstellt: Man muß »die Vorurteile überwinden und dabei dennoch die Prinzipien des Islam bewahren, indem man versucht, einen ehrlichen Dialog mit dem Ziel einer ehrlichen Integration zu führen«[75]. Entsprechend dieser Sichtweise bedeutet Integration nicht die Suche nach einer persönlichen und privaten Beziehung zum Glauben, wie dies traditionell der französische Laizismus annimmt, sondern nach der Ansiedlung von Muslimen auf französischen Boden eher die »Einfügung« der Gemeinschaft als solcher, um »die Prinzipien des Islam zu bewahren«. »Wir wollen die Integration«, erklärt Ben Mansour, »aber man will, daß wir uns assimilieren!«[76]

Um diese »Prinzipien des Islam« den Muslimen Frankreichs nahezubringen, realisierte die UOIF ein ehrgeiziges Projekt, die Gründung einer privaten Universität für islamische Theologie. Sie wurde in den letzten Monaten des Jahres 1990 angekündigt und sollte ihren Sitz in einem Schloß im Département Nièvre haben – nur wenige Kilometer von Château-Chinon entfernt, dessen Bürgermeister lange Zeit François Mitterrand gewesen war und das die »ruhige Kraft« verkörperte, die der Präsident der Republik zu deren Symbol gemacht hatte. Bereits seit etlichen Jahren hatten sich Islam-Spezialisten, darunter die Professoren Mohammed Arkoun und Bruno Etienne, für die Schaffung einer Universität für islamische Theologie eingesetzt; als Standort schlugen sie Straßburg vor, um den besonderen Status der Départments Elsaß und Mosel auszunutzen, in denen die Trennung von Kirche und Staat kein Gesetzeskraft hat. Diese beiden Départments waren 1905, bei der Abstimmung über das Gesetz, deutsch gewesen, und trotz ihrer Rückkehr unter französische Souveränität im Jahre 1918 galt dort nach wie vor ein

Konkordatsstatut[77]: Priester und Pfarrer wurden an staatlichen Universitäten für christliche Theologie ausgebildet.

Die beiden Hochschullehrer wünschten sich die Ausbildung von Geistlichen des muslimischen Kultus auf französischem Territorium; sie sollten französisch sprechen, mit den Gegebenheiten in Frankreich vertraut und begeisterte Theologen und Humanwissenschaftler sein. Auf diese Weise sollte dem Zustrom unkontrollierbarer Imame aus Nordafrika oder dem Nahen Osten, die eine »obskurantistische« Interpretation des Islam predigten, Einhalt geboten werden. In den laizistischen Kreisen, die von der Notwendigkeit, Steuergelder für die Ausbildung von Imamen auszugeben, nicht sonderlich überzeugt waren – ebensowenig wie für die von Priestern, Pastoren oder Rabbinern –, war diese Initiative nur auf mäßige Zustimmung und bei vielen etablierten islamischen Verbänden auf Feindseligkeit gestoßen; letztere waren kaum daran interessiert, daß sich »republikanische« Imame, die über ein beträchtliches kulturelles Kapital verfügten, im islamischen Lager in Frankreich durchsetzen.[78]

Das Vorhaben wurde zwar nicht verwirklicht, brachte aber dennoch die Vorstellungen einer Reihe von Beobachtern und einflußreichen Zirkeln an den Universitäten, in der Presse und bei den politischen Parteien zum Ausdruck. Die UOIF war so geschickt, bei der Vorstellung ihres Projekts einer Universität für islamische Theologie die Grundgedanken von deren Argumentation aufzugreifen. Auch sie wollte Imame in Frankreich ausbilden, die Kenner der hiesigen Gegebenheiten waren. In dem französischsprachigen Prospekt für dieses »Europäische Institut für Humanwissenschaften« (so der französische Name des Projekts) präzisierte sie sogar, »eine Begabung für Wissenschaft und Theorie stellen ebenso wie eine gute Assimilation an das westliche Denken einen unschätzbaren Trumpf dar, um die einzelnen Komponenten der multikulturellen europäischen Gesellschaft zu bewahren und miteinander in Einklang zu bringen«.

Die für ein anderes Publikum gedachte arabischsprachige Broschüre stellt das Projekt etwas anders dar. Die Bezeichnung lautet nun »Europäische Universität für islamische Studien«, und ihr Ziel ist es, eine Predigerelite auszubilden, die vor allem deswegen besonders großen Einfluß ausüben könne, weil sie es verstehen werde, mit den von Einwanderern abstammenden Jugendlichen in ihrer Sprache – in diesem Fall Französisch – zu reden: »Es besteht keinerlei Zweifel daran, daß solche Prediger ein weit größeres Ansehen genießen werden als diejenigen, welche die europäische Wirklichkeit nicht kennen.«[79] Der wissenschaftliche Rat der Universität besteht aus 15 Ulema, unter denen der den Muslimbrüdern nahestehende ägyptische Scheich Youssef el Qardaoui der bekannteste ist; fünf von ihnen unterrichten in Saudi-Arabien, zwei im Sudan. Das Institut soll vier Jahrgänge mit jeweils fünfzig Studenten (und Studentinnen) aufnehmen, die alle dort wohnen; wichtigste Vorbedingung ist, daß sie »für ihr Engagement (*iltizam*) für die islamische Sache und ihren tadellosen Lebenswandel bekannt sind«[80]; die Kosten für die Ausbildung belaufen sich auf 35 000 Francs jährlich, von denen die Studenten lediglich 10 000 Francs selber bezahlen müssen. Für nichtarabischsprachige Studenten (die an Ort und Stelle einen einjährigen Intensivkurs in Arabisch absolvieren) ist das Baccalauréat Voraussetzung, nicht aber für die arabischsprachigen, die sofort mit der Ausbildung zum Imam beginnen können.

Dies veranschaulicht aufs deutlichste die Ambivalenz der UOIF, die für ihre französichsprachigen und ihre arabischsprachigen Gesprächspartner Zeichen nicht immer gleichen Tenors setzt.[81] Wie ist die »Bewahrung des Islam« zu verstehen? So preist 1990, bei der Eröffnung des Instituts in Nièvre, die an die Versammlung in Bourget, deren Thema die »Integration« ist, verteilte Broschüre, in der die »Ziele der Union für die Zukunft« umrissen werden, ihr Ausbildungsprojekt im Gegensatz zu dem anderer muslimischer Organisationen folgendermaßen: »[...] Viele Verbände unterrichten, aber sie tun es mit begrenzten Mitteln und unvollständigen Programmen, die das gewünschte Ziel nicht erreichen und denen es nicht gelingt, der Französisierung der Sprache, des Denkens, der Sitten und Gebräuche entgegenzuwirken, die sich den Kindern von Muslimen aufdrängt und von allen Seiten auf sie einstürmt.«[82]

Um »der Französisierung des Denkens und der Sitten entgegenzuwirken«, ist es unserer Ansicht nach das Ziel der UOIF, einen autonomen Bereich, und sei er auch nur symbolisch, für die Umma zu schaffen, deren Avantgarde in ihren Augen die Muslime in Frankreich sind. Zu diesem Zweck muß man, soweit es die »Prinzipien des Islam« betrifft, unnachgiebig bleiben, jedoch direkte Konfrontationen mit dem französischen Staat vermeiden, die um so mehr schaden würden, als die Umma sich derzeit in einer Position der Schwäche befindet. In gewissem Sinn hat sich die Union in der Falle ihres eigenen Erfolgs gefangen. Von dem Augenblick an, als es ihr Anfang der neunziger Jahre gelang, die muslimischen Verbände in Frankreich zu dominieren, mußte sie Zugeständnisse an verschiedene Kräfte machen, zwischen denen sie als Vermittler fungiert: an den französischen Staat, an die Staaten der Arabischen Halbinsel, die konservativen Finanziers der Reislamisierung, von denen auch ein Teil der Mittel für die Gründung des Instituts in Nièvre stammte, sowie an die Masse ihrer Sympathisanten, die auf dem Wege der Radikalisierung waren. Letztere sind um so unzufriedener mit ihrer Lage innerhalb der französischen Gesellschaft, als es sich dabei um zunehmend jüngere Leute handelt, die die Aussicht auf andauernde Arbeitslosigkeit bedrückt; zudem haben sie viel mehr Möglichkeiten, ihrer Unzufriedenheit Luft zu machen, da sie in der Mehrzahl französische Staatsbürger sind – während nahezu alle Führer der UOIF den weit unsichereren Status von im Gastland ansässigen Ausländern haben.[83]

So variieren die Stellungnahmen je nach Publikum oder Ansprechpartner; vor allem müssen sie jedoch das weitaus niedrigere Alter potentieller Sympathisanten in Betracht ziehen, jener »kleinen Brüder der Beurs«, die seit dem Golfkrieg und dem Bürgerkrieg in Algerien zu den Versammlungen der Reislamisierungsbewegungen in Frankreich strömen. Und in diesem Bereich trifft die UOIF auf neue Konkurrenten, Vereinigungen, deren Führer selber aus der zweiten Einwanderergeneration stammen, die französische Staatsbürgerschaft besitzen und für die der Islam Träger einer radikaleren sozialen Forderung ist.

Diese Besorgnis zeigt sich darin, daß der Informationstext für die Versammlung vom Dezember 1993, deren Thema die »Befürchtungen und Hoffnungen der Muslime Frankreichs« sind, sich eines Vokabulars mit gleichsam messianischen Untertönen bedient, das sich bemüht, dem Wunsch nach einer umfassenden Veränderung und einem tiefgreifenden Bruch zu entsprechen: »Die Umma, die die ganze Welt – und sich mit ihr – in alle Richtungen auseinanderstreben und unter dem Joch der politischen und wirtschaftlichen Unterdrükkung zusammenbrechen sieht, sie, deren politisch-geistliche Lehre der Islam ist, muß die Aufgabe übernehmen, die Menschheit aus der Knechtschaft, dem Unglück und der Sinnlosigkeit zu retten und sie aus der Dunkelheit der Verirrung und der Täuschung zu führen, damit sie das Licht des richtigen Wegs zum Glück erblickt.« Die Umma, die in der Lage ist, »das Problem der Welt zu lösen [...] indem sie den Völkern und Nationen den Islam predigt, [...] indem sie diese Welt vom Joch des gottlosen Kapitalismus befreit«, bietet »dem ungläubigen Kolonialisten – dem ewigen Feind«, die Stirn. Sie verfügt über »zahlreiche und mächtige Kräfte, denen keine anderen gleichkommen [...], und der Sieg ist ihr gewiß.« Zunächst gilt es, sich dessen bewußt zu werden, daß »es eine Pflicht des Islam ist, den islamischen Staat, den einen und einzigen Weg, um die Umma zu befreien und das Licht des Islam in der Welt zu verbreiten [...], zu verwirklichen«. Die angemessenen Mittel, um dies zu erreichen, sind »der ideologische Kampf« und »der politische Kampf«, wobei »die Anwendung des islamischen Gesetzes Vorrang hat«.

Dieser Text zur Orientierung hebt sich durch seinen Stil von den üblichen Publikationen der Organisation in französischer Sprache ab[84]: Er ist zuvörderst ein Manifest zur Mobilisierung, das sich an die Tausende von Sympathisanten wendet, die zu der Versammlung nach Bourget gekommen sind, ein Manifest, das zum Kampf gegen den »gottlosen Kapitalismus« und für die »Anwendung des islamischen Gesetzes« anfeuern soll. Es geht nicht auf Fragen ein, die Frankreichs Muslime betreffen, sondern greift allgemeinere Themen auf, die weltweit mit der Situation des militanten Islam zu tun haben und im Zusammenhang mit der sozialen Revolte stehen – bis hin zur Anklage des als »gottlos« bezeichneten Kapitalismus, um ihn auf diese Weise zu zwingen, sich in das normative System des Islam einzufügen.

Anfang der neunziger Jahre kam es zu einer bedeutsamen Veränderung im Gefüge der islamischen Vereinigungen in Frankreich: Die bislang an den Herkunftsländern und den dortigen Kämpfen orientierten Bewegungen verlagerten, und das ist entscheidend, ihr Interesse auf das Gastland, indem sie sich mit der definitiven Ansiedlung der Mehrzahl ihrer Sympathisanten und Aktivisten in Frankreich abfanden. Allerdings zeitigte diese Veränderung – bis zur Kopftuch-Affäre und zum Golfkrieg – nur im Rahmen eines islamischen Netzwerks von begrenztem Einfluß, das vor allem bei Erwachsenen, aber noch kaum bei den Jugendlichen zum Tragen kam, irgendwelche Auswirkungen. Letztere fühlen sich Ende der achtziger Jahre nach wie vor hauptsächlich von der »antirassistischen« Bewegung in ihren verschiedenen Spielarten angezogen, vom SOS Rassismus bis zu den Jeunes Arabes de Lyon et banlieu (JALB = Junge Araber in Lyon und Umgebung), von Harlem Désir bis hin zu Djida Tazdaït, für die die Berufung auf den Islam keine grundlegende Komponente der Identität darstellt. Ab Herbst 1989 ermöglicht jedoch die Kopftuch-Affäre den Reislamisierungsbewegungen und ihren Projekten, ihren Einfluß über die ihnen traditionell ergebenen Kreise hinaus, vor allem auf schulpflichtige Kinder, auszudehnen. Die jetzt vorgebrachte Forderung bedeutet die Verteidigung der Eigeninteressen einer Gemeinschaft, die sich durch ihre Religionszugehörigkeit definiert und durch die intensive Religionsausübung gestärkt wird. Dies sollte zum bedeutendsten Phänomen Anfang der neunziger Jahre werden: das Zusammentreffen von der – von den militanten Islamisten ausgearbeiteten – Forderung nach dem Zusammenschluß zu einer Gemeinschaft mit der Identitäts- und sozialen Krise der Jugend der zweiten Einwanderergeneration. Mit der Kopftuch-Affäre, vor allem jedoch mit dem Golfkrieg, spaltet sich die antirassistische Bewegung der achtziger

Jahre tiefgreifend und büßt ein Gutteil ihrer Faszination ein: Ein Teil der »Genossen«, der »Beurs« und der JALB von gestern sowie ein Teil ihrer jüngeren Schwestern und Brüder suchen von nun an im islamischen Kommunitarismus ein Mittel, um ihren Platz in Frankreich von morgen auszuhandeln.

3 Der Kernpunkt: Kommunitarismus

Der Eintritt Frankreichs in den Golfkrieg im Januar 1991 weckte bei den für die öffentliche Sicherheit zuständigen politischen Verantwortlichen erhebliche Besorgnis: Sie befürchteten, die Bevölkerungsgruppen arabischen und muslimischen Ursprungs in Frankreich könnten aufgrund ihrer Sympathien für Saddam Hussein in ähnliche Erregung geraten wie die Menschen in Algier, Rabat und Tunis. In den drei Maghrebländern hatten die Demonstranten extrem antifranzösische Parolen skandiert und den französischen Präsidenten symbolisch verbrannt. In Algerien war ein französisches Konsulat angegriffen worden; ein Varietésänger hatte unter dem Titel *Schlag zu, o Saddam!* den Hit der Saison gelandet. Er wurde in den Videoläden von Barbès der Renner, und auf dem Umschlag war ein Fünfhundertfrancschein abgebildet, auf dem der Kopf Pascals durch das Bild des irakischen Präsidenten ersetzt war. Im Maghreb unterstützten die Islamisten wie auch ihre laizistischen Gegner den »neuen Saladin«, dem jeder die Tugenden zuschrieb, die ihm paßten, gegen die »Aggression des Westens«. Die Nationalisten rühmten ihn als Führer der Baathpartei, als Förderer eines fortschrittlichen und von der Religion emanzipierten Arabismus; die Reislamisierungsaktivisten betonten, er hätte auf seine Fahnen *Allah Akbar* schreiben lassen, bezeichne seinen Krieg als *jihad* und lasse sich zum Gebet auf den Boden hingestreckt filmen.

In Frankreich schilderten die eiligst in die Vorstädte geschickten Journalisten um die Wette das »Unbehagen der Beurs«. Die einen riefen die Attentate von 1986 in Erinnerung und fragten sich, ob es hier potentielle »Terroristen« gäbe, die bereit wären, im Auftrag des irakischen Führers Bomben zu legen. Andere schilderten die Bewährungsprobe, der »das System der Integration auf französische Art« angesichts der Haltung ausgesetzt war, die die Konformisten allen Beurs unterstellten: »Bis jetzt haben wir uns bemüht, integrierte Franzosen zu sein, und dabei unsere kommunitaristische Neigung verdrängt. Ab jetzt werden wir sie zum Ausdruck bringen. Und zwar für lange Zeit!« erklärt Mohamed Mebtoul, einziger Beur im Führungsgremium der Sozialistischen Partei.[1]

Trotz dieser Befürchtungen und Phantasievorstellungen kam es in Frankreich während des Krieges zu keinem größeren Zwischenfall. Allerdings spielte er insofern eine Rolle, als er konkrete Situationen der sozialen Unzufriedenheit aufdeckte, die die festliche Stimmung bei den großen »antirassistischen« Kundgebungen im Verlauf der achtziger Jahre oft überdeckt hatte. Nahezu losgelöst von der Person Saddam Husseins und den Zielen des Iraks in diesem Konflikt hatte sich ein Bild des arabisch-muslimischen Helden herauskristallisiert, der gegen die Gewalt und die Unterdrückung des Westens kämpft – während George Bush die verabscheute Figur des Bullen im Vorort oder des Wachmanns im Einkaufszentrum verköperte. Im »Fernsehkrieg« mit seinen Generalen der Reserve, die auf den Generalstabskarten kleine Fähnchen verrückten, seinen synthetischen, den *war games* der Videospiele würdigen Bildern, den Scuds, die auf Tel Aviv, und den Patriots, die auf Bagdad niedergingen, lebte sich stellvertretend ein sozialer Krieg aus – wie es die Anarchisten von einst genannt hätten –, in dem sich die Benachteiligten in den Vororten, Kinder maghrebinischer Einwanderer, und eine Gesellschaft gegenüberstanden, die sie ausschloß.

In Wirklichkeit war die alte Sprache des Klassenkampfes nicht mehr geeignet, die Gegensätze, die Beziehungen von Herrschaft und Ausschluß zum Ausdruck zu bringen; sie hatte sich mit dem Zusammenbruch des Kommunismus selbst überlebt. Anhand des Namens Saddam Hussein konnten die verborgenen Antagonismen klar herausgestellt und zur Sprache gebracht werden – denn er verkörperte in den Augen jener, die im Westen die Verfügungsgewalt über Macht, Reichtum und die Medien besaßen, den arabischen »Bösewicht«, der andererseits die Sympathien einiger jener auf sich zog, die sich, zu Recht oder zu Unrecht, als Opfer der westlichen Gesellschaftsordnung fühlten.[2] In der Turnhalle einer Lyoner Schule laufen sich die Beurs unter den Schülern, deren Zukunftsaussichten mehr als trist sind, warm, indem sie rhythmisch »Sad-dam Hus-sein« skandieren[3]; entsetzt über die »Es lebe Saddam«-Rufe junger Arbeitsloser kommentiert ein Journalist von *Le Monde*, der über Roubaix berichtet: »Eine entlarvende Szene: Extrem benachteiligte Jugendliche ohne jegliche Pespektive bedienen sich der Person des irakischen Präsidenten als Standarte ihres erbärmlichen Lebens. Für sie ist Integration lediglich eine Erfindung der Politiker.«[4] Es gibt Unmengen von Berichten über Situationen dieser Art: Jenseits der Ideologie einer von allen Beteiligten gewollten Integration und des *meltings pots* verleiht der Golfkrieg mit einem Mal der Unzufriedenheit, den Frustrationen und den sozialen Ängsten, die bislang noch keine Möglichkeit, sich zu artikulieren gefunden hatten, eine Stimme.

Eine Meinungsumfrage unter in Frankreich lebenden Muslimen[5] zeigt, 55 Prozent der Befragten machen sich Sorgen über ihre Zukunft in diesem Land – in dem dennoch die meisten von ihnen gerne leben würden (im Vergleich zu 20 Prozent, die das Land, aus dem ihre Familie stammt, vorzögen). Im Gefolge des Golfkriegs befürchten 82 Prozent mehr polizeiliche Kontrollen der Muslime, 77 Prozent eine Zunahme des Rassismus, 74 Prozent größere Schwierigkeiten bei der Arbeitssuche, 63 Prozent mehr Ausweisungen – Befürchtungen, die französische Staatsbürger unter 35 Jahren noch häufiger zum Ausdruck bringen. Die Meinungen der Befragten über die Staatschefs[6] zeigen, nur 26 Prozent haben eine eher gute Meinung von Saddam Hussein (eine schlechte haben 61 Prozent). Diese gute Meinung, die bei den Ausländern (29 Prozent), vor allem bei den Algeriern (31 Prozent), weiter verbreitet ist als bei den Franzosen muslimischen Ursprungs (20 Prozent), hegen ebenfalls 31 Prozent (gegenüber 17 Prozent jener, die sich nur als »muslimischer Herkunft« bezeichnen) der 16- bis 19jährigen und jener, die sich als »praktizierende Gläubige« definieren.

Die Führer der Petromonarchien am Golf, die großen Finanziers einer konservativ ausgerichteten Reislamisierung, rangieren in der Gunst der Befragten noch hinter dem damaligen israelischen Ministerpräsidenten Schamir (von dem 20 Prozent eine gute Meinung haben): König Fahd von Saudi-Arabien: 18 Prozent, der Emir von Kuwait, gleichauf mit George Bush: 14 Prozent. Unter den »praktizierenden Gläubigen« stehen König Fahd weniger Befragte wohlwollend gegenüber (15 Prozent; 60 Prozent haben keine gute Meinung von ihm) als bei denjenigen, die sich als »muslimischer Herkunft« bezeichnen (22 Prozent im Vergleich zu 47 Prozent). Trotz der Mobilisierung prosaudischer islamischer Organisationen, die während des Krieges bei den Muslimen in Frankreich tätig werden[7], erfreut sich König Fahd bei den am strengsten Praktizierenden der Umfrage einer nur halb so großen Wertschätzung wie Saddam Hussein.

Das allgemeine Gefühl des Unbehagens, das der Golfkrieg offenbart, reicht weit über das hinaus, worum es bei dem Konflikt als solchem geht: In einer Lage, in der die Gegensätze zwischen dem irakischen Führer und Frankreich besonders krass sind, erklärt die große Mehrheit der Befragten, eine eher schlechte Meinung von Saddam zu haben. Allerdings sind die Sympathien für Saddam, die eine kleine Gruppe zwischen einem Viertel und einem Drittel der »Befragten« – je nach Gruppenzugehörigkeit – äußert, im Zusamenhang mit dem Zerbrechen des »antirassistischen« Konsens bei den an einer Integration der von Einwanderern abstammenden Jugendlichen interessierten Bewegungen zu sehen.[8] Die Führer von SOS Rassismus, die den Eintritt Frankreichs in den Krieg im Rahmen der internationalen antiirakischen Koalition kritisieren, werden von Intellektuellen, Politikern und Geldgebern, die sie bislang unterstützten und die besonders besorgt um die »Sicherheit Israels« sind – auf das einige im Irak abgefeuerte Scud-Raketen niedergehen –, allein gelassen. Umgekehrt prangern viele aus der antirassistischen oder der Beurs-Bewegung hervorgegangene Basisgruppen die »Desinformation der Medien« an, die den »totalen Krieg, den der Westen gegen ein Land mit 17 Millionen Einwohnern führt«, als »gezielte Schläge« darstellten.[9]

Eine Intifada in den Trabantenstädten?

Im Oktober 1990, als sich am Golf alle auf die bevorstehende Offensive vorbereiten, kommt es in Vaulx-en-Velin, einem Vorort von Lyon, zu Unruhen. Nach dem Tod eines jungen Motorradfahrers, der bei einer Polizeikontrolle umgefahren wurde, wird das Einkaufszentrum in Brand gesteckt und geplündert – obwohl die Trabantenstadt als Modell des staatlichen Engagements für eine städtebauliche Erneuerung in den achtziger Jahren galt. Man hatte Modernisierungen vorgenommen, alle Häuser neu gestrichen, Sportplätze angelegt, und die Siedlungen boten nicht mehr den trostlosen Anblick der Hochhausblocks des sozialen Wohnungsbaus der sechziger Jahre. Dieser willkommene Verputz hatte jedoch die Beschäftigungssituation kaum verändert, ebensowenig wie das Gefühl der gesellschaftlichen Ausgrenzung der Bewohner – zu 55 Prozent Einwandererfamilien. Wie bei den Unruhen in amerikanischen Städten waren jedoch die Plünderer, die mit allem möglichen beladen aus den in Brand gesteckten Läden kamen, nicht nur junge »Farbige«: Inmitten von Jugendlichen, die Ray-Bans, Videokassetten, Reebocks und Nikes klauten, schoben »gallische« Hausfrauen mit Milchprodukten und Waschmittelkartons bepackte Einkaufswagen vor sich her.

Derlei vom Fernsehen übertragene und von Journalisten geschilderte Szenen schockierten zunächst deswegen, weil der Diebstahl als solcher ganz alltäglich, von jeglicher moralischen Verurteilung ausgenommen erschien: Er schien der normale – wenn nicht sogar legitime – Ausdruck einer Rache für die Armut zu sein, die sich in der gewaltsamen Aneignung von Waren – von Gegenständen des alltäglichen Gebrauchs bis hin zu den allzu kostspieligen Kultobjekten der Fernsehserien – äußerte. Gleichzeitig erschraken die Zuschauer über die Rituale dieser für Frankreich neuen Art von Gewalt in den Städten: Zwitterhafte Bilder, auf denen man den karierten *keffieh* und die typischen Gesten junger Palästinenser ebenso wiedererkannte wie die Baseballmütze aus Los Angeles oder Brixton, die samt und sonders durch die Fernsehkultur in alle Haushalte gebracht worden waren.

Für den Philosphen Jean-Paul Dollé ist dieses Phänomen einer »*Intifada* in den Trabantenstädten« Ausdruck eines »Kriegs« der Armen, »all jener, die von den großen Messen des Geschäftemachens, den Bacchanalien des Geldes ausgeschlossen sind« und die in den Augen der Gesellschaft der Reichen »sich nicht nur damit abfinden, sondern sich ergeben, sich als besiegt erklären müssen!« Diese Armen, seit dem Zusammenbruch der Arbeiterbewegung und der Verbürgerlichung ihrer Funktionäre ohne politische Vertretung, eine Minderheit, »sind als Wähler [...] nicht mehr rentabel. Man braucht sich also überhaupt nicht mehr um sie zu kümmern«. Die einzige ihnen verbliebene Form, sich auszudrükken, ist die Revolte, ohne die man nicht einmal mehr merken würde, daß es sie gibt. Anläßlich der Unruhen in Vaulx beobachtet Alain Touraine, daß »die nationalen Gesellschaften auseinanderfallen«, im Rhythmus einer »erstaunlichen Bewegung der ›Entmodernisierung‹: Wir haben gelernt, menschliche Wesen durch das, was sie tun, zu definieren, nicht mehr durch das, was sie sind [...]«. Nun »zerfällt der soziale und politische Bereich, und es bleiben, genau betrachtet, nur mehr die internationalisierte Wirtschaft und Gemeinschaften, die durch ihre Besonderheit definiert sind, durch die ihnen eigenen Traditionen und gleichzeitig durch die Akzeptanz oder Zurückweisung, die sie erfahren«[10].

Der Beginn der neunziger Jahre bezeichnet in Frankreich die Bewußtwerdung eines »Auseinanderfallens der Gesellschaft«, in der sich, um eine Formulierung Alain Touraines aufzugreifen, nicht mehr so sehr »Ausbeuter« und »Ausgebeutete« gegenüberstehen, sondern diejenigen, die *in*, und diejenigen, die *out* sind, jene, die eine einträgliche Arbeit haben sowie sozial abgesichert sind, und jene, die aus dem System ausgeschlossen sind, stigmatisiert durch ihr Alter, ihren Bildungsstand, ihre Herkunft, den Klang ihres Namens und ihre Hautfarbe. Seitdem tauchen, wie ein Jahrzehnt zuvor, als die »heißen Sommer« und die »Rodeos« mit gestohlenen Autos im Mittelpunkt der Berichterstattung gestanden und die Namen von Trabantenstädten, in denen es Schwierigkeiten gab – symbolisiert durch Les Minguettes –, in ganz Frankreich bekanntgemacht hatten, in den Spalten der Zeitungen die Namen anderer Trabantenstädte immer wieder auf: Val-Fourré in Mantes, die Cité des Indes in Sartrouville, Le Mas du Taureau in Vaulx und so weiter. Die Szenarien ähneln sich: eine Polizeikontrolle, die ein böses Ende nimmt, ein Streit mit den Wachmännern eines Einkaufszentrums und der Tod eines Jugendlichen – oft maghrebinischer Abstammung. Eine Protestversammlung verwandelt sich schnell in einen Tumult, in Angriffe auf Läden und Fahrzeuge und in regelrechte Schlachten mit der Polizei, bis spät in die Nacht hinein beleuchtet von den Flammen der Brände. Da man im Grunde genommen keinen Einfluß auf die Geschehnisse hat und nur auf den nächsten Ausbruch von Gewalt wartet, beschuldigt man die organisierten Banden, die die Wut in Zerstörung und Plünderung äußern. Man beobachtet die Entwicklung der Drogensucht und prangert sie an; die Einkünfte aus diesem Geschäft bringen eine Schattenwirtschaft hervor und tragen dazu bei, die Stadtviertel nach und nach in Gettos zu verwandeln – im Gleichtakt mit dem Wegzug der Geschäftsleute und derjenigen, deren Einkommen es ihnen erlaubt, von hier zu flüchten.[11]

Infolge des »Unbehagens in den Trabantenstädten« in den achtziger Jahren sah eine »Stadtpolitik« die Zuweisung beträchtlicher Geldmittel an die benachteiligten Viertel vor. Damals überbot man sich darin, den Unterschied zwischen Frankreich – wo der Staat die nationale Solidarität mobilisierte und zugunsten der ärmeren Schichten eingriff – und den Vereinigten Staaten – wo ein Laisser-faire überwog, das die Armen ihrem Schicksal überließ – hervorzuheben.[12] Nun führten die Unruhen der neunziger Jahre, zu denen es trotz des Engagements des Staates kommt, zu einer weit weniger solidarischen Einstellung als im vorangegangenen Jahrzehnt.[13] In einer durch Wirtschaftskrise und Rezession gekennzeichneten Situation überwiegen allmählich Überdruß und Desinteresse, während die verantwortlichen Politiker die Repression, die Ausweisung ausländischer Straftäter als Allheilmittel preisen, weil sie glauben, damit in der Öffentlichkeit auf Zustimmung zu stoßen.

Derlei begünstigt ganz allgemein die Entwicklung, daß diese Jugendlichen mit der Gesellschaft ebenso wie mit deren Werten und den Institutionen, die sie vermitteln – etwa der Schule oder gesellschaftlichen Aktivitäten – brechen. Diejenigen, die erklären, sie hätten einen »Haß«, schätzen gleichzeitig ab, welchen – mit Angst und Verachtung gemischten – Haß sie ihrerseits wachrufen. Die schwarzen Jugendlichen in den Gettos der Vereinigten Staaten haben ein ausgeprägtes Gefühl für die Entmenschlichung, in der sie ein gesellschaftliches System gefangenhält, das sie für potentielle Kriminelle und Drogensüchtige hält: Der Erfolg der Black Muslims beruht vor allem darauf, daß sie, *a contrario*, jenen, an die sie sich mit ihren Predigten wenden, das Gefühl geben, sie nicht nur als vollwertige menschliche Wesen, sondern als Erwählte Allahs zu betrachten. Genau das gleiche läuft in der Kasbah oder im Eukalyptus-Viertel in Algier ab[14]: Die Erfolge der FIS sind dort in erster Linie auf den Stolz und das Selbstvertrauen zurückzuführen, die die Bewegung – zu Recht oder zu Unrecht – den jungen *hittistes* vermittelt, die den Staat als eine ihnen völlig fremde und von Grund auf feindselige Wesenheit betrachten.

Natürlich kann man an die Situation in der Kasbah von Algier oder auf der South Side von Chicago, an die gewaltigen Dramen, die sich dort abspielen, nicht den gleichen Maßstab anlegen wie bei Vaulx-en-Velin, Nanterre oder Val-Fourré – selbst wenn deren Entwicklung in jüngster Zeit vielen Lokalpolitikern Sorgen macht. Seit dem Niedergang der antirassistischen Bewegungen der achtziger Jahre lassen sich aber die Neigung, die – als eine Mischung aus Unterdrückung und dem Gesetz des Dschungels geschilderte – jetzige Situation radikal abzulehnen, und das Streben nach einem besseren Leben innerhalb einer Gemeinschaft – dem die Berufung auf den Islam seinen Sinn verleiht – beobachten. So beschreiben die »neuen jungen Muslime« in Nanterre ihren Schritt zur Wiederentdeckung des Islam als Bruch sowohl mit den pathologischen Formen ihres sozialen Umfelds – Arbeitslosigkeit, Drogen und so weiter – als auch mit den Integrationsmodellen, die man ihnen, insbesondere in der Schule, vorschlägt, in denen sie einzig und allein die Absicht erkennen, sie zu »des-integrieren«.[15]

Ein 25jähriger Jugendlicher algerischer Abstammung und französischer Nationalität, Student im ersten Semester, der sich seinen Lebensunterhalt bei einer Wach- und Schließgesellschaft verdient, bemerkt: »Die große Geißel meiner Gemeinschaft ist die Drogensucht, vor allem in Nanterre und vor allem bei den Maghrebinern [...]«; 30 Prozent der Toten gehen zu Lasten einer Überdosis der Droge, die die traditionellen Bindungen an der Wurzel zerstört: »30 Prozent der 24- bis 25jährigen Jugendlichen in Nanterre haben gekokst; ich kenne selber welche, die an Koks gestorben sind; eine Araberin, eine junge arabische Mutter, so etwas wäre in anderen Zeiten nie passiert, ist aus der Post herausgekommen und hatte ihr Geld dabei [...] und ein anderer Araber, der sie kannte, hat sie gezwungen... warum? wegen Koks, es gibt keine Grenzen mehr, und seine eigene Mutter bestiehlt er, also, das war zuviel, oder?...«

Seiner Ansicht nach hat sich jedoch die Situation in Nanterre, im Gegensatz zu anderen Trabantenstädten wie Sartrouville oder La Courneuve, gebessert, »weil wir untereinander ein bißchen mehr zusammenhalten, wir haben ein paar Moscheen mehr, und Nanterre gibt sich ein bißchen mehr Mühe, die Drogensucht zu bekämpfen [...] Aggression mit Aggression beantworten, sie sind auf sie los[16], weil sie die Nase gestrichen voll hatten, die Bullen haben sich nicht darum gekümmert, sie haben gewußt, wer verkauft und wer gekauft hat [...] man hätte meinen können, die wollen, daß es so bleibt – wir haben vor unserer Tür Spritzen gefunden!!« Einigen Süchtigen gelang es, mit Hilfe des Islam von der Droge wegzukommen[17], auch wenn derlei nur selten geschieht und immer die Gefahr eines Rückfalls besteht.

An diese Berufung auf den Islam als den Weg zur Rettung aus dem Dschungel der Trabantenstädte schließt sich eine Kritik am institutionellen Integrationssystem an: Einerseits wird der Erziehung ein sehr großer Stellenwert zugeschrieben – zum Beweis wird der Prophet angeführt, laut dem »die Tinte der Weisen wertvoller ist als das Blut der Märtyrer« –, andererseits aber die französische Schule radikal in Frage gestellt, da sie eine »Gehirnwäsche« durchführe, um den Islam zu bekämpfen. Ein anderer junger Mann aus Nanterre, ein Franzose algerischer Abstammung mit abgeschlossener Facharbeiterausbildung, der ebenfalls »zum Islam zurückgefunden hat«, erklärt: »Wenn du Kinder hast, dann ist das ein Problem, denn die werden deine Kinder indoktrinieren [...] Zum Beispiel studieren sie Darwin, und er sagt dir, a + b, das ergibt Darwin, aber warum sagen sie dir in der Schule nicht, daß es einen Schöpfer gibt? Sofort sagen sie, so ist es, das ist Darwin; du wirst indoktriniert.« Für ihn, wie für einen gleichaltrigen Kameraden, der ein Ingenieurdiplom hat, gilt: »Man muß in doppelter Hinsicht ein Lehrer sein. Ich bin es für meine jüngeren Brüder; vor der Stunde sage ich ihnen: ›Die werden dir dies und das sagen; paß gut auf, das werden sie dir beibringen; du mußt es auswendig wissen, damit du gute Noten kriegst, aber du sollst auch wissen, daß es falsch ist.‹«

Die Schule ist also kein Ort, an dem neutrales Wissen vermittelt wird; der Laizismus ist an sich schon eine antireligiöse Stellungnahme, die die Grundlagen des Glaubens leugnet.[18] Er zielt darauf ab, »Integrierte« zu produzieren, das heißt Jugendliche, für die der Islam überhaupt keinen Sinn mehr hat oder in den Bereich der privaten Frömmigkeit verbannt ist. Nach Ansicht dieser Jugendlichen handelt es sich um einen Versuch der »Desintegration« der islamischen Persönlichkeit mit dem Ziel totaler Assimilation: »Um dich zu integrieren, mußt du werden wie sie«, meint der junge Facharbeiter... Für ihn ist diese Assimilation gleichbedeutend mit dem moralischen Verfall, der für die Franzosen charakteristisch ist: »Treibe Unzucht, Ehebruch, und du bist integriert!« Sein Freund, der Student im ersten Semester, lehnt diese »Integration-Assimilation« ebenfalls ab und stellt ihr seine eigene Auffassung von »Integration-Integrität« gegenüber: »Ich, ich bin integriert, ich bin integer: Wenn ich esse, bleibe ich für mich [...] Die wollen immer nur, daß man sie nachmacht, daß man eine Flasche Rotwein auf dem Tisch stehen hat.«

Um diese Auflösung der Identität in ihrer zerstörerischen Form, etwa der Drogensucht, oder der trügerischen Art, wie in der Schule, wo »Gehirnwäsche« betrieben wird, zu bekämpfen, wollen diese Jugendlichen die Gemeinschaft wiedererstehen lassen, die Muslime um ein streng am Islam ausrichtetes Lebens-, ein Erziehungsmodell scharen, das aber das französische politische System in Rechnung stellt. Das ganze Vorhaben bleibt einigermaßen verschwommen: Einige glauben, man müsse die Muslime in Frankreich der Scharia unterstellen, andere hingegen halten dies für eine unrealistische Forderung in einem Staat, der nicht von einem Muslim regiert wird. Ähnliches gilt für die Teilnahme am politischen Leben: Soll man eine islamische Partei gründen, bei den Wahlen mit den Kandidaten verhandeln? Nichts ist *a priori* ausgeschlossen, und während man auf eine Lösung wartet, vergleicht man die Situation in Frankreich mit dem, was man aus den anderen Ländern hört: »Die Franzosen tun alles, um uns das Leben schwerzumachen, während es in England und in den Vereinigten Staaten Black Muslim-Gemeinden gibt und in Großbritannien von Muslimen regierte Städte«, bemerkt der Student. Für ihn und seine Kameraden verläuft der Weg aus der Gesetzlosigkeit, der Zerstörung heraus über die neokommunitaristische Neustrukturierung, wenn möglich innerhalb eines muslimischen Viertels, in dem man sich an die Gebote der Sittlichkeit hält.

Diese kommunaristische Selbstbestätigung als Antwort auf die Situation in den Trabantenstädten ist ein neuartiges, für den Beginn der neunziger Jahre bezeichnendes Phänomen. Jedoch rechtfertigt nichts die Annahme, dies sei jetzt, 1994, die Meinung der Mehrheit: Viele Jugendliche maghrebinischen Herkunft erkennen sich in diesem Vorhaben nicht wieder; für sie rangiert nach wie vor das Aufgehen in der französischen Gesellschaft vor dem Wunsch zur Differenzierung[19]; sie halten die von den Schulen der Republik vermittelten Werte und Kenntnisse für den Schlüssel zu ihrer Zukunft. In diesem vielschichtigen Kontext gilt es die Forderung nach einer kommunitaristischen Identität zu analysieren – indem man sich ansieht, welche verschiedenen Bedeutungen die miteinander konkurrierenden gesellschaftlichen und politischen Akteure ihr zuschreiben.

Die FIS in Frankreich

Wenn man von den Vertretern der kommunitaristisch orientierten Reislamisierung unter den maghrebinischen Jugendlichen in Frankreich spricht, ist eine der am häufigsten erwähnten Gruppierungen die algerische Islamische Heilsfront, der das Gerücht einflußreiche »Vernetzungen« im Untergrund nachsagt. Ein Buch[20], zahlreiche Zeitungsartikel sowie Polizeieinsätze gegen mutmaßliche Sympathisanten der FIS auf französischem Territorium im November 1993 und August 1994 ließen es als glaubwürdig erscheinen, daß diese Partei eine wichtige Rolle in diesem Bereich spielt; damit gab man einer «polizeilichen Sicht« sozialer Bewegungen, die auf vom Ausland aus gelenkte Machenschaften und dort angezettelte Verschwörungen reduziert wurden, den Vorzug. Faktisch hat die algerische islamistische Partei in Frankreich eine beachtliche strategische Entwicklung durchgemacht: Nachdem sie sich zunächst geweigert hatten, die Emigration in Betracht zu ziehen, schufen die Führer der FIS später ein Netzwerk von Stützpunkten, dessen Bedeutung mit der Repression in Algerien seit Juni 1991 und vor allem seit Februar 1992 zunahm. Ihre konkrete Verwurzelung in einigen sympathisierenden Vereinigungen, insbesondere in den Vororten, bei den »neuen jungen Muslimen«, zwang die Bewegung jedoch, unter dem Druck ihrer Anhänger die spezifische Situation des Islam in Frankreich in Betracht zu ziehen, ohne allerdings ihre Zielsetzungen in Hinblick auf die Zukunft der Jugendlichen, die in Frankreich zu bleiben aufgerufen wurden, zu ändern. Dies führte zu einem zwiespältigen Verhältnis zu den französischen Behörden, die ab Sommer 1993 des öfteren repressive Maßnahmen gegen die Sympathisanten der FIS ergriffen.

Als die Islamische Heilsfront im März 1989 proklamiert wurde, hatten ihre Führer wohl kaum die Gründung eines Ablegers der Partei in Frankreich im Sinn. Ebenso wie der FLN sich 1962 im Überschwang der Unabhängigkeit vorstellte, die Immigranten würden in ihr Vaterland zurückkehren, vertrat auch die FIS in ihren ersten ideologischen Verlautbarungen die Ansicht, die Algerier könnten nicht in einem von den Predigern der Front verdammten und mit allen Sünden behafteten Land unter einer nichtislamischen Regierung leben.[21] Zunächst trägt sich die Führung der Partei mit dem Gedanken, in Frankreich ein einfaches Büro der FIS einzurichten als Vorläufer einer Botschaft, die eröffnet werden soll, sobald die FIS an der Macht ist. Die Einwanderer scheinen sich allesamt bei den Aktivisten keines übermäßig guten Rufs zu erfreuen, die sie, wie die algerischen »Söhne Frankreichs«, für kulturell zu sehr an den Westen angepaßt und zu weit vom Islam – gemäß ihrer Interpretation – entfernt halten.

Allerdings beginnen in Frankreich verschiedene Persönlichkeiten den Anspruch zu erheben, Vertreter einer Partei zu sein, deren Aufstieg an die Macht so rasant ist, daß er Begehrlichkeiten weckt – und handeln sich dafür Dementis von seiten der FIS ein.[22] Einige ehemalige Mitglieder der Gruppe von Moustapha Bouyali und des von Ahmed Ben Bella gegründeten Mouvement pour la démocratie en Algérie (MDA = Bewegung für die Demokratie in Algerien) sowie zwei oder drei islamistische Universitäten, die sich auf Malek Bennabi berufen, machen sich gern zu offiziellen Wortführern der FIS, ohne dazu berechtigt zu sein. Letztere beginnt erst im Sommer 1990 in Frankreich eine Organisation auf die Beine zu stellen, die Verbindungsleute und Geldmittel für eine Partei, die in Algerien eben die Kommunalwahlen gewonnen hat, mobilisieren soll.[23]

Es sollte noch bis Februar dauern, ehe die Fraternité algérienne en France (FAF = Algerische Bruderschaft in Frankreich) offiziell gegründet wurde, eine Vereinigung, die die Botschaft der FIS in Frankreich verbreiten sollte, ohne offiziell mit ihr in direkter Verbindung zu stehen. Sie wird von ehemaligen Studenten der Informatik, der technischen Wissenschaften, der Statistik und so weiter geleitet, die im allgemeinen als der »algerianischen« Strömung der Bewegung nahestehend gelten – jenen jungen »islamischen Technokraten«, die auf dem Kongreß in Batna im Juli 1991 die Kontrolle über die Partei an sich reißen und sie im Dezember zum Wahlsieg führen. In Paris treten jedoch auch die Vertreter anderer Strömungen auf: Scheich Abdel Baqi Sahraoui, damals achtzigjährig, der 1989 einer der Gründer der FIS war und sich in der Nachfolge der »salafistischen« Prediger sieht[24], die in Batna an den Rand gedrängt wurden, wird Imam der Moschee Khaled Ibn Walid in Barbès.[25] Von Februar bis August 1992, als die FIS aufgelöst und ihre Aktivisten verfolgt werden, organisieren Q. Kherbane und B. Bounoua, ehemalige Kämpfer im afghanischen *jihad* und aus der radikalsten Bewegung der salafistischen Richtung hervorgegangene Koordinatoren der sich im algerischen Untergrund herausbildenden bewaffneten Armee, verschiedene Stützpunkte in Frankreich, ehe sie nach Pakistan abgeschoben werden. Bei den sich auf die FIS berufenden Aktivisten in Frankreich handelt es sich also zumeist um Repräsentanten ihrer lokalen Varianten: Sie arbeiten zwar zusammen, agieren aber unabhängig voneinander. Es existiert kein durchstrukturierter und hierarchisch gegliederter »Ableger der FIS in der Emigration« wie während des Algerienkriegs die Fédération de France (Französische Föderation) des FLN.

Die FAF erweist sich als sehr aktiv: Ab 1991 organisiert sie Versammlungen in den wichtigsten französischen Städten und ruft, im Hinblick auf die Parlamentswahlen – die ursprünglich auf den 27. Juni angesetzt waren[26] –, die hier lebenden Algerier auf, für die FIS zu stimmen. Ihr Präsident, D. el Houari, Student der Statistik, sollte im Dezember der Abordnung der FIS im Bezirk Boufarik vorgestellt werden. Nach dem Staatsstreich im Januar 1992, der »den Wahlprozeß unterbricht«, verteilt die FIS regelmäßig *Le Critère*, ein wöchentliches Bulletin, das freitags am Ausgang der Moscheen kostenlos verteilt wird. Es handelt sich dabei um ein beidseitig bedrucktes Blatt[27], bei dessen Herstellung man sämtliche graphischen Finessen von Macintosh nutzt; es hat ein sehr »modernes« Layout und ist in gutem Französisch verfaßt, im Ton oft ironisch-bissig[28], was Rückschlüsse auf die Universitätsbildung seiner Autoren sowie auf die Fähigkeiten des Chefredakteurs, Moussa Kraouche, als Informatiker zuläßt.

Der in Médéa geborene Kraouche kommt mit 19 Jahren nach Frankreich, absolviert mit Bravour sein Studium und wird 1990 vom (kommunistischen) Bürgermeister von Argenteuil eingestellt, um dessen EDV-System neu zu organisieren. Parallel dazu durchläuft er die klassische Laufbahn eines jungen Mannes, der zum Islam zurückfindet: Er unterhält enge Verbindungen zur Tabligh, kämpft dann in den Reihen der GIF, dem Pariser Zweig der UOIF, gründet einen französischsprachigen islamischen Kulturverein, installiert für Minitel einen islamischen Service und so weiter. In seinem Wohnort Taverny engagiert er sich für schulische Begleitmaßnahmen für junge Maghrebiner und tritt 1989 – auf Einladung der Stadtverwaltung – in den kommunalen Rat zur Verbrechensvorbeugung ein. Im April 1991 führt er die Verhandlungen in Sachen Drogenmißbrauch und Gewalt zwischen den »neuen jungen Muslimen« und der Unterpräfektur von Nanterre, nachdem ein Dealer von einem Antidrogenkommando erstochen worden war. Aufgrund dieser »klassischen Laufbahn« eines Reislamisierungsaktivisten, in der sich beruflicher Erfolg mit Sozialarbeit verbindet, wird er von Rabah Kebir, dem Vertreter der FIS in Europa, als »Wortführer der FIS-Sympathisanten in Frankreich« vorgeschlagen – wie er selber sich 1991 vor den Fernsehkameras bezeichnet.

Das FAF-Blatt, *Le Critère*, widmet sich nahezu ausschließlich der Schilderung der Ereignisse in Algerien. Nach einer detaillierten Dokumentation der Repression veröffentlicht es ab Mai 1992, gekennzeichnet mit einem Logo, das eine Bombe kurz vor der Explosion darstellt, »Neuigkeiten vom Aufstand«. Daraus werden schließlich »Neuigkeiten vom *jihad*«. Die algerischen Führer werden hier in den schwärzesten Farben gemalt: Woche für Woche liest man die Beschreibung isolierter, brutaler Diktatoren, die vom Ausland, von crbittcrtcn Fcindcn dcs Islam, abhängig sind. Umgckchrt werden die Aktionen der Mudschaheddin in einer Form dargestellt, die an Kommuniqués eines siegreichen, allumfassenden Krieges erinnert.

Das Blatt versetzt also seine Leser ständig auf die andere Seite des Mittelmeers; die Informationen über Frankreich beschränken sich auf die Anprangerung seines Engagements an der Seite der algerischen Machthaber. »Frankreich mitschuldig am Massaker des Volkes und der Herrschaft der Diktatur in Algerien« titelt Nr. 5[29] – allerdings bleiben derlei Anschuldigungen bis Anfang 1993 selten. Die Vorstellung von Frankreich als einer heiligen Stätte überwiegt, und bis zum Besuch des Außenministers, Roland Dumas, in Algier im Januar dieses Jahres bleiben die Beziehungen zwischen den beiden Hauptstädten lau – eine Folge der Stellungnahmen Mitterrands, in denen er den Abbruch der Wahlen beklagt hatte. Regelmäßig werden die französischen Intellektuellen, die Boudiaf unterstützen, und Presseartikel, in denen die FIS kritisiert wird, schonungslos »aufgespießt«.

Im November 1992 leugnet das Blatt in einem von Rabah Kebir unterzeichneten Artikel die Verwicklung der FIS in ein Geschäft mit imitierten Lacoste-Hemden, das die Polizei zerschlägt und dabei aus Algier stammende *hittistes* verhaftet, die regelmäßig die Moschee Khaled in Barbès aufsuchen.[30] Zudem reagiert der Präsidenten der FAF in einer langen Antwort unter dem Titel »Die Islamophobie« auf einen in der Presse veröffentlichten Polizeibericht, der in den Vorstädten »ein Abdriften gewisser aus der islamistischen Bewegung hervorgegangener Splittergruppen in den Terrorismus« befürchtet. Er fragt: »Ist es ihnen lieber mitanzusehen, wie die Jugendlichen der Droge und dem Verbrechen verfallen, als wenn sie in die Moschee gehen, um zu beten?« und leugnet, daß die FIS »mit Geldern aus dem Drogenhandel finanziert wird. Alle Muslime wissen sehr wohl, der Gebrauch von Drogen und der Handel damit sind ein schweres Verbrechen [...].«[31]

Dennoch wirft die Entdeckung von Waffen und der Bewegung positiv gegenüberstehenden Traktaten im Treffpunkt einer Vereinigung »neuer junger Muslime« in Nanterre im Juni 1993 – dessen Leiter erklärt: »Wir wollen die Unverdorbenheit und Moral der Öffentlichkeit gegen die Drogenhändler verteidigen«[32] – erneut Fragen über die Beziehung zwischen dem Kampf gegen Drogen, der Gewalt und der kommunitaristischen Neustrukturierung auf.

Gleichzeitig kommt es in Algerien zu den ersten systematischen »Exekutionen« von »Kollaborateuren« der Machthaber und von »Söhnen Frankreichs«, über die *Le Critère* in seiner Rubrik »Neuigkeiten vom *jihad*« genau Buch führt. Das sieht dann – inmitten einer Litanei angekündigter Hinrichtungen von Polizisten und Informanten, von Angriffen auf Kasernen, Desertionen und so weiter – so aus: »*Dienstag, 16. März:* In Kouba erschossen die Mudschaheddin Djilali Lyabès, den ehemaligen Minister für das Universitätswesen [...] *Mittwoch, 17. März:* Endlich brachten die Mudschaheddin in der Kasbah (Algier) Laadi Flici, Mitglied des von der Junta anstelle der vom Volk gewählten Nationalversammlung eingesetzten Beirats, zur Strecke«[33]. In seiner letzten Ausgabe berichtet *Le Critère*, »dem für die eine laizistisch-kommunistische Linie vertretende Wochenzeitschrift *Ruptures* verantwortlichen Journalisten Taher Djaout, der von seinen Freunden als Feind Numero eins des Projekts einer islamischen Gesellschaft bezeichnet wird, wurden von den Mudschaheddin zwei Kugeln in den Kopf gejagt«[34].

Nun wird das FAF-Blatt vom Innenminister Charles Pasqua verboten. Vierzehn Tage später erscheinen unter dem Titel *Résistance (Al Mouqawama)* dieselben Rubriken. »Algier: Professor Mahfoud Boucebci, Mitglied des Komitees ›Vérité Djaout‹ wurde am Dienstag, den 15. Juni hingerichtet«[35] notiert die zweite Ausgabe unter der Überschrift »*Djihad*«, zwischen Kommuniqués der FIS und Protesten gegen das Verbot von *Le Critère*. Auch *Résistance* wird nach der dritten Ausgabe verboten. Nun erscheint sechs Wochen lang *L'Etendard* – bis zu einem sofort wirksamen Verbot. Da man der FAF vorwirft, mit einer gewissen Nachsicht von den »Hinrichtungen« algerischer Intellektueller zu berichten, die gegen die Islamisten sind, titelt *L'Etendard* in seiner ersten Ausgabe unter den Fotografien von Abbassi Madani und Ali Benhadj, die eben zu Gefängnisstrafen verurteilt wurden: »Das Schicksal unserer Intellektuellen: zwei Jahre Gefängnis und Verachtung! Ganz zu schweigen von den drei Millionen anderen Intellektuellen, die in Todeslager deportiert wurden!«[36]

Die Schwierigkeiten der FAF mit der französischen Polizei

verschärfen sich, als im November 1993 mehrere Dutzend ihrer Sympathisanten und Führer verhaftet werden. Die meisten werden schnell wieder auf freien Fuß gesetzt, ohne daß Anklage gegen sie erhoben werden könnte; einige werden unter Hausarrest gestellt, drei verhört. Die Polizeiaktion fand einige Tage nach der Entführung französischer Konsulatsangehöriger in Algier statt, zu der sich die Groupement islamique armé (GIA = Bewaffnete Islamische Gruppierung) bekannte. Ziel des polizeilichen Eingreifens – das man auch erreichte – scheint vorrangig eine Destabilisierung des Netzwerks von FIS-Stützpunkten in Frankreich und der Hinweis darauf gewesen zu sein, wo das Innenministerium ihren Aktivitäten Grenzen zog.

Auf begrifflicher und der Mobilisierungsebene brachten die militante FAF und verschiedene Vereinigungen in ihrem Dunstkreis eine neue Dimension der vielfältigen Reislamisierungsbestrebungen in Frankreich ins Spiel. Ursprünglich als einfache Verbindungsstelle der FIS mit dem Auftrag, deren Sache im Ausland zu vertreten, gedacht, paßte die Bewegung sich nach und nach an die islamischen Gegebenheiten in Frankreich an und wurde zu einem ihrer Bestandteile. Im Gegensatz zur UOIF (mit der sie vorrangig die Bezugnahme auf die Muslimbrüder gemeinsam hat), die bestimmte Ziele innerhalb Frankreichs verfolgt, interessiert die FAF sich in erster Linie nach wie vor für den *jihad* in Algerien. Dank ihres sozialen Engagements und ihres Aktivismus faßte sie, über verschiedene lokale Vereinigungen, bei den in Frankreich lebenden »neuen jungen Muslimen«, die zum Teil die französische Staatsbürgerschaft besitzen, Fuß.

Indem sie ihnen die von der FIS allgemein verbreiteten geistigen Kategorien, die sich um keinerlei Nuancierung kümmern, wenn es darum geht, Frankreich, den Laizismus, die Demokratie und so weiter zu verteufeln, nahebringt und einen *jihad* preist, in dem die Glaubenskämpfer die »laizistischen Kommunisten« schlagen werden, versetzt sie ihre neuen Mitglieder geistig in eine Welt der scharfen Trennung zwischen dem Guten – das mit dem bewaffneten Islam des Untergrunds gleichgesetzt wird – und dem Bösen, zu dem der

Rest gehört. Wie übertragen diese Jugendlichen derlei Denkkategorien auf ihr tägliches Leben, auf ihren Bekenntniseifer, die Jagd auf Dealer in den Vororten, den Willen, sich im Rahmen einer islamischen Gemeinschaft, einer Umma im kleinen auf französischem Boden, zusammenzutun? Man muß zweifelsohne mit einer Überspitzung des Bruchs mit dem gesellschaftlichen Umfeld rechnen, der irgendwo zwischen dem Modell der amerikanischen Black Muslims und dem des islamischen Kommunitarismus in Bradford und Birmingham angesiedelt ist.

Koordinierungen

Im Gegensatz zu den USA und Großbritannien übt der französische Staat starken Druck auf das Gemeinwesen aus, um zu vermeiden, daß sich innerhalb der Republik und unter den Staatsbürgern Gemeinschaften herausbilden, sie sich auf die Religion berufen. Andererseits setzt der Staat sich dafür ein, daß sich der muslimische Kultus in Frankreich organisiert und ein Gesprächspartner auf den Plan tritt, um die damit einhergehenden Probleme mit ihm zu diskutieren; dies läßt sich nicht mit dem Laisser-faire in den Ländern mit protestantischer Kultur vergleichen, die an die Verbreitung von Sekten und Glaubensrichtungen gewöhnt sind und für die der Islam eine Ausdrucksform von Religiosität unter anderen ist, die, von den Mormonen bis hin zum New Age, auf ihrem Territorium in Erscheinung traten. Ebensowenig versuchten der britische oder der amerikanische Staat, nach Art des CORIF »den Islam zu symbolisieren«.

Der Niedergang dieser Institution im Anschluß an die Ernennung Dalil Boubakeurs zum Rektor des muslimischen Instituts der Pariser Moschee im April 1992 bedeutete nicht, daß der Staat sich nicht mehr für die Organisation des muslimischen Kultus interessierte. Im Gegenteil, Pasqua, ab Frühling 1993 Innenminister, ermutigte die Pariser Moschee, die Vereinigungen und Bewegungen, die den Bereich und die Ziele ihrer Aktivitäten nach Frankreich verlegen wollten, um sich zu sammeln – was *de facto* das Netzwerk von Sympathisanten der FIS ausschlöß. »Die zentrifugalen Kräfte dürfen nicht mehr wirksam werden«, bemerkt der für den Islam zuständige Berater des Ministers, »und man muß mit Billigung der schweigenden Mehrheit einen weit von jeglichem Integralismus entfernten nationalen Islam konstituieren.«[37]

Dennoch erfolgte der erste Versuch einer Koordination der französischen islamischen Organisationen am 5. Juli 1992 auf Initiative von Verbänden wie Jama'at al tabligh (durch die Vereinigung Foi et Pratique – »Glaube und Praxis« –, eine seiner wichtigsten Untergliederungen, repräsentiert), UOIF und FNMF.[38] Die Versammlung fand in der Zeit nach der Abordnung Boubakeurs an die Pariser Moschee und der daraus resultierenden Krise des CORIF in der Moschee Omar, dem wichtigsten Zentrum der Tabligh in Paris, statt und wurde von Scheich Sahraoui, dem Imam der Moschee Khaled Ibn Walid und Begründer der FIS, von der er sich im Juli 1991 getrennt hatte, geleitet. Dieser erste Versuch, neben dem CORIF eine Organisation zu schaffen – der daher bar jeder Erfahrung im Umgang mit dem Staat war –, blieb wegen der Abwesenheit Boubakeurs folgenlos. Aber etliche Themen, die die jüngsten islamischen Aktivisten bewegten, kamen dabei zur Sprache: »Zum ersten Mal [wurde], in den Gesprächen im Vorfeld der französischen Wahlen, die Waffe der Wählerstimmen ins Spiel gebracht.«[39]

Nachdem er von dieser Initiative erfahren hatte, lud Boubakeur im wesentlichen die gleichen Verbände (UOIF, FNFM, AEIF[40], Foi et Pratique) zu einer Zusammenkunft am 14. April 1993 ein (drei Wochen nach der Rückkehr der Rechten an die Regierung); man legte den Grundstein zu einer Nationalen Koordination der französischen Muslime, zu deren Leiter er gewählt wurde.[41] Boubakeur: »Diese Koordination ist der religiöse ›zentrale Kern‹ der Gemeinschaft. Dort diskutiert man über Theologie, über juristische Aspekte des Zusammenhalts und auch über die Kohärenz eines streng religiösen Lebens und seiner verschiedenen Aspekte [...].« In Zukunft kann sich um sie herum »ein Rat der Gemeinschaft konstituieren«[42].

Bis zur Gründung einer solchen repräsentativen Instanz möchte Boubakeur unter den muslimischen religiösen Lehrern in Frankreich aufräumen: »Der Islam kann in Frankreich in ›Unkontrollierbarkeit‹ abdriften und entgleiten, eben weil das Element zur Kontrolle, zur Koordination – ganz zu schweigen von Disziplin – der Imame (selbsternannter Imame oder solcher mit unbekannter Ausbildung) nicht existiert.« Er beklagt »das Überhandnehmen dieser Geistlichen«, »die Willkür in einigen ihrer öffentlichen Äußerungen und ihren Predigten«, und spricht sich für eine »rasche Einsetzung regionaler Führungskräfte« aus, »von Muftis und Imamen, die von der Pariser Moschee entsandt werden«, um »diesen Bereich, in dem in Frankreich eine unglaubliche Unordnung herrscht, wieder den Geboten der Vernunft unterzuordnen«[43].

Entsprechend dieser Sichtweise eröffnete der Rektor der Pariser Moschee am 4. Oktober 1993 in Anwesenheit Pasquas und des Kultusministers Toubon »das Institut für das Studium der Religion und Theologie«, an dem in Frankreich wirkende Imame ausgebildet werden sollen. Die »Einweihungsvorlesung« hielt Professor Bruno Etienne, der seiner Freude darüber Ausdruck gab, daß »endlich die Präsenz des Islam in Frankreich anerkannt und daß sie vor allem aus der leichtfertigen Verquickung mit einem Extremismus gelöst wird, der nichts Islamisches an sich hat außer dem Namen, den seine übelgesinnten Manipulatoren mißbrauchen«[44]. Der Unterricht, in dessen Genuß nur männliche Abiturienten kommen, verbindet die Disziplinen des *'ilm* (Koran, Hadith, *fiqh* und so weiter) mit Sprach- und kulturwissenschaftlichen Kursen. Er ist darauf angelegt, einen »offenen und toleranten« Islam zu vermitteln, und umfaßt die traditionelle islamische Exegese ebenso wie die kritische Auseinandersetzung mit nichtmuslimischen Orientalisten.

Das Institut Boubakeurs mußte zwangsläufig ein Schlag für das von der UOIF in Nièvre gegründete sein; aber noch in der Woche seiner Einweihung sollte, mit der Eröffnung einer »université islamique de France« (UIF = Islamische Universität Frankreichs) am 9. Oktober, ein dritter Konkurrent auftauchen.[45] Die UIF wurde zunächst in den Räumen der Moschee von Mantes-la-Jolie untergebracht, mußte diese aber bald räumen, da ihr Leiter (ein Marokkaner) die gemeinsame Unterrichtung von männlichen und weiblichen Studenten ablehnte. Auf etwa zwei junge Frauen kommen drei Männer – und einige (wenige) Studentinnen erscheinen sogar ohne Schleier. Schließlich wurde sie im Pariser Sitz der Islamischen Weltliga untergebracht. Sie orientiert sich am Modell der angelsächsischen *open universities* und wird von Didier-Ali Bourg[46], einem jungen französischen Lehrer, der zum Islam übergetreten ist, geleitet. Der UIF, deren Budget sich auf neun Millionen Francs beläuft, die im wesentlichen aus Schenkungen stammen[47], gelang es, im ersten Jahr mehr Schüler für sich zu gewinnen als ihre beiden Konkurrenzinstitutionen (in denen nur Abiturienten zugelassen werden): 150 Personen nehmen auf drei Klassen verteilt, ständig an den Kursen teil, die am Wochenende stattfinden – und 150 weitere haben Fernkurse belegt.[48]

Dieser Erfolg hat mehrere Gründe. Da kein Diplom verlangt wird, können sowohl »neue junge Muslime« – Franzosen maghrebinischer Herkunft, die aus den Vorstädten kommen und im öffentlichen Schulsystem oft an den Rand gedrängt wurden – als auch Studenten an den Kursen teilnehmen; letztere helfen den nicht so gut ausgebildeten Jugendlichen, ihren Rückstand aufzuholen. Die UIF will Imame, aber auch Führungskräfte ausbilden, die »die muslimische Gemeinschaft Frankreichs« organisieren, mit den Behörden verhandeln, Verbände leiten, Buchführung und das »Recht der Muslime« lernen, »muslimische Unternehmen« gründen und so weiter. Dieses Bemühen um eine Strukturierung der Gemeinschaft ist besonders ausgeprägt; damit geht im Prinzip eine weitgehende Öffnung gegenüber der französischen Gesellschaft Hand in Hand: »Psychoanalytiker und Marxisten werden ihre Überzeugungen selber den Studenten darlegen, und die Verantwortlichen von ›Libre Pensée‹ (Freies Denken) oder ›Grand Orient‹ (Großer Orient) können ohne weiteres ihre Ansichten zum Laizismus vortragen.«[49] In Wirklichkeit erschienen solche Veranstaltungen nicht im Programm des ersten Jahrgangs, und es hat nicht den Anschein, als habe 1993/1994 eine kritische Distanz sehr im Vordergrund gestanden: Ziel der UIF ist es zunächst, die Studenten im Glauben und seiner Befolgung zu bestärken sowie damit in Zusammenhang stehendes Wissen zu vermitteln. Der Unterricht wird durch die Teilnahme an Gebeten und gemeinsam eingenommene Mahlzeiten unterbrochen, und man pflegt das Gemeinschaftsleben, zu dem die Anwesenheit vieler junger Mädchen, auch wenn die meisten von ihnen verschleiert sind und auf separaten Bänken sitzen, erheblich beiträgt.[50] Dies bietet auch eine Gelegenheit, die oft heftigen Gefühle und den Kampfgeist einiger der frustriertesten Jugendlichen aus den Vorstädten zu kanalisieren, die erst vor kurzem für den Islam gewonnen wurden und für die die regelmäßige Teilnahme am Unterricht dieser »Universität« im angestammten Milieu ein Faktor des soziokulturellen Prestiges darstellt.

Wie man sieht, konkurrieren in dem Bestreben, die »muslimische Gemeinschaft Frankreichs« zu strukturieren, verschiedene Initiativen miteinander. Neben der Pariser Moschee, die dank der besonders guten Beziehungen Boubakeurs zu dem von Pasqua geleiteten Innenministerium in den Vordergrund gerückt ist, gelingt es auch anderen Bewegungen mit gelegentlich weit kompromißloserer islamischer Grundvorstellung die sozialen Probleme zahlreicher Jugendlicher maghrebinischer Herkunft mit dem Bestreben nach einer kommunitaristischen Reislamisierung zu verbinden. Wie in vielen muslimischen Ländern, in denen der Rückgriff auf die Religion zusehends eine zentrale Stellung im politischen und sozialen Leben einnimmt, ist auch in Frankreich die Kontrolle über die vorherrschende Art der Selbstdarstellung des Islam Gegenstand eines Hegemonialkampfes zwischen verschiedenen Strömungen. In der von Boubakeur gegründeten Nationalen Koordination dominieren die den Muslimbrüdern und der Tabligh nahestehenden Gruppen.

Am anderen Ende des Spektrums bemüht sich eine Bewegung, deren Galionsfigur ein junger Imam, Soheib Bencheikh, ist, eine Lesart des Korans zu verteidigen, die radikal mit den von der Tabligh und den Muslimbrüdern inspirierten Vorstellungen bricht, wie sie die verschiedenen Aktivisten der Reislamisierung vertreten. In Anlehnung an die in den Werken mehrerer »modernistischer« muslimischer Autoren dargelegte Denkweise, etwa von Ali Abd al Raziq[51], weigert sie sich, das Tragen des Schleiers als »Zeichen der Religiosität« zu betrachten, und hat es sich, so die Journalistin Martine Gozlan, die dieser Bewegung ein ganzes Buch widmete[52], zum Ziel gesetzt, »[ihre] Gemeinschaft aus den Klauen des Obskurantismus zu befreien«. Einige lokale muslimische Verbände bieten ihr auf ihren Rundreisen durch Frankreich ein Forum, aber sie verfügt über keine den Infrastrukturen und Vernetzungen vergleichbare Einrichtungen, wie sie die islamistischen Vereinigungen seit Ende der achtziger Jahre aufgebaut haben. Dennoch bezeugen die Initiative Bencheikhs[53] und die Unterstützung, die sie erfährt, ungeachtet der Ziele die sie letztendlich anstrebt, daß sich in den neunziger Jahren die Diskussionen, bei denen sich früher muslimische »Laien« und Geistliche gegenüberstanden, in die spezifisch religiöse Sphäre verlagert haben.

Rückkehr zum Schleier

Nach der Affäre von Creil im Herbst 1989 hatte der Staatsrat ein Gutachten erstellt, das der freien Entscheidung der Schülerin Vorrang einräumte: Das Tragen des Schleiers beziehungsweise des Kopftuchs konnte nur unter bestimmten Bedingungen untersagt werden – etwa in Zusammenhang mit Bestrebungen, andere zu bekehren und Propaganda zu betreiben, sowie auf einer anderen Ebene mit Verstößen gegen die Sicherheits- oder Hygienevorschriften.[54] Im Herbst 1990 wurden in Montfermeil, einer Pariser Vorortgemeinde, die mehrfach zu Kontroversen über die Immigration Anlaß gegeben hatte, fünf Schülerinnen aus der Hauptschule Jean-Jaurès ausgeschlossen, und zwar aufgrund einer internen Regelung, die das Tragen »jedes kleidungsmäßigen oder sonstwie auffälligen Zeichens religiöser, politischer oder weltanschaulicher Art« in der Schule strikt untersagte. Das von einer der betroffenen Familien angestrengte Gerichtsverfahren endete damit, daß der Staatsrat diesen Ausschluß wegen Überschreitung der Zuständigkeit aufhob, da die interne Regelung gegen das Grundrecht der Schülerinnen verstoße, ihre Überzeugung oder ihren Glauben frei zum Ausdruck zu bringen. Der Direktor der Schule, Ali Boumahdi, erklärte daraufhin, eine der Schülerinnen, die seit der Grundschule den Schleier trage und deren älterer Bruder den muslimischen Kultur- und Sportverein in Montfermeil leite, versuche andere zu bekehren, »indem sie die nicht verschleierten ›Beurettes‹ beschuldigt, ›schlechte Musliminnen‹ zu sein«[55]. Seiner Ansicht nach spielte der Staatsrat »das Spiel der Integralisten« mit – in der dem Staatsrat vorgelegten Akte tauchte jedoch keine Anschuldigung wegen Bekehrungsbestrebungen auf[56], was die Ausgangssituation der Affäre auf rechtlicher Ebene geändert hätte.

Die Entscheidung des Staatsrats hatte zweierlei zur Folge. Die Reislamisierungsbewegungen, die aus dem Kampf um das Tragen des Schleiers in der Schule eine Symbol der kommunitaristischen Identität machten, zogen daraus einen Vorteil und verbuchten den Sieg auf ihr Konto. Andererseits fürchteten nun zahlreiche Schulleiter, jede Schleier-Affäre werde vor Gericht enden. Sie sahen sich in eine unangenehme Lage versetzt, auf die sie kaum vorbereitet waren. Die meisten suchten das Problem in Gesprächen mit den Familien zu lösen, um so den richtigen Weg zwischen »der Freiheit der Schülerin« und »dem Verbot jeglicher Bekehrungsversuche« – die Möglichkeit, die ihnen der Staatsrat offengelassen hatte – zu finden. In der Zeit zwischen der Entscheidung vom 2. November 1992 in Sachen der Affäre von Montfermeil und dem Schulbeginn 1993 erschien eine wachsende Anzahl Schülerinnen verschleiert in den Schulen.[57]

Das Tragen des Schleiers nahm sehr unterschiedliche Bedeutung an. Für zahlreiche Schülerinnen, Klassenkameradinnen der verschleierten Mädchen, richtete sich jeder von der Verwaltung oder den Lehrern ausgeübte Druck gegen die Jugendlichen insgesamt; damit wurde der Schleier einigermaßen paradox zum Banner der Freiheit gegen den Konformismus, ähnlich wie die durch amerikanische Fernsehserien in Mode gekommenen Baseballmützen und die grün gefärbten Haare der Punks. Für zahlreiche Lehrer hingegen bedeutete der Unterricht vor verschleierten Schülerinnen schlichtweg die Negation der Ideale der Emanzipation und der Entwicklung kritischen Denkens, in ihren Augen die Grundlagen der laizistischen Erziehung.

In einigen Gymnasien in der Umgebung von Paris wurde die Entscheidung des Staatsrats von den radikalsten Reislamisierungsbewegungen als ein erster Schritt betrachtet: Immer mehr Schülerinnen ließen sich durch Vorlage medizinischer Gutachten, die in manchen Fällen weit von den betreffenden Schulen entfernt wohnende Ärzte ausgestellt hatten, vom gemischten Sportunterricht befreien.[58] In Sevran bei Nanterre verlangten die Schülerinnen einen eigenen Raum, um dort ihre Gebete verrichten zu können; andernfalls beteten sie in den Gängen. In einem Fall hatte die Weigerung des Schulleiters zur Folge, daß die Schülerinnen am Freitag nachmittag wiederholt zu spät zum Unterricht kamen, was Probleme der Disziplin aufwarf.[59] In einem Gymnasium im Département Hauts-de-Seine tauchten Schülerinnen der Abschlußklasse, die vorher nur einen *hijab* getragen hatten (der lediglich die Haare verhüllt), zu Schulbeginn in vollständiger »islamischer Bekleidung« auf – einschließlich Mantel und Handschuhen – und brachten damit eine Reihe von Lehrern in Verlegenheit, die es irgendwie paradox fanden, unter solchen Umständen beispielsweise Philosophieunterricht zu erteilen. In den Augen jener, die das Programm der islamistischen Gruppen in Großbritannien im erzieherischen Bereich kannten, wiederholte sich, mit einer Verschiebung um einige Jahre, die Situation von Birmingham und Bradford jetzt auf der Ile-de-France.

Zu den beiden Affären, die am meisten Aufmerksamkeit auf sich zogen, kam es im Herbst 1993 in der Region Rhône-Alpes; sie stellten nacheinander türkische und marokkanische Schülerinnen in Nantua im Départment Ain und dann eine französische Gymnasiastin in Grenoble ins Rampenlicht. Letztere wurde durch eine »einheimische«, vor allem in Lyon aktive Reislamisierungsbewegung unterstützt, die bei jungen Franzosen maghrebinischer Abstammung wie auch bei zum Islam übergetretenen französischen Jugendlichen großen Anklang fand: die Union des jeunes muselmans (UJM = Union junger Muslime). Bei diesem Anlaß nun hielt die Forderung nach dem Tragen des Schleiers allmählich als typisch französisches kulturelles und soziales Thema in die schulische Landschaft Einzug, als Symbol einer kommunitaristischen Identität, die in allen gesellschaftlichen Lebensbereichen zum Ausdruck kam – von der Schule und dem Viertel bis hin zur einer Auseinandersetzung um ein »muslimisches Votum« bei den Wahlen.

In Nantua waren seit den sechziger Jahren viele ungelernte Arbeiter aus der Türkei und Marokko eingewandert, ohne daß dies weiter aufgefallen wäre; die Stadt bezog einen Großteil ihrer Einnahmen aus der Plastikindustrie, die der Region den Namen »Plastic Valley« eintrug. In den siebziger Jahren hatte die Familienzusammenführung zur Geburt vieler Einwandererkinder geführt, die in die staatlichen Schulen gingen. Zum Schulbeginn 1993 kamen vier Schülerinnen der Hauptschule Xavier-Bichat, in der ein Viertel der Schüler türkischer oder maghrebinischer Herkunft ist, verschleiert zum Unterricht – wozu sie das Recht hatten –, weigerten sich jedoch, ihren Schleier beim Turnunterricht abzulegen, und verstießen damit gegen die Sicherheitsvorschriften. Parallel zu den Verhandlungen, die der Schulleiter mit den Familien führte, trat der Lehrkörper der Schule am 12. Oktober mehrheitlich in den Ausstand; etliche Lehrer vertraten in einem Kommuniqué folgende Auffassung: »Das Tragen des Schleiers stellt die Freiheit der Schülerinnen in Frage, gefährdet ihre Sicherheit im naturwissenschaftlichen und Sportunterricht und stellt in Hinblick auf junge Mädchen eine Diskriminierung sowie eine gewollte Absonderung dar.«[60]

Als eine Lösung gefunden schien, kamen nach den Allerheiligenferien zwei Schülerinnen erneut verschleiert in die Schule – die Eltern der anderen hatten es vorgezogen, ihre Töchter zum Fernunterricht anzumelden. Der Disziplinarausschuß der Schule verwies sie am 4. Dezember endgültig von der Schule – eine Entscheidung, die am 11. Mai 1994 vom Verwaltungsgericht Lyon bestätigt wurde[61] unter dem Vorbehalt, daß beim Staatsrat Berufung dagegen eingelgt werden könne. Wie 1989 in Creil meldeten sich auch jetzt islamistische Aktivisten zu Wort. Ein türkischer Imam, der erst kurz zuvor aus Deutschland eingereist war, vertrat eine unnachgiebige Position in der Schleierfrage (und stieß damit bei der türkischen Bevölkerungsgruppe in Nantua, die seine Ideen durchaus nicht einhellig billigte, auf Widerstand), ehe er, über einen Dolmetscher, dem *Figaro* gegenüber erklärte, »das Gesetz Allahs hat Vorrang vor dem französischen Gesetz«[62]. Daraufhin wurde er vom Innenminister des Landes verwiesen. Die marokkanischen Familien bedienten sich einer seltsamen Persönlichkeit, eines Staatenlosen tunesischer Abstammung, der sich als »Islamologe« bezeichnete, als Berater bei den Verhandlungen mit dem Schulleiter, dem er zu verstehen gab, gemäß seiner Interpretation des heiligen Buches sei das Tragen des Schleiers »vom Kopf bis zur Brust« eine zwingende Vorschrift: Eine »Vorschrift des Korans [...] verlangt, regelt und bestimmt die Bedingungen, unter denen er im Privatleben und der Öffentlichkeit abgelegt werden darf«.[63] Auf der anderen Seite des Mittelmeers verfolgte man in französischen Fernsehsendungen, die man dort über Parabolantennen empfangen konnte, die Affäre, und verschiedene Prediger prangerten von den Kanzeln aus die »Verfolgung« an, der der Islam in Frankreich ausgesetzt war.

Die Affäre von Nantua fand ein lebhaftes Echo. Sie zeigte, daß vier Jahre nach Creil und trotz der Entscheidung des Staatsrats das Schleierproblem immer noch ungelöst war. Vor allem brachte die Parole des Streiks, an dem sich die meisten Lehrer(innen) der Schule beteiligten, ihr Unbehagen und gleichzeitig die zunehmenden Verständigungsschwierigkeiten zwischen den Verfechtern zweier unterschiedlicher Wertkategorien zum Ausdruck.[64] Auf der einen Seite die Lehrer, in der Mehrzahl gewerkschaftlich organisiert und links; viele von ihnen hatten sich im Kampf gegen den Rassismus und für die Integration der Einwanderer engagiert. Und auf der anderen einige Schülerinnen und ihre Familien, die eine – in ihrer radikalsten Form von dem türkischen Imam zum Ausdruck gebrachte – Forderung nach kommunitaristischer Identität vorbringen. Und zwischen diesen beiden Polen eine durch die mittelmäßigen Berufsaussichten verunsicherte Jugend der zweiten Einwanderergeneration, für die die von der laizistischen Schule vermittelten Werte nur dann einen Sinn haben, wenn Ausbildung und Schulabschluß ihr schließlich den Zugang zum Arbeitsmarkt und die Eingliederung in die Gesellschaft ermöglichen.

Protagonistin der zweiten aufsehenerregenden Schleier-Affäre im Herbst 1993 war Schérazade, eine Schülerin der Abschlußklasse eines Gymnasiums in Grenoble und Französin marokkanischer Herkunft. Die verschleierten Schülerinnen von Nantua waren noch sehr junge,von ihren Eltern beeinflußte Mädchen, sie kamen aus Ausländerfamilien, die kaum französisch sprachen; und sowohl der türkische Imam als auch der »Islamologe« wirkten in einer Geisteswelt, die von der Realität der französischen Gesellschaft weit entfernt war. Ganz anders in Grenoble: Schérazade nahm ihr Schicksal selbst in die Hand – um einen Vater, der nichts damit zu tun hatte, daß seine Tochter den Schleier trug, auf »den Weg Allahs« zurückzuführen; sie ordnete ihr Verhalten in den juristischen und intellektuellen Rahmen der Republik ein, indem sie aus ihrer Freiheit und der Einforderung ihrer Staatsbürgerrechte einen Freiraum schuf, in dem sie stolz ihren Schleier, Symbol cincr kommunitaristischen Selbstbestätigung, trug.

Laut ihrem Bericht[65] fand sie 1993, während des Ramadan, der in die Februarferien fiel, zum Islam zurück. Da sie neugierig war, was es mit ihrer Religion auf sich hatte, begleitete sie ihre Großmutter in die Moschee und war binnen kurzem davon überzeugt, der Islam sei ihr Lebensideal: »Innerhalb einer Woche war ich in den Islam eingedrungen, und von da an wurde auf einmal alles ganz normal und automatisch. Fünfmal am Tag verrichtete ich mein Gebet, und ich begann, mit den mir zur Verfügung stehenden Mitteln, das heißt auf französisch, den Koran zu lesen, den man jedoch nur auf arabisch wirklich begreifen kann, ich meine das literarische Arabisch, das soviel schöner ist als das Dialektarabisch. Der Koran ist die Gebrauchsanweisung, die Gott, unser Schöpfer, uns für das Leben auf Erden gegeben hat. Wenn man eine Waschmaschine kauft und keine Bedienungsanleitung dafür hat, kann man sie nicht in Gang setzen. Mit dem Koran ist es ähnlich. [...] Das Kopftuch war Teil meiner Pflichten als Muslimin, ich trug es ganz selbstverständlich und fand es durchaus nicht lästig.«

Diese Äußerungen gleichen den üblichen Bekehrungsberichten Jugendlicher, die zu welchem Glauben auch immer gefunden haben: Die Entdeckung des religiösen Weges, der Befolgung der Gebote einer Religion, schafft eine Insel inneren Friedens in einem hier aufgrund des Gefühls, im Vergleich zum gesellschaftlichen Umfeld anders zu sein, doppelt schwierigen Lebensabschnitt.[66] Auffällig ist der Vergleich des Korans mit einer Gebrauchsanweisung – der, es läuft auf das gleiche hinaus, auch an das »Kleine rote Buch als Gebrauchsanweisung« denken läßt, das 25 Jahre zuvor den französischen Schülern und Jugendlichen ebenfalls alle Antworten geliefert hatte.[67] Nach dem ersten erregenden Gefühl, an dessen Aufrichtigkeit zu zweifeln hier nicht der Ort ist, schlägt die neue Gläubige einen doppelten Weg ein: Sie schließt sich einer Gruppe Gleichgesinnter an, fügt sich in einen Mikrokosmos der durch die strikte Befolgung des Glaubens definierten Gemeinschaft ein und wird deren Bannerträgerin. Gleichzeitig vollzieht sie einen symbolischen Bruch mit ihrer täglichen Umgebung – indem sie in der Schule den Schleier trägt –, der den Ausschluß aus der Schule nach sich zieht und sie zu einem Hungerstreik veranlaßt, der aus ihr eine exemplarische Märtyrerin der islamistischen Sache macht; dadurch verleiht sie der Gemeinschaft neuen Auftrieb, während es ihr selber Ehrungen in saudischen Zeitschriften und eine Demonstration der »neuen jungen Muslime«, die zu ihrer Unterstützung aus ganz Frankreich anreisen, einbringt.

Im Gymnasium führt der Schleier zu Reibereien mit verschiedenen Lehrern, aber erst zum Schulbeginn 1993 verhärtet sich der Konflikt. Den *casus belli* stellt auch hier, wie in Nantua, die Bekleidung beim Sportunterricht dar. Nach einer komplizierten Prozedur wird Schérazade am 18. Dezember vom Gymnasium verwiesen, da sie sich weigert, die für den Sportunterricht geforderte Kleidung zu tragen – eine Entscheidung, gegen die die Schülerin und ihr Unterstützungskomitee Einspruch erheben.[68] Im Sommer hatte sie, so heißt es in ihrem Bericht, regelmäßig andere »zum Islam zurückgekehrte« junge Mädchen in Lyon besucht und an einem islamischen Ferienlager in Savoyen teilgenommen: Auf diese Weise hatte sie sich der der Union des jeunes muselmans nahestehenden Bewegung angeschlossen, die eine islamische Identität unter Berufung auf die Gemeinschaft fordert. Diese Strömung ist vor allem durch die Auffassung der Muslimbrüder und durch zwei junge, charismatische Prediger aus Genf, Tariq und Hani Ramadan, beeinflußt; beide sind Enkel des Gründers der Muslimbruderschaft, Hassan el Banna, und bei den Bewegungen der »neuen jungen Muslime«, vor allem in der Region Rhône-Alpes, sehr gefragte Redner. Nach ihrem Ausschluß aus der Schule nimmt Schérazade zu Weihnachten an der Versammlung der UOIF in Bourget teil[69], wo sie mit ihrem Erfahrungsbericht großen Erfolg hat und verkündet: »Selbst wenn man die Sonne in meine rechte und den Mond in meine linke Hand legte, ich würde meinen Schleier nicht ablegen. Wenn ich zu Ende gesprochen habe, werden selbst die Männer weinen. Den Anfang des Satzes über die Sonne und den Mond hat dcr Prophct an dem Tag gesagt, als die Leute von Mekka zu ihm kamen, um ihn dazu zu bewegen, seinem Glauben abzuschwören.«[70]

So, wie sie davon berichtet, ist ihre Laufbahn typisch für eine »neue junge Muslimin« und Adeptin der Reislamisierungsbewegungen. Ende Dezember unternimmt sie jedoch, zusammen mit einer konvertierten französischen »Schwester«, einen im militanten Islamismus Frankreichs unerhörten Schritt: Sie tritt in den Hungerstreik. Allerdings hatten sich die Protestbewegungen in Frankreich ab den siebziger Jahren oft dieser Taktik bedient. Sie zeugt von einer kulturellen Angleichung der islamistischen Mobilisierung in den neunziger Jahren, die jetzt zu einem typisch französischen gesellschaftlichen Phänomen wird – obwohl sie sich natürlich die Besonderheit ihrer kommunitaristischen Zielsetzungen bewahrt.

In einem vor dem Gymnasium aufgestellten Wohnwagen halten Schérazade und Sandra, ihre konvertierte »Schwester«, ihren Hungerstreik 22 Tage lang durch. Sie empfangen Vertreter der Presse – was ihnen seitenlange Reportagen in *Al Muslimoon* (»Die Muslime«) einbringt, einer saudischen Wochenzeitschrift, die sich die weltweite Förderung der Reislamisierung im wahhabitischen Sinne zur Aufgabe gemacht hat. Unter dem Titel »Sie [die Franzosen?] wollen Schérazade den Schleier wegreißen, um hinter die Geheimnisse von sechs Millionen [sic] Muslimen zu kommen« ergeht sich die Wochenzeitschrift begeistert über ein Land, in dem es in jedem Dorf eine Moschee oder einen Gebetssaal gibt, wo überall das »Es gibt keinen Gott außer Allah, und Muhammad ist der Gesandte Gottes« erschallt, wo tagtäglich sechs Franzosen sich bekehren, wo der Anteil der Muslime in bestimmten Stadtvierteln 75 Prozent beträgt. Sie richtet ihre Aufmerksamkeit auf die »neuen Muslime«, die, vor kurzem noch nur dem Namen nach Muslime, dies jetzt in ihrem Herzen geworden sind, nachdem sie Prediger wie F. Maoulaoui und Y. el Qardaoui[71] gehört und »entdeckt haben, wie wertvoll der Islam ist, nachdem sie den Laizismus, den Kommunismus und den moralischen Verfall aus nächster Nähe kennengelernt hatten«. Im Gegensatz zu dem, was die französische, »von den Zionisten beherrschte« Presse schreibt, die im Islam nichts als Gewalt und Terrorismus sehen will, »zeigen die offiziellen französischen Statistiken, daß die Zahl der Diebe und Drogensüchtigen abnimmt, sobald irgendwo eine Moschee errichtet wird«. In diesem Zusammenhang bedeutet dies: »Als die Muslimin Schérazade den Schleier trug und als der Schulleiter ihr befahl, ihn abzulegen, standen sie in Wirklichkeit für die Geschichte des Kampfes des Islam gegen seine Feinde, des Guten gegen das Böse, der Toleranz und der Barmherzigkeit gegen den Rassismus und die Gewalt [...] Ihre Freundin Sandra hat sich zum Islam bekehrt, ebenso

Rose und Caroline; Fatima, Aïcha, Bathina und Naoual haben zum Islam zurückgefunden, nachdem sie nur dem Namen nach Musliminnen gewesen waren: Wahrhaftig, welch schöne Sache für den, der die Schönheit zu schätzen weiß, und welch erschreckende Sache für den, der weiter in der Finsternis verharren will...«[72]

Indem sie sich auf diese Weise für eine saudische Interpretation der Welt, in der das Gute und das Böse klar voneinander geschieden sind, anbot, schlug Schérazades Aktion gleichzeitig eine französische Tonart an: Am 5. Februar endete ihr Hungerstreik in Grenoble mit einer Sympathiekundgebung von in Frankreich bislang unbekannter Art. Ungefähr 1 500 »neue junge Muslime« folgten dem Aufruf der UJM, der FNMN und der Fondation islamique de Genève (Islamische Stiftung Genf) und einiger anderer Vereinigungen und kamen mit Bussen aus ganz Frankreich nach Grenoble. Junge Mädchen (fast alle verschleiert) auf der einen Seite, Jungen auf der anderen skandierten gleichzeitig Slogans, die verschiedenen Kategorien angehören: »*Allah Akbar*« einerseits, wie bei allen islamistischen Versammlungen auf der ganzen Welt, aber auch: »Frankreich bedeutet Freiheit, mein Tuch auch« und »Franzosen ja, aber auch Muslime«. Alle trugen eine schwarze Armbinde mit einem gelben Halbmond und der Aufschrift *Wann sind wir an der Reihe* – und wiesen damit darauf hin, daß in ihren Augen die Widerstände gegen das Tragen des Schleiers in den Schulen der Verfolgung gleichkam, unter der die mit einem gelben Stern gekennzeichneten Juden unter den Nazis zu leiden hatten.

Die an die französische Öffentlichkeit gerichtete Forderung nach einer kommunitaristischen Identität bediente sich zweier Argumente: Sie definierte sich zunächst als einfache Ausweitung der individuellen Freiheit, ein Recht, das die »neuen jungen Muslime« aufgrund ihrer französischen Staatsangehörigkeit völlig legal ausüben konnten; sodann nahm sie die Rolle des Opfers von Unterdrückung schlechthin an – indem sie den gelben Stern durch den gelben Halbmond ersetzte. Jenseits der bewußten Übertreibung gemahnt diese Einstellung an die der Schüler Farrakhans, die aufgrund der Behandlung, der die Schwarzen nach der Versklavung ihrer Vorfahren ausgesetzt waren, den Status von Opfern *par excellence* für sich in Anspruch nehmen und sich damit an die Stelle der Juden setzen, die ausschließlich und – ihrer Ansicht nach zu Unrecht – eine ähnliche Stellung einnehmen.[73] Bei der Demonstration in Grenoble war der Vergleich zwischen der »Verfolgung« verschleierter Schülerinnen und der der Juden zweifelsohne zu übertrieben, um ein großes Echo in der französischen Öffentlichkeit zu finden; man sollte jedoch seine Eignung zur inneren Mobilisierung, um die unter der Führung verschiedener für dieses Ziel kämpfender Bewegungen im Entstehen begriffene »islamische Gemeinschaft« zusammenzuschweißen, nicht unterschätzen.

Reislamisierung und politisches Engagement

In dieser Hinsicht ist die Union des jeunes musulmans, die im wesentlichen die Demonstration in Grenoble organisiert hat, heute, im Jahre 1993, vermutlich diejenige Organisation, der es am besten gelang, in ihrem Projekt die Forderung nach einer islamischen, als solcher anerkannten Gemeinschaft mit der Ausübung ihrer Rechte als französische Staatsbürger zu verbinden. Nachdem sie in den Vororten Lyons wichtige Vorarbeit geleistet hat, wird sie vor allem auf kommunaler Ebene tätig und gibt dabei – durch eine kommunitaristische Strukturierung der Nachbarschaft und des täglichen Lebens – einer Reislamisierung »von unten« den Vorzug. Die Union entstand im Juni 1987 im Umkreis einer Bibliothek im Zentrum Lyons, Al Tawhid (»Die Einmaligkeit Gottes«), im Gefolge der ersten Reislamisierungsbewegung der Beurs in der Hauptstadt des Rhônetals in den Jahren 1985/86. Anders als die islamischen Vereinigungen jener Zeit, die entweder von älteren, pietistischen Arbeitern aus dem Maghreb oder von jungen Studenten aus Nordafrika oder der Türkei geleitet wurden, die kaum Kontakt mit den in Frankreich geborenen Jugendlichen hatten, war die UJM von Anfang an eine Bewegung Jugendlicher französischer Nationalität aus den Vororten; sie kannten die konkreten sozialen Probleme, denen diese gegenüberstanden. Bis Anfang der neunziger Jahre spielten sie eine untergeordnete Rolle im Geflecht der lokalen Vereinigungen, die von den JALB (Jeunes Arabes de Lyon et banlieu = Junge Araber von Lyon und Umgeburng) dominiert wurden. Deren Galionsfigur, Djida Tazdaït, war 1989 über die ökologische Liste zur europäischen Abgeordneten gewählt worden; sie beriefen sich auf die ethnische Zugehörigkeit (»Araber«) ihrer Mitglieder und verfolgten bereits damals, allerdings in laizistischem Sinne, eine kommunitaristische Zielsetzung.

Nach dem Niedergang der antirassistischen, der Beurs- und anderen Bewegungen Anfang der neunziger Jahre beginnt die UJM, allmählich den so entstandenen Leerraum zu besetzen. Wirklich von sich reden macht sie erst auf ihrem ersten Kongreß 1992.[74] Vorher leistet sie jedoch Arbeit vor Ort, wobei sie sich vorrangig an die Jugendlichen »schwieriger« Viertel, Vénissieux, Villeurbanne, Vaux-en-Velin und andere Trabantenstädte von Lyon, wendet. Sie betätigt sich auf mehreren Ebenen gleichzeitig. Die wichtigste, die Reform und die Predigt (*islah wa da 'wa*), gibt den muslimischen Jugendlichen (oder ihren nichtmuslimischen Kameraden, die sich in dem Maße, wie ihre Freunde in den Trabantenstädten ihre islamische Identität betonen, bekehren) erstmals oder von neuem die Kraft, die oft mißlichen Lebensbedingungen zu ertragen. Das Gebet, das Ramadanfasten und die moralische Redlichkeit stehen für eine nachdrücklichc Bestätigung der Identität und angesichts der Abwertung durch das städtische Umfeld und des durch die Institutionen und Medien vermittelten Minderwertigkeitsgefühls zugleich für ein positives Bild ihrer selbst. Es sieht so aus, als könnte man die Zeugnisse, die von den Bekehrungen junger »angestammter Franzosen« in den Vororten berichten, unter diesem Gesichtspunkt interpretieren: Schon jetzt ist die Kultur in den Trabantenstädten weitgehend arabisch geprägt – eben weil dort viele Jugendliche maghrebinischer Herkunft wohnen –, und die jungen »Gallier« der benachteiligten Schichten nehmen gelegentlich arabische Beinamen an, die ihre »Integration« in die Gruppe ihrer Kameraden erleichtern: François wird zu »Abdel«, Frédéric zu »Kader« und so weiter. Darauf folgt schließlich die Eingliederung in einen spezifisch islamischen kommunitaristischen Prozeß.[75]

Hand in Hand mit dem Predigen engagiert sich die UJM, wie alle Reislamisierungsbewegungen »vor Ort«, im sozialen und schulischen Bereich: Nachhilfeunterricht, Mobilisierung der Solidarität, um den (zahlreichen) Familien mit finanziellen Schwierigkeiten zu helfen und so weiter. Außerdem drängt man die jungen Leute, denen man Enthaltsamkeit predigt – die nur schwer mit dem Leben in den Trabantenstädten vereinbar ist –, sich zu verheiraten, um ihnen dadurch Halt zu geben. Dies bietet zudem die Möglichkeit, »gute Musliminnen«, die den Schleier tragen und kaum Kontakt zu Männern haben, mit »neuen jungen Muslimen« zusammenzubringen – und so den Zusammenhalt der Gemeinschaft zu stärken und fromme Nachfolgegenerationen heranzuziehen.[76] Die Versammlungen stellen zudem eine Gelegenheit dar, in einer festlichen Atmosphäre in Anwesenheit eines Imams zusammenzukommen (das gleiche gilt für die Versammlungen der UOIF). Schließlich wird der Zusammenhalt durch die Organisation religiöser Feste der Muslime gefördert, die man mit großem Aufwand feiert, um die der Gemeinschaft eigene Kultur – so wie die UJM sie interpretiert – hervorzuheben. Ferienlager, Wochenendausflüge, Tagungen, Seminare und so weiter vervollständigen das Programm.

Die soziale und karitative Dimension dieser Aktivitäten wurde von den Behörden durchaus zur Kenntnis genommen: In den ersten Jahren erhielt die UJM Zuwendungen vom FAS (Fonds d'action sociale pour les travailleurs immigrés = Fonds zur sozialen Unterstützung immigrierter Arbeiter, eine staatliche Institution). Doch diese Subventionen wurden – unter Berufung auf das Gesetz von 1905, das die Unterstützung von religiösen Vereinigungen mit öffentlichen Geldern untersagt – eingestellt, als die UJM zur Demonstrationen (die verboten wurden) gegen *Die satanischen Verse* und für das Recht, in den Schulen den Schleier zu tragen, aufrief.[77] Seitdem verschlechterten sich die Beziehungen zwischen der

UJM und dem Staat; sie griff den CORIF heftig an (an dem sich die Führer der UOIF trotzdem beteiligten), und Innenminister Charles Pasqua wurde zur bevorzugten Zielscheibe des Blatts der Vereinigung, *Jeunes Musulmans*.[78]

Hingegen hat die UJM guten Kontakt zum (kommunistischen) Gemeindevorstand von Vénissieux. Drei Jahre nacheinander stellte dieser der Vereinigung kommunale Räume, in denen sie ihren Kongreß abhalten konnte, zur Verfügung (1992: 1 500 Personen; 1994: ungefähr 3 000). 1993 wurden Vertreter der Sozialistischen Partei eingeladen, sich bei diesem Anlaß zu äußern; 1994 hielt der Abgeordnete und Bürgermeister von Vénissieux eine lange Rede. Die UJM bemüht sich, eine ortsansässige Wählergruppe auf die Beine zu stellen, ein gemeinsames muslimisches Votum zu organisieren, über das sie mit den Gemeinderäten im Austausch gegen die Erfüllung ihrer Forderungen verhandelt: »Eine Hand wäscht die andere«.[79]

Dieses Thema wurde gereits auf dem Kongreß von 1993 angesprochen, und 1994 legte es der Schatzmeister der Vereinigung des langen und breiten dar. Auf die im Rahmen einer Debatte geäußerte Frage, für wen die Muslime bei den Präsidentschaftswahlen 1995 stimmen sollen, antwortet er: »Ob es nun Mitterrand[80] ist oder ein anderer, das ändert nichts an der Sache. Wenn man eine Veränderung will, dann zuerst in unserem Viertel [...] Man müßte sich zunächst auf der Ebene der Kommunalwahlen einsetzen; es geht nicht um eine politische Entscheidung, es geht darum zu verhandeln, und das machen nicht nur die Muslime so: vor allem die Juden, alle Gemeinschaften tun das. Ihr geht zum Bürgermeister, das ist klar, es ist ein Geben und Nehmen: Wir, die Muslime, dürfen bei der ganzen Sache nicht die Dummen sein! Die nichtmuslimischen Franzosen glauben doch gar nicht mehr an die ganzen Probleme von wegen links und rechts [...] Man muß mit den Stadträten reden, sich ansehen, was sie anzubieten haben, und der euch das beste Angebot macht, na schön, *Inshallah*, den wählt ihr.«

Diese Strategie wird, ebenfalls von der Tribüne aus, vom Wortführer der Bewegung päzisiert. Nachdem er daran erinnert hat, man könne den Islam nicht von der Politik trennen (»ein wesentliches Element des Islam«) und müsse diese auf eine Weise betreiben, die sich nach dem Modell des Propheten richtet, beschreibt er die Situation der jungen Muslime in Frankreich als »sehr schwierig« und läßt drei Reaktionsweisen Revue passieren. Die erste, die der Eltern, der Einwanderer, bestand darin, stillschweigend zu dulden: »›Ich ducke mich, ich halte den Mund, ich verkrieche mich in meine Ecke‹: Ich überlasse es euch selber, die Nützlichkeit einer solchen Einstellung zu beurteilen!« Und das andere Extrem: »›Ich habe die Nase voll, ich mache alles kaputt!‹ Daran habt ihr kein Interesse! [...] Wenn du dich empörst, bekommst du Stockschläge, und damit erweist du den Muslimen keinen Dienst.« Dazwischen liegt »die Lösung, die wir empfehlen, das Engagement«. Dieses Engagement hat jedoch nichts mit dem der »Araber vom Dienst« zu tun, die seit den achtziger Jahren jeder für sich Politik betreiben und die sich, »da sie keine feste Überzeugung, keine Identität, keine Kultur, keine Besonderheit haben, von einer Ideologie, einem System verschlingen lassen.«

Politisches Engagement läuft über die vorherige Ausbildung einer starken kommunitaristischen Identität, noch vor jeder Verhandlung mit den örtlichen Abgeordneten. Man muß schrittweise vorgehen – wiederum nach dem Beispiel des Propheten, als dieser zu Beginn seiner Predigerlaufbahn den »Gottlosen« von Mekka gegenüber eine »Phase der Schwäche« durchmachte. In vorliegendem Fall heißt dies zunächst, sich in die Wählerlisten einzutragen. In der Tat: »Der Bürgermeister befragt sie, denn die Abgeordneten sind ja nicht dumm, sie werden versuchen, einen Weg zu finden, wie man sich mit diesen Leuten verständigen kann. ›Sie haben sich eingeschrieben? Ihre Kinder sind eingeschrieben? Sie haben acht Kinder, *ma cha' Allah*, und von denen gehen sieben wählen? Mal sehen...‹ Und dann kommen sie daher: ›Guten Tag, Monsieur Mohammed, wie geht's?‹, sie gehen mit ins Haus...«

Allem Anschein nach richtet die UJM sich eher an einer Strategie eines von der Gemeinschaft ausgeübten Drucks auf bereits etablierte Abgeordnete aus[81] und ist sehr mißtrauisch gegenüber dem Auftreten von »Muslimen vom Dienst«, die lediglich an die Stelle der »Araber vom Dienst« der achtziger Jahre getreten sind. Wenn die Politik ein Mittel ist, dessen man sich nach dem Beispiel des Propheten bedienen muß, wäre es in der Tat blasphemisch, sie zum Selbstzweck zu machen. So erklärt der Wortführer der UJM: »Das Ziel ist das Wohlgefallen Allahs, *soubhanouhou wa ta'ala*, und nicht, in die Nationalversammlung oder in den Stadtrat gewählt zu werden; das Ziel ist das Wohlgefallen Allahs, weil man sich für Gerechtigkeit auf Erden einsetzt.«[82]

Die UJM nimmt vorrangig auf die Zeit des Propheten Bezug: Glaubt man den Rednern auf dem Kongreß von 1994, so ähnelt Frankreich dem Arabien in der Anfangszeit seines Wirkens. Sie bringen die Offenbarung in ein Land, in dem es vor ihnen keinen Islam gab, und lassen auf diese Weise die glorreichen Zeiten der »ersten Generation des Korans« wiederaufleben – so die Formulierung des islamischen Denkers Sayyid Qutb –, aber sie sind darauf bedacht, nicht zu schnell vorzugehen. »In einer Gesellschaft von *kuffar* [Gottlosen] mußt du dich, wenn die *kuffar* die Muslime angreifen, in den Einflußbereichen der *kuffar* engagieren, um die Bürde, die auf den Muslimen lastet, zu erleichtern«, erklärt der Wortführer der UJM zum Abschluß seiner Rede über das Engagement – und bedient sich damit der Denkkategorien und Normen einer radikalen Form des zeitgenössischen Islam, um das nichtmuslimische Umfeld in Frankreich zu beschreiben. Gleichzeitig kommt dieses Engagement jedoch ganz konkret in Verhandlungen der Gemeinschaft mit den Abgeordneten zum Ausdruck.

Auf dem Kongreß ergriff der (kommunistische) Abgeordnete und Bürgermeister von Vénissieux, Gérin, nach der auf den Beitrag des Wortführers der UJM folgenden Diskussion das Wort. Er zeigte sich über einige der Äußerungen, die er gehört hatte, etwas erstaunt und erklärte gleich zu Beginn, »vom Standpunkt des Volkes aus« gebe es trotz allem Unterschiede zwischen »den aus dem Arbeitermilieu stammenden jungen Muslimen« und den »Emiren des XVI. Pariser Arrondissements« – und ließ damit ein gewisses Befremden in bezug auf die politische Logik des islamischen Kommunitarismus erkennen. Damit wollte er jedoch zum Ausdruck bringen, daß »vom Standpunkt der Werte, des Kampfes gegen den Kolonialismus, im Umfeld sozialer Kämpfe und fortschrittlicher Ideen ein gemeinsames Vorgehen möglich sei. »Wir befinden uns in einer Phase großer politischer Veränderung«, erläuterte er dies näher, »in der sehr bedeutsame Dinge stattfinden, sich in den Vororten eine Unterentwicklung abzeichnet; und ihr gehört zu jenen, die dieser Situation am unmittelbarsten ausgesetzt sind; es gibt jedoch etwas Positives: Was ihr macht, wie ihr seit drei Jahren vorgeht, das finde ich positiv; ich bin nicht mit allem einverstanden, aber ich halte es für meine Pflicht als Bürgermeister und Abgeordneter, ein Stück des Weges in allem, was mir positiv erscheint, mit euch gemeinsam zurückzulegen.«

Diese Stellungnahme läßt mehrere Interpretationen zu. Der Schatzmeister der UJM lieferte in seinem Diskussionsbeitrag eine, indem er auf den Bürgermeister zurückkam, der »Monsieur Mohammed« guten Tag sagt, damit dieser und seine zahlreichen Kinder bei den nächsten Wahlen für ihn stimmen. Aber abgesehen von diesem Zynismus würden Wahltaktik und Kommunitarismus sich hier genauso gut vertragen wie in Birmingham; das ist sogar die Einstellung eines kommunistischen Funktionärs, die hinsichtlich der von ihm erwähnten »wichtigen Veränderungen« sehr aufschlußreich ist. Der Bürgermeister/Abgeordnete, der eine neu aufgekommene gesellschaftliche Bewegung beobachtet, ihre Wirksamkeit abschätzt und ihre potentielle Weiterentwicklung vorhersieht, bemüht sich, sie in das Lager der »fortschrittlichen Kräfte« zu ziehen – und von den »Emiren des XVI. Pariser Arrondissements« fernzuhalten. Diese Haltung paßt zu dem ambivalenten Verhalten der KPF gegenüber den sozialen Erscheinungsformen des im Verlauf der letzten zwanzig Jahre in Frankreich um sich greifenden Islam. Schon 1977 hatte die CGT (Conféderation général du travail = Allgemeiner Arbeitsbund) die Einrichtung von Moscheen in den Fabriken von Renault und Citroën als »fortschrittlich« betrachtet.[83] 1991 hatte jedoch ein kommunistischer Bürgermeister in Libercourt, im Norden, ein »städtisches Referendum« organisiert, um den Ausbau einer Moschee auf Gemeindegrund zu verhindern.[84] Darüber hinaus äußerte sich *L'Humanité*, die kommunistische Tageszeitung, sehr ausführlich zum Vordringen der FIS in den Vororten[85]; sie sah in ihr eine terroristische Bewegung – und folgte damit dem Beispiel der algerischen Kommunisten, die die FIS als faschistische Partei betrachten und im übrigen die beliebteste Zielscheibe bewaffneter islamistischer Kommandos sind.

Dies sind in groben Zügen die wichtigsten Veränderungen, die die Forderung nach einer islamischen Identität in Frankreich in der ersten Hälfte der neunziger Jahre durchgemacht hat. Sie wird in Zukunft von jungen Leuten maghrebinischer Abstammung, die aber in den Trabantenstädten geboren und zum überwiegenden Teil französische Staatsangehörige sind, vorgetragen werden. Die Aktivisten der Reislamisierungsbewegungen nahmen sich der sozialen Notlage der benachteiligten Beurs an und griffen gleichzeitig das Verlangen junger Schüler nach einer Identität auf. 1994 ist diese Bewegung bei den muslimischen Bevölkerungsgruppen in Frankreich nicht vorherrschend; aber sie ist neu, sie verfügt über ein Entwicklungspotential, das man, in Verbindung mit der künftigen Gestaltung der gesellschaftlichen Situation in Frankreich und mit der Abnutzung der »Intergrationsmaschinen« – der Schule einerseits, der Arbeiterbewegung andererseits – nicht unterschätzen sollte. Sie will sich zur Wortführerin sozialer Konflikte machen und diese, indem sie sie in islamischen Kategorien ausdrückt, gleichzeitig lösen in der Hoffnung, die lokalen und nationalen Behörden, ratlos und bestrebt, mit möglichst geringen Kosten den sozialen Frieden zu bewahren, würden die Lösung dieser Probleme ihr überlassen.

Zwar erinnert diese Situation an die in den Vereinigten Staaten und in England, aber sie unterscheidet sich dennoch grundlegend, denn im Gegensatz zu diesen beiden Ländern existiert in der politischen Tradition Frankreichs keine Kultur des Kommunitarismus. Der Staat steht ihr ablehnend gegenüber, und die Bevölkerungsgruppen ausländischer Abstammung verweigerten sich im wesentlichen bis ins letzte Viertel des 20. Jahrhunderts hinein jeglicher Umsetzung oder Rekonstruktion einer ererbten Identität aus der Zeit vor ihrer Ansiedlung in Frankreich. Im Rahmen der antirassistischen und Beurs-Bewegung der achtziger Jahre vermittelten die Jugendlichen maghrebinischer Herkunft den Eindruck, sich mehrheitlich eher in der gleichen Richtung zu engagieren und eine französische Identität anzustreben, als sich in eine kommunitaristische Identität zu flüchten, die die Verschiedenheit noch deutlicher hervortreten ließ. Dieser Prozeß verlängerte teilweise den in den Herkunftsländern, wo die Gesellschaften einer kulturellen Vermischung unterlagen, in die gewisse französische Komponenten Eingang fanden. Im Gegensatz dazu bezeichnen ab 1989 die radikale Ablehnung der algerischen FIS gegenüber Frankreich und der Bruch zwischen dem Reinen und dem – mit Frankreich und seinen »Söhnen« gleichgesetzten – Unreinen auf der Grundlage einer kommunitaristischen Identität, deren Kriterium die strenge Einhaltung der religiösen Gebote und die ausschließliche und kompromißlose Berufung auf den Islam als umfassendes und in sich geschlossenes System sein soll, eine äußerst bedeutsame Veränderung im Repertoire der kulturellen Symbole. Dies könnte weit mehr als ein Rückgriff auf die Vergangenheit den Gebrauch des Islam als Form der Distanzierung gegenüber dem integrationistischen Modell der Republik glaubwürdig machen, insbesondere für Jugendliche maghrebinischer Herkunft, die ihre Marginalisierung in einer Gesellschaft, die sie zwar zu ihren Staatsangehörigen gemacht hat, der es aber kaum gelingt, ihre gesellschaftliche Eingliederung und ihren Zugang zum Arbeitsmarkt zu fördern, bitter zu spüren bekommen. Die Jahrhundertwende wird zeigen, ob es sich um eine auf eine Minderheit beschränkt bleibende »Mode« handelt oder ob dies die Richtung andeutet, die künftige Entwicklungen nehmen werden. In jedem Fall – ob es sich nun um einen jakobinischen und »assimilatorischen« oder um einen liberalen und »pluralistischen« Staat in Frankreich, Großbritannien oder in den Vereinigten Staaten handelt – entfaltet sich die kommunitaristische Forderung im gesellschaftspolitischen Bereich um so mehr, je stärker die Ausschlußmechanismen der postindustriellen Gesellschaft zum Tragen kommen.

SCHLUSSFOLGERUNGEN

Im Verlauf unserer Untersuchung dreier großer Länder, deren politische Traditionen in erheblichem Maße dazu beitrugen, die Vorgehensweisen des »westlichen Modells« zu verkörpern und zu verbreiten, ohne es völlig auszuschöpfen, haben wir gesehen, wie die Ansprüche einer islamischen Identität mit kommunitaristischen Zügen sich in ihrem Rahmen entfalten, und dabei auf die Widersprüche und völlig neuartige Spaltungen in postindustriellen Gesellschaften hingewiesen. Gleichzeitig hängt es von dem jeweiligen Land ab – den Vereinigten Staaten, England und Frankreich –, wie sich der Islam Ausdruck verschafft und wie sich dabei in unterschiedlichem Maße deren kulturelle Codes mit den auf mehr oder weniger »orthodoxen« Wegen zum Koran zurückführenden Denkkategorien vermischen. Bei aller Unterschiedlichkeit dieser Erscheinungsformen sind ihnen jedoch gewisse Themen gemeinsam, deren Vergleich es ermöglicht, die konfliktgeladenen Umstrukturierungen in unseren Gesellschaften im ausgehenden 20. Jahrhunderts zu ermessen.

Als erstes stellt das Auftauchen dieser gemeinschaftsorientierten Bewegungen den Begriff der »Staatsbürgerschaft« in Frage, um den sich seit der Aufklärung das politische Leben im Abendland zentriert. Sie nehmen, mit dem ihnen eigenen Vokabular, eine »Verweigerung der Staatsbürgerschaft« zur Kenntnis, die ihre Anhänger und diejenigen, die sie repräsentieren wollen, in unterschiedlichen Maße trifft, und reagieren darauf, indem sie deren Anspruch auf gesellschaftliche und politische Anerkennung auf eine andere, durch den Bezug auf das Heilige abgesicherte Ebene verlagern. Dieser Prozeß erreicht in Amerika seinen Höhepunkt: Die Weltsicht der Black Muslims, wie Farrakhan und seine Schüler sie zum Ausdruck bringen, versteht sich als völlige Negation der ihnen unterstellten Identität. Dies beginnt bei der Änderung des Namens – der Einzelpersonen, die das X übernahmen, ehe sie einen muslimischen Familiennamen tragen, dann der Gruppe, die die Bezeichnung »Neger« aufgibt, die nun zu »Schwarzen« und sodann »Muslims« werden – und mündet in dem Willen zur Ausgrenzung, der in dem Wunsch gipfelt, »eine Nation in einer Nation« zu schaffen (selbst wenn sich dies nicht in Taten zeigt). Die Folge dessen ist die Rekonstruktion einer behaupteten Identität, die als Negativ – im fotografischen Sinne, wo Schwarz und Weiß vertauscht sind – jener Identität, die erfahren wird, funktioniert: Einer Staatsbürgerschaft, die sich mit der Rassentrennung und dann, wenn diese juristisch abgeschafft ist, mit der räumlichen und gesellschaftlichen Absonderung der Arbeitslosen in den *Supergettos* abfindet, steht eine idealisierte Staatsbürgerschaft gegenüber, die sich auf etwas radikal anderes, dessen Andersheit sich räumlich und transzendent zugleich versteht, beruft. Die letzte Berufung auf Allah, um diese neue Identität abzusichern, ist zunächst ein Zeichen der Ablehnung des Gottes der Weißen: Die Universalität Christi ist in ihren Augen nichts als Partikularismus, die himmlische Legitimation der Verbrechen des Abendlandes – das, was Farrakhan als *gutter religion* (Scheißreligion) bezeichnet. Auf dieser ersten Ebene der Erarbeitung einer Identität gibt es keine Gemeinsamkeiten mehr mit der nichtmuslimischen Gesellschaft, in der man lebt, nicht einmal mehr in Form von gesellschaftlichen Spannungen. Die abgesonderte, in sich geschlossene kommunitaristische Identität versteht sich als Teilbereich der versöhnten Menschheit, sie ist ein vollständiges und diszipliniertes System, in dem, im Fall der Black Muslims, die Vielfalt der Verbote (Ernährung, Gewicht, Kleidung, Sexualität und so weiter) – wiederum »negativ« in bezug auf die Regellosigkeit des Gettolebens – sich in eine strenge soziale Organisation umsetzt, innerhalb der jegliche Ansätze einer Demokratisierung verboten sind.

Im Falle Großbritanniens vollzieht sich das Aufflammen der Rushdie-Affäre in einer Lage, in der die Staatsbürgerschaft für die vom indischen Subkontinent eingewanderten Bevölkerungsgruppen ein seltsames Problem aufwirft: Sie besitzen, ohne formell umfassend anerkannt zu sein, einige Rechte, etwa das aktive und passive Wahlrecht, aber diese Staatsbürgerschaft wird durch interne gesetzliche Differenzierungen eingeschränkt, die den *patrials* (denjenigen, die durch Abstammung, langjährigen Wohnsitz oder Ehe ein Anrecht auf die britische Staatsbürgerschaft haben) mehr Rechte einräumen als den anderen und umgekehrt im Wege der Volkszählung die verschiedenen Staatsbürger nach ihrer Rasse unterscheiden und zahlenmäßig erfassen; dies ermöglicht es, mittels einer »positiven Diskriminierung« im öffentlichen Dienst Beschäftigungsquoten für benachteiligte »Minderheiten« durchzusetzen. Die Gleichheit vor dem Gesetz ist daher das Ergebnis einer komplizierten Aufeinanderfolge von Subtraktionen und Additionen von Unterschieden. Vor diesem Hintergrund ist, im Gegensatz zu den Vereinigten Staaten, der Ausdruck kommunitaristischer Identität nicht die Folge heftiger Ablehnung einer untrennbar mit der politischen Tradition verknüpften Rassentrennung, sondern die Antwort auf ein System, das im Mutterland die Regeln der *indirect rule* aufrechterhält, die es für das Indische Reich erfunden hatte. Dieser Kommunitarismus wird von Anfang an in Begriffen gegenseitigen Einverständnisses gedacht: In den Augen der englischen Behörden bringt er den Vorteil mit sich, die proletarischen Bevölkerungsgruppen muslimischer Herkunft von der einheimischen Arbeiterklasse abzugrenzen, da den spezifischen kulturellen und religiösen Identitäten Rechnung getragen wird; dies erschwert bei Arbeitskämpfen die Solidarität zwischen ihnen und ist somit dem sozialen Frieden zuträglich. Moscheen, karitative islamische Verbände und so weiter wachsen und gedeihen seit Beginn der Migration mit Unterstützung des britischen Staates: Sie tragen zur Stabilisierung der vom indischen Subkontinent zugewanderten Bevölkerungsgruppen bei, um aus ihnen eine leistungsfähige Arbeiterschaft zu machen, die den Bedürfnissen der Industrie genügt. In einem System des Nebeneinanders von Einzelgemeinschaften kommt jeder auf seine Kosten: den Staat kommt es billiger, die religiösen Führer sind es zufrieden, da ihre Macht gestärkt wird, ebenso die Industrie, der fügsame Arbeiter zur Verfügung stehen, die zudem wenig Ansprüche stellen.

Dieses in einer Epoche der Vollbeschäftigung und für eine im wesentlichen männliche und erwachsene Bevölkerungsgruppe erdachte System wird ab Mitte der siebziger Jahre des 20. Jahrhunderts unter völlig anderen Bedingungen fortgeschrieben: strukturelle Arbeitslosigkeit, der Nachzug der Familien und damit verbunden die Einschulung der Kinder in englische Einrichtungen. Es wird die kommunitaristische Abgeschlossenheit in diesem neuen Rahmen fortsetzen und die Ansprüche vervielfältigen, die den muslimischen Kindern eine von ihren nichtmuslimischen Mitschüler getrennte Ausbildung zusichern: Befreiung von bestimmten Fächern, besondere Ernährung, Verweigerung jeglicher kritischen Distanzierung vom Heiligen und so weiter. Dafür verbürgen sich mehrere Erziehungsbehörden in den Gemeinden, während die Affäre Honeyford, danach der Swann-Bericht und das Ausbildungsgesetz aus dem Jahr 1988 die Verwirrung und die Widersprüche eines Erziehungssystems zum Ausdruck bringen, das nach wie vor die schulische Trennung begünstigt, jedoch nicht weiß, wie es einen kommunitaristischen Anspruch erfüllen soll, der wesentliche Grundsätze der Ausbildungsziele und dem sozialen Vertrag zugrunde liegende Minimalwerte in Frage stellt. Die Rushdie-Affäre und die dadurch ausgelösten Kämpfe um den Alleinvertretungsanspruch des Ausdrucks der islamischen Identität veranschaulicht die Widersprüchlichkeiten dieser gesellschaftlichen Unterteilung: In einer Umwelt, in der die permanente Arbeitslosigkeit den treibenden Kräften der Eingliederung durch die Arbeit und ihren Lohn den Boden entzog, entfaltet die kommunitaristische Logik ihre Eigengesetzlichkeit und wird, anstatt wie in den Jahren 1950 bis 1960 den Konsens und die Fügsamkeit zu fördern, der wichtigste Träger von Frustrationen und Wut, die sie in einer Übersteigerung der unterschiedlichen Identität zum Ausdruck bringt.

In Frankreich, das aus politischer Tradition regionale, ethnische oder religiöse Sonderidentitäten, die sich zwischen den Staat und seine Bürger schieben könnten, grundsätzlich ablehnt, bemühte sich der Staat, den Ausdruck religiöser Überzeugungen auf die Religionsausübung zu beschränken, und weigerte sich bis zur Kopftuch-Affäre, eine kommunitaristische Identität anzuerkennen, die auf dem Territorium der Republik eine Differenzierung der Staatsbürger vor dem Gesetz anstrebte. Ausländer, die die französische Staatsbürgerschaft beantragen, erhalten sie prinzipiell erst nach einem langen Aufenthalt auf französischem Boden, der – implizit – Akkulturation, Beherrschung der Sprache und Bekenntnis zu den in der Verfassung niedergelegten Werten voraussetzt. Es handelt sich hier um eine Konstellation, die sich anscheinend grundlegend von der in Großbritannien unterscheidet und bis Ende der achtziger Jahre des 20. Jahrhunderts die von den Sozialpartnern mehrheitlich akzeptierte Regel war. In der Zeit zwischen Mitte der siebziger Jahre und der Kopftuch-Affäre in Creil fungierte der Ausdruck islamischer Identität als transzendenter Bezug, der es überflüssig machte, sich zwischen einem fernen Herkunftsland und der als latent feindlich oder undurchschaubar empfundenen Gastgesellschaft seinen Platz zu suchen: Das war im wesentlichen eine »Sache der Alten«. Die Definition der französischen Staatsbürgerschaft beeinträchtigte dies kaum; es war eher eine Notlösung, um so mehr, als diese ehemaligen »Gastarbeiter« in der Mehrzahl nicht französisch waren. Im Gegensatz zu Großbritannien war kein Platz für unterschiedliche Möglichkeiten, die Staatsbürgerschaft zum Ausdruck zu bringen, um die Verweigerung der denjenigen, die sich auf eine »Stammeszugehörigkeit« berufen konnten, vorbehaltenen Rechte durch eine Quotierung nach Rasse oder ethnischer Zugehörigkeit zu kompensieren: Rechtsgleichheit ergab sich aus dem Erwerb der Nationalität, die mit der Staatsbürgerschaft gleichgesetzt wurde. Hatte man diese erlangt, dann hatten alle dieselben Rechte und Pflichten.

Obwohl sie von so unterschiedlichen Voraussetzungen ausgingen, standen Frankreich und Großbritannien Ende der achtziger Jahre vor der gleichen Herausforderung. Die Staatsbürgerschaft, wie auch immer sie ursprünglich konzipiert war, verlor ihre Bedeutung angesichts der Desintegration der Gesellschaft, der Abschottung des Arbeitsmarktes für die Mehrzahl der Einwandererkinder, die nahezu alle formal Staatsbürger des Landes sind, in dem sie, zumindest die meisten, geboren wurden.

In dieser schwierigen gesellschaftlichen Situation kommt in Frankreich über die Schleier-Affären und dann mit dem Auftauchen der Vereinigungen »neuer junger Muslime« in den Trabantenstädten eine Forderung nach islamischer Identität mit kommunitaristischen Zügen zum Ausdruck, die ihre Anerkennung durch die Behörden kollektiv verhandeln will. Indem sie, wie auf der anderen Seite des Kanals, auf eine effektive Verweigerung der Staatsbürgerschaft, die durch die formale Staatsbürgerschaft nicht kompensiert wird, reagiert, fordert sie eine umfassendere Teilnahme am politischen Leben, allerdings auf kommunitaristischer Grundlage, in der sie eine grundlegende Freiheit sieht, die der »antireligiöse Laizismus« ihr vorenthält. Die Weigerung, sich gesellschaftlich an den Rand drängen und ausgrenzen zu lassen, findet hier ihren Ausdruck im Willen zur Teilhabe der Gemeinschaft am politischen Leben. Im Vergleich zu Großbritannien oder den Vereinigten Staaten bleiben die Abgrenzungen von der Gesamtgesellschaft im wesentlichen frei von separatistischen Anwandlungen und Treuebekundungen nach außen hin, die der Republik eindeutig zuwiderlaufen: Der türkische Imam, der Ende 1993 aus Nantua ausgewiesen wurde, weil er behauptet hatte, das Gesetz Allahs stünde über dem französischen Recht, erfuhr am eigenen Leibe, welche Folgen es hat, wenn man in aller Öffentlichkeit dieses Tabu verletzt.

Wenn sich jedoch die Situation in den Trabantenstädten, mit dem Erwachsenwerden Hunderttausender »kleiner Brüder« und »kleiner Schwestern«, denen der Arbeitsmarkt genauso verschlossen bleibt wie ihren Eltern, weiter zuspitzt, ist nicht auszuschließen, daß die Forderung nach einer gemeinschaftbezogenen islamischen Identität, die jetzt, 1994, nur von einer Minderheit und in der Öffentlichkeit zurückhaltend vertreten wird, sich radikalisiert und mehr Anhänger gewinnt. Darüber hinaus birgt die Entwicklung der Lage in Algerien die Gefahr in sich, die Spannungen im Gefolge der Selbstbestätigung des Islam in Frankreich zu verschärfen, wenn eine Strömung der FIS an die Macht kommt, die die Äußerungen eines Ali Benhadj übernimmt, für den Frankreich und alle Werte, die es verkörpert, Gegenstand äußersten Abscheus sind. Eine Verschärfung der Spannungen innerhalb der in Frankreich lebenden umfangreichen Bevölkerungsgruppe algerischer Abstammung, zwischen denen, die der FIS feindlich und jenen, die ihr freundlich gesonnen sind, und die Reaktionen der französischen Gesellschaft auf die Ereignisse im Maghreb könnten, wenn sie mit einer Verschlechterung der Lage der Jugendlichen in den Trabantenstädten einhergehen, Spaltungen und Gegensätze fördern, in denen man die Verflechtung nationaler mit internationalen Zielsetzungen, die für das England der Rushdie-Affäre charakteristisch war, wiederfände.

Danksagung

Die Untersuchungen und Recherchen für das vorliegende Buch wurden durch die Unterstützung des Centre d'études et recherches internationales in Paris und die großzügige Hilfe zahlreicher Kollegen und Studenten ermöglicht. In den Vereinigten Staaten halfen mir Yvonne Haddad, Beverly McCloud und Larry Mamiya, mich mit der Welt der Black Muslims vertraut zu machen; Eric Fassin wie auch Denis Lacorne ließen mich von ihrer profunden Kenntnis der amerikanischen Gesellschaft profitieren. In Großbritannien eröffneten mir Danièle Joly und ihre Kollegen vom Center for Research on Ethnic Relations an der University of Warwick sowie Jörgen Nielsen, Direktor des islamisch-christlichen Zentrums der Selly Oak Colleges in Birmingham, den Zugang zu zahlreichen neuen Ideen und einer wichtigen Dokumentation. Neil North und Philip Lewis waren unschätzbare Führer und Weggefährten, und Jacques Leruez half mir, die der britischen Gesellschaft zugrundeliegenden Mechanismen zu verstehen. In Frankreich schließlich leisteten die Arabistikdoktoranden vom Institut d'études politiques in Paris einen äußerst wertvollen Beitrag; viele von ihnen veröffentlichten ihre ersten Untersuchungen in dem unserem gemeinsamen Lehrer Rémy Leveau gewidmeten Band *Exils et Royaumes*, der meiner Arbeit sehr zugute kam. Sie stellen eine Gruppe bemerkenswert talentierter Wissenschaftler dar, und mit großem Vergnügen nutzte ich ihre Einsichten und stellte mich ihrer – immer anspruchsvollen – Kritik.

Schließlich möchte ich all jenen danken, die mich, ob sie nun militante Verfechter einer Reislamisierung oder Beobachter derartiger Bestrebungen sind, empfingen und mir ihre Ansichten darlegten. Meine Einstellung, die der Analyse den Vorzug gibt, stimmt nicht immer mit ihren Auffassungen überein; ich hoffe jedoch, sie leistet einen Beitrag zu einer gesellschaftlichen Auseinandersetzung, an der sie aktiv teilhaben.

Mein Dank gilt auch Michel d'Hermies, der freundlicherweise das Manuskript sorgfältig las, sowie meinen Angehörigen: Die Zeit, die ich auf dieses Buch verwandte, erlaubte es mir nicht immer, ihnen meine Zuneigung in dem Maße zu zeigen, wie ich es gewünscht hätte …

Anmerkungen

»... In der Wildnis Amerikas«

1 Mike Davis, »Burning all illusions in LA«, in: *Inside the LA Riots*, Institute for Alternative Journalism, New York 1992, p. 99.
2 Blau ist die Standesfarbe der Crips, Rot die der Bloods. Zum Phänomen der amerikanischen Gangs siehe Martin Sanchez Jankowski, *Islands in the Streets. Gangs and American Urban Society*, Berkeley 1991.
3 In *Against the Current*, Nr. 39 (Juli/August 1992), abgedrucktes Gespräch.
4 Siehe insbesondere Loïc J. D. Wacquant, »The zone«, in: Pierre Bourdieu (Hrsg.), *La Misère du monde*, Paris 1992, p. 181–204.
5 Zitiert in: Salim Muwakkil, »Leaders lacking in a black and white world«, in: *Inside the LA Riots,* a. a. O., p. 107.
6 Siehe insbesondere den Forschungsbericht der ADL: *Louis Farrakhan, The Campaign to Manipulate Public Opinon. A Study in the Packaging of Bigotry*, New York 1990.
7 Jonathan Kaufman, *The Broken Alliance. The Turbulent Times between Blacks and Jews in America*, New York 1989, p. 248.
8 Bd. 1, Chicago 1991.
9 Meinungsumfrage der *Los Angeles Times*, zitiert in: Lucius J. Barker, *Our Time has Come. A Delegate's Diary of Jesse Jackson's 1984 Presidential Campaign*, Chicago 1988, p. 84.
10 Zitiert in: Robert G. Newby, »The ›Naive‹ and the ›Unwashed‹...«, in: Lucius J. Barker und Ronald W. Walters (Hrsg.), *Jesse Jackson's 1984 Presidential Campaign*, Chicago 1989, p. 170–171.
11 Kevin Pritchett, »Malcolm X, conservative hero«, in: *The Wall Street Journal*, 8. November 1992.
12 Clayborne Carson, *Malcolm X, The FBI File*, New York 1991, p. 29 und 203, sowie Malcolm X, *The Last Speeches,* New York 1989.
13 *The Final Call,* 27. Juli 1992, p. 7–11.
14 Ebd., 10. August 1992, p. 35.
15 Ebd., 22. September 1992, p. 5.
16 Ebd., 29. Juni 1992, p. 5.
17 Zur Vorstellung, ein Schwarzer sei nur drei Fünftel soviel wert wie ein Weißer, siehe Denis Lacorne, *L'Invention de la République. Le modèle américain,* Paris 1991, p. 34–35.

18 Vgl. James E. Laue, »A contemporary revitalization movement in American race relations, The Black Muslims«, in: *Social Forces*, Bd. 42, März 1964, p. 315–323.

1. Die Geburt einer amerikanischen Religion

1 E. D. Beynon, The Voodoo Cult among Negro Migrants in Detroit« (*The American Journal of Sociology*, Mai 1938, p. 894–907), liefert Daten aus erster Hand über Fard und seine Schüler zu Beginn der dreißiger Jahre (p. 896), die dann C. Eric Lincoln, *The Black Muslims in America* (Grand Rapids [1]1994), p. 11–17, erneut anführt.

2 Im Arabischen bezeichnet das Wort Fard »Einzelperson« oder »einzigartig, ohnegleichen« und in erweitertem Sinne »Gott«; es wird jedoch nicht als Familienname verwendet.

3 E. D. Beynon, a. a. O., p. 895.

4 Vergleichbar mit dem Vorgehen der Jama'at al tabligh, einer drei Jahre zuvor, 1927, in Indien begründeten Reislamisierungsbewegung, die fordert, jeder Schüler (im allgemeinen ungebildet und nur oberflächlich arabisiert) müsse lernen, das muslimische Glaubensbekenntinis aufzusagen, und damit beweisen, daß er die Phoneme der arabischen Hochsprache, die es enthält, beherrscht. Siehe Gilles Kepel, *Les Banlieues de l'Islam*, Paris 1987, p. 179.ff.

5 E. D. Beynon, a. a. O., p. 903.

6 Zur Zeit Fards zirkulierten unter seinen Schülern drei von ihm zusammengestellte kleine Schriften: *Teaching for the Lost Found Nation of Islam in a Mathematical Way* (»Unterweisung in einer mathematischen Methode für das verlorengegangene und wiedergefundene Islamische Volk«) sowie sie zwei Bände des *Secret Ritual of the Nation of Islam* (»Geheimes Ritual des Islamischen Volkes«).

7 Diese Archive wurden von Karl Evanzz in seinem aufgrund der Unmenge bislang unveröffentlichter Daten ungemein nützlichen Buch ausgewertet, das allerdings eine umstrittene These vertritt: *The Judas Factor. The Plot to Kill Malcolm X*, New York 1990, p. 51. Zu Fard siehe p. 142–146.

8 Siehe das am 26. Mai 1933 von der Detroiter Polizei aufgenommene und in Malu Halasa, *Elijah Muhammad, Religious Leader*, New York 1990, p. 51, abgedruckte Foto.

9 Siehe Karl Evanzz, *The Judas Factor...*, a. a. O., p. 146.

10 Vgl. Eric Foner, *Reconstruction, America's Unfinished Revolution*, New York 1988.

11 Im Amerikanischen werden diese Maßnahmen unter der Bezeichnung *Jim Crowd Discrimination* zusammengefaßt; mit diesem Namen belegte man im allgemeinen den »durchschnittlichen Schwarzen«. Vgl. zu diesen Fragen insbesondere William Julius Wilson, *The Declining Significance of Race. Blacks and Changing American Institutions*, Chicago 1980, p. 42–61 und 122–125.

12 Franklin Frazier, *Bourgeoisie noire*, Paris [2]1969, p. 81.

13 C. Eric Lincoln und Lawrence H. Mamiya, *The Black Church in the African American Experience*, Durham 1990, p. 206.

14 William J. Wilson, *The Declining Significance of Race...*, a. a. O., p. 125.

15 Siehe Morroe Berger, »The Black Muslims«, in: *Horizon*, Winter 1964, p. 53 ff.; der Artikel stellt eine erste Auseinandersetzung mit dieser Frage im Zusammenhang mit dem Islamischen Volk dar.

16 Die zeitgenössischen islamischen Rechtfertigungsschriften in den USA unterstreichen die Bedeutung islamischer Persönlichkeiten der Pioniergenerationen; allerdings scheint ihre Anzahl sehr begrenzt. Vgl. beispielsweise Fareed H. Nu'man, *Muslim Population in the United States. A Brief Statement*. The American Muslim Council, Oktober 1992.

17 Im Rahmen der wenigen islamischen Missionierungsbestrebungen in den USA zu jener Zeit scheint die Ahmadiyya-Sekte eine gewisse Rolle bei der Verbreitung des Islam unter den Schwarzen gespielt zu haben. Diese von der sunnitischen Orthodoxie als »heterodox« eingestufte und heftig bekämpfte Bewegung hatte Ghulam Ahmad (1839–1908) in Indien gegründet; er verstand sich selber als den letzten Propheten – und wiedersprach damit dem islamischen Dogma, das behauptet, Mahomet (Muhammad) sei »das Siegel der Propheten«.

18 Mit Vorliebe stellt die islamische Apologetik den christlichen »Rassismus« dem »Nichtrassismus« des Islam gegenüber.

19 C. Eric Lincoln, *The Black Muslims...*, a. a. O., p. 53.

20 Lawrence H. Mamiya und C. Eric Lincoln, »Black militant and separatist movements«, in: *Encyclopedia of American Religion*, 1987, p. 756–757.

21 Malu Halasa, *Elijah Muhammad*, a. a. O., p. 41.

22 Laut Karl Evanzz (*The Judas Factor...*, a. a. O., p. 134) war er dem Trunk verfallen.

23 Elijah Muhammad, *Message to the Blackman in America*, Chicago 1965 (Neuauflage »unter der Schirmherrschaft des Ehrenwerten Louis Farrakhan«, o. J.), p. XXII. Über die Beziehungen Elijah Muhammads zu seinen Sekretärinnen s. u., S. 65.

24 Ebd., p. XXIV
25 Ebd., p. V.
26 Ebd., p. 31.
27 Ebd., p. 110 und 112.
28 Zur Darstellung des Sklavenhandels mit Schwarzen als Völkermord s. u., S. 105 ff.
29 Zur Kosmogonie Elijah Muhammads siehe *Message to the Blackman in America*, a. a. O., p. 110–122 und 294. Siehe auch Malcolm X und Alex Haley, *The Autobiography of Malcolm X*, New York 1964 (Neuauflage 1973), p. 164–168 (Dt.: *Malcolm X. Die Autobiographie*, Berlin 1992).
30 Vgl. zu diesen Fragen mein Buch, *La Revanche de Dieu*, Paris 1991, p. 170–172, (dt.: Die Rache Gottes, München 1991)
31 Diese Einstellung vertritt auch Alex Haley, Hrsg. der Autobiographie von Malcolm X. Siehe außerdem die Zusammenfassung der Kosmogonie der Black Muslims in dem Artikel Morroe Bergers, »The Black Muslims«, a. a. O., p. 60.
32 Zu Malcolm X' Einschätzung der Freimaurer siehe *The Autobiography...*, a. a. O., p. 158–160.
33 Elijah Muhammad, *Message to the Blackman in America,* a. a. O., p. 119.
34 Malcolm X und Alex Haley, *The Autobiography...*, a. a. O., p. 162 (S. 176 der dt. Ausgabe).
35 Elijah Muhammad, *Message to the Blackman in America,* a. a. O., p. 45–46.
36 Clayborne Carson, *Malcolm X...*, a. a. O.
37 Kenner der islamischen Kosmogonie wird die heterodoxe Auffassung des Islamischen Volkes der Erschaffung der Welt überraschen. Malcolm X, der ursprünglich daran geglaubt hatte, schätzte sie nach seiner Abwendung von Elijah Muhammad als »Märchen« ein und machte sich die Auffassung des Islam, wie er sie in Saudi-Arabien kennengelernt hatte, zu eigen. Siehe Malcolm X und Alex Haley, *The Autobiography...*, a. a. O., p. 168.
38 Vgl. D. B. Cruise O'Brien, *The Mourides of Senegal*, Oxford 1971; C. Coulon, *Le Marabout et le Prince*, Paris 1981; A. M. Diop, »Les associations murid en France«, in: *Esprit*, Juni 1985; O. Schmidt di Friedberg, »Le réseau mouride en Italie«, in: G. Kepel (Hrsg.), *Exils et Royaumes. Les appartenances au monde arabo-musulman aujourd'hui*, Paris 1994.
39 Zum möglichen Einfluß der Ahmadiyya auf die Frühformen des amerikanischen Islam s. o., S. 38. Zu Mawdudi s. u., S. 136f.
40 Elijah Muhammad, *The Supreme Wisdom* (Bd. 2, o. O., o. J.), p. 43.
41 *The Final Call*, 20. April 1992, p. 27.

42 Ebd., 27. Juli 1992, p. 27.
43 Ebd., 22. Juli 1991, p. 33.
44 Ebd., 20. April 1992, p. 27.
45 Ebd.
46 Laut Morroe Berger (a. a. O.) weist im Restaurant Salaam in Harlem, das dem Islamischen Volk gehört, ein Schild darauf hin, daß es *koscher* ist. In der Tat fallen etliche den Black Muslims untersagte Nahrungsmittel (Katzenwels – ohne Schuppen –, Krustentiere – die das Skelett »außen« haben) unter das Reinheitsgebot.
47 E. D. Beynon, a. a. O.; Michael Parenti, »The Black Muslims, from Revolution to Institution«, in: *Social Forces*, Sommer 1964, p. 185–187; Perry E. Gianakos, »The Black Muslims, an American Millenialistic Response to Racisme and Cultural Deracination«, in: *Centennial Review*, 1979, Bd. 23–24, p. 445–446.
48 Malcolm X und Alex Haley, *The Autobiography…*, a. a. O., p. 169 (S. 182 der dt. Ausgabe).

2. Die drei Leben des Malcolm X.

1 Malcolm X und Alex Haley, *The Autobiography…*, a. a. O., p. 2 (S. 20 der dt. Ausgabe).
2 Ebd., p. 38 (S. 55 der dt. Ausgabe).
3 In *Martin & Malcolm & America. A Dream or a Nightmare*, New York 1991, vergleicht James H. Cone systematisch die Entwicklung der beiden Hauptgestalten der schwarzamerikanischen militanten Bewegung.
4 Malcolm X und Alex Haley, *The Autobiography…*, a. a. O., p. 67 (S. 82 der dt. Ausgabe).
5 Ebd., p. 150 (S. 165 der dt. Ausgabe).
6 Siehe mein Buch *Le Prophète et le Pharaon. Aux sources des mouvements islamistes*, Paris 1993 (Neuauflage), p. 50 ff, (dt.: Der Prophet und der Pharao. Das Beispiel Ägypten: Die Entwicklung des muslimischen Extremismus, München 1995).
7 Nach dem Bruch mit dem Islamischen Volk und seiner Pilgerfahrt nach Mekka sollte er den Namen Malik al Shabbaz annehmen. Doch verhinderte der Ruhm, den er sich unter dem Namen Malcolm X erworben hatte, daß er unter seinem »islamischen« Namen in die Geschichte einging.
8 Nach einer nur sehr selten zitierten Äußerung Malcolm X'»wissen diejenigen, die darüber sprechen, nichts, und diejenigen, die wissen, sprechen nicht darüber«. Die Zahl 100 000 wurde bei einer Diskussion an der Harvard-Universität am 24. Mai 1961 von einem seiner Gegner angeführt; dem widersprach Malcolm

X nicht. Bei seinem geheimen Treffen mit dem Ku-Klux-Klan am 30. Januar 1961 in Atlanta (s.o., S. 25) hatte Malcolm seine militanten Anhängern auf 170 000 beziffert. In der von CBS ab dem 13. Juli 1959 ausgestrahlen Sendung (siehe S. 60, Anm. 13) schließlich sprach der Moderator, Mike Wallace, von 250 000 Mitgliedern des Islamischen Volkes.

9 Diese Tatsachen sollten in der Folge von Wallace Muhammad bestritten werden, als er die Organisation seines Vaters von Grund auf änderte. Siehe Peter Goldmann, *The Death and Life of Malcolm X*, Chicago ^{2}1979, p. 433.

10 Bei einer Versammlung im islamischen Tempel von Philadelphia ordnete Malcolm X, verärgert über die Uneinigkeit unter seinen Anhängerinnen und ihre Nachlässigkeit, an, »Waagen zu kaufen und die Aktivistinnen jeden Montag und Donnerstag zu wiegen; diegenigen, die zu dick sind, haben zwei Wochen Zeit, um fünf Kilo abzunehmen; gelingt ihnen das nicht, werden sie vorübergehend ausgeschlossen«. Zitiert in: Clayborne Carson, *Malcolm X*, a. a. O., p. 120.

11 Vgl. den Bericht in Peter Goldmann, a. a. O., p. 55 ff.

12 Zitiert in: ebd., p. 99 und – ausführlicher – in: Clayborne Carson, *Malcolm X...*, a. a. O., p. 220–221. Es handelte sich um das Flugzeug, das der Boxer Marcel Cedran bestiegen hatte.

13 *The Hate That Hate Produced*, eine in mehreren Folgen ausgestrahlte Fernsehserie über das Islamische Volk, wurde von Mike Wallace in Zusammenarbeit mit dem schwarzen Journalisten und Essayisten Louis Lomax gestaltet und ab dem 13. Juli 1959 über den Sender CBS ausgestrahlt. Sie machte das breite Publikum auf die Existenz der Bewegung aufmerksam und erregte den Zorn von Malcolm X. Siehe Malcolm X und Alex Haley, *The Autobiography...*, a. a. O., p. 238 ff. Vgl. auch Louis Lomax, *When the World is Given*, New York 1963 (in der franzosischen Ausgabe, *Les Black Muslims*, Paris 1964, vor allem p. 191 ff.). Transkription der ausgestrahlten Folgen in: Clayborne Carson, *Malcolm X...*, a. a. O., p. 159–170.

14 Nathan Glazer, *Ethnic Dilemmas, 1964–1982*, Harvard 1983, p.1.

15 Von WUST (Washington, DC) ausgestrahltes Interview vom 12. Mai 1963; transkribiert in: Clayborne Carson, *Malcolm X...*, p. 231 ff.

16 Bei den – in dem von Eisenhower 1953 verfügten Präsidentenerlaß Nr. 10450, der es erlaubte, »Verdächtige« zu überwachen und mit Berufsverbot zu belegen, ohne den Kongreß davon in Kenntnis zu setzen, angesprochenen – »Subversiven« handelte es sich

um verschiedene amerikanische kommunistische Parteien (Kommunistische Partei, Sozialistische Arbeiterpartei – die trotzkistische Splittergruppe der IV. Internationalen...) sowie um etliche Nazi-Gruppen. Das Islamische Volk war von diesen Maßnahmen nicht betroffen. Vgl. Marie-France Toinet, *La Chasse aux sorcières*, Paris 1988.

17 Malolm X, *The Last Speeches,* a. a. O. (p. 121 der französischen Ausgabe).

18 Das letzte Lebenjahr von Malcolm X regte eine Flut von Veröffentlichungen an. Die »sozialistische« Interpretation seiner Entwicklung wurde insbesondere von George Breitman in: *The Last Year of Malcolm X, The Evolution of a Revolutionary,* New York 1967, vertreten; George Breitman, Herman Porter und Baxter Smith, *The Assassination of Malcolm X*, New York 1991; vgl. auch George Breitman (Hrsg.), *Malcolm X Speaks*, New York 1965. Siehe auch Malcolm X, *Last Speeches*, a. a. O. Die weite Verbreitung der Schriften über Malcolm X und die Neuauflagen von 1992 und 1993 waren eine Folgeerscheinung des Films von Spike Lee.

19 *Mr Muhammad Speaks*, 14. März 1975, p. 5.

20 Vgl. Carol Ohmann, »The Autobiography of Malcolm X, a Revolutionary Use of the Franklin Tradition«, in: *American Quarterly,* Sommer 1970, p. 131–150.

3. Farrakhan im Spiegel Amerikas

1 Gespräch mit Wallace D. Muhammad, in: Clifton E. Marsh, *From Black Muslims to Muslims. The Transition from Separatism to Islam 1930–1980*, Metuchen (NJ)/London 1984, p.113.

2 Siehe vor allem *The New York Times* vom 6. Dezember 1973 sowie die Erwiderung Louis Farrakhans in: Minister Louis Farrakhan, *7 Speeches*, Newport News o. J. [1974], P. 41–64. Siehe auch unten, S. 95f.

3 Siehe die (nicht veröffentlichte) Arbeit von Lawrence H. Mamiya, *Louis Abdul Farrakhan (1933-??), Minister of the Nation of Islam, 1992*, die der Autor mir freundlicherweise zur Verfügung stellte.

4 Siehe Eric C. Lincoln, *The Black Muslims,* a. a. O., Kap. 1.

5 Von Louis Farrakhan am 21. Februar 1993 in Chicago gehaltene Rede; abgedruckt in: *The Final Call*, 29. März 1993, p. 32.

6 Minister Louis Farrakhan, *7 Speeches*, a. a. O.

7 *Mr Muhammad Speaks*, 14. März 1975, p. 5.

8 »First official interview with the Supreme Minister of the Nation of Islam, The Honorable Wallace D. Muhammad«, in: *Mr Muhammad Speaks*, 21. März 1975, p. 3–14.

9 Lawrence H. Mamiya, »From Black Muslim to Bilalian, the Evolution of a Movement«, in: *Journal for the Scientific Study of Religion*, Juni 1982, p. 148.

10 Siehe Raquel Muhammad, *Black Muslim Movement after the Death of Elijah Muhammad*, maschinenschriftliche Dissertation, United States International University, San Diego 1980, p. 113 ff. und 146 ff.

11 Der arabische Begriff *Warith* bedeutet »Erbe«, *Deen* heißt »Religion«. Außerhalb seiner Bewegung wird er nach wie vor »Wallace« genannt, von seinen Schülern »W. D. Muhammad«.

12 Vgl. Wallace Deen Muhammad, »Evolution of The Nation of Islam« (am 19. November 1978 gehaltene Rede), in: *As the Light Shineth from the East* (o. O. und J., wahrscheinlich 1980).

13 Zum Verkauf des Besitzes des Islamischen Volkes siehe die Monatsschrift *Chicago*, Dezember 1991, p. 110–113 und 146–151.

14 *Mr Muhammad Speaks*, 5. September 1975, p. 5.

15 Abgedruckt in der ersten Ausgabe der neuen Wochenschrift der Organisation, *The Final Call*, o. J. (wahrscheinlich 1981), mit der Numerierung Bd. 1, Nr. 7 versehen (unter Bezugnahme auf die sechs 1934 von Elijah Muhammad veröffentlichten Ausgaben dieses Titels), p. 2–4, 9 und 14–26.

16 Ebd., p. 28.

17 Siehe die in *La Revanche de Dieu*, a.a.O., vorgetragenen Thesen.

18 Bei dieser Definition von Supergetto beziehe ich mich vor allem auf die Arbeiten von William Julius Wilson: *The Declining Significance of Race...*, a.a.O.; *The Truly Disadvantaged, The Inner City, the Underclass and Public Policy*, Chicago 1987; (Hrsg.:) »The Ghetto Underclass, Social Science Perspective«, in: *Annals of the American Academy of Political and Social Science*, Januar 1989. Zu einer Analyse der Diskussionen über die Armut in der postindustriellen Stadt und den *Unterschicht*-Begriff siehe insbesondere Michael B. Katz, *The Undeserving Poor. From the War on Poverty to the War on Welfare*, New York 1989, Kap. 4 und 5, sowie *The »Underclass« Debate*, Princeton 1993.

19 *The Conspiracy, Youth Gangs, Violence and Drugs*, zwei Kasetten, Gesamtdauer 90 Minuten.

20 Gespräch mit Conrad Muhammad, dem »Jugendminister« des Islamischen Volkes, Harlem, 2. November 1992.

21 Interview mit Ice-T, ausgestrahlt vom Sender WHYY-FM. Abgedruckt in: *The LA Riots*, a.a.O., p. 127.

22 *The Final Call*, 24. August 1992, p. 21.

23 Vgl. Agnès Poirier, »Rap, Wiz, In the name of Allah«, in: *L' Affiche*, Nr. 32, Oktober 1991, p. 4–7, Reportage über die

Rap-Sänger, die sich auf Anregung Farrakhans, aber auch anderer Bewegungen zum Islam bekehrten (W. D. Muhammad, *Five Percenters*, etc.).

24 *Mr Muhammad Speaks*, 6. Juni 1975, p. 22.

25 Louis Farrakhan, Gespräch mit *National Alliance, 13.*, 20. und 27. Dezember 1985, wiederabgedruckt in: *Independent Black Leadership in America, Minister Farrakhan, Dr Fulani, Rev. Sharpton*; Einleitung von William Pleasant, New York 1990, p. 34–35.

26 Vgl. Joseph P. McCormick II und Robert C. Smith, »Through the Prism of Afro-American Culture, an Interpretation of the Jackson Campaign Style«, in: L. Barker und W. Walters (Hrsg.), *Jesse Jackson's 1984 Campaign*, a.a.O., p. 101–104.

27 Zitiert in: Jonathan Kaufman, *Broken Alliance*, a.a.O., p. 243.

28 Vgl. Taylor Branch, »Black and Jews, the Uncivil War«, in: Jack Salzmann (Hrsg.), *Bridges and Boundaries. African Americans and American Jews*, New York 1992, p. 65.

29 Zitiert in: L. Barker, *Our Time has Come*, a.a.O., p. 75.

30 Ebd., p. 77–81.

31 Minister Louis Farrakhan, *A Warning to the Jews*, 1985 (?).

32 Vgl. *The Final Call*, Bd. 1, Nr. 7, a.a.O., p. 25.

33 Farrakhan, *Back to where we Belong. Selected Speeches by Minister Louis Farrakhan*, hrsg. von Joseph D. Eure und Richard M. Jerome, Philadelphia 1989, p. 162.

34 Siehe das Gespräch Farrakhans mit *National Alliance*, abgedruckt in: *Independent Black Leadership*, a.a.O., p. 49. Zur Islamischen Weltliga siehe mein Buch *Les Banlieues de l'Islam*, a.a.O., Kap. 5.

35 Vgl. *The Final Call*, 31. Oktober 1990; auf der Titelseite schüttelt A. Nassif Farrakhan die Hand – auf einer anderen Seite heißt es allerdings in einem Leitartikel, »das arabische Volk betrachtet die Befreiung [durch den Irak] und die Vereinigung mit Kuwait als einen Schritt in Richtung auf sein nationales Überleben« (»Why Arab masses back Hussein«, von Ali Baghdadi, p. 11).

36 *Independent Black Leadership,* a.a.O., p. 43–44.

37 Siehe die Abbildungen der Hotelbroschüren in: Jack Salzmann (Hrsg.), *Bridges and Boundaries*, a.a.O., p. 174.

38 J. Kaufman, *Broken Alliance*, a.a.O., p. 29.

39 James Baldwin, »Negroes Are Anti-Semitic Because They Are Anti-White«, in: *New York Times Magazine*, April 1967.

40 N. Glazer, *Ethnic Dilemmas*, a.a.O., p. 100.

41 Vgl. Clayborne Carson, »Blacks and Jews in the Civil Rights Movement, the Case of SNCC«, in: J. Salzman (Hrsg.), *Bridges and Boundaries*, a.a.O., p. 36–49.

42 *Independent Black Leadership*, a.a.O., p. 44–45.

43 In *Broken Alliance* (a.a.O., p. 121–156) beschreibt Jonathan Kaufman in allen Einzelheiten die Affäre von Ocean Hill – Brownsville; der vorliegende Bericht stützt sich weitgehend auf diese Schilderung. Vgl. auch Clayborne Carson, a.a.O., in: *Bridges and Boundaries*, a.a.O., p. 47–48.

44 Das Islamische Volk, *The Secret Relationship*, a.a.O., p. VII.

45 Ebd., p. 12–13.

46 Ebd., p. 178.

47 Ebd., p. 207.

48 Vgl. P.-A. Taguieff, *Les Protocoles des Sages de Sion. Faux et usages d'un faux*, Paris 1992.

49 Henry Louis Gates Jr., »Le nouvel antisémitisme noir américain«, in: *Libération*, 29. Oktober 1992, p. 5 (ursprünglich auf englisch in der *New York Times* erschienen).

50 Gespräch mit Conrad Muhammad am 2. November 1992 in Harlem.

51 451 Morde im Jahre 1992, bis zum 21. Dezember 1993 dann 455 (AFP, 21. Dezember 1993).

52 Gespräch mit Abdul Alim Muhammad am 8. Dezember 1993 in Washington.

53 *The Final Call*, 22. September 1992, p. 5; *The Washington Post*, 18. Juli und 20. August 1992.

54 Gespräch, ebd.

55 *The Final Call*, 15. Juni 1992, p.7.

56 Gespräch, ebd. Die Gründe, die für eine solche Behandlung sprechen, werden in der maschinenschriftlichen Broschüre *The Biography of Dr Abdul Alim Muhammad* (o. J.) dargelegt, die einen Text mit dem Titel »The efficacy of multiple sub-type low-dose orally absorbed alpha-interferon therapy in patients with HIV-infection, a clinical retrospective analyses« enthält. Meines Wissens wurde diese Argumentation nie in einer medizinisch-wissenschaftlichen Zeitschrift veröffentlicht.

57 *The Final Call*, 29. März 1993, p. 5.

58 Ebd., 22. Juli 1991, p. 34.

59 *The New York Times*, 19. April 1993, p. C11.

60 In der zweiten Ausgabe von Minister Louis Farrakhan, *A Torchlight for America*, Chicago 1993, wurde dieser Kommentar im Klappentext hinzugefügt.

61 Die Absicht von Führern des Islamischen Volkes wie Farrakhan und Dr. Abdul Alim Muhammad, sich neu zu orientieren und sich mehr als bisher in die politische Debatte in Amerika einzuschalten, wurde im Januar 1994 von neuem auf die Probe gestellt, als die

Anti-Defamation League von B'nai B'rith eine ganzseitige Anzeige in die *New York Times* einrücken ließ, in der Auszüge aus einer Rede Khalid Abdul Muhammads abgedruckt wurden, eines der »radikalen« Führer der Bewegung, die sich dieser Linie widersetzten und die Juden heftig angriffen. Farrakhan, innerhalb seiner Organisation in einer heiklen Lage, mußte sich auf Drängen zahlreicher schwarzer Politiker und derjenigen seiner Anhänger, die gute Beziehungen zu den Machthabern wollten, von Khalid Abdul Muhammad distanzieren, brach jedoch nicht mit ihm, aus Angst, sich die radikaleren Basismitglieder zu entfremden. Dies setzte, wie zur Zeit der Kampagne Jesse Jacksons, 1983–1985, die Spirale Provokation/Repression/Solidarität in Gang. In der Folge zeigte eine im April 1994 veröffentlichte Umfrage, daß 62 Prozent der befragten amerikanischen Schwarzen der Ansicht waren, »Farrakhan vertrete innerhalb der schwarzen Gemeinschaft einen positiven Standpunkt« (28 Prozent schätzten ihn als »gefährlichen Extremisten« ein). Siehe insbesondere *The New York Times* vom 16. Januar 1994, *The Los Angeles Times* vom 26. und 28. Januar und vom 4. Februar 1994 sowie *The International Herald Tribune* vom 16./17. April 1994. Die Affäre verschaffte dem Islamische Volk in der amerikanischen und internationalen Presse einige Beachtung.

62 *The Final Call*, 8. Dezember 1993. »Wir fasten im zwölften Monat des christlichen Kalenderjahres, um uns davon zu befreien, daß wir ihn früher als den Monat der Geburt Jesu gefeiert haben [...] Wir müssen diesen Monat der Verehrung Allahs vorbehalten, der in der Person Meister Fard Muhammads zu uns gekommen ist; mein Gott ist euer Gott und mein Heiland und Erlöser ist der eure, gelobt sei Er in Ewigkeit, daß Er uns nach unserem geistigen Tod, der die letzten vierhundert Jahre währte, wieder zum Leben erweckt hat.«

Die britischen Verse

1 Gespräche mit Ishtiyaq Ahmad (Wortführer des Rats der Moscheen von Bradford) am 20. Februar 1993 sowie am 15. Oktober 1993 mit Liaqat Hussein (Generalsekretär). Siehe auch Philip J. Lewis, *Bradford's Muslim Communities and the Reproduction and Representation of Islam*, maschinenschriftliche Dissertation, Universität Leeds, Juni 1993, p. 148 und 217, Nr. 10.

2 *The Observer*, 1. Oktober 1989. Im Zusammenhang der Literaturkritik bezeichnet die Wendung *suspension of disbelief* den Ro-

man. Vgl. auch Reda Bansmaïa, »Une nouvelle maladie humaine, l'afictionnalité«, in: *Cent intellectuels arabes et musulmans pour la liberté d'expression*(gemeinschaftliche Erklärung), *Pour Rushdie*, Paris 1993, p. 93–98.

3 Urdu ist heute die bei den aus Pakistan und Indien stammenden Muslimen die vorherrschende Schriftsprache. Sie bedient sich der arabischen Schriftzeichen und hat, ausgehend von einem primitiven Indoeuropäisch, zahlreiche Wörter persischer, arabischer und türkischer Herkunft in sich aufgenommen. Nicht alle subkontinentalen Muslime beherrschen das Urdu – das gilt vor allem für die Bewohner von Bangladesch.

4 Ziauddin Sardar und Merryl Wyn Davies, *Distorted Imagination. Lessons from the Rushdie Affair*, London 1990, p. 151. Das Buch stellt eine der heftigsten und spitzfindigsten Attacken gegen *Die satanischen Verse* und ihre Verteidiger dar.

5 Das Zitat stammt von einem indischen Muslim, dem Abgeordneten Syed Shahabuddin, der die erfolgreiche Kampagne für das Verbot der *Satanischen Verse* in seinem Land in Gang setzte (*The Times of India*, 13. Oktober 1988), zitiert in: Lisa Appignanesi und Sara Maitland (Hrsg.), *The Rushdie File*, London 1989, p. 47.

6 Eine *fatwa* (oder *fatoua*) ist ein auf den heiligen Schriften des Islam gründendes formelles Rechtsgutachten. Aufgrund der äußerst verschwommenen Rechtsstellung eines Imam spricht jeder Prediger, der sich dazu berufen glaubt, alle möglichen *fatwas* aus, die jedoch nur für seine Gemeinde konkret Geltung haben. Der institutionalisierte sunnitische Islam versuchte, allerdings ohne großen Erfolg, die Verhängung einer *fatwa* dem *mufti* (wörtlich: »derjenige, der *fatwas* ausspricht«) vorzubehalten, einer Persönlichkeit, die jeder moderne Staat der islamischen Welt seiner Kontrolle zu unterwerfen versucht. Im Schiismus steht einzig den großen Ayatollahs mit dem Titel *mojtahed* (»der die heiligen Schriften auslegt«) das Recht zu, eine *fatwa* auszusprechen, die aber nur für die Gläubigen bindend ist, die sich ausdrücklich auf sie berufen.

7 Jorgen Nielsen, *Muslims in Western Europe*, Edinburgh 1992, p. 41. Es gibt etwa 121 000 Araber; viele von ihnen sind, wenn man von den Jemeniten absieht, gutsituierte Staatsangehörige aus dem Nahen Osten, denen die Probleme der Ärmeren, die sich im Lande niederlassen wollen, fremd sind. Wie alle Zahlen, die sich auf diese Bevölkerungsgruppen beziehen, werden auch diese von allen Betroffenen in Frage gestellt (die Broschüren des islamischen Gemeinschaften sprechen von 2 Millionen Muslimen), vermitteln jedoch eine Vorstellung von der Größenordnung.

2. Rückkehr in das Indische Reich

1 Anil Seal, *The Emergence of Indian Nationalism. Competition and Collaboration in the later XIXth Century*, Cambridge 1968, p. 12. Die »Rotröcke« *(redcoats)* waren die britischen Soldaten.

2 Yohanan Frieman, »Islamic Thought in the Indian Context«, in: Marc Gaborieau (Hrsg.), *Islam et Société en Asie de Sud*, Paris 1986, p. 80.

3 Peter Hardy, *The Muslims of British India*, Cambridge 1972, p. 1–2. Auf ähnlich anachronistische Weise überbetonen die zeitgenössischen hinduistischen Bewegungen den Religionsunterschied, um ihn zum grundlegenden Wesenszug der indischen Geschichte umzuinterpretieren und sich heute der militanten »Rehinduisierung« des Landes zu rühmen. Vgl. zu dieser Frage Christophe Jaffrelot, *Les Nationalistes hindous*, Paris 1993.

4 Die Frage des Status der von Muslimen bevölkerten und von nichtislamischen Herrschern eroberten Territorien stellte sich im Mittelalter mit den Einfällen der Kreuzzügler und vor allem der Mongolen in den Nahen Osten. Ibn Taïmiyya (1263–1328) machte sie zum Gegenstand einer juristischen Abhandlung; siehe meinen Artikel »L'Egypte d'aujourd'hui, mouvement islamiste et tradition savante«, in: *Annales ESC*, Nr. 4, 1984.

5 Zur Lehre des islamischen *jihad* vgl. Alfred Morabia, *Le Gihad dans l'islam médiéval. Le »combat sacré« des origines au XIIe siècle*, Paris 1993.

6 Der Sufismus (von dem arabischen Wort *suf*, »Wolle«, in die sich die Mystiker kleiden) betont den unmittelbaren Kontakt mit Gott und dem Reich der verborgenen Realitäten. Seine Anhänger haben sich in zahlreichen Bruderschaften *(tariqa)* zusammengeschlossen, die von *Scheichs* (»Führern«, auf Urdu *Pirs* genannt), denen ihre Schüler die Macht der Fürsprache und eine bestimmte Form der Hellsehergabe zuschreiben, geleitet werden.

7 Vgl. Barbara Daly Metcalf, *Islamic Revival in British India, Deoband (1860–1900)*, Princeton 1982.

8 Francis Robinson, *Varieties of South Asian Islam*, Warwick 1988, p. 4.

9 Ebd., p. 5–6.

10 Zu dieser Bewegung in Frankreich und ihrem Verhältnis zu ihren indischen Ursprüngen vgl. mein Buch, *Les Banlieues de l'Islam,* a.a.O., Kap. 4 und Bibliographie.

11 Vgl. den Beitrag von Marc Gaborieau, »Le néo-fondamentalisme au Pakistan, Maududi et la Jama'at-i-islami«, in: O. Carré und P. Dumont (Hrsg.), *Radicalismes islamiques*, Bd. II, Paris 1986, p. 433–76.

12 Louis Dumont, »Nationalisme et ›communalisme‹«, in: *Homo hierarchicus. Le système des castes et ses implications*. Paris 1979 (Neuauflage), p. 378.
13 Der vom englischen und französischen *communal* augehende Begriff »Kommunitarismus« (im Englischen *communalism*, im Französischen *communautarisme*) bezeichnet ab den zwanziger Jahren unseres Jahrhunderts im Kontext der Kolonialherrschaft in Indien die Zugehörigkeit zu einer (insbesondere muslimischen oder hinduistischen) Gemeinschaft. Seit dieser Zeit bezieht er sich vor allem auf die Spannungen zwischen den Religionen und die daraus resultierenden Gewalttätigkeiten. Sowohl die indischen Nationalisten (die darin den Ausdruck einer widernatürlichen Aufsplitterung der »Nation« sehen, die sie in die Unabhängigkeit führen wollen) als auch die verschiedenen Theoretiker des Kolonialismus (die dies als eine mit dem Erwachen eines modernen Nationalbewußtseins überholte und rückständige Marotte der einheimischen Bevökerung betrachten, gebrauchen den Begriff in abwertendem Sinn. Siehe Gyanendra Pandey, *The Construction of Communalism in Colonial North India*, Delhi 1990, p. 7–9.
14 P. Hardy, a.a.O., p. 101.
15 Gyanendra Pandey, a.a.O., p. 189–199.
16 Die Kongreßpartei, die ab 1885 Gestalt annahm, kämpfte unter dem Vorzeichen eines weltlichen Nationalismus für die Unabhängigkeit ganz Indiens. Das hinderte sie nicht, sich aller Mittel der hinduistischen Kultur zu bedienen, um die für das moderne Vokabular von Selbstbestimmung und Demokratie wenig empfänglichen Gesellschaftsschichten zu mobilisieren; dies löste bei zahlreichen Muslimen ein Gefühl kulturellen Unbehagens aus.
17 Siehe Francis Robinson, *Separatism among Indian Muslims. The Politics of the United Provinces Muslims, 1860–1923*, Cambridge 1974, *passim*.
18 David Page, *Prelude to Partition. The Indian Muslims and the Imperial System of Control (1920–1932)*, Delhi 1982, p. 260.
19 Leonard Binder, *Religion and Politics in Pakistan*, Berkeley/Los Angeles 1961, p. 102–104 und 142–145.

2. Was bedeutet *britisch* sein?

1 Zitiert in: Jacques Leruez, *L'Ecosse, une nation sans Etat*, Lille 1983, p. 9.
2 Zu den Begriffen »Rasse« und »Staatsbürgerschaft« in Großbritannien vgl. Catherine Neveu, »Citoyenneté et racisme en Eu-

rope, exception et complémentarité britannique«, in: *Revue européenne des migrations internationeles*, 1994, sowie *Communauté, nationalité et citoyenneté. Les Bangladeshis à Londres*, Paris 1993.

3 Harry Goulbourne, *Ethnicity and Nationalism in Post-Imperial Britain*, Cambridge 1991, p. 92.

4 Andererseits lag der Regierung in London daran, sich der Loyalität der Engländer, Schotten und Waliser zu versichern, die sich mit der Zeit in den Kolonien ansiedelten, und zu vermeiden, daß sie mit der Krone brachen, wie es die Amerikaner Ende des 19. Jahrhunderts getan hatten. In Großbritannien übersteigt in den Jahren 1871 bis 1988 die Auswanderungsquote die der Einwanderung beträchtlich (eine Ausnahme bilden die Jahre 1931 bis 1961). Durch Auswanderung ging die britische Bevölkerung zwischen 1961 und 1971 um 320 000, von 1971 bis 1981 um 699 000 Personen zurück, ein einzigartiger Vorgang in den großen westeuropäischen Industrieländern. Siehe Zig Layton-Henry, *The Politics of Immigration, Immigration, »Race« and »Race« Relations in Post-War Britain*, Oxford 1992, p. 2.

5 Zitiert in: ebd., p. 39. Die Verantwortlichen der Labour Party auf nationaler Ebene verurteilen hingegen die Unruhen.

6 Die Behörden anderer Commonwealth-Länder stellen ihren Staatsangehörigen ebenfalls britische Pässe aus.

7 J. Nielsen, a.a.O., p. 40–41.

8 1972 kündigt der ugandische Diktator Idi Amin Dada die Ausweisung von 50 000 Personen indischer Herkunft an, die Inhaber britischer Pässe sind. 27 000 von ihnen lassen sich in England nieder, wo das Klima sehr unwirtlich ist.

9 S.o., S. 61.

10 Didier Lapeyronnie, *L'Individu et les Minorités. La France et la Grande-Bretagne face à leurs immigrés*, Paris 1993, p. 213.

11 Vgl. Heather Booth, »Which ›ethnic question‹? The development of questions identifying ethnic origin in official statistics«, in: *The Sociological Review*, Mai 1985, p. 254 ff.

12 Harry Goulbourne, a.a.O., p. 5.

13 Ebd., p. 12–13. Der englische Begriff lautet *communal option*.

14 Für diese Analyse verweise ich auf mein Buch *Les Banlieues de l'Islam*, a.a.O., *passim*.

15 Die ersten Moscheen auf englischem Boden wurden 1889–1890 in Woking, Surrey, und zu Beginn der neunziger Jahre des 19. Jahrhunderts in Liverpool errichtet. Das Vorhaben, in der Hauptstadt des Empire eine große Moschee zu bauen, die mit der 1926 eingeweihten Pariser Moschee, die Frankreich zu einer

»islamischen Macht« machen wollte, konkurrieren sollte, nahm erst 1977 mit der großen Moschee im Regent's Park Gestalt an – einige Zeit nach dem Ende des Britischen Empire. Siehe HM Reference Services, Central Office of Information, *Some Aspects of Islam in Britain*, London 1984, p. 2, und J. Nielsen, a.a.O., p. 4–6.

16 Die Zugehörigkeit zur islamischen Religionsgemeinschaft schließt andere Formen der Selbstversicherung nicht aus; die Teilung des Jemen bis zum Jahre 1990 in einen marxistischen Staat im Süden und einen konservativeren im Norden kam 1970 in der Gründung einer jemenitischen Arbeitervereinigung zum Ausdruck, deren Ziel es war, den Sozialismus zu fördern und das marxistische Regime in Aden zu unterstützen. Vgl. Fred Halliday, *Arabs in Exile. Yemeni Migrants in Urban Britain*, London/ New York 1992.

17 J. Nielsen, a.a.O., p. 45. Eine in Form eines Wohlfahrtsvereins *(charity)* »eingetragene« Vereinigung genießt bestimmte Steuervorteile, wenn sie im Gegenzug gewisse gesetzliche Forderungen erfüllt. Die oft in Privatwohnungen, Garagen, Fabrikhallen etc. untergebrachten, mehr oder weniger informellen Gebetssäle fallen also nicht unter die »eingetragenen« Moscheen.

18 Danièle Joly, *Making a Place for Islam in British Society, Muslims in Birmingham*, Research Papers in Ethnic Relations, Universität Warwick 1987, p. 4 und 8. Laut der Zählung von 1992 konzentrieren sich 88 Prozent der bengalischen und pakistanischen Bevölkerungsgruppen auf neun von dreißig Vierteln *(wards)* in Birmingham.

19 Jean Ellis, »Local government and community needs, a case study of Muslims in Coventry«, in: *New Community*, April 1991, p. 365.

20 S. W. Harrison und D. Shepherd, *Islam in Preston*, maschinenschriftlich, o.J. (1975?], p. 5.

21 Glenna Robson, *Muslims in Manchester*, maschinenschriftlich, Sacred Trinity College, Manchester o.J. [1978?], p. 38.

22 Vgl. Steve Vertovec, »Local contexts and the development of Muslim communities in Britain, observations in Keighley, West Yorkshire«, maschinenschriftlich, 1993, p. 15–17.

23 Das Pandschab umfaßt den Osten Pakistans, im Umkreis der Stadt Rawalpindi; die Region Mirpur, in Kaschmir-Azad, grenzt an den unter indischer Kontrolle stehenden Teil Kaschmirs; dort tobt ein Guerillakrieg der muslimischen Unabhängigkeitskämpfer; die Provinz Pathan grenzt im Nordwesten an Afghanistan. Alle diese Bevölkerungsgruppen sprechen unterschiedliche Dialekte.

24 Aus dem im Nordwesten Indiens, nördlich von Bombay gelegenen Gujarat wanderten zahlreiche Geschäftsleute nach Ostafrika aus; nachdem sie von unabhängigen nationalistischen Regierungen von dort vertrieben worden waren (s.o., S. 147f.), ließen sie sich in Großbritannien nieder.

25 Die wichtigste ist die Vereinigung Ahl e-Hadith, die ihr englisches Zentrum in einer ehemaligen Badeanstalt aus viktorianischer Zeit in Birmingham eingerichtet hat.

26 Nach Danièle Joly, a.a.O., p. 6–8.

27 Gespräch mit Yusuf Omar, Sekretär des Rats der Hauptmoschee von Birmingham, am 17. Februar 1993.

28 Mohammad S. Raza, *Islam in Britain. Past, Present and the Future*, Leicester 1991, p. 49.

29 Philip J. Lewis, a.a.O., p. 37 ff.

30 Gespräch mit Sher Azam, Präsident des Rats der Moscheen von Bradford – einem Einwanderer der ersten Stunde –, am 16. Oktober 1993.

31 Interview, Bradford, Southfield Square, 15. Oktober 1993.

32 Philip Lewis, a.a.O., p. 40.

33 Die Vereinigung ist nicht mit der 1927 von Maulana Mohammad Ilyas gegründeten Jama'at al tabligh (oder Tablighi jamaat) zu verwechseln, die sich strikt gegen die von den mystischen Barelvi-Bruderschaften praktizierte Frömmigkeit wendet.

34 Vgl. *Moral Spotlight on Bradford* von Mohammed Siddique, Bradford 1993. Der Autor ist ein Schüler Pir Mahroofs. Sein Buch, dessen Umschlag einen Plan von Bradford zeigt, auf dem sich die Worte »Freiheit-Pornographie-Aids-Scheidung-Politik-Droge-Abtreibung-Prostitution-Rassismus« überschneiden, enthält ein äußerst detailliertes Kapitel über die Prostitution in der Lumb Lane, dazu einen Plan des Viertels, auf dem die Straßenecken der Prostituierten, die Moscheen und Koranschulen verzeinet sind.

35 Gespräch mit Pir Mahroof am 12. Februar und am 15. Oktober 1993.

36 Die World Islamic Mission ist weder mit der wahhabitisch orientierten World Muslim League mit Sitz in Mekka noch mit der UK Islamic Mission, dem britischen Zweig der Mawdudi-Bewegung (s.u., S. 191) zu verwechseln. Selbst unter »Basis-«Muslimen verleitet die Ähnlichkeit der Bezeichnungen zu Verwechslungen.

37 Gespräch mit Sher Azam am 16. Oktober 1993.

38 1989, anläßlich der Rushdie-Affäre, bedauerte Roy Jenkins seine Politik von 1966, in der er nun den Anfang der Entwicklung sah, die zur Verbrennung der *Satanischen Verse* geführt hatte

(was ihm Vorwürfe von den Verfechtern einer multikulturellen Gesellschaft eintrug). S. u., S. 211.

39 Zur Gründung des MET durch die UK Islamic Mission und das Verhältnis zwischen den beiden Organisationen s. u., S. 192.

40 Andere militante Vertreter der Reislamisierung sind strenger und vertreten die Ansicht, die archaischen, einzig auf dem Auswendiglernen des Korans und körperlicher Züchtigung beruhenden Methoden der Imame könnten die Kinder abstoßen und dem Islam entfremden. Siehe M. Raza, *Islam in Britain*, a.a.O., p. 48–60.

41 Die Zitate fassen die siebzehn von Ghulam Sarwar in *Muslims and Education in the UK*, The Muslim Educational Trust, London 1983, p. 7–11, aufgelisteten »erzieherischen Probleme von Muslimen im Vereinigten Königreich« zusammen.

42 Ende der achtziger Jahre schränkten die Thatcher-Regierungen die Befugnisse der LEA ein.

43 Vgl. Alec G. Hargreaves, »Le droit de vote au Royaume-Uni«, in: O. Le Cour Grandmaison und C. Wihtol de Wenden (Hrsg.), *Les Etrangers dans la cité*, Paris 1993, insbesondere p. 149–161.

44 Die Stadtverwaltung von Birmingham beschäftigt 54 000 Angestellte und ist damit der wichtigste Arbeitgeber am Ort. 1984 verteilte sie an ihre Beschäftigten einen Fragebogen zur ethnischen Herkunft; dabei stellte sich heraus, daß bei einer Minorität unterschiedlichen ethnischen Ursprungs, die 20 bis 25 Prozent der Gesamtbevölkerung umfaßt, weniger als 7 Prozent von ihnen »schwarz« waren. Gespräch mit Kh. Ahmad, dem Leiter der Race Relations and Equal Opportunity Unit, am 10. Februar 1993.

45 S.o., S. 153.

46 Gespräch mit Roy Hattersley am 15. Februar 1993 in London. S.u., S. 200, die Reaktion Salman Rushdies auf die Kritik Hattersleys an den *Satanischen Versen*.

47 S.o., S. 137. Die Moschee von Coventry ist das Hauptquartier des 1976 gegründeten, als Dawat ul-islam bezeichneten bengalischen Zweigs der Jama'at-i-islami.

48 Siehe Danièle Joly, »Immigration, citoyenneté et pouvoir local, les musulmans à Birmingham«, in: R. Leveau und G. Kepel (Hrsg.), *Les Musulmans dans la société francaise*, Paris 1988, p. 197.

49 Der Text ist in meinem Buch *Les Banlieues de l'Islam* a.a.O., p. 383, abgedruckt.

50 Philip Lewis, a.a.O., p. 44.

51 M. Le Lohe, »The effects of the presence of immigrants upon the political system in Bradford«, in: R. Miles und A. Phizaclea

(Hrsg.), *Racism and Political Action*, London 1979, p. 197.

52 Philip Lewis, a.a.O., p. 135.

53 City of Bradford Metropolitan Council, Directorate of Educational Services, *Education for a Multi-Cultural Society, Provision for Pupils of Ethnic Minority Communities*, Bradford, 10. November 1982, insbesondere Artikel 2.7, 3.1, 3.3.4 und 3.4. Auszüge aus diesen Anweisungen wurden in den Broschüren des Muslim Educational Trust abgedruckt und als nachahmenswerte Beispiele hingestellt. In Birmingham gab die für das Erziehungswesen zuständige Abteilung der Stadtverwaltung unter Berücksichtigung der Forderungen des 1983 gegründeten Muslim Liaison Committee den Schulleitern Anweisungen, wie sie auf die spezifischen Bedürfnisse von muslimischen Schülern eingehen sollten; sie entsprachen in etwa denen von Bradford. Siehe Muslim Liaison Committee, *City of Birmingham Education Department, Guidelines on Meeting the Religious and Cultural Needs of Muslim Pupils*, Birmingham, 1988 (zweisprachig: Englisch/Urdu).

54 Philip Lewis, a.a.O., p. 138.

55 Vgl. insbesondere Dervla Murphy, *Tales from Two Cities. Travel of Another Sort*, London 1987, p. 103–142.

56 Ray Honeyford, »Education and Race, an alternative view«, in: *The Salisbury Review*, Januar 1994.

57 Es handelt sich um den (der Jama'at-i-islami und ihrem Führer, A. A. Mawdudi, nahestehenden) General Zia ul Haq, der am 4. April 1979 Ali Bhutto – dessen Tochter schließlich Premierministerin des Landes werden sollte – ermorden ließ.

58 Lord Swann, *Education for All*, London 1985, p. 5.

59 The Islamic Academy, *Swann Committee Report, An Evaluation from the Muslim Point of View. An Agreed Statement*, Cambridge 1985, p. 3–5.

60 In seiner letzten Veröffentlichung behauptet der Muslim Educational Trust, der Islam untersage jegliche Darstellung eines Menschen, die muslimischen Schüler könnten daher nur dann am Kunstunterricht teilnehmen, wenn es dabei um muslimische Kunst gehe. Auf entsprechende Weise dürften die muslimische Schüler im Musikunterricht zwar das Lob Allahs singen, das Spielen von Instrumenten sei ihnen jedoch untersagt. Was den Tanz betreffe, so sei er streng verboten, da er zu wollüstigen Ausschweifungen verführe. Ghulam Sarwar, *British Muslims and Schools. Proposals for Progress*, London 1991, p. 22–23.

61 *The Education Act 1988*, HMSO, London 1988, Abschnitt 7, § 1,2.

62 Ghulam Sarwar, The Muslim Educational Trust, *Education Reform Act, 1988. What can Muslims do?*, London 1989, p. 2.

63 Siehe The Islamic Academy, *Resources for the Teaching of Islam in British Schools*, Cambridge 1986.
64 Zur Islamic Foundation (= Islamischen Stiftung) s.u., S. 191.
65 M. Y. McDermott und M. M. Ahsan, *The Muslim Guide for Teachers, Employers, Community Workers and Social Adminstrators in Britain*, Leicester 1986 (1. Auflage 1980).
66 The Islamic Foundation, *PCIQ*, *User's Guide*, 1992, p. 4.
67 Darul-Uloom (Birmingham), *Prospectus*, o.J., p. 1.
68 *Darul-Uloom Islamic School Birmingham*, HMI/DES, London, 26.–29. November 1990, p. 10–11.
69 Siehe J. M. Halstead, *The Case for Muslim Voluntary-Aided Schools. Some Philosophical Reflections*, Cambridge 1986.
70 *Islamia Schools Yearbook (1991–1992)*, p. 2.
71 *The Economist*, 19. Dezember 1992, p. 31, und *Q News. Britain's First Muslim Weekly,* 2/21, 20. August 1993, p. 7. Zu den erzieherischen Vorstellungen der protestantischen Fundamentalisten siehe mein Buch *La Revanche de Dieu*, a.a.O., Kap. 3.
72 Siehe insbesondere *White Paper, Choice and Diversity in Education*, HMSO, 1992.

3. Die Folgen der Rushdie-Affäre

1 Religiöse Bewegungen übten auf Bangladeschi deutlich weniger Einfluß und in einem anderen zeitlichen Ablauf aus als auf die Pakistani. Vgl., neben C. Neveu, *Communauté...*, a.a.O., Yunus Samad, »The Politics of cultural identity among Bangladeshis and Pakistanis in Britain«, maschinenschriftlich, Oxford, Mai 1992.
2 Siehe Pierre Bourdieu, »Genèse et structure du champ religieux«, in: *Revue française de sociologie,* XII, 1971, p. 295–334.
3 In gewissen islamischen Kreisen wird die in England praktizierte Identifizierung von »Minoritäten« nach ethnischer und rassischer Herkunft heftig kritisiert: man zöge das Kriterium Religion vor. Vgl. zu dieser Frage u. a. Tariq Modood, »Muslims, Race and Equality in Britain«, in: *CSIC Papers*, Nr. 1, Selly Oak Colleges, Birmingham, Juni 1990.
4 Autor vor allem von *My Beautiful Laundrette* (verfilmt von Stephen Frears) und *Buddha aus der Vorstadt.*
5 Autor von *The Remains of the Day* (verfilmt von James Ivory).
6 *The Independent*, 10. September 1988.
7 *Impact International*, 28. Oktober 1988.
8 Zitiert nach *The Times*, 20. Februar 1989.
9 Zu Beginn der neunziger Jahre des 20. Jahrhunderts stellen die Muslime etwa 120 Millionen einer Bevölkerung von insgesamt

840 Millionen, und ihr Anteil nimmt beständig zu (1971: 10,84 Prozent und 1981: 11, 35 Prozent).

10 Vgl. Ashgar Ali Engineer (Hrsg.), *Delhi-Meerut Riots. Analysis, Compilation and Documentation*, Delhi 1988.

11 Siehe eine Auswahl von Texten zu diesem Thema in: Lisa Appignanesi und Sara Maitland (Hrsg.), *The Rushdie File*, a.a.O., das Kapitel »The India connection«, p. 35–53.

12 M. M. Ahsan und A. R. Kidwai (Hrsg.), *Sacrilege versus Civility. Muslim Perspectives on the »Satanic Verses« Affair*, Leicester, The Islamic Foundation, 1991, p. 315–316.

13 *The Sunday Times*, 19. Februar 1989, in: Lisa Appignanesi und Sara Maitland (Hrsg.), *The Rushdie File*, a.a.O., p. 56. Außerdem Malise Ruthven, *A Satanic Affair. Salman Rushdie and the Wrath of Islam*, London [2]1991, p. 92.

14 The Uk Islamic Mission, *An Introduction (Ta'rif al bi'tha al islamiyya fi-l mamlaka al muttahida)*, London o.J. [1980er Jahre], p. 1–2.

15 Khurram Murad, *Da'wah among non-Muslims in the West. Some Conceptual and Methodological Aspects*, Leicester 1986.

16 Sie zeigen vor allem Mawdudi (1976), Muhammad Qutb (Bruder des wichtigsten Theoretikers der Muslimbrüder, Sayyid Qutb) und verschiedene Würdenträger des saudischen Islam, darunter den Imam der Moschee von Mekka, auf der Tribüne des alljährlichen Kongresses der Mission.

17 S.o., S. 161 ff.

18 Banna ist der Begründer der Muslimbruderschaft in Ägypten, Vorbild der zeitgenössischen islamistischen Bewegungen. Für die Muslimbrüder, Mawdudi und seine Schüler sowie saudische Führer stellt Ibn Taïmiyya (siehe S. 133 [359], Anm. 4) den wichtigsten ideologischen Bezugspunkt dar.

19 Wichtigste, von Necmettin Erbakan gegründete islamistische Partei in der Türkei; sie ist im Parlament in Ankara vertreten und stellte 1994 die Bürgermeister von Ankara und Istanbul.

20 Gespräch mit M. M. Ahsan in Leicester am 11. Februar 1993.

21 M. M. Ahsan und A. R. Kidwai, a.a.O., p. 26–27. Dem UK Committee of Islamic Affairs gehören der Jama'at-i-islami nahestehende Organisationen, Vereine und Deobandi-Persönlichkeiten sowie dem Wahhabismus sehr eng verbundene Gruppen wie die Vereinigung Ahl e-Hadith an, die alle gegenüber der saudiarabischen Auffassung des Islam als aufgeschlossen gelten. 1985 war die islamische Lobby im Erziehungswesen unter eben diesen Voraussetzungen zusammengetreten, um auf den Swann-Bericht zu antworten.

22 S.o., S. 177.

23 Vgl. Richard Webster, , *A Brief History of Blasphemy. Liberalism, Censorship and the »Satanic Verses«*, Southwold 1990, und *The »Rushdie Affair«, a Documentation*, Research Papers/Muslims in Europe, Selly Oak Colleges, Birmingham, Juni 1989.
24 Dieses wurde am 9. April 1990 durch einen Beschluß des obersten Gerichtshofes von Staats wegen bestätigt. Siehe Akbar Ali Malik, *The Satanic Verses. Was it worth all the Fuss? A Muslim Lawyer's Viewpoint*, London 1993, p. 101–106 und 123–133.
25 Philip Lewis, a.a.O., p. 146–147.
26 Malise Ruthven, a.a.O., p. 97–98.
27 Philip Lewis, a.a.O., p. 150.
28 Vgl. Yasmin Ali, »Identity and Community, Young British South Asians in the 1990s«, in: David G. Bowen (Hrsg.), *»The Satanic Verses«, Bradford Responds*, Bradford 1992, p. 68. Zum Verhalten der Jugendlichen im Verlauf der Demonstration gegen Rushdie am 27. Mai 1989 vor dem Parlament von Westminister siehe M. Ruthven, a.a.O., p. 1–3, *The Guardian* vom 29. Mai 1989 etc.
29 Nach G. D. Qureshi, »Religious poetry of Imam Raza«, zitiert in: David G. Bowen, a.a.O., p. 24.
30 *Bradford Telegraph & Argus*, 14. Januar 1989, in: Lisa Appagnanesi und Sara Maitland (Hrsg.), a.a.O., p. 67.
31 M. M. Ahsan und A. R. Kidwai, a.a.O., p. 41.
32 Gespräch mit Ishtiyaq Ahmad am 20. Februar 1993.
33 M. M. Ahsan und A. R. Kidwai, a.a.O., p. 17–18, und M. Ruthven, a.a.O., p. 152.
34 Laut Sardar und Davies (a.a.O., p. 197–198) wurde das Institut anfangs großzügig von Saudi-Arabien unterstützt; Auseinandersetzungen über das Finanzgebaren führten jedoch zum Bruch zwischen den beiden Partnern.
35 »The Muslim Institute for Research and Planning«, *Draft Prospectus*, London, 1974, sowie ein Gespräch mit M. Ghayasuddin, dem stellvertretenden Direktor, am 18. Oktober 1993 in London.
36 Offenbar hatte er zu diesem Zeitpunkt die Tragweite der Affäre noch nicht erfaßt. Auch der Iran brauchte lange, um zu reagieren. Rushdies frühere Romane wurden in der Islamischen Republik ins Persische übersetzt, einer sogar ausgezeichnet. Im Dezember 1988 wurden die *Satanischen Verse* in der Teheraner Zeitschrift *Kayhan Farangi* einigermaßen kritisch besprochen, ohne daß dies damals zu Todesdrohungen gegen den Autor geführt hätte.
37 Dr. Kalim Siddiqui, *The Implications of the Rushdie Affair for Muslims in Britain*, London (The Muslim Institute, Reprographie), o.J. [1989], p. 9–10.

38 Auf islamischem Territorium droht einem abtrünnig gewordenen Muslim die Todesstrafe. Diese Strafe kann jedoch nur von einem islamischen Gericht vollzogen werden und blieb daher bei Rushdie, solange er sich im Westen aufhielt, wirkungslos.

39 So vertrat der Islamic Defense Council – eine weitere gegen die *Satanischen Verse* gegründete Organisation, die am 28. Januar den Marsch zum Geschäftssitz von Penguin Books sowie die Demonstration am 27. Mai organisierte – die Ansicht, »die 46 Staaten der IK hätten sich entweder für außerstande erklärt, etwas zu unternehmen, oder aber sie wollten nichts unternehmen«. Dennoch kritisierte die Bewegung mit allem Nachdruck Khomeini und vertrat die Auffassung, durch sein Eingreifen habe der Ayatollah jede Weiterentwicklung der Position des Westens verhindert. Trotz des Eingeständnisses, die Muslime seien durch die Verhängung der *fatwa* gefühlsmäßig zufriedengestellt worden, erachtete sie es eindeutig als politischen Fehler »nach der Pfeife Khomeinis zu tanzen«. M. Atiqur-Rahman Sambhli, *Our Campaign against »The Satanic Verses«*, London (Islamic Defense Council), 1991, p. 21 und 25.

40 Die verläßlichsten Schätzungen sprechen von etwa einer Million Muslime in Großbritannien.

41 Dr Kalim Siddiqui, a.a.O., p. 16.

42 *The Muslim Manifesto. A Strategy for Survival*, London (The Muslim Institute, Reprographie), Juni 1990, p. 5, 13, 16 und 31.

43 Kalim Siddiqui, *Inaugural Address, The Muslim Parliament of Great Britain, Political Innovation and Adaptation*, London, 4. Januar 1992 (Reprographie), p. 5.

44 *The Independent on Sunday*, 5. Januar 1992.

45 Das englische Recht erkannte zahlreichen »Sitten und Gebräuchen ethnischer Minderheiten« einen Sonderstatus in der allgemeinen Rechtsprechung zu; so haben die Sikhs (die einen Turban tragen) das Recht, ohne Schutzhelm Motorrad zu fahren, und dürfen immer ihren rituellen Dolch bei sich tragen. Indopakistanischen Verkäuferinnen gestattet man mit Rücksicht auf ihre Sitten lange Hosen statt des Rockes der vorgeschriebenen Berufskleidung (ein Recht, das den »Weißen« nicht zugestanden wird, auch wenn sie sich zum Islam bekehrt haben) etc. Zu einer positiven Einschätzung dieser juristischen Kompromisse vgl. Bikhu Paresh, »La Grande-Bretagne et la logique sociale du pluralisme«, in: *Les Temps modernes*, Juli/August 1991, Nr. 540/541, p. 104–107.

46 *The Independent*, 4. März 1989. In der Zwischenzeit hatte Jenkins als Präsident der Europäischen Kommission amtiert und war

dann aus der Labour Party ausgetreten, um die Sozialdemokratische Partei zu gründen.

Frankreich, Land des Islam

1 Zum allmählichen Umsichgreifen des Islam in Frankreich bis 1987 siehe mein Buch *Les Banlieues de l'Islam*, a.a.O., in dessen Zusammenhang sich die nachfolgenden Seiten einfügen.
2 Die UOIF ist zu dieser Zeit die wichtigste in Frankreich verwurzelte islamistische Vereinigung. S.u., S. 282 ff.
3 *Politis*, 26. Oktober 1989, p. 24.
4 1990 ist in Frankreich jeder zweite Jugendliche ohne abgeschlossene Schulausbildung, der aus einer Familie mit einem algerischen Haushaltsvorstand stammt, arbeitslos. Vgl. Michèle Tribalat, »Les immigrés et les populations liées à leur installation en France au recensement de 1990«, in: *Population*, Juni 1994.
5 Eine von Georges Lavau geprägte Wendung, die die Funktion der PCF als Wortführerin der unzufriedenen breiten Volksschichten definiert. Siehe sein Buch *A quoi sert le Parti communiste français?* Paris 1981.

1. Die FIS und die Söhne Frankreichs

1 Hinsichtlich Zeitpunkt und Ort dieser »ersten« Proklamation (es gab mehrere) gehen die verschiedenen Quellen auseinander. Die offizielle Anerkennung im Rahmen des neuen Gesetzes über politische Vereinigungen erfolgte erst am 9. September 1989. Einen Monat darauf, am 5. Oktober, begann die FIS mit der Veröffentlichung ihres Organs, *Al Munqidh* (»Der Erretter«), das eine Auflage von 300 000 Exemplaren erzielen sollte und bis zum 2. Februar 1992 erschien (abgesehen von dem halben Jahr, als es vom 26. Juni bis zum 1. Dezember 1991 verboten war).
2 Bei den Kommunalwahlen im Juni erhielt die FIS 4 331 472 Stimmen (54,25 Prozent der abgegebenen Stimmen, 33,73 Prozent der Wahlberechtigten); beim ersten Durchgang der Parlamentswahlen im Dezember 1991 erzielte sie einen Anteil von 3 260 222 Stimmen (47,27 Prozent der abgegebenen Stimmen, 24,59 Prozent der Wahlberechtigten). Damit hatte sie die Mehrheit bei den Kommunalwahlen und stellte nach der ersten Runde der Parlamentswahlen 188 Abgeordnete (gegenüber 16 des FLN). Siehe J. Fontaine, »Les élections législatives algériennes«, in: *Monde arabe. Maghreb-Machrek*, Nr. 135, Januar-März 1992, p. 155 ff. Die Ergebnisse wurden von der FIS angezweifelt, die behaup-

tete, bei den Wahlen von 1990 82,51 Prozent der Stimmen erhalten zu haben (*Al Munqidh*, Sondernummer, *28 dhou al qi'da 1410).*

3 Vgl. zu dieser Frage das bahnbrechende Buch von Monique Gadant, *Islam et nationalisme en Algérie d'après »El Moudjahid«, organe central du FLN de 1956 à 1962* (Paris 1988), laut dem »die Verwendung des Islam als eines symbolischen Bezugspunktes, der die Einheit der Gesellschaft unterstreicht, es dem FLN ermöglichte, seine ideologischen Anleihen beim Marxismus zu nutzen und auf eine einfache Methode der Entwicklung zu reduzieren. Die Synthese des Islam und dieses ›Marxismus‹ stellt eine Ideologie des nationalen Aufbaus dar, die im voraus (und ab 1962 realiter) alle sozialen Konflikte in den Bereich der Moral abschiebt [...]« (p. 11).

4 Bei diesen Fragen beziehe ich mich vor allem auf die Arbeiten von Benjamin Stora, *Messali Hadj, pionnier du nationalisme algérien*, Paris 1987, und *La Gangrène et l'Oubli. La mémoire de la guerre d'Algérie*, Paris 1991.

5 Der algerische Witz nennt diese Gegend, aus der der FLN seine Führer rekrutierte, »BTS« – nach den Initialen der Städte Batna, Tébessa und Souk Ahras, die ihre geographischen Grenzen bezeichnen.

6 Zu diesem gesamten Fragenkomplex scheint mir Mohammed Harbi der geeignete Gewährsmann zu sein; siehe insbesondere *Aux origines du FLN*, Paris 1975; *Le FLN, mirage et réalité*, Paris 1980; *L' Algérie et son destin, croyants ou citoyens*, Paris 1992; in letzterem Werk stellt er die Frage nach dem Kontext, in dem die FIS in Erscheinung trat.

7 Gespräch mit Slimane Zeghidour, in: *Politique internationale*, Herbst 1990, p. 180 und 156. Vgl. auch die im gleichen Sinn von Séverine Labat zusammengestellten Äußerungen, »Islamismes et islamistes en Algérie«, in: G. Kepel (Hrsg.), *Exils et Royaumes*, a.a.O., p. 58–59.

8 Im Arabischen hat der Begriff zweierlei Konnotationen: im Umgangssprachlichen bezeichnet er die »Kämpfer«, vom Etymologischen her bezieht er sich ausschließlich auf die Kämpfer im *jihad*, das heißt im Heiligen Krieg für den Sieg des Islam. In *Al Munqidh* (Nr. 33, 15. November 1990) verurteilt Ali Benhadj vehement all jene, die einen Unabhängigkeitskrieg führen, der nicht die Einführung und Durchsetzung des Islam zum Ziel hat, und verhöhnt die Kämpfer der alten Garde, die mit einer Zuteilung Tabak und alkoholischer Getränke belohnt wurden und es nicht verdient haben, »Mudschaheddin« genannt zu werden.

9 *Al Munqidh*, Nr. 18, *5 dhu al qi'da 1410*, p. 1.
10 Ebd., p. 7.
11 Vgl. François Burgat, *L'Islamisme au Maghreb*, Paris 1988, p. 150–151.
12 Zitiert und übersetzt von L.-W. Deheuvels, *Islam et Pensée contemporaine en Algérie*, Paris 1992, p. 250.
13 Paris 1954.
14 *Al Munqidh* (Nr. 52, 27. März 1991) schmäht die algerische Regierung wegen ihres Vorhabens, die Wahlpropaganda auf die Moscheen zu beschränken, und bezeichnet sie als »Erben Rousseaus«.
15 S.o., S. 192f.
16 Siehe den Text in: M. Al-Ahnaf, B. Botiveau und F. Frégosi, *L'Algérie par ses islamistes*, Paris 1991, p. 45–48.
17 Mahfouz Nahnah, der 1989 die (algerische) Hamas-Bewegung begründete, den dortigen Zweig der Muslimbrüder, hatte 1976 versucht, gewaltsame Aktionen gegen die Regierung zu organisieren, die er als tyrannisch *(taghut)* bezeichnet, da sie die Scharia nicht durchsetzte. Er wurde umgehend verhaftet umd eingesperrt, noch ehe er eine Gruppe von einiger Bedeutung aufbauen konnte. Siehe M. Al-Ahnaf et al., a.a.O., p. 26 ff. und 64 ff., sowie A. Ayyachi, *Al islamiyyun al jaza 'iriyyun bayn al sulta wa-l rusas* (»Die algerischen Islamisten gegen die Macht und die Kugeln«), Algier 1992, p. 206 ff.
18 Von seiner sicheren Position an der Universität Constantine (Algerien) aus unterstütze A. Jaballah, unter Berufung auf die Muslimbrüder, die Bewegung von 1982. 1989 gründete er eine islamistische Gegenpartei zur FIS, Al Nahda (»Die Wiedergeburt«); siehe A. Ayyachi, a.a.O., p. 213 ff.
19 S.o., S. 135 f.
20 Gespräch in Algier, Januar 1993.
21 Die Bedeutung des Namens der Gruppe ist nicht ganz klar; einige Autoren interpretieren die Abkürzung als *Mouvement islamique algérien* (Islamische Bewegung Algeriens); er wurde nach 1992 von einer der einflußreichsten bewaffneten Gruppen übernommen.
22 Zur Entstehung der »Gruppe Bouyali« siehe F. Burgat, a.a.O., p. 164 ff., sowie M. Al-Ahnaf et al., a.a.O., p. 28, und A. Ayyachi, a.a.O., p. 224 ff.
23 *Al Munqidh*, 1. Dezember 1991, p. 22, unter Berufung auf seinen Bruder. Vgl. auch M. Al-Ahnaf et al., a.a.O., p. 70–73, sowie A. Ayyachi, a.a.O., p. 200 ff.
24 Zur Unterstützung der FIS durch die Volkschullehrer siehe Ignace Leverrier, »Le Front islamique de salut entre la hâte et la

patience«, in: G. Kepel (Hrsg.), *Les Politiques de Dieu*, Paris 1993, p. 51–52.

25 Abd al Hadi Doudi, der Schwager von Bouyali und geistiger Führer seiner Gruppe, war Imam der Moschee Al Achour. 1987 entkam er der Verfolgung und flüchtete unter ungeklärten Umständen nach Marseille, wo er zunächst Imam der Moschee in der Rue du Bon-Pasteur wurde, die er aufgrund von Meinungsverschiedenheiten mit deren »Rektor«, M. Alili, verließ. Seitdem wirkt er in einer anderen Moschee der Hafenstadt. Siehe F. Burgat, a.a.O, p. 159 ff, sowie J. Cesari, *Etre musulman en France. Associations, militants et mosquées*, Paris 1994, p. 104 und 106.

26 Gespräch in Algier, Januar 1993.

27 S.o., S. 133 ff.

28 Gespräch in Algier, Januar 1993.

29 Vgl. dazu weiter unten »der Koran als Gebrauchsanweisung«, wie Schérazade in Grenoble es formulierte (S. 328).

30 Die »Algerianer« – die diesen Beinamen Mahfouz Nahnah verdanken, der sich damit über ihre Weigerung lustig machte, sich der international gängigen Linie der Muslimbrüder anzuschließen, deren algerischem Zweig er vorstand – ließen sich oft von Bennabi inspirieren und betrachteten den übertriebenen Pietismus der Salafisten als unnützen Extremismus. Die meisten von ihnen sind zweisprachig und haben ein Diplom in den angewandten Naturwissenschaften; im Juli 1991 rissen sie auf dem Kongreß von Batna die Führung der FIS an sich und verjagten die Salafisten; zu diesem Zeitpunkt waren A. Madani und A. Benhadj bereits in Haft. Nachdem sie aus der ersten Runde der Parlamentswahlen im Dezember 1991 siegreich hervorgegangen waren, wurden sie in der Folge, als man zum bewaffneten Kampf überging, bei dem die radikalsten Aktivisten an die vorderste Front rückten, an den Rand gedrängt.

31 So hatte *Al Da'wa*, die Monatsschrift der ägyptischen Muslimbrüder, vier Hauptfeinde des Islam benannt: Marxismus, Freimaurerei, Laizismus und das Judentum, das letztendlich die Wurzel der drei anderen war. Siehe mein Buch *Le Prophète et le Pharaon*, a.a.O., p. 117 ff.

32 *Al Munqidh*, Nr. 2, zweite Hälfte des *Rabi' al Awal 1410*, p. 12.

33 Ebd., Nr. 3, 2. November 1998, p. 4. In der islamischen Rechtsprechung bezeichnet der Begriff *mahram* jene Verwandtschaftsgrade, die eine Heirat unzulässig machen.

34 *Al Munqidh*, Nr. 75, 2. Februar 1992, p. 2.

35 Ebd., Nr. 12, *11 chaabane 1410*, p. 8 (abgedruckt in: M. Al-Ahnaf et al., a.a.O., p. 246). Ab Nummer 8 enthält die Zeitung auch

französische Artikel (im allgemeinen zwei Seiten), »um der Bitte einiger unserer werten Leser nachzukommen«, bis zum Erscheinen einer anderen, ausschließlich französischen Zeitung der FIS, *Al Forkhan*. Dies ist bezeichnend für die Ambivalenz der Einstellung gegenüber dem Französischen und geht über die Verteufelung der »Sprache des Kolonisators« hinaus. Ebenso erscheint das Datum gelegentlich ausschließlich nach dem islamischen Kalender, allerdings nicht systematisch.

36 *Al Munqidh*, Nr. 6, 14. Dezember 1989, p. 12.

37 Damit ist Frankreich gemeint; ebd., Nr. 18, *7 dhou al qi'da 1410*, p. 2.

38 Ebd, Nr. 4, 16. November 1989, p. 16.

39 Ebd., Nr. 35, 28. November 1990, p. 1.

40 Ebd., Nr. 26, 20. September 1990, p. 14.

41 Ebd., Nr. 33, 15. November 1990, p. 5.

42 *Al damgha al qawwiyya li nasf 'aqidat al dimuqratiyya*, ebd., Nr. 23, 24 und 25, *18 moharram, 2 und 15 safar 1411*. A. El-Difraoui analysierte und bewertete diesen Text: »La critique de la doctrine démocratique par le FIS«, in: G. Kepel (Hrsg.), *Exils et Royaumes*, a.a.O., p. 105 ff. Siehe auch *Le Poison des orientalistes*, Memorandum, IEP (Institut d'études politiques = Institut für politische Studien) Paris, 1992 (Übersetzung im Anhang). Übersetzung ausführlicher Passagen in: M. Al-Ahnaf et al., a.a.O., p. 87–98.

43 Sure XXI (»Die Propheten«), 19. In: *Der Heilige Qur'ân*. Hrsg. von Hazrat Mirza Nasir Ahmad, Rabwah (Pakistan), [4]1980, p. 310. Die Neutranskription des Zitats in *Al Munqidh* enthält einen Schreibfehler – wegen der Unantastbarkeit des Textes fassen Islamisten dergleichen als Gotteslästerung auf. In der ersten Ausgabe von *Al Munqidh* hatte sich ein ähnlicher Fehler eingeschlichen, und zwar im Motto der Titelzeile. Der Fehler wurde zwar in der Folge korrigiert, das Ganze hinterließ jedoch einen äußerst schlechten Eindruck. Derlei Fehler sind in einer in Ägypten erscheinenden islamistischen Zeitung eigentlich kaum vorstellbar.

44 Für eine sehr eingehende Analyse anhand von Gegenargumenten vgl. A. El-Difraoui, »La critique…«, a.a.O.

45 Ebd. In der juristischen Doktrin des Islam bezeichnet der Begriff *chura* die »Konsultation« der Ulema, was im Prinzip von den Regierenden auch gemacht wird.

46 Zur Kritik dieses Vorgangs siehe Rémy Leveau, *Le Sabre et le Turban, L'avenir du Maghreb*, Paris 1993, p. 128–172.

47 Vgl. Luis Martinez, »Les Eucalyptus, banlieue d'Alger…«, in: G. Kepel (Hrsg.), *Exils et Royaumes*, a.a.O., p. 100–101.

48 In *L'Echec de l'islam politique*, Paris 1992, führt Oliver Roy dieses Thema in verallgemeinerndem Sinne näher aus.

2. Hinter dem Schleier

1 5. November 1992.

2 Andererseits waren die aus der Arbeiterbewegung hervorgegangenen, gewerkschaftlich oder kommunistisch orientierten Vereinigungen bis in die siebziger Jahre im gesellschaftlichen Bereich glaubwürdig gewesen, da sie, auf dem Umweg vor allem über die »roten« Stadtverwaltungen, eine Verbindung zum Arbeitsmarkt herstellen konnten.

3 Siehe R. Leveau und F. Dazi, »L'intégration par la politique, le vote des Beurs«, in: *Etudes*, September 1988, p. 179–188, sowie Jocelyn Cesari, a.a.O., p. 205–222 und 307–318.

4 S.o., S. 156. Meines Wissens wurde bei dieser Gelegenheit in Frankreich zum ersten Mal ein urdusprachiges Flugblatt verteilt.

5 Im Oktober organisierte Gabteni einen weiteren Aufmarsch zur Unterstützung der Forderung nach dem Tragen des Kopftuchs; das nächste Mal machte er im Februar 1990 anläßlich einer abenteuerlichen »Entführung« von sich reden. Zur gleichen Zeit setzte er eine heftige Auseinandersetzung in Gang, als er vor den laufenden Kameras eines Fernsehsenders, der ihm nur zu gerne das Wort erteilte, behauptete, über den Fonds d'action sociale einen Zuschuß aus öffentlichen Mitteln in Höhe von 400 000 Francs erhalten zu haben, ohne den Beweis dafür zu liefern. Diese Zwischenfälle untergruben nicht nur seine Glaubwürdigkeit, sonder setzten auch seinen Fernsehauftritten für immer ein Ende.

6 Vgl. dazu die Äußerungen von in Frankreich lebenden Autoren, in *Pour Rushdie*, a.a.O.

7 Die im Juli 1926 eingeweihte Pariser Moschee war im September 1982 der unmittelbaren Kontrolle durch die algerischen Machthaber unterstellt worden, die Scheich Abbas Bencheikh Lhoussine zum Rektor ernennen ließen. Ziel der 1985 gegründeten FNMF war es, die repräsentative Instanz des Islam in Frankreich zu werden – eine Rolle, deren halbamtlicher Träger bis dahin die Pariser Moschee gewesen war. Zu diesen Fragen verweise ich auf mein Buch *Les Banlieues de l'Islam*, a.a.O., p. 72 ff. und 361 ff.

8 Vier im Koordinationsausschuß vertretene Vereinigungen wollten den Verleger zwingen, ihnen vor Erscheinen des Buches ein Exemplar zur Verfügung zu stellen, damit ein »Experte« es auf mögliche »blasphemische, rassistische oder den Islam herabwürdigende« Passagen überprüfen könne, um ein Verbot des Ro-

mans durchzusetzen. Am 30. Mai beantragten sie eine Einstweilige Verfügung. Am 8. Juni wurde diese »in Anbetracht des in der Verfassung verankerten Rechts auf Meinungsfreiheit, das jedem Staatsbürger zusteht«, verweigert. Ein erneuter Vorstoß bei Gericht, am 19. Juli, nach Erscheinen des Romans, blieb ebenfalls wirkungslos. Zum Vergleich mit dem Vorgehen der UK Action Committee in Großbritannien s.o., S. 194.

9 1989 ergab eine Umfrage des IFOP (Französisches Institut für Meinungsforschung), daß 37 Prozent der Personen muslimischer Herkunft der Sozialistischen Partei nahestanden gegenüber einem Prozent, das sich für die UDF (Union pour la démocratie française = Union für die französische Demokratie) und drei Prozent, die sich für die RPR (Rassemblement pour la République = Sammlungsbewegung des französischen Volkes = Gaullisten) aussprachen. Siehe Paul Balta (Hrsg.), *L'Islam dans »Le Monde«*, Paris 1991, p. 113.

10 Kommuniqué des Innenministeriums, 16. März 1989.

11 Si Hamza Boubakeur, von 1957 bis September 1982, als er die Geschäfte an Scheich Abbas übergeben mußte, Rektor der Moschee, war regelmäßig mit den Regierenden der Maghrebländer aneinandergeraten. Zur Geschichte der Pariser Moschee und zu ihren Statuten siehe Alain Boyer, *L'Institut musulman de la Mosquée de Paris*, Paris 1992, sowie André Damien, »L'Islam en France«, in: *Administration*, Nr. 161, Oktober–Dezember 1993, p. 112–118. Letzterer ist dem seit 1993 amtierenden Innenminister Pasqua gegenüber für das Referat »der Islam in Frankreich« verantwortlich.

12 Der Sohn Si Hamzas, Dalil Boubakeur, sollte – zum großen Verdruß des damaligen Innenministers Quilès – im April 1992 die Leitung der Moschee übernehmen, s.u. S. 280.

13 1992 kehrte er zurück, um am Gipfeltreffen der algerischen Machthaber teilzunehmen, und wurde Mitglied des Obersten Staatskomitees; damals hatte er die Moschee unter abenteuerlichen Umständen verlassen. S.u. S. 278ff.

14 Diese Version wurde von einem ehemaligen städtischen Angestellten bestritten, laut dem die »Verwechslung« beabsichtigt war. Siehe *Le Monde*, 27/28. August 1989.

15 Die folgenden Angaben stützen sich auf das sehr ausführlich dokumentierte Memorandum von Claude Lagier, *La Mosquée-enjeu, le cas de Charvieu*, IEP Grenoble, 1990, maschinenschriftlich.

16 Siehe das im *Figaro Magazine* vom 10. Februar 1990 abgedruckte Dokument und das Interview in *L'Express* vom 22. Juni 1990.

Das Kommuniqué der FIS erschien am 2. Juli 1990 in *El Moudjahid* (Organ des FLN...)

17 »L'heure de vérité«, *Antenne 2*, 19. Juni 1989.

18 Zur Geschichte des Projekts in den ersten Jahren siehe mein Buch *Les Banlieues de l'Islam*, a.a.O., p. 306–310.

19 Association culturelle lyonnaise islamo-française (Islamisch-französischer Kulturverband von Lyon).

20 *Libération* vom 31. August 1989.

21 G. Jullien und F. Charillon, *Le Dossier de la construction de la mosquée de Lyon*, Memorandum, IEP Paris 1990, p. 55.

22 Laut *Le Monde* vom 26. September 1989, die Professor Lahnèche, Präsident des ACLIF, zitiert, sollte das Projekt von den Muslimen der Gegend finanziert werden: »Wir freuen uns über Beiträge aus dem Ausland, lehnen aber Gelder aus nicht gemäßigten Ländern ab.«

23 K. Kabtane, *La Croix*, 8. September 1990.

24 Das Moscheenprojekt »erhielt eine Schenkung von Saudi-Arabien in Höhe von 20 Millionen Francs« (*Regards d'Islam*, Nr. 9., Juli/August 1992, p. 5), die jedoch nicht ausreichte, um die Gesamtkosten zu decken.

25 Vgl. die Reportage von Henri Tincq in: *Le Monde*, 15. November 1989. Zum Islam in Marseille siehe die erschöpfende Darstellung von J. Cesari, *Etre musulman en France...*, a.a.O., vor allem p. 63–136.

26 Laut der Umfrage von *IFOP-Le Monde* vom 30. November 1989 verbanden 60 Prozent der Franzosen das Wort Islam mit »Gewalttätigkeit«, 71 Prozent mit »Fanatismus«. Im übrigen schränkten die Schwierigkeiten, die Noir mit der RPR hatte, sowie seine Auseinandersetzungen mit der Justiz seinen Handlungsspielraum beträchtlich ein.

27 Conseil de réflexion sur l'islam en France (Rat zu Fragen des Islam in Frankreich), s.u. S. 273.

28 *Le Courrier picard*, 3. Oktober 1989.

29 *Le Monde*, 17. Oktober 1989.

30 Siehe mein Buch *Les Banlieues de l'Islam*, a.a.O., p. 154–158.

31 Die GIF ist der Pariser Ableger der Union des organisations islamiques de France = UOIF (Vereinigung der islamischen Organisationen in Frankreich). Zu diesen Bewegungen siehe ebd., p. 257–274.

32 *Le Monde*, 24. Oktober 1989.

33 M.-A. Leseur, Präsident der FNMF in einem Gespräch mit *La Croix* am 25. Oktober 1989.

34 *Le Monde*, 24. Oktober 1989. Schon Scheich Abbas hatte, als er

am 20. April, zwei Wochen vor seinem Tod, die Journalisten einlud, das Ramadanfasten zu unterbrechen, »all jenen, die etwas über den Islam erfahren wollen«, geraten, »den Schriften keinen Glauben zu schenken, die heutzutage von Autoren veröffentlicht werden, die vorgeben oder den Anschein erwecken, über alles Bescheid zu wissen, was den Islam betrifft, jedoch leider nichts oder fast nichts darüber wissen.«

35 *Le Nouvel Observateur*, 26. Oktober 1989.

36 Ebd., 2. November 1989.

37 Siehe *Le Monde*, 22. November 1989.

38 D. Kessler, »La laïcité, du combat au droit«, in: *Le Débat*, Oktober 1993, p.100.

39 *Le Monde*, 29. November 1993.

40 S.u., S. 322 ff.

41 Gespräch in *Le Débat*, September/Oktober 1990.

42 Gespräch in *Le Monde*, 17. März 1990.

43 »Der CORIF bemüht sich, methodisch und sachlich vorzugehen, um nach und nach alle Probleme anzugehen [...] damit der Islam in Frankreich zu einer Religion wie alle anderen wird«, schreibt Raoul Weexsteen, Sachberater der Minister Joxe, Marchand und Quilès für diesen Bereich: »Approche culturelle de l'islam par l'Etat français« in: Gérard Ignasse (Hrsg.), *Islam et Politique*, Paris 1992, p. 103.

44 Diese den Muslimbrüdern nahestehende Strömung, die unter türkischen Einwanderern in Deutschland großen Einfluß hat, wird in der Türkei von der Refah Partisi (Wohlstandspartei) verkörpert; S. o., S. 193, Anm. 19.

45 *L'Index*, Nr. 28, November/Dezember 1992, p. 2. Bei *L'Index*, einer »islamischen Veröffentlichung zur allgemeinen Information«, handelt es sich um ein beidseitig bedrucktes Flugblatt, das unregelmäßig erscheint, kostenlos verteilt wird und einen gehässigen Ton anschlägt.

46 A. Moustapha Diop, *Le Mouvement associatif islamique en Ile-de-France*, für das Ministerium für Solidarität (Abteilung für Bevölkerungswesen und Ein- und Auswanderung) verfaßter Bericht, Dezember 1990 (maschinenschriftlich), p. 103.

47 Vgl. F. Charillon, *Le Conseil de réflexion sur l'islam en France*, IEP Paris 1991, p. 22 ff.; er stellt fest, daß »keiner der von mir befragten Muslime den CORIF kannte« (jeder zweite verwechselte ihn mit dem...jüdischen CRIF).

48 Dieses Thema behandelt Oliver Roy, »Les immigrés dans la ville, peut-on parler de tensions ethniques?« in: *Esprit*, Mai 1993, p. 41 ff., sowie »L'islam en France, religion, communauté ethnique ou

ghetto social?« in: B. Lewis und D. Schnapper (Hrsg.), *Musulmans en Europe*, Paris 1992, p. 73–88. Jedenfalls hat die UOIF dank ihrer militanten Dynamik den größten Nutzen aus ihrer Mitarbeit im CORIF gezogen, s.u. S. 282.

49 Das hinderte »Maximalisten« nicht daran, die Ansicht zu vertreten, diese Vereinbarungen seien unzureichend, denn der wahre islamische Bestattungsritus (tief in der Erde, ohne Sarg) sei mit Rücksicht auf die öffentliche Gesundheit vom Gesetz nach wie vor verboten. Mokhtar-Ahmed Weisberg, Vizepräsident der FNMF: »Was wir wollen, das sind ganz einfach muslimische Friedhöfe und nicht ›Parzellen‹. In Wirklichkeit verbietet uns das islamische Recht, uns auf Friedhöfen von Leuten der Bibel *[sic]* oder neben ihnen begraben zu lassen« (*Regards d'Islam*, Nr. 2, April/Mai 1991, p. 20).

50 Die Festlegung des Ramadanbeginns stellt traditionell eine wichtige Handlung von großer symbolischer Aussagekraft dafür dar, welchem der verschiedenen Staaten der islamischen Welt die Führungsrolle zukommt (vor allem seit dem Auftauchen konkurrierender islamistischer Bewegungen).

51 »Vollkommene Verwirrung hinsichtlich des Beginns des Ramadans in Frankreich. Einige begannen damit am 4., andere am 5. und wieder andere schließlich am 6. März...« klagt *Regards d'Islam* (Nr. 5, März 1992, p. 20). *Le Critère*, Organ der algerischen Bruderschaft in Frankreich – des französischen Ablegers der FIS –, beschuldigt die Pariser Moschee, über den Ramadanbeginn »die Gemeinschaft absichtlich getäuscht« zu haben, und informiert »diejenigen, die am Donnerstag, dem 5. März, mit dem Fasten begonnen haben, daß sie einen Tag zusätzlich fasten müssen, um den Monat zu vervollständigen« (Nr. 9, 10. April 1992, p. 1). Zur Nachfolge Haddams s. u., S. 278 ff.

52 Mitterrand dankte auch der jüdischen »Gemeinschaft«. Diese Formulierung aus dem Munde des Präsidenten der Republik überraschte diejenigen, die der Ansicht gewesen waren, der Staat erkenne keinerlei »Zugehörigkeit zu einer Gemeinschaft« seiner Bürger oder der in seinem Land ansässigen Ausländer an.

53 1987 hatte er Abd al Hadi Doudi, den Ideologen der Gruppe Bouyali (s. o., S. 240 [373], Anm. 25), in seiner Eigenschaft als Imam empfangen. Am 29. Juni 1992 sollte er die Ermordung des algerischen Präsidenten Mohammed Boudiaf mit folgenden Worten kommentieren: »Er hat die Entscheidung des Volkes vom 26. Dezember [1991] in Algerien nicht respektiert. Das ist die Folge, wenn man sich auf seiten des Unrechts stellt.« Damit handelte er sich einen Tadel von Quilès, dem Innenminister, ein, der ihn

aufforderte, »künftig größte Zurückhaltung an den Tag zu legen«.

54 Vgl. seine Erklärungen in *Le Figaro* vom 29. August 1990. *L'Express* vom 7. September 1990, *Politis* vom 24. Januar 1991 etc.

55 Zur Moschee von Evry siehe Mounia Bennani, »L' Association culturelle d'Evry«, in: *Les Cahiers de l'Orient*, Nr. 16/17 (1989/1990), p. 63–76. Laut Merroun kamen die für den Bau der Moschee (die 1994 immer noch nicht fertig war) erforderlichen 35 Millionen Francs vom marokkanischen König (6 Millionen Francs), von König Fahd von Saudi-Arabien (6 Millionen Francs), 7 Millionen stammten aus einem Darlehen der Islamischen Bank für Entwicklung (unter saudischer Kontrolle); »der Rest stammte aus privaten Schenkungen – die Saudis waren die wichtigsten Spender«. *Regards d'Islam*, Nr. 9, Juli/August 1992, p.7.

56 Zuständig für die Fédération des associations islamiques d'Afrique, des Comores et des Antilles (Bund der islamischen Vereinigungen in Afrika, auf den Komoren und den Antillen). Siehe den in seinem Organ *Al Hikmat*, Nr. 0, p. 2, veröffentlichten, an Mitterrand gerichteten Brief, in dem er ihn seiner Unterstützung versicherte.

57 Erklärung gegenüber *La Croix*, 5. und 6. September 1990.

58 Erklärung gegenüber *Le Monde*, 13. Januar 1991.

59 Erklärung Ahmed Jaballahs, des Präsidenten der UOIF, in *Regards d'Islam*, Nr. 1, Februar/März 1991, p.2.

60 Ein Artikel in *L' Index* (Nr. 31, p.3), der unter dem fiktiven Namen »Yakoub Méchoui« erscheint, behauptet, der Innenminister »hätte gerne von der allgemeinen Verwirrung profitiert [...] um über zwischengeschaltete Marionetten erneut die Kontrolle über das Gebäude an sich zu reißen [...] Unglücklicherweise kam jedoch der Doktor, der Rektor, zurück. Darüber sollten wir uns freuen, denn von jetzt an warten wir nur noch auf einen algerischen Volksaufstand, um die Geschäfte zu übernehmen.«

61 Zur Antwort Dalil Boubakeurs (»Ich werde mich nicht so weit erniedrigen, einen derart niederträchtigen Ausdruck auch nur zur Kenntnis zu nehmen«) siehe *Le Monde*, 14. April 1992, und *Le Figaro*, 15. April 1992.

62 Raoul Weexsteen, a.a.O., p. 103.

63 Statuten, Art. 2.3 (aus dem Arabischen übersetzt; der französische Text der Statuten weicht geringfügig ab: »...und ihre Interessen zu vertreten und zu wahren.«

64 Ben Mansour unterscheidet die Vereinigungen nach dem Kriterium, ob ihre Mitglieder »Aktivisten«, »Sympathisanten« oder

»Freunde« sind, und zwar entsprechend dem Maß, in dem sie sich im Verwaltungsrat der UOIF engagieren (Gespräch in Paris am 23. März 1994). Vgl. auch UOIF, *Les Musulmans de France. Péoccupations et aspirations*, Paris 1993, p. 2.

65 Im Katalog von Euro-Médias wurden 1992 annähernd zweihundert Videokassetten angeboten, zumeist Beratungen (in arabisch) von den Muslimbrüdern nahestehenden Imamen oder Ulema aus dem Nahen Osten. Etwa vierzig französischsprachige Kassetten enthielten zum größten Teil Beratungen Hassan Iquioussens und Hani Ramadans, eines Enkels von Hassan el Banna, der das Centre Islamique (das Islamische Zentrum) von Genf vertritt.

66 Im Gegensatz dazu sind die Führer islamischer Vereinigungen der Ile-de-France in der überwiegenden Mehrheit ziemlich betagt, und ihre Ausbildung geht selten über das Grundschulniveau hinaus; auch ihre religiösen Kenntnisse sind bescheiden. Drei Viertel von ihnen sind Facharbeiter. A. Moustapha Diop, a.a.O., p. 59 ff. Siehe auch Cécile Jolly, *Les Islamistes tunésiens à Paris et en Ile-de-France*, Memorandum, IEP Paris, 1992.

67 Dieser Begriff, meistens als »Wiedergeburt« übersetzt, bezieht sich auf die intellektuelle und politische Blütezeit Arabiens in den letzten Jahrzehnten des 19. Jahrhunderts im Nahen Osten, in der es gelang, die osmanische Herrschaft abzuschütteln. Er beinhaltet an sich keine spezifisch islamische Konnotation – eine Bedingung des Staates, um an den Wahlen teilnehmen zu dürfen.

68 R. el Ghannouchi, *Al Hurriyat al 'amma fil daoula al islamiyya*, Centre d'études de l'Unité arabe, Beirut 1993. Das vom wichtigsten Herausgeber von Werken, die sich im allgemeinen eines »arabischen Nationalismus« rühmen, veröffentlichte Buch bietet der nationalistischen Strömung gewissermaßen »die ausgestreckte Hand« dar und bemüht sich, im Namen eines gemeinsamen Kampfes gegen den »Despotismus« unabhänigiger Staaten eher die Gemeinsamkeiten als die Unterschiede zu den Islamisten zu betonen. Vgl. insbesondere die Definition der »vierten Generation« von Islamisten, für die in einem zukünftigen islamischen Staat die Parteienvielfalt ein unveräußerliches Recht darstellt, p. 288 ff.

69 S.o., S. 245 ff.

70 Gespräch in Paris, Dezember 1992. Ein ähnlicher Ansatz wird im Auftrag amerikanischer Behörden in Washington von der United Association for Studies and Research entwickelt, die die Zeitschrift *Middle East Affairs Journal* herausgibt und in der die militanten Vertreter der islamistischen Palästinenserbewegung Hamas großen Einfluß haben.

71 Zitiertes Gespräch.
72 Seit den Schriften Sayyid Qutbs (gest. 1966) verweigern die militanten Islamisten den Staaten der muslimischen Welt, die nicht die Scharia anwenden, das Prädikat »islamisch«.
73 Im Gegenzug verlangt sie nicht die Anwendung der Scharia auf die gesamte Gesellschaft – solange die Muslime in der Minderheit sind. Vgl. Scheich Fayçal Maoulaoui, *Al usus al char'iyya lil'ilagat bayn al muslimin wa ghayr muslimin* (»Die Scharia als Grundlage der Beziehungen zwischen den Muslimen und den Nichtmuslimen«), Beirut 1987, und die unter der Schirmherrschaft der UOIF verlegte Broschüre von Scheich Manna'el Qattan, *Iqamat al muslim fi balad ghayr islami* (»Der Muslim in einem nichtislamischen Land«), o.J.
74 Im Arabischen wird aus *fî firansa man firansa*. Diese Veränderung wird (allerdings mit zwei Jahren Verspätung) von *Index* (Nr. 31, p. 2) ironisch mit diesen Worten kommentiert: »[…] die UOIF, eine islamistische Organisation, die sich als Trostspenderin geriert, deren einziger und wahrhaftiger Slogan jedoch lautet ›außerhalb unserer Kirche gibt es kein Heil‹, will sich künftig die Kappe des Führers aufsetzen«. Schon 1992 hatte die UOIF die FNMF in der Tat an den Rand gedrängt.
75 Zitiert in: *Regards d'Islam*, Nr. 1, Februar/März 1991, p. 7. In der Geschichte der muslimischen Gemeinschaften wandelte sich der ursprüngliche Gegensatz von *dar el islam* und *dar el harb* zu einer Zweiteilung der Welt in *dar el islam* und *dar el kufr* (»Land der Gottlosigkeit«) – das seinerseits in ein *dar el harb* (»Land des Krieges«) und ein *dar el l'ahd* (»Land des Vertragsfriedens«) gespalten ist. »Letzteres, von den muslimischen Rechtsgelehrten verspätet als eine autonome politische Einheit anerkannt, müßte diejenigen Völker oder Staaten umfassen, die sich mit den Muslimen des *dar el islam* versöhnen und einen Vertrags- oder konventionellen Frieden schließen«, bemerkt F. Jadaane, laut dem die radikal-militanten Islamisten wie Sayyid Qutb sich aufgrund unterschiedlicher Voraussetzungen für die Opposition entschieden. (»Umma musulmane et société islamique«, in: *Pouvoirs*, Nr. 62, p. 33 und 40–41).
76 Erklärung gegenüber *La Croix*, 31. Dezember 1991.
77 Im übrigen Frankreich schreibt das Gesetz zur Trennung von Kirche und Staat die Eingliederung der theologischen Fakultäten in öffentliche Universitäten vor.
78 *Regards de l'Islam* begrüßt die Eröffnung der »islamischen Universität« der UOIF und freut sich, den zahlreichen von der Regierung, den Islamologen vom Typ eines Bruno Etienne oder den ›Progressiven‹ wie Mohammed Arkoun vorgeschlagenen Projek-

ten, insbesondere im Elsaß, zuvorgekommen zu sein [...] « (Nr. 3, November 1991, p. 1). Didier-Ali Bourg, Direktor der Zeitschrift, sollte 1993 zu Semesterbeginn die UIF (Université islamique de France = Islamische Universität Frankreich) als Konkurrenzunternehmen zum Institut islamique in Nièvre und des von der Pariser Moschee ins Leben gerufenen Instituts gründen (s.u., S. 316).

79 *Al kullia al aurubiyya lil dirasat al islamiyya* (Europäische Fakultät für islamische Studien), Château-Chinon, o.J. [1993], p. 6.

80 Ebd., p. 15.

81 Die damalige Regierung erinnerte sich plötzlich an das Prinzip der Religionsfreiheit in Frankreich und äußerte, über Kofi Yamgnane, Staatssekretär für Integration, Zweifel an der Vereinbarkeit des Grundsatzes der Trennung von Kirche und Staat und der »ideologischen Nähe gewisser Befürworter dieses Instituts zur Muslimbruderschaft sowie die Herkunft der finanziellen Mittel aus Ländern, denen die republikanischen Werte Frankreichs, um es gelinde auszudrücken, eher fremd sind« (*Libération*, 10. Januar 1992). Die meisten osteuropäischen Studenten, die sich an dem Institut eingeschrieben hatten, erhielten kein Visum.

82 *»La taqua 'ala muwajahat al farnasa fil lugha wal fikr wal taqalid wal 'adat [...]«*, in: *Aperçu sur l'Union des organisations islamiques en France*, 1990 (französisch und arabisch; die jeweiligen Texte unterscheiden sich jedoch erheblich).

83 Von den zwölf Mitgliedern des Verwaltungsrats der UOIF im Jahre 1990 ist nur einer Franzose; vier stammen aus Tunesien, vier aus Marokko, zwei aus Algerien, einer aus Syrien, einer aus dem Irak. Sieben haben einen Universitätsabschluß in angewandten Naturwissenschaften (Elektronik, Informatik, Physik etc.); ebd.

84 Der Text, der zusammen mit der Eintrittsplakette und dem broschierten Programm an die Teilnehmer verteilt wurde und im Titel das Thema der Versammlung aufgreift, war allerdings nicht signiert. Es läßt sich kaum feststellen, ob die französische oder die arabische Version die ursprüngliche war; letztere enthält zahlreiche grammatikalische und Syntaxfehler.

3. Der Kernpunkt: Kommunitarismus

1 *L'Express*, 30. Januar 1991. In Wirklichkeit war diese »kommunitaristische Neigung« bereits innerhalb der PS zum Ausdruck gekommen, und zwar mit der Veröffentlichung eines »Appells der Sozialisten muslimischer Kultur« im April 1990, der eine Reaktion auf »die Woge antimuslimischer Stimmung, für die die Affäre von Creil nur der Vorwand war« darstellte und »die Rechte und die Identität unserer Gemeinschaft [...], die das Opfer eines

sozialen Ausschlusses und einer kulturellen Abwertung ist«, verteidigte (*Lettre des socialistes du culture musulmane* Nr. 1, April 1990, p. 12).

2 Siehe Bruno Etienne, »Cherche héros positif désespérément«, in: *Pouvoirs*, Nr. 62, p. 73 ff., der »die Arroganz des Westens in seiner Beurteilung der *negativen arabischen Helden*« der tatsächlichen »arabisch-islamischen Typologie des Helden« gegenüberstellt.

3 Vgl. das Gespräch mit dem Leiter eines Gymnasiums in einem Vorort von Lyon (»Wir haben uns in diesem Jahr wirklich Mühe gegeben« – April 1991), in: Pierre Bourdieu (Hrsg.), *La Misère du monde*, a.a.O., p. 686.

4 P. Bernard, in: *Le Monde*, 14. März 1991.

5 IFOP, am 29. Januar 1991 für den Informations- und Pressedienst (SID) des Premierministers durchgeführte Befragung von 614 Muslimen (nicht veröffentlicht).

6 In Anbetracht der damals sehr aufgeheizten Stimmung sind die Gesamtzahlen der positiven beziehungsweise negativen Äußerungen zu Mitterrand (für ihn: 67 Prozent, gegen ihn: 22 Prozent) und Saddam Hussein mit Vorsicht zu betrachten.

7 Im August 1990 machte Abdallah Turki, Präsident der Universität Riad, der viele »Empfehlungen« für die Finanzierung von islamischen Vereinigungen und Bewegungen im Ausland aussprach, in Paris halt, um die saudische Position zu verteidigen; am 23. September wetterte Abou Bakr Al Djazaïri, Theologe algerischer Herkunft, Professor an der Universität Medina und einer der Chefideologen des Wahhabismus, im Institut du Monde arabe gegen »den Atheismus« des »Ungläubigen« Saddam Hussein.

8 Vgl. oben, S. 98, den Bruch zwischen Juden und Schwarzen innerhalb der amerikanischen Bürgerrechtsbewegung.

9 N. Cherif, Präsident der »Génération beur«, zitiert in: *Le Point*, 4. März 1991. Vgl. auch Bruno Etienne, *Ils ont rasé la Mésopotamie*, Aix-en-Provence 1992.

10 Am Tag nach den Unruhen in Vaulx melden sich die beiden Autoren in der *Libération* vom 15. Oktober 1990 zu Wort. Alain Touraine legt diese Thesen später in seinem Buch *Critique de la modernité*, Paris 1992, vor.

11 Zur Lage in den neunziger Jahren siehe insbesondere F. Dubet und D. Lapeyronie, *Les Quartiers d'exil*, Paris 1992; A. Jazouli, *Les Années banlieues*, Paris 1992, und zwei hervorragende Reportagen: F. Aïchoune, *Nés en banlieue*, Paris 1991, sowie A. Giudicelli, *La Caillera* (Argot für »Abschaum der Gesellschaft«), Paris 1992.

12 Siehe den Bericht *Ville et Sécurité, un regard américain*, hrsg. von der Fondation franco-américaine (Paris, April 1993), der die amerikanische und die französische Politik auf diesem Gebiet miteinander vergleicht.

13 Siehe *Panoramiques*, Nr. 12, 1993. »Intégration ou explosion? Banlieues...«, zusammengestellt von Catherine Wihtol de Wenden und Zakya Daoud.

14 S.o., S. 95. Zur Kasbah und Eucalyptus siehe M. Vergès und L. Martinez, in: *Exils et Royaumes...*, a.a.O.

15 Die folgenden Gespräche wurden im Frühjahr 1993 geführt und waren in A. Blom, J. Cahen und A. Rakkah, *Les Jeunes Musulmans dans la société française. Analyse de 21 entretiens*, Memorandum, IEP Paris, 1993, Gegenstand einer ersten Analyse.

16 Im März 1991, dem ersten Ramadan nach dem Golfkrieg, verwüsteten Jugendliche, die sich auf den Islam beriefen, ein Café in Nanterre, das zu einem Mittelpunkt des Drogenhandels geworden war und vor dem abends die BMWs der Dealer parkten. Es handelte sich um die erste »Antidrogenaktion« im Zusammenhang mit der Reislamisierung; andere folgten, vor allem 1993 in der Stadt Biscottes, südlich von Lilles.

17 Vgl. die Antidrogenpolitik der Black Muslims; s.o., S. 110 ff.

18 Vgl. die Kritik amerikanischer Protestanten und Juden, die Anstoß an der Lehre des Darwinismus als Unterrichtsstoff nahmen, in *La Revanche de Dieu*, a.a.O., p. 179 und 248 ff.

19 Die Untersuchung *Les Jeunes Musulmans dans la société française* ermöglicht die Unterscheidung von drei hinreichend verschiedenen Persönlichkeitstypen, die die Autoren als »die neuen jungen Muslime«, »die integrierten Jugendlichen « und »die laizistischen Jugendlichen« bezeichnen; die erstgenannten (deren Äußerungen ich oben zitiert habe) bevorzugen ein Leben in einem ausschließlich muslimischen Viertel; der zweiten Gruppe ist die ethnisch-religiöse Zusammensetzung ihrer Umgebung gleichgültig, und die letzteren lehnen es ausdrücklich ab, in einem »arabischen« oder »muslimischen« Viertel zu wohnen, das sie als potentielles Getto betrachten.

20 Zusammengestellt von dem Ex-Kommissar Charles Pellegrini: *Le FIS en France, mythe ou réalité?* Paris 1992.

21 Siehe I. Leverrier, in: *Les Politiques de Dieu*, a.a.O., p., 62, Anm. 50.

22 S.o., S. 261, die Äußerungen Yahiaouis.

23 Vgl. Hervé Terrel, »L'enclave islamique de la rue Jean-Pierre-Timbaud«, in: *Exils et Royaumes*, a.a.O., p. 360–362.

24 S. o., S. 242 [373], Anm. 30.

25 Siehe G. Coudray, *L'Intégration au tissu urbain de Khaled Ibn Walid, »mosquée de fortune« piétiste à la Goutte-d'Or*, Memorandum, IEP Paris, 1993; wie der Autor bemerkt, »büße« die Moschee »zunehmend ihre symbolische Funktion ein, um die Aufrechterhaltung der Ordnung in dem Viertel nicht durch die massive Einbringung eines zu tiefgreifend wirksamen Identitätspols zu stören«; gleichzeitig könne Scheich Sahraoui sich im Blatt *Le Critère* nicht wiedererkennen, dessen Verteilung in der Moschee er nicht gestatte.

26 Nr. 0 von *Critère*, dem Blatt der FAF, erschien im Mai/Juni 1991 (o.J.). Nr. 1 kam am 7. Februar 1992 heraus.

27 Hinsichtlich Gestaltung, Layout und gelegentlich dem Stil, ähnelt es dem *Index* von D.-Y. Leclerq.

28 So wird der Präsident des Obersten Staatskomitees normalerweise »Boudiable« (*diable* = der Teufel) genannt; Ali Haroun, Mitglied des gleichen Komitees und angeblich der Trunksucht verfallen, wird mit dem Spitznamen »Alivronge« (*ivrogne* = trunksüchtig) oder auch »Ali Aaron« (um ihn zu »judaisieren«) belegt etc.

29 13. März 1992.

30 *Le Critère*, 20. und 27. November 1992. Siehe insbesondere F. Aïchoune, »Les contrebandiers d'Allah«, in: *Le Nouvel Observateur*, 12. November 1992, sowie H. Terrel, »L'enclave islamique«, a.a.O.

31 *Le Critère*, 20. November 1992.

32 *Le Figaro*, 13. Juni 1993. Vgl. auch die Untersuchung zu den »Antidrogenkommandos« der »neuen Muslime« in einer Stadt im Département Hauts-de-Seine von G. Malaurie, *L'Evénement du Jeudi*, 17. Juni 1993, p. 40–41.

33 *Le Critère*, 19. März 1993. Die Ermordung der beiden bekannten und hochangesehenen Intellektuellen löste eine Welle der Empörung aus. Doktor Flici war in dem heruntergekommenen Viertel der Kasbah so etwas wie ein »Armenarzt« gewesen.

34 Ebd., 28. Mai 1993. Auch die Ermordung des talentierten Romanciers Dajout löste heftige Emotionen aus.

35 *Résistance*, 18. Juni 1993. Doktor Boucebi war ein sehr bekannter Psychiater in Algier gewesen, der aus seiner Opposition gegen die Islamisten keinen Hehl machte.

36 *L'Etendard*, 9. Juli 1993. Die Nr. 4 (6. August) enthält einen »offenen Brief an Pierre Bourdieu, Präsident des Komitees zur Unterstützung der algerischen »Intellektuellen« (im Original in Anführungszeichen), in dem Verwunderung über das verspätete und selektive Erwachen der Intellektuellen jenseits des Mittel-

meers [= Frankreich]« zum Ausdruck gebracht und eine Liste von zehn Personen (zwei Anwälten und acht islamistischen Ärzten), »freien Intellektuellen, die aus dem Volk IM WIDERSTAND hervorgegangen sind [...] und in den Verliesen der Diktatur eingekerkert waren«, vorgelegt wird.

37 André Damien, »L'islam en France«, a.a.O., p. 118.

38 Die islamischen Vereinigungen der achtziger Jahre (FNMF, UOIF etc.) wollten die Vereine neu gruppieren. Die Koordinierungsbestrebungen des folgenden Jahrzehnts hatten es sich ihrerseits zum Ziel gesetzt, die bereits existierenden Gruppen erneut zusammenzuschließen.

39 H. Terrel, a.a.O., p. 358. Siehe auch *Regards d'Islam*, Nr. 9, Juli/August 1992, p. 4.

40 Die 1963 gegründete Association des étudiants islamiques de France (Islamische Studentenvereinigung Frankreichs) orientiert sich an den Muslimbrüdern und ist von der UOIF unabhängig. Sie hält ihren Weihnachts-Kongreß – der allerdings weit weniger Leute anlockt – gesondert, aber am gleichen Tag ab, an dem auch der in Bourget stattfindet.

41 Die Instanz wurde durch den Austritt der FNMF am 21. Juni geschwächt. Zu diesem Zeitpunkt setzte bei dieser Gruppe ein rascher Niedergang ein.

42 Dr. Dalil Boubakeur, »L'Etat et les cultes de l'Islam«, in: *Administration*, Nr. 161, Oktober–Dezember 1993, p. 145. Die vom Autor ersehnte kommunitaristische Organisation wird hier durch eine schematische Zeichnung veranschaulicht.

43 Ebd., p. 143. Die Zahl der in Frankreich wirkenden Imame wird auf 500 geschätzt, darunter – laut Damien, a.a.O., p. 113 – vier Prozent Franzosen. Zum Zeitpunkt des Erscheinens seines Artikels fand eine Ausweisung von Imamen statt (s.u., S. 322).

44 Professor B. Etienne, »Convergences et divergences des trois monothéismes en France«, nicht veröffentlicht (freundlicherweise vom Autor mitgeteilt), p. 1.

45 Vgl. die Glaubensbekenntnisse der drei Institute in: *Migrations-Sociétés*, Mai–August 1994, p. 51–87.

46 Der Begründer von CERISI (Centre européen de recherche et d'information sur l'islam = Europäisches Forschungs- und Informationszentrum zu Fragen des Islam), das die Zeitschrift *Regards d'Islam* veröffentlichte (vom Februar 1991 bis Februar 1993 erschienen fünfzehn Ausgaben), Bourg, stellt in einer Zusammenfassung seiner Diplomarbeit dar, wie die in Frankreich lebenden muslimischen Einwanderer aus Algerien ihre religiöse Vorstellungen an ihre Kinder weitergeben (nicht veröffentlicht,

Universität Paris X-Nanterre, 1993, freundlicherweise vom Autor mitgeteilt).

47 Auf seinen Reisen in die Golfländer mußte Bourg sich mit der konkurrienden UOIF auseinandersetzten, der Hauptträgerin des Islamischen Instituts von Nièvre; deren Verantwortliche sahen die Entstehung dieser »Universität« ohne große Begeisterung.

48 Entgegen seiner Behauptung, etwa vierzig Studenten hätten sich eingeschrieben, scheint das Institut der Pariser Moschee 1993/94 weniger als ein Dutzend regelmäßiger Studenten gehabt zu haben, deren einige zudem Probleme mit der französischen Sprache hatten.

49 *Regards d'Islam*, Nr. 9, Juli/August 1992, p. 2. Siehe auch *Dossier de l'étudiant de l'UIF* (maschinenschriftlich), Paris 1993.

50 Voller Ironie kommentiert D.-Y. Leclercq in *Intégrité Gazette* (ein dem *Index* ähnliches Blatt), Nr. 4, Februar 1994, den gemischten Unterricht und die Strategien der Verführung, zu deren Entwicklung er beiträgt.

51 A. Abd al Raziq, ein Schüler des reformistischen Denkers M. Abduh, interpretierte dessen Vorstellungen im Sinne einer Trennung von Kirche und soziopolitischer Ordnung. Sein 1925 erschienenes Buch (*L'Islam et les Fondements du pouvoir*, französ. Übersetzung, Paris 1994) löste in den dem Buchstaben der Tradition am stärksten verpflichteten islamischen Zirkeln einen Skandal aus. Siehe A. Hourani, *Arabic Thought in the Liberal Age*, London 1962, p. 183–192.

52 M. Gozlan, *L'Islam et la République. Des musulmans de France contre l'intégrisme*, Paris 1994.

53 Soheib Bencheikh ist einer der Söhne des Scheichs Abbas Bencheikh Lhoussine, der 1982 bis 1989 Rektor der Pariser Moschee war.

54 Vgl. D. Kessler, »Laïcité, du combat au droit«, in: *Le Débat*, Oktober 1993, a.a.O., p. 96 ff. Kessler, für Eingaben an den Staatsrat zuständig, nahm als Experte auf Regierungsseite an der Ratssitzung teil, auf der die Entscheidung vom 2. November 1992 gefällt wurde.

55 *Le Monde*, 7. November 1992.

56 Laut D. Kessler, a.a.O., p. 96.

57 Die Schätzungen schwanken zwischen der niedrigen Hypothese von einigen Dutzend – laut dem Unterrichtsministerium – und mehreren hundert – laut einer Gruppe von RPR-Abgeordneten, die dem Tragen des Schleiers ablehnend gegenübersteht und am 20. Oktober 1993 eine Anfrage an Minister F. Bayrou richtete. Nach Schätzungen der Organisatoren der Versammlung der

Union des jeunes musulmans in Vénissieux im April 1994 sind allein in der Region Rhône-Alpes etwa hundert verschleierte »Schwestern im Namen der Trennung von Staat und Kirche« vom Unterricht ausgeschlossen. Eine simple Addierung der einzelnen von der Presse aufgegriffenen Fälle ergibt für den Herbst 1993 eine Zahl von annähernd hundert. Siehe *Le Monde*, 22., 28, Oktober, 11. November; *Le Quotidien*, 6. November; *L'Express*, 21. Oktober; *Le Jour*, 10. November; *Libération*, 6. Dezember etc.

58 *Libération*, 30. Oktober 1993.

59 *Le Parisien* 10. Januar 1994.

60 *Le Monde*, 13. Oktober 1992.

61 Die Urteilsbegründung bezieht sich hauptsächlich auf die Störung der öffentlichen Ordnung durch das Verhalten der Schülerinnen und die Erklärungen ihres Vaters (siehe *Le Figaro*, 12. Mai 1994). In der darauffolgenden Woche ordnete das Verwaltungsgericht von Orléans die Wiederzulassung zweier wegen des Tragens des Kopftuchs vom Unterricht ausgeschlossener Schülerinnen eines Gymnasiums in Vendôme an, da es die Ansicht vertrat, »niemand müsse sich wegen seiner Anschauungen, selbst religiöser Art, Sorgen machen, vorausgesetzt, deren Bekundung stört nicht die vom Gesetz gewährleistete öffentliche Ordnung« (siehe *Le Monde*, 22/23. Mai 1994). In der Rechtsfindung der Verwaltungsgerichte scheint sich allmählich der Tatbestand der Störung der öffentlichen Ordnung gegenüber der Zulässigkeit oder Nichtzulässigkeit, den Schleier in der Schule zu tragen, durchzusetzen.

62 *Le Figaro*, 6. November 1993. Laut der Tageszeitung kümmerte der betreffende Imam sich um den Ortsverband der Organisation Tendance nationale – Union islamique en France (Organisation Nationale Orientierung – Islamischer Verband Frankreichs). Sie hängt mit der Refah Partisi zusammen, der wichtigsten islamistischen Strömung in der Türkei, die aus den Kommunalwahlen 1994 in Istanbul und Ankara als Sieger hervorging.

63 Auszug aus dem Brief in *Le Figaro* vom 16. November 1993.

64 Wenn sie auch in einem anderen Zusammenhang steht, erinnert diese Streikbewegung doch an die Einstellung der New Yorker Lehrer in der Affäre Ocean Hill – Brownsville; s.o., S. 100 ff.

65 »Moi, Schérazade, combattante de l'islam« – von Anne Fohr protokollierter Bericht in: *Le Nouvel Observateur*, 24. Februar 1994.

66 Vgl. D. Hervieu-Léger, »Renouveaux émotionnels contemporains«, in: F. Champion (Hrsg.), *De l'émotion en religion*, Paris 1990, p. 217 ff.

67 Vgl. Virginie Linhart, *Volontaires pour l'usine*, Paris 1994.

68 Nach diesem Einspruch wurde die Entscheidung im Januar 1994 vom Rektor der Akademie von Grenoble bestätigt. Schließlich wurde Schérazade in einem anderen Gymnasium aufgenommen. Ihr Vater leitete ein Verfahren vor dem Verwaltungsgericht ein, das die Entscheidung des Rektorats für gültig oder ungültig erklären kann.

69 S.o., S. 292.

70 *Le Nouvel Observateur*, zitiertes Gespräch, ebd. Schérazade präzisiert, sie habe diesen Satz auf dem Weg nach Paris im Bus gelernt. Dort habe sie an einem Spiel mit dem Namen *Sur la piste de l'islam* (»Auf dem Weg des Islam«) teilgenommen, das nach dem Prinzip des *Trivial Pursuit* funktioniert (vgl. mit dem von der Islamischen Stiftung in Leicester erfundenen *Islamic Quiz;* s.o., S. 178).

71 Maoulaoui ist der »geistige Führer« der UOIF, el Qardaoui der Präsident der wissenschaftlichen Komitees des Islamischen Instituts in Nièvre (s.o., S. 290).

72 *Al Muslimoon*, 28. Januar 1994, p. 3. Siehe auch, in der 4. Ausgabe vom 4. Februar (Frauenteil), ein Gespräch unter der Überschrift »Dans une voiture [le camping-car] des voilées françaises«, das im gleichen überspannten Stil gehalten ist.

73 S.o., S. 103 ff.

74 Sie ist »Freundschafts-«Mitglied der UOIF und beruft sich wie diese auf die Auffassung der Muslimbrüder; ihre Unabhängigkeit sowie ihre starke Verwurzelung in Lyon bringen sie jedoch in eine Konkurrenzsituation mit der »Jugendabteilung« der UOIF, der von dem Prediger Hassan Iquioussen inspirierten Jeunesse musulmane de France (JMF).

75 Man sollte die zahlenmäßige Bedeutung der Bekehrungen nicht überschätzen, über die es keine verläßlichen Angaben gibt; allerdings ist es sehr selten, daß man in den Ortsgruppen der »nouveaux jeunes musulmans« auf keinen Bekehrten trifft.

76 Bei allen Bewegungen, die versuchen, die Gemeinschaften auf der Grundlage einer religiösen Lebensweise zu organisieren, erfreuen sich ehestiftende Aktivitäten großer Beliebtheit. In meinem Buch *La Revanche de Dieu* führe ich Beispiele dafür im protestantischen Evangelismus in Amerika und im Judentum der Chassidim an. Auch die Black Muslims legen großen Wert auf Eheschließungen ihrer Anhänger untereinander, um damit gegen die Auflösung der Familien und die sich daraus ergebenden »abweichenden« Verhaltensweisen anzukämpfen; s.o.

77 *Le Monde*, 14. April 1993.

78 »Erklärt Charles Pasqua dem Islam den Krieg?« Titel der ersten

Ausgabe von *Jeunes Musulmans* (Januar 1994) – Reaktion auf die Überprüfung der Personalien von angeblichen Sympathisanten der FIS am 9. November 1993, die als »Razzia in der muslimischen Gemeinschaft Frankreichs« bezeichnet wird. Von einem der Redner auf dem Kongreß im April 1994 wurde der CORIF als »sogenannte muslimische Instanz, die sich um die religiösen Angelegenheiten der Muslime von Frankreich kümmern soll«, angeprangert.

79 *Libération*, 13. April 1993.

80 Bei den Präsidentschaftswahlen von 1988 hatten die Beurs für Mitterrand gestimmt.

81 Vgl. die von den islamischen Vereinigungen in Bradford entwickelte Strategie; ihr zufolge ist es wirkungsvoller, Druck auf einen alteingesessenen englischen Abgeordneten auszuüben, als einen mit dem politischen System nicht so gut vertrauten und möglicherweise nicht so effizienten indopakistanischen Kandidaten aufzustellen; s.a., S. 169.

82 Vgl. die Äußerungen von Ali Benhadj; s.o., S. 246.

83 Vgl. mein Buch *Les Banlieues de l'Islam*, a. a. O., p. 154–159.

84 83,5 Prozent der Wähler hatten sich gegen den Ausbau der Moschee ausgesprochen. Daraufhin erinnerte Innenminister Marchand daran, daß die Freiheit der Religionsausübung, ein Grundrecht, »nicht durch eine Volksbefragung in Frage gestellt werden dürfe«. Siehe *Libération*, 2. und 3. Mai 1993.

85 *L'Humanité*, 7. Januar 1993, druckte unter dem Titel »Les représentants de l'ex-FIS s'arment en région parisienne« (Vertreter der Ex-FIS bewaffnen sich in der Gegend um Paris) einen langen Auszug aus einem Polizeibericht über den Rückhalt der FIS in den Vororten (auch in den anderen Tageszeitungen wird dies erwähnt; s.o., S. 310) zusammen mit einem den islamistischen Strömungen gegenüber sehr feindseligen Kommentar.

Register